"十二五"普通高等教育本科国家级规划教材
中国高等教育学会医学教育专业委员会规划教材
全国高等医学院校教材

供基础、临床、预防、口腔医学类专业用

口腔医学

Stomatology

（第3版）

主　编　王松灵　程　斌

副主编　马　洪　杨彩玲

编　者（按姓名汉语拼音排序）

毕良佳（哈尔滨医科大学）
陈　岩（内蒙古医科大学）
程　斌（中山大学光华口腔医学院）
胡温庭（潍坊医学院）
刘　怡（首都医科大学）
马　洪（贵阳医学院）
彭　诚（天津医科大学）
尚佳健（首都医科大学）
王　鹏（承德医学院）
王松灵（首都医科大学）
阎　英（中山大学光华口腔医学院）
杨彩玲（新乡医学院第一附属医院）
张望群（河北联合大学附属医院）
赵　今（新疆医科大学）
郑立舸（泸州医学院）

北京大学医学出版社

KOUQIANG YIXUE

图书在版编目（CIP）数据

口腔医学 / 王松灵，程斌主编．—3 版．—北京：北京大学医学出版社，2013. 12

ISBN 978-7-5659-0753-1

Ⅰ. ①口…　Ⅱ. 王…②程…　Ⅲ. ①口腔科学　Ⅳ. ① R73

中国版本图书馆 CIP 数据核字（2013）第 315040 号

口腔医学（第 3 版）

主　　编： 王松灵　程　斌

出版发行： 北京大学医学出版社

地　　址：（100191）北京市海淀区学院路 38 号　北京大学医学部院内

电　　话： 发行部 010-82802230；图书邮购 010-82802495

网　　址： http：//www.pumpress.com.cn

E-mail： booksale@bjmu.edu.cn

印　　刷： 北京瑞达方舟印务有限公司

经　　销： 新华书店

责任编辑： 陈　然　王　霞　**责任校对：** 金彤文　**责任印制：** 张京生

开　　本： 850mm × 1168mm　1/16　**印张：** 12.5　**彩插：** 8　**字数：** 372 千字

版　　次： 2013 年 12 月第 1 版　2013 年 12 月第 1 次印刷

书　　号： ISBN 978-7-5659-0753-1

定　　价： 29.00 元

序

北京大学医学出版社组织编写的全国高等医学院校临床医学专业本科教材（第2套）于2008年出版，共32种，获得了广大医学院校师生的欢迎，并被评为教育部“十二五”普通高等教育本科国家级规划教材。这是在教育部教育改革、提倡教材多元化的精神指导下，我国高等医学教材建设的一个重要成果。为配合《国家中长期教育改革和发展纲要（2010—2020年）》，培养符合时代要求的医学专业人才，并配合教育部“十二五”普通高等教育本科国家级规划教材建设，北京大学医学出版社于2013年正式启动全国高等医学院校临床医学专业（本科）第3套教材的修订及编写工作。本套教材近六十种，其中新启动教材二十余种。

本套教材的编写以“符合人才培养需求，体现教育改革成果，确保教材质量，形式新颖创新”为指导思想，配合教育部、国家卫生和计划生育委员会在医药卫生体制改革意见中指出的，要逐步建立“5 + 3”（五年医学院校本科教育加三年住院医师规范化培训）为主体的临床医学人才培养体系。我们广泛收集了对上版教材的反馈意见。同时，在教材编写过程中，我们将与更多的院校合作，尤其是新启动的二十余种教材，吸收了更多富有一线教学经验的老师参加编写，为本套教材注入了新鲜的活力。

新版教材在继承和发扬原教材结构优点的基础上，修改不足之处，从而更加层次分明、逻辑性强、结构严谨、文字简洁流畅。除了内容新颖、严谨以外，在版式、印刷和装帧方面，我们做了一些新的尝试，力求做到既有启发性又引起学生的兴趣，使本套教材的内容和形式再次跃上一个新的台阶。为此，我们还建立了数字化平台，在这个平台上，为适应我国数字化教学、为教材立体化建设作出尝试。

在编写第3套教材时，一些曾担任第2套教材的主编由于年事已高，此次不再担任主编，但他们对改版工作提出了很多宝贵的意见。前两套教材的作者为本套教材的日臻完善打下了坚实的基础。对他们所作出的贡献，我们表示衷心的感谢。

尽管本套教材的编者都是多年工作在教学第一线的教师，但基于现有的水平，书中难免存在不当之处，欢迎广大师生和读者批评指正。

王德炳　柯杨

2013年11月

序

[illegible]

2013 年 11 月

第3版前言

口腔医学是一门以研究口腔及颌面部的正常结构与功能，以及口腔颌面疾病的病因、病理、诊断、治疗及预防为主要内容的学科。自1728年Pierre Fauchard首次将牙科从外科中独立出来，奠定了近代牙医学的基础以来，口腔医学在持续发展，新机制不断被发现，新技术不断涌现，分支学科日益增多，包括口腔解剖生理学、口腔组织病理学、牙体牙髓病学、牙周病学、口腔黏膜病学、口腔颌面外科学、口腔修复学及口腔正畸学等在内，共27个分支学科。目前，在我国，口腔医学与基础医学、临床医学等同属一级学科，共同构成了我国医学门类的学科体系。

口腔医学是医学的一个重要分支。首先，口腔是人体组成部分之一，发生在口腔的多种疾病与全身疾病关系密切。口腔疾病中的常见病和多发病（如龋病、牙周病）如果没有及时被发现和治疗，可使牙齿不断遭到破坏，最终导致牙齿的丧失，破坏了咀嚼器官的完整性，直接影响食物的消化吸收，进而影响全身健康。其次，某些口腔疾病可能成为病灶，累及远隔器官，引发心脏疾病、肾疾病、关节病和眼病等。有些全身系统性疾病首先出现口腔体征，如先天性梅毒的桑葚状磨牙、麻疹的口腔黏膜斑、艾滋病发病初期的口腔黏膜各种病损等。再次，牙齿生长发育期间，全身疾病或用药也可对牙齿造成损害，如釉质发育不全、四环素牙等。最后，口腔医学对医学发展曾作出重要的贡献。放射诊断应用于医学之初就是进行牙片的拍摄，而麻醉药物在医学中的最早应用则是在全身麻醉下进行颌颈肿瘤手术。由此可见，医学各专业的学生都非常有必要了解口腔疾病的一些基本知识，因为这对某些全身疾病的早期发现和协助诊断具有重要意义。

口腔疾病种类较多，诊治技术也繁杂，由于篇幅所限，为了让医学各专业，特别是非口腔医学专业的人员更多地了解口腔医学知识，本书以疾病为主要线索编写，简要介绍了口腔常见、多发疾病的病因、临床表现、诊断及治疗原则，并侧重讲述口腔疾病与全身疾病的关系，以及全身疾病在口腔的表征。

本书由首都医科大学、中山大学光华口腔医学院、哈尔滨医科大学、天津医科大学、内蒙古医科大学、新疆医科大学、贵阳医学院、泸州医学院、承德医学院、潍坊医学院、新乡医学院、河北联合大学十二所学校的教师联合编写。编者均为工作在临床及教学一线的专家，具备丰富的临床及教学经验，他们中的大多数直接从事针对医学生的口腔医学教学工作，因此编写内容的实用性更强。

王松灵　程　斌

目 录

第一章　口腔颌面部解剖生理

口腔颌面部解剖生理包括牙体解剖生理、牙列与𬌗、颌面部解剖及口腔局部解剖。它以研究口腔颌面部的正常形态结构及临床应用为主要内容，与口腔颌面外科学、口腔修复学、口腔正畸学及口腔内科系统诸学科的学习有着十分密切的关系，目的在于阐明口腔颌面部的层次、器官形态及生理功能，辨识其结构特点及毗邻关系，从而为口腔临床医学课程奠定必要的基础。

第一节　牙体解剖生理

一、牙的组成、分类和功能

（一）牙的组成

1．牙的外部观察　牙从外部观察可分为牙冠、牙根及牙颈三部分（图 1-1）。

（1）牙冠（dental crown）：表面由牙釉质覆盖的牙体部分称为牙冠，也称解剖牙冠（anatomical crown），与解剖牙根以牙颈（颈线）为界。生理情况下牙冠的大部分显露于口腔，称为临床牙冠（clinical crown），与临床牙根以龈缘为界，是牙齿直接行使功能的部分。

（2）牙根（dental root）：表面由牙骨质覆盖的牙体部分称为牙根。牙根被埋于牙槽骨中，是牙体的支持部分，起稳固牙体的作用。牙根的数目与其承受的咬合力密切相关，前牙承受的咬合力小，为单根。磨牙承受的咬合力大，为 2 ~ 3 根，并且有一定的分叉度，以增强牙根在颌骨内的稳固性。

（3）牙颈（dental cervix）：牙冠与牙根交界部分所呈现的弧形曲线称为牙颈，又称颈线或颈缘（cervical line）。

2．牙的剖面观察　通过纵剖面观察，牙体从组织学上可以分为三种硬组织（牙釉质、牙本质、牙骨质）和一种软组织（牙髓）（图 1-1）。

（1）牙釉质（enamel）：牙釉质指覆盖于牙冠表层、半透明的白色硬组织，是高度钙化、最坚硬的牙体组织，也是人体矿化组织中最坚硬的，对咀嚼压力和摩擦力具有高度耐受性。

（2）牙骨质（cementum）：牙骨质指覆盖在牙根表面的矿化硬组织。牙骨质的组织结构与密质骨相似，呈淡黄色，比牙本质颜色略深。牙骨质是维持牙和牙周组织联系的重要结构。牙骨质和牙釉质在牙颈部相接处称为釉牙骨质交界（cementoehamel junction），此界限是解剖牙冠与牙根的分界线。

（3）牙本质（dentin）：牙本质是指构成牙主体的硬组织，色淡黄，牙本质冠部表面为牙釉质覆盖，而根部表面由牙骨质覆盖。牙本质的主要功能是保护其内部的牙髓和支持其表面的牙釉质及牙骨质。牙本质硬度比牙釉质低，比牙骨质高。由牙本质围成的腔隙称为牙髓腔（pulp cavity），其内充满牙髓组织。

（4）牙髓（dental pulp）：牙髓是牙体组织中唯一的软组织，是一种疏松结缔组织，位于由牙本质构成的髓腔中，其主要功能是形成牙本质，同时具有营养、感觉、防御和修复的功能。牙髓中的血管、淋巴管和神经仅通过根尖孔与根尖部牙周组织相连通。

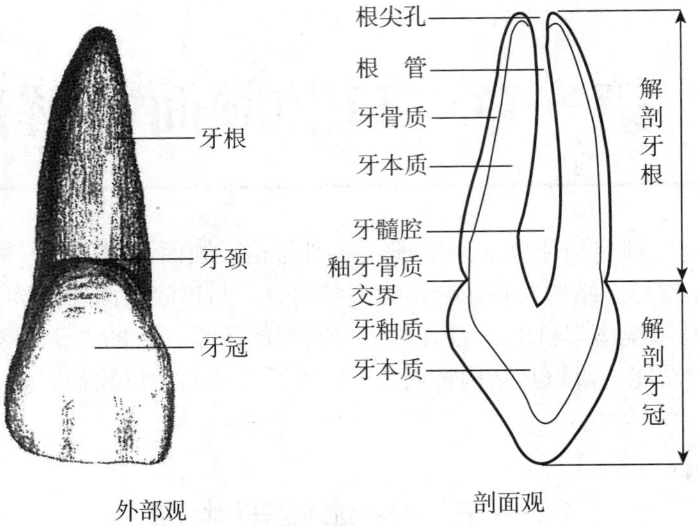

图 1-1 牙的组成

（二）牙的分类

1. 根据牙的形态特点和功能特性可将牙分为切牙、尖牙、前磨牙和磨牙四类。

（1）切牙（incisor）：位于牙弓前部，包括上颌中切牙、侧切牙和下颌中切牙、侧切牙，左右两侧共 8 颗。其牙冠唇舌面呈梯形，邻面呈楔形，切端薄，牙根多为单根。切牙的主要功能是切割食物。

（2）尖牙（canine）：位于口角处，俗称犬牙，包括上颌尖牙和下颌尖牙，左右两侧共 4 颗。其牙冠较厚，唇舌面呈五边形，邻面呈楔形，切端有一长大的牙尖。尖牙多为单根，长大并且粗壮。尖牙的主要功能是穿刺和撕裂食物。

（3）前磨牙（premolar）：位于尖牙与磨牙之间，又称双尖牙（bicuspid teeth），包括上颌第一、第二前磨牙和下颌第一、第二前磨牙，左右两侧共 8 颗。其牙冠约呈立方体形，颊舌面呈五边形，邻面呈四边形，咬合面有二尖（下颌第二前磨牙可能有三尖）。牙根可分叉，以利于牙的稳固。前磨牙的主要功能是协助尖牙撕裂食物，并具有捣碎食物的作用。

（4）磨牙（molar）：位于前磨牙远中，包括上颌第一、第二、第三磨牙和下颌第一、第二、第三磨牙，左右两侧共 12 颗。其牙冠体积大，约呈立方体形，颊舌面呈梯形，邻面呈四边形，咬合面大，有 4 ~ 5 个牙尖。牙根为多根，可有 2 ~ 3 个根。磨牙的主要功能为磨细食物。

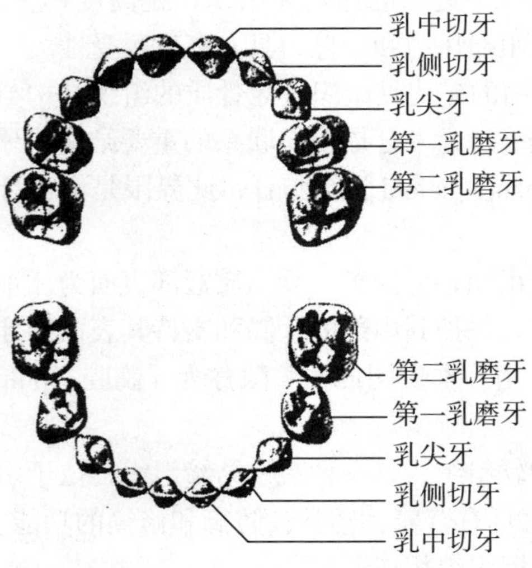

图 1-2 乳牙列

临床上，通常以口角为界把牙分为前牙（anterior teeth）和后牙（posterior teeth），前牙包括切牙和尖牙，后牙包括前磨牙和磨牙。

2. 根据牙在口腔内存在的久暂可将牙分为乳牙和恒牙。

（1）乳牙（图 1-2）：出生后 6 个月左右乳牙开始萌出，至 2 岁半左右全部萌出。6 ~ 13 岁期间，乳牙逐渐脱落，最终为恒牙所代替。正常乳牙有 20 个，上下颌左右两侧各 5 个。其名称从中线起向两旁分别为乳中切牙、乳侧切牙、乳尖牙、第一乳磨牙、第二乳磨牙。

（2）恒牙（图 1-3）：恒牙自 6 岁左右开始萌出

和替换，是继乳牙后的第二副牙，因疾患或意外损伤脱落后再无牙替代。恒牙共 28 ~ 32 个，上下颌左右两侧各 7 ~ 8 个，其名称从中线起向两侧分别为中切牙、侧切牙、尖牙、第一前磨牙、第二前磨牙、第一磨牙、第二磨牙、第三磨牙。

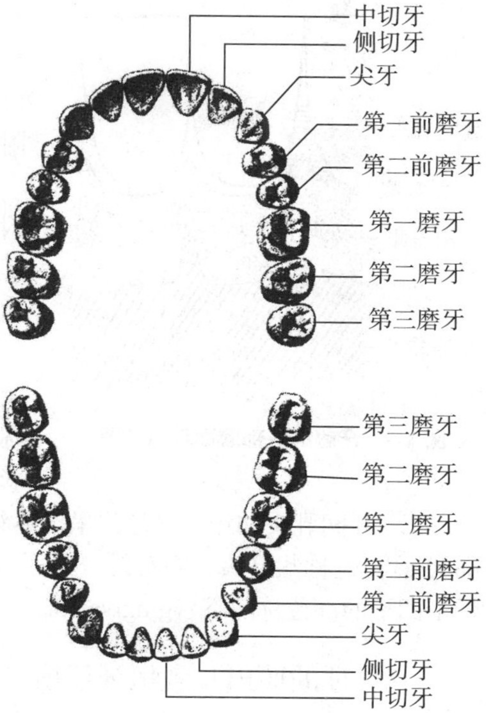

图 1-3　恒牙列

（三）牙的功能

人类的牙不仅是直接行使咀嚼功能的器官，而且在辅助发音、言语及保持面部形态协调美观等方面均具有重要作用。

1．咀嚼功能　牙是行使咀嚼功能的直接工具。食物进入口腔后，经过切牙的切割、尖牙的撕裂、前磨牙和磨牙的捣碎、磨细等一系列机械加工，与唾液混合形成食团。唾液中的酶对食物起部分消化作用。牙在行使咀嚼功能时，可刺激颌面部正常生长发育，增进牙周组织的健康。

2．辅助发音和言语功能　牙与唇、舌等器官均参与了发音（pronunciation）和言语（speech）。牙的位置及与舌、唇之间的关系，对言语的清晰程度和发音的准确性有着重要的影响。如前牙缺失时，舌齿音、唇齿音、齿音等的发音均受很大影响。

3．保持面部的协调美观　牙按照一定的规律生长在上、下颌骨的牙槽窝内，形成上、下牙弓。牙的咬合关系正常可使唇颊部丰满，颌面部形态正常，表情自然。多数牙缺失或咬合关系异常者，均可影响牙槽骨及唇颊部软组织形态，影响颜面美观。

二、牙周组织

牙周组织（periodontium）由牙槽骨、牙周膜、牙龈和牙骨质组成，其主要功能是支持牙体（图 1-4）。

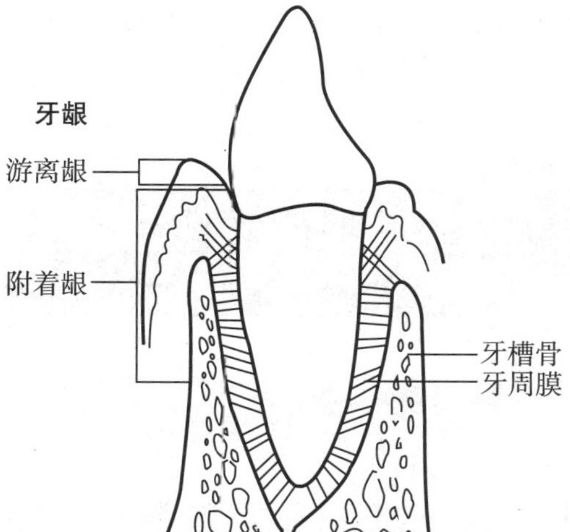

图 1-4　牙支持组织示意图

（一）牙槽骨

牙槽骨（alveolar bone）是颌骨包围着牙根的部分，骨质疏松，且富于弹性，是支持牙齿的重要组织。牙根位于牙槽窝内。包绕牙根的骨组织称固有牙槽骨。牙根与牙根之间的骨板称牙槽中隔。牙槽骨的游离缘称牙槽嵴。牙脱落后牙槽骨逐渐萎缩。

（二）牙周膜

牙周膜（periodontal membrane）是位于牙根和牙槽骨之间的致密结缔组织。其纤维一端埋入牙骨质内，另一端埋入牙槽骨和牙颈部的牙龈内，将牙固定于牙槽窝内，并能调节牙齿所承受的咀嚼压力，具有悬韧带的作用。牙周膜有丰富的神经，其感觉敏锐且可以明确指出牙位。牙周膜有支持、感觉、营养及形成牙骨质和牙槽骨等功能。

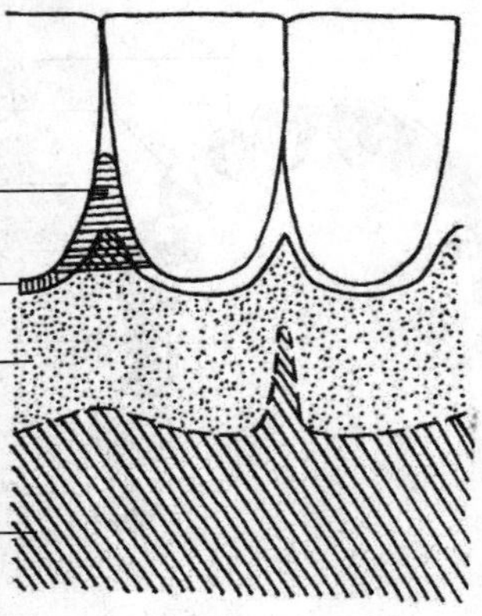

图 1-5 牙龈的各部唇面观示意图

（三）牙龈

牙龈（gingiva）是包围和覆盖在牙颈部及牙槽嵴的口腔黏膜，呈浅粉红色，坚韧而不活动，分为游离龈、附着龈和牙间乳头三部分（图 1-4 及图 1-5）。

1. 游离龈（free gingiva） 是指牙龈边缘不与牙面附着的部分。与牙面之间有一环状的狭小空隙称为龈沟，其深度约 0.5 ～ 3mm。如龈沟深度超过 3mm，通常认为是病理性的，称为牙周袋。

2. 附着龈（attached gingiva） 在游离龈的根方，紧密附着于牙槽嵴表面。它与游离龈相接处有一浅的凹沟，称为游离龈沟。附着龈表面有橘皮状凹陷的小点称为点彩，在炎症水肿时，表面点彩消失而变光亮。

3. 牙间乳头和龈谷 牙龈呈锥体状充填于邻近两牙牙间隙的部分称牙间乳头（interdental papilla），也称龈乳头。在后牙、颊舌（腭）乳头顶端位置高，在牙邻面接触点下相互连接处低平凹下的部位称龈谷（gingiva col）。炎症或食物嵌塞时，龈乳头可肿胀、破坏或消失。

三、牙的萌出及乳恒牙替换

（一）牙的萌出

牙胚破龈而出的现象称为出龈。从牙冠出龈至达到咬合接触的全过程叫萌出（eruption）。牙的萌出是一个缓慢的过程，牙萌出的时间是指出龈的时间。牙萌出有一定的规律：在一定的时间内，按照一定的顺序，左右成对萌出；下颌牙的萌出较上颌同名牙略早；女性同名牙的萌出略早于男性。

（二）牙萌出的顺序和时间

乳牙从出生后 6 个月至 2 岁左右萌出完成，此时的牙列为乳牙列。乳牙萌出的先后顺序大约为乳中切牙、乳侧切牙、第一乳磨牙、乳尖牙、第二乳磨牙（表 1-1）。恒牙一般从 6 岁左右开始萌出，在第二乳磨牙后方萌出第一恒磨牙（又称六龄牙），接着是中切牙萌出，随后侧切牙、第一前磨牙、尖牙、第二前磨牙、第二磨牙及第三磨牙依次萌出（表 1-2）。恒牙一般在 12 ～ 13 岁时已萌出 28 个，第三磨牙俗称智齿，萌出时间不一致，一般在 18 岁以后萌出，也有终生不萌出者。6 ～ 12 岁期间牙弓中既有乳牙又有恒牙，称混合牙列。13 岁以后，所有乳牙被恒牙所替换，此后的牙列为恒牙列。

表1-1 乳牙萌出的顺序和时间

牙位	萌出顺序	牙齿名称	萌出年龄（月）	
			上颌牙	下颌牙
Ⅰ	1	乳中切牙	7.5	6
Ⅱ	2	乳侧切牙	9	7
Ⅲ	4	乳尖牙	18	16
Ⅳ	3	第一乳磨牙	14	12
Ⅴ	5	第二乳磨牙	24	20

表1-2　恒牙萌出的顺序和时间

牙位	牙名称	上颌牙		下颌牙	
		萌出顺序	萌出年龄（岁）	萌出顺序	萌出年龄（岁）
1	中切牙	2	7 ~ 8	1	6 ~ 7
2	侧切牙	3	8 ~ 9	2	7 ~ 8
3	尖牙	5	11 ~ 12	3	9 ~ 10
4	第一前磨牙	4	10 ~ 11	4	10 ~ 12
5	第二前磨牙	6	10 ~ 12	5	11 ~ 12
6	第一磨牙	1	6 ~ 7	1	6 ~ 7
7	第二磨牙	7	12 ~ 13	6	11 ~ 13
8	第三磨牙	8	17 ~ 21	7	17 ~ 21

四、牙的一般名词、表面标志及髓腔名称

（一）应用术语

1．中线（median line）　是平分颅面部为左右两等份的一条假想线，该线通过两眼之间、鼻尖和上颌两中切牙和下颌两中切牙之间。中线与正中矢状面一致，将牙弓分成左右对称的两部分。

2．牙体长轴（long axis）　是沿冠根方向通过牙体中心的一条假想线（图 1-6）。

3．接触区（contact area）　牙与牙在邻面互相接触的区域称接触区或邻接处。

4．外形高点（height of contour）　指牙冠各轴面上最突出的部分。

5．牙体三等分（division into thirds）　为了便于明确牙体各面上某一部位所在，常将牙轴面在一个方向分为三个等份来描述（图 1-7）。

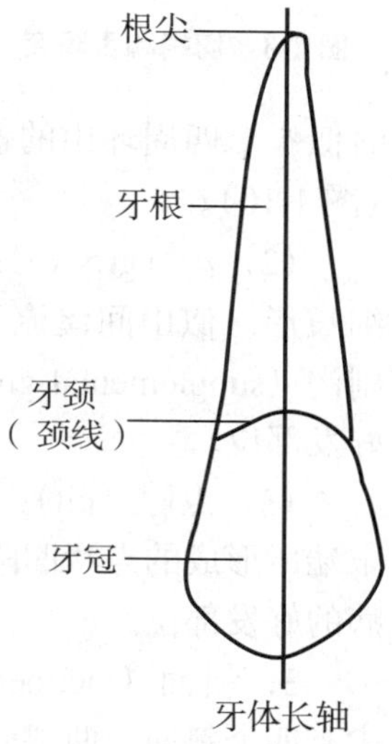

图 1-6　牙体长轴

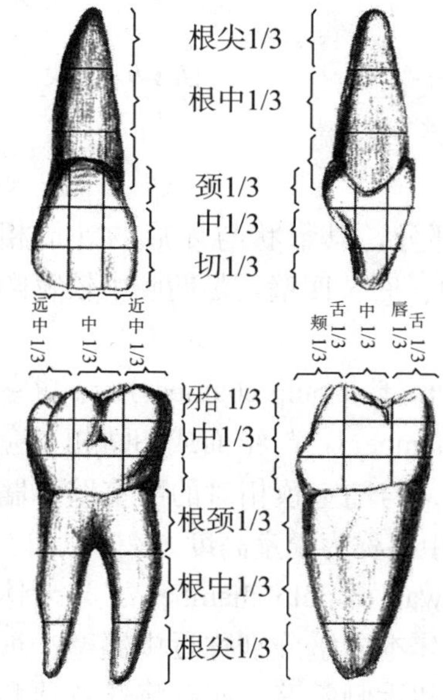

图 1-7　牙体三等分

（二）牙冠各面的命名

每个牙冠均有四个与牙体长轴大致平行的轴面和一个与牙体长轴基本垂直的𬌗面或切嵴，各面名称如下：

1．唇面（labial surface）或颊面（buccal surface）　在前牙，牙冠靠近唇黏膜的一面称为唇面；在后牙，牙冠靠近颊黏膜的一面称为颊面。

2．舌面（lingual surface）或腭面（palatal surface）　牙冠靠近舌侧的一面均称为舌面，上颌牙牙冠舌面因接近腭侧，故亦称为腭面。

3．邻面（proximal surface）　同一牙弓内相邻两牙相互接触的面，称为邻面。每个牙冠均包括两个邻面，即一个近中面（mesial surface）和一个远中面（distal surface）。牙冠离中线较近的邻面称为近中面；牙冠离中线较远的邻面称为远中面。

4．　面（occlusal surface）和切嵴（incisal ridge）　上、下颌后牙咬合时发生接触的一面称为𬌗面。前牙无𬌗面，其

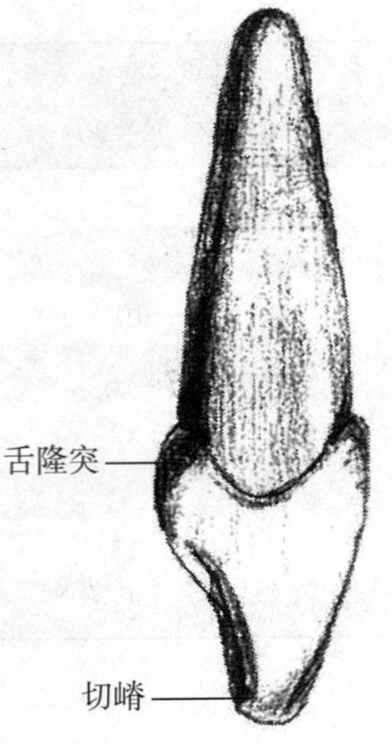

图 1-8 切嵴和舌隆突

切端舌侧具有切咬功能的嵴，称为切嵴（图 1-8）。

（三）牙冠的表面标志

1．牙冠的突起部分

（1）牙尖（dental cusp）：牙冠表面近似锥体形的显著隆起称牙尖，常位于尖牙的切端、前磨牙和磨牙的𬌗面上（图 1-9）。

（2）舌隆突（cingulum）：前牙舌面近颈 1/3 处的半月形隆突起，称舌隆突，是前牙的重要解剖特征之一（图 1-8）。

（3）结节（tubercle）：牙冠上釉质过度钙化而形成的小突起，可在𬌗面或切牙切缘见到。切牙初萌时切缘上所见的结节又称为切缘结节（mamelon），随着牙的磨耗而逐渐消失。

（4）嵴（ridge）：牙冠表面细长形的釉质隆起，称为嵴。根据其位置、形状和方向，嵴可分为切嵴、边缘嵴、牙尖嵴、三角嵴、横嵴、斜嵴、轴嵴、颈嵴（图 1-10）。

2．牙冠的凹陷部分

（1）窝（fossa）：是牙冠表面不规则凹陷，略似一个四周环山的盆地，称为窝。如前牙的舌面窝以及后牙的𬌗面窝（图 1-10）。

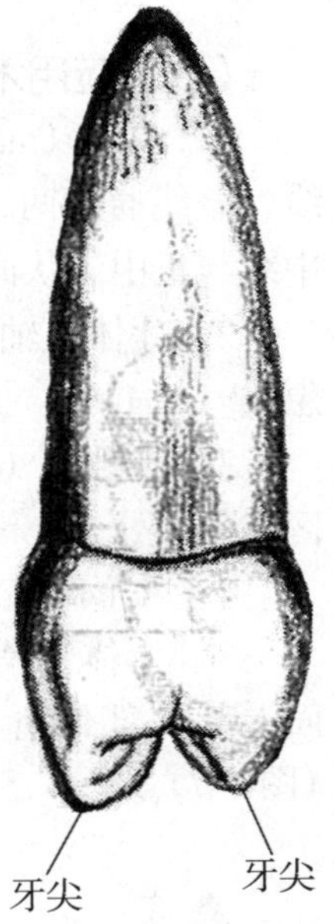

图 1-9 牙尖

（2）沟（groove）：是指牙冠各面上，介于牙尖和嵴之间，或窝底部细长形、似山间溪流的凹陷部分，有发育沟（developmental groove）和副沟（supplemental groove）（图 1-10）。钙化不全的沟称为裂，是龋病的好发部位。

（3）点隙（pit）：3 条或 3 条以上发育沟的汇合处，或某些发育沟的末端所形成的点状凹陷称为点隙（图 1-10）。此处釉质未完全连接，是龋病的好发部位。

3．斜面（inclined surface） 为组成牙尖的各面（图 1-10）。每个牙尖有四个斜面，两斜面相交成嵴，四斜面相交则组成牙尖的顶。

4．生长叶（lobe） 为牙生长发育的钙化中心，其融合处为发育沟。多数牙由 4 个生长叶发育而成，少数牙由 5 个生长叶发育而成。

（四）牙髓腔各部的名称

牙髓腔简称髓腔（pulp cavity），位于牙体中部，周壁除根尖孔外均为牙本质，髓腔内充满牙髓。髓腔的形状与牙体外形基本相似，包括髓室和根管系统（图 1-11）。

1．髓室（pulp chamber） 为髓腔位于牙冠及牙根颈部的部分，其形状与牙冠的外形相似。前牙髓室与根管无明显界限；后牙髓室约呈立方形，分顶、底及四壁，是髓腔中较宽阔的部分。

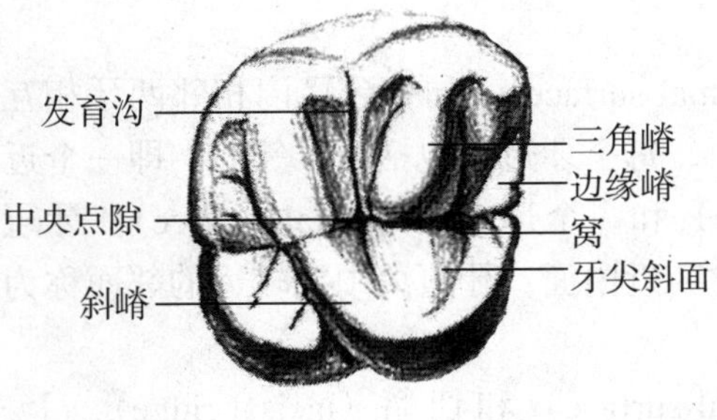

图 1-10 牙的𬌗面标志

（1）髓室顶（roof of pulp chamber）与髓室底（floor of pulp chamber）：与𬌗面或切嵴相对应的髓室壁称髓室顶，与髓室顶相对的髓室壁称髓室底，两者之间的距离称为髓室高度。

（2）髓室壁（wall of pulp chamber）：与牙体轴面相对应的髓腔牙本质壁分别称近中髓壁、远中髓壁、颊侧髓壁和舌侧髓壁。亦有将髓室顶和髓室底列入髓室壁者，即髓室共有六壁。

（3）髓角（pulp horn）：为髓室伸向牙尖突出成角形的部分，其形状、位置与牙尖外形相似。髓角与𬌗面的距离因年龄而异，乳牙与刚萌出不久的恒牙髓室大，髓角至𬌗面的距离近；老年人髓腔内径变小，髓角变低，髓角至𬌗面的距离变大。

（4）根管口（root canal orifice）：位于髓室底上，为髓室与根管的移行处。

2．根管（root canal） 是髓腔除髓室以外的管道部分。通常一个较圆的牙根内有1个与其外形相似的根管，但一个较扁的牙根内，则很可能有1～2个根管或1、2个根管的混合形式，偶可见一个牙根内有3个根管者。

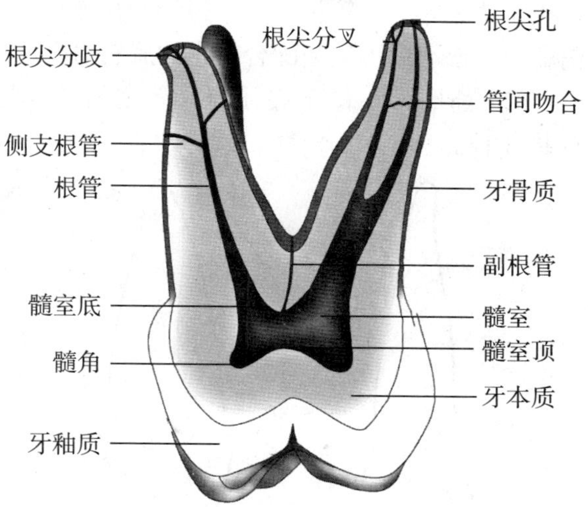

图1-11　髓腔各部名称

五、牙的外形及应用解剖

（一）恒牙

人类的恒牙共28～32颗，上下颌各14～16颗。左右成对的同名牙其解剖形态相同，故恒牙的形态有16种，分为切牙、尖牙、前磨牙和磨牙四种类型。

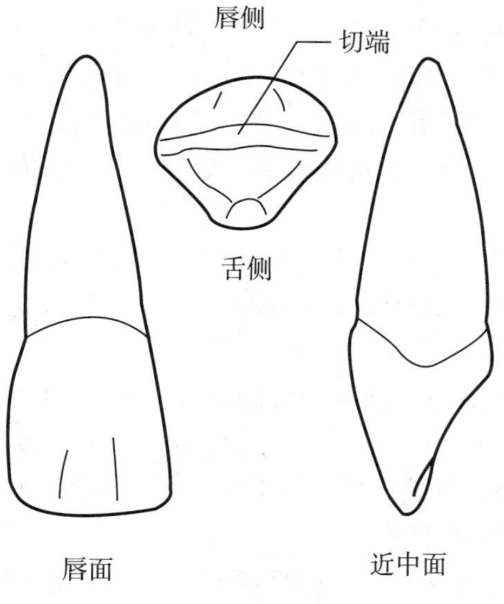

图1-12　右侧上颌中切牙

1．切牙 位于口腔前部，在中线两侧，形态相似，包括上颌中切牙（图1-12）、上颌侧切牙、下颌中切牙和下颌侧切牙，左、右两侧共8颗。

（1）牙体形态：切牙牙冠形态简单，由唇面、舌面、近中面和远中面四个轴面及一个切嵴组成，其中唇、舌面呈梯形，邻面呈三角形，颈部厚，切端薄，牙根为单根。其主要功能是切割食物。

（2）髓腔形态：唇舌剖面髓腔呈梭形，颈缘处最厚，向切端及根尖方向逐渐变细，根管较直，多为单根管。

（3）应用解剖：切牙的切嵴起切割食物的作用。上颌切牙位于牙弓前部，易受外伤而松动、折裂或脱落，缺损后影响面容与言语。切牙邻面和上颌侧切牙舌窝顶端是龋病的好发部位，临床检查时须注意。上颌中切牙牙根直且圆，拔除时可使用旋转力；上颌侧切牙牙根可有弯曲，拔除时应仔细；下颌切牙的牙根扁而窄长，拔除时不宜使用旋转力。切牙多为直的单根管，根管治疗时易于操作，疗效较好。

2．尖牙 位于口角两侧，上下左右共4颗（图1-13）。

（1）牙体形态：唇面为五边形，有一长大的牙尖，形似匕首。牙根为较直的圆锥形单根，是恒牙中牙根最长的牙。

（2）髓腔形态：髓腔的唇舌径较大，最宽处位于牙颈部，向根尖方逐渐变细。

（3）应用解剖：尖牙位于口角处，牙根长而粗壮，能承受较大力，并具有支撑口角的作用。若上尖牙缺失，口角上部塌陷，影响面部美观。尖牙在口内存留时间较久，可作为基牙修复相关缺失牙。根管粗而直，根管治疗效果好。拔除上颌尖牙时可使用旋转力，下颌尖牙的根稍扁圆，松动后可适当配合较小的旋转力。

3．前磨牙　位于尖牙与磨牙之间，分为第一前磨牙（图 1-14）、第二前磨牙，上下左右共 8 颗。

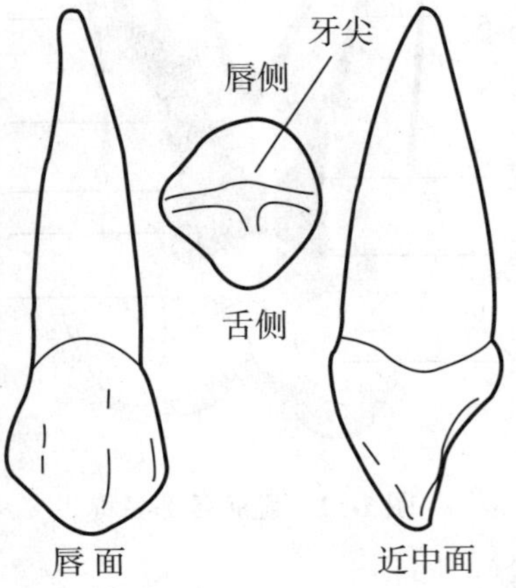

图 1-13　右侧上颌尖牙

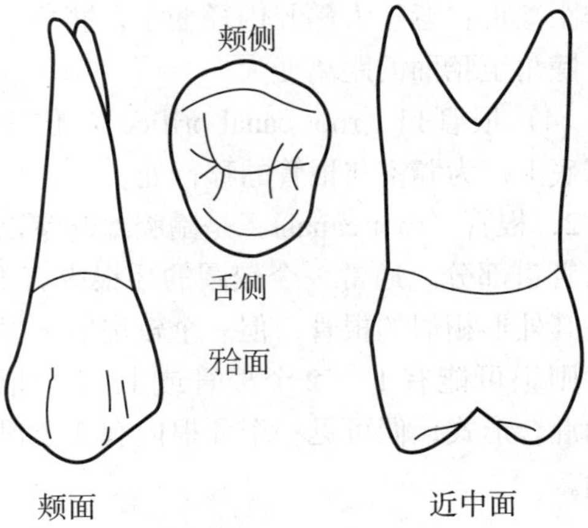

图 1-14　右侧上颌第一前磨牙

（1）牙体形态：牙冠为立方形，𬌗面上有 2 ～ 3 个牙尖，牙根扁而细长，上颌第一前磨牙多为颊舌两根，其余前磨牙多为单根。

（2）髓腔形态：牙冠内有一呈立方形髓室，与牙尖对应处有高耸的髓角，牙根内有 1 ～ 2 个根管。

（3）应用解剖：前磨牙𬌗面的窝、沟、点隙及邻面都是龋的好发部位，充填或修复时应注意恢复其正常解剖形态以及邻面接触区形态和位置，以免造成食物嵌塞。前磨牙牙根较扁或为双根，牙拔除时，不可使用旋转力。上颌前磨牙的根尖常接近上颌窦，根尖感染可能引起上颌窦炎，在拔除断根时要避免推入上颌窦。前磨牙𬌗面中央窝有时可见畸形中央尖，常因磨损使髓腔暴露，引起牙髓炎或根尖周炎。

4．磨牙　位于前磨牙的远中，牙弓的后方，分为第一磨牙（图 1-15）、第二磨牙、第三磨牙，共 12 颗，其牙冠的体积依次变小，形态变圆突。

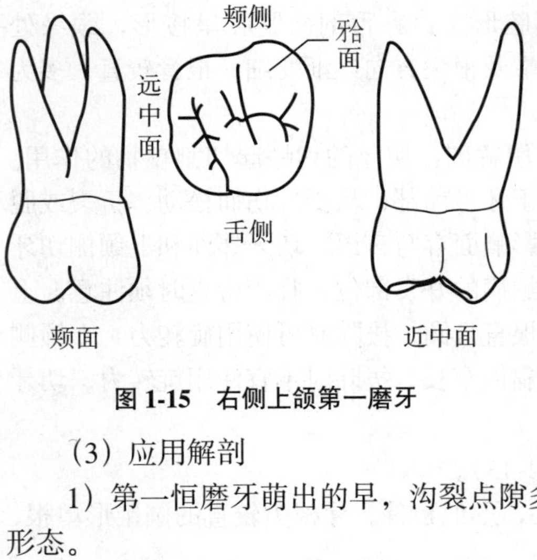

图 1-15　右侧上颌第一磨牙

（1）牙体形态：磨牙的牙冠为立方形，𬌗面宽大，形态复杂，有 4 ～ 5 个牙尖，尖窝交错，易积存食物残渣，是龋病好发的部位。牙根为 2 ～ 3 个根，根分叉依次变小。

（2）髓腔形态：牙冠内部髓室较大，呈立方形，与牙尖相对应处有 4 ～ 5 个髓角，有 3 ～ 4 个根管，扁形牙根内有 2 个根管，根管较细，且有弯曲，圆锥形牙根内多为 1 个较直的根管。

（3）应用解剖

1）第一恒磨牙萌出的早，沟裂点隙多，容易龋坏，充填及修复时注意恢复其正常的解剖形态。

2）上下颌第一磨牙的位置和关系，对于建立正常咬合起重要作用，保留和治疗第一磨牙很有必要。如拔除后应及时修复，以免邻牙向缺隙处倾倒，影响正常咬合关系。

3）第一恒磨牙与第二乳磨牙形态相似，容易混淆，拔牙时应特别注意鉴别。

4）第三磨牙常先天缺失或错位萌出，下颌第三磨牙的阻生情况较多，也是冠周炎的好发部位。常因下颌第三磨牙近中阻生引起食物嵌塞，导致下颌第二磨牙的远中龋坏。

5）上颌磨牙与上颌窦关系密切，其根尖感染可引起牙源性上颌窦炎；拔牙时切忌将断根推入上颌窦。下颌磨牙与下颌管接近，拔牙时勿伤及下齿槽神经。

6）腮腺导管口位于上颌第二磨牙牙冠相对的颊黏膜上。

（二）乳牙

乳牙是幼儿时期的咀嚼器官，又是引导恒牙在正常位置萌出的一个条件，故对牙颌系统的生长、发育及健康具有重要意义。乳牙共 20 颗，左右对称，分为上下乳中切牙、乳侧切牙、乳尖牙、第一乳磨牙、第二乳磨牙。

1．乳牙的牙体形态特点

（1）乳牙外形与同名恒牙相似，但体积较小，牙冠短而宽。

（2）乳牙牙冠色白，恒牙牙冠色微黄。

（3）乳牙颈嵴突出，外形高点明显。近颈 1/3 处缩窄，颈线弯曲度小于恒牙。

（4）冠根分界清晰，牙根明显变细，根长与冠长之比大于恒切牙。因根方有恒牙胚，故乳前牙根中 1/3 向唇侧弯曲；乳磨牙根干短，根分叉度大。

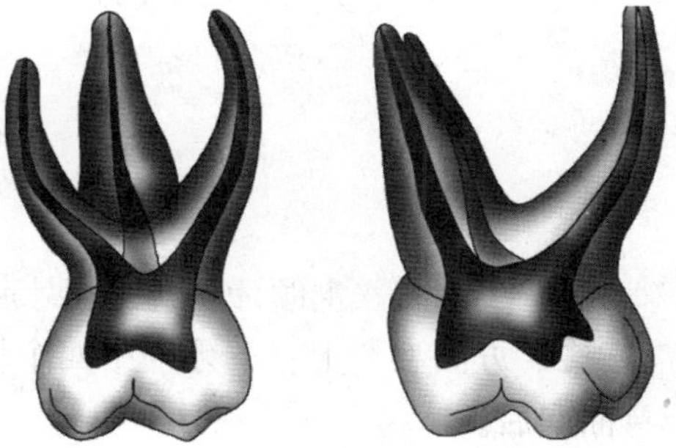

图 1-16　上颌第二乳磨牙及其髓腔形态

（5）上颌乳尖牙牙尖偏远中，而上颌恒尖牙牙尖偏近中。

（6）乳磨牙是第二乳磨牙（图 1-16）大于第一乳磨牙。

乳牙的髓腔特点：髓腔大，髓壁薄，髓角高。因根干短，根分叉接近牙冠颈部。

2．乳牙的应用解剖

（1）乳牙龋应尽早治疗以保持乳牙列的完整。

（2）及时拔除滞留的乳牙，以免影响恒牙的正常萌出。

（3）乳牙根方有恒牙胚，治疗时避免伤及。

（4）由于乳牙髓腔大，髓角高，制备洞形时，应防止穿髓。

第二节　牙列、𬌗与颌位

一、牙列

牙按照一定的顺序、方向和位置呈弓形排列在牙槽骨中，形成牙弓（dental arch）或称牙列（dentition），上颌者称为上牙弓（列），下颌者称为下牙弓（列）。

（一）牙列的分类

按照牙列在口腔中存在的时期可以分为乳牙列、混合牙列和恒牙列三类。

1．乳牙列　全部由乳牙组成的牙列。完整的上、下颌乳牙列各含 10 颗牙。乳牙列较短小，其牙列宽度与长度的比例相近，形态更近似半圆形。

2．混合牙列　处于乳牙列向恒牙列转换的过渡期，由乳牙和恒牙共同组成，随着乳牙脱落及恒牙萌出，在不同发育阶段牙列的形状不同，所含牙的数量也有差异。

3．恒牙列　为全部由恒牙组成的牙列。完整的上、下颌恒牙列各含 16 颗牙。由于上颌切牙较宽，下颌切牙较窄，下颌前磨牙向舌侧倾斜程度大于上颌前磨牙，故上颌牙列较下颌牙列略宽、略长。

（二）牙列的形状

按照牙列形态特征分型　对恒牙列进行观察分析，则发现牙弓的形状，个体之间并不全完相同，可概括地分为三种基本类型，即尖圆型、椭圆型和方圆型，但通常多为此三种基本类型的混合型（图 1-17）。

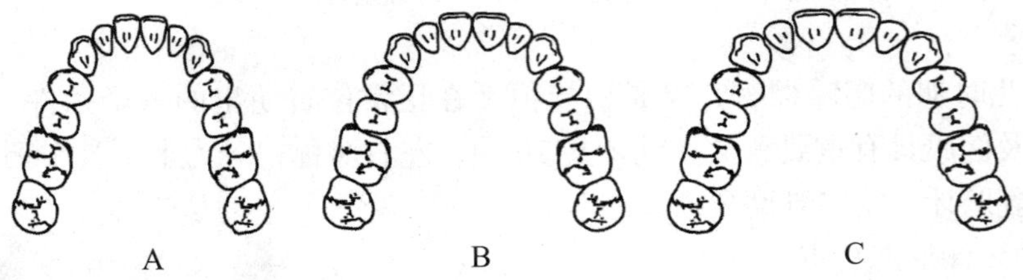

图 1-17 恒牙列的基本形状

A．尖圆型；B．椭圆型；C．方圆型

1．尖圆型　上颌牙列自侧切牙起就开始向后弯曲，弓形牙列的前牙段向前突出比较明显。

2．方圆型　上、下牙列中四个切牙的切缘唇侧连线略直，弓形牙列从尖牙的远中才开始弯曲向后。

3．椭圆型　介于方圆型与尖圆型之间，弓形牙列自上颌侧切牙的远中开始，向后逐渐弯曲，使得前牙段较圆突。

二、牙尖交错𬌗

（一）牙尖交错𬌗的名称与定义

上、下颌牙发生接触的现象被称为𬌗或咬合（occlusion），习惯上把这种接触关系称为𬌗关系或咬合关系。在下颌的各种功能运动中，咬合关系随着下颌位置的不同可产生多种接触状态，其中临床上最重要和最常用的咬合接触关系为牙尖交错𬌗（图 1-18）。

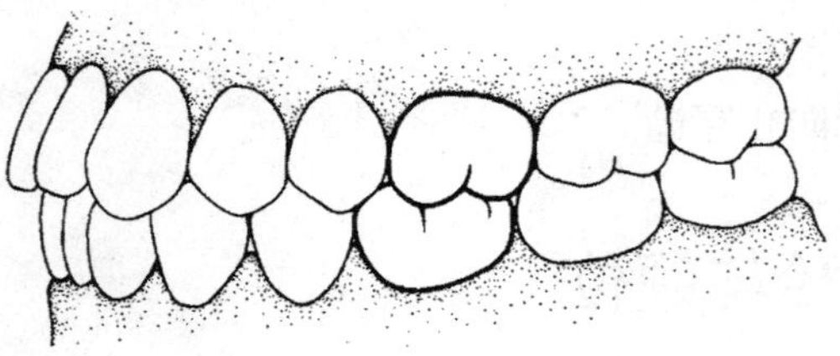

图 1-18 牙尖交错𬌗

牙尖交错𬌗（intercuspal occlusion，ICO）是指上、下颌牙牙尖交错，达到最广泛、最紧密接触时的一种咬合关系。牙尖交错𬌗时，上、下颌牙最广泛、最紧密地接触，整个牙列及牙周组织受力均匀，便于承受和分散𬌗力，最大限度发挥咀嚼食物的潜能，因此是一种非常重要的咬合接触关系。

（二）牙尖交错𬌗的特点及生理意义

1．上下颌牙为尖窝相对的交错咬合关系　牙尖交错𬌗时，除下颌中切牙与上颌第三磨牙外，都保持着一个牙与相对的两个牙的𬌗接触关系。

这种𬌗接触的意义在于：① 可使𬌗面接触面积最大，有利于咀嚼；②可使𬌗力分散，避免个别牙负担过重；③即使有个别牙缺失，也不致使对颌的同名牙完全失去咬合与咀嚼功能，因而在短时间内不致发生移位现象。

2．上下颌牙弓间存在着覆盖与覆𬌗关系　由于上颌牙弓较下颌牙弓为大，因而在牙尖交错𬌗时呈现覆盖与覆𬌗关系（图 1-19，图 1-20 及图 1-21）。

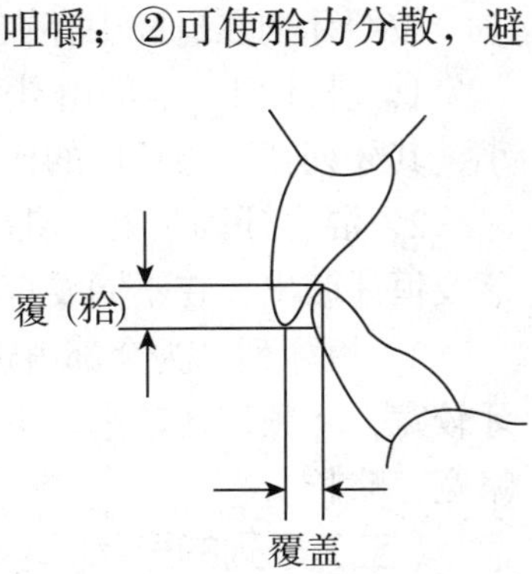

图 1-19 前牙覆𬌗与覆盖

（1）覆盖（overjet）：亦名超𬌗，指上颌牙盖过下颌牙的水平距离。如在前牙，即指上颌切牙切缘到下颌切牙唇面的水平距离。在正常情况下，距离在 3mm 以内，超过者称为深覆盖。深覆盖的程度取决于距离的大小。超过 3mm 者为Ⅰ度深覆盖，超过 5mm 者为Ⅱ度深覆盖，超过 7mm 者为Ⅲ度深覆盖。有时由于发育异常，下颌切牙切缘突出于上颌切牙的唇侧，或下颌后牙的颊尖突出于上颌后牙的颊侧，则称为反覆盖。

（2）覆𬌗（overbite）：指上颌牙盖过下颌牙唇、颊面的垂直距离。如在前牙，盖过的部分不超过前牙唇面切 1/3 者，称为正常覆𬌗。超过者，称为深覆𬌗。深覆𬌗的程度取决于下颌前牙切缘咬在上颌前牙舌面的部位而定，咬在切 1/3 以内者，称为正常覆𬌗；咬在中 1/3 以内者，称为Ⅰ度深覆𬌗；咬在颈 1/3 者，称为Ⅱ度深覆𬌗；超过颈 1/3 者，称为Ⅲ度深覆𬌗。若下颌牙反盖着上颌牙，称为反𬌗。若上下牙彼此以切缘相对，或以颊尖相对，则称为对刃𬌗。上、下前牙甚至前磨牙均不接触者称开𬌗（图 1-21）。

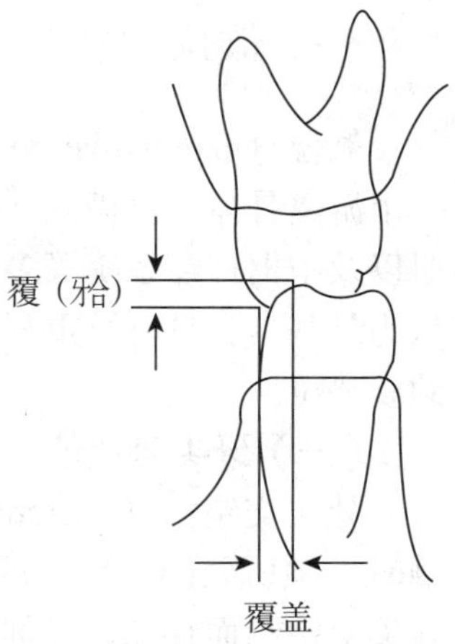

图 1-20　后牙覆𬌗与覆盖

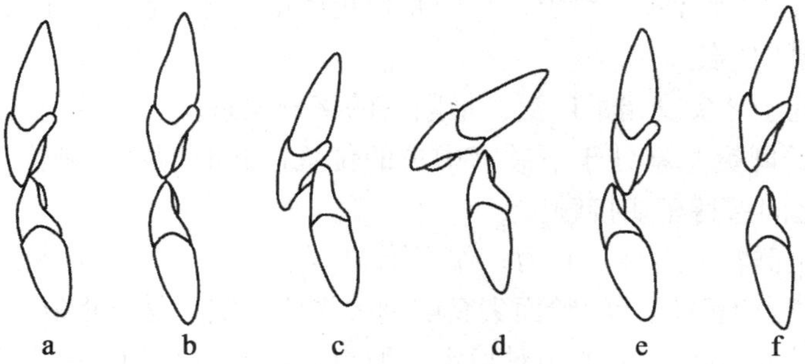

图 1-21　前牙覆𬌗与覆盖的分类

a．正常𬌗；b．对刃𬌗；c. 深覆𬌗；d．深覆盖；e．反𬌗；f．开𬌗

（3）覆盖、覆𬌗的生理意义：①因上牙弓大于下牙弓，便于下颌进行咀嚼运动时，保持接触关系，从而有利于提高咀嚼效能；②因上牙弓的切缘与颊尖覆盖着下牙弓的切缘与颊尖，使唇、颊侧软组织得到保护，而不致咬伤。同时在牙弓的舌侧，由于下颌牙的舌尖反覆盖着上颌牙的舌尖，这样又可保护舌的边缘不被咬伤。

3．牙尖交错𬌗的标志　常利用上下颌第一恒磨牙的𬌗关系作为判定牙尖交错𬌗的指标。如上下牙弓的𬌗关系正常，则在牙尖交错𬌗时，上颌第一恒磨牙的近中颊尖正对着下颌第一恒磨牙的颊沟，上颌第一恒磨牙的近中舌尖则接触在下颌第一恒磨牙的中央窝内，通常称为中性𬌗，如上颌第一恒磨牙的近中颊尖咬合在下颌第一恒磨牙的颊沟的近中，则称为远中错𬌗，或安氏Ⅱ类错𬌗；反之，如上颌第一恒磨牙的近中颊尖咬合在下颌第一恒磨牙颊沟的远中，则称为近中错𬌗，或安氏Ⅲ类错𬌗（图 1-22）。

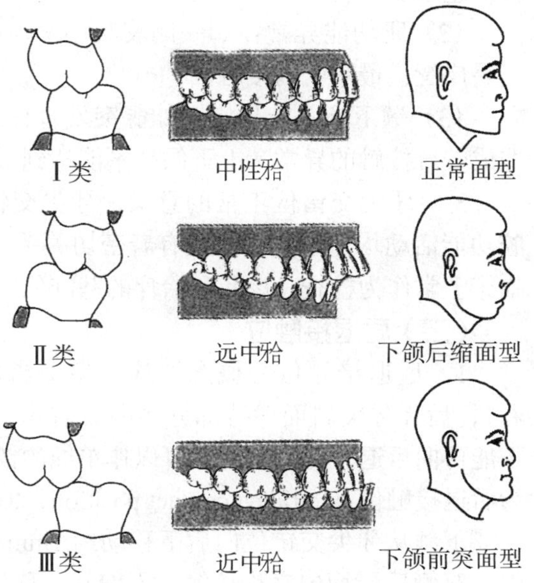

图 1-22　牙尖交错𬌗标志与𬌗型、面型的关系

三、颌位

颌位（mandibular position）是指下颌骨相对于上颌骨或者颅骨的位置关系。由于下颌骨是一个游离骨体，仅借颞下颌关节与颅骨相连，下颌位置的维系受颞下颌关节、咬合接触、颌骨肌以及中枢神经系统等多个因素的调节和制约。下颌相对于上颌的位置可以有很多种，但一般认为最基本、具有可重复性、稳定性较好的下颌位置有三个，即牙尖交错位、后退接触位和下颌姿势位。

（一）牙尖交错位

牙尖交错位（intercuspal position，ICP）是指上下颌牙牙尖交错，达到最广泛、最紧密接触时下颌所处的位置，即牙尖交错𬌗时下颌骨相对于上颌骨或者颅骨的位置关系。该位置因牙尖交错𬌗而存在，又称为“牙位”（tooth position）。

鉴于正常情况下牙尖交错位时下颌骨的位置居于正中，过去曾称之为正中𬌗位（centric occlusion position，COP），但事实上并不是所有的人在牙尖交错位时其下颌的位置都处于正中，例如，单侧后牙反𬌗者，下颌在其最广泛、最紧密接触的咬合状态时，其下颌在牙尖交错位时并非位于“正中”，因此牙尖交错位比正中𬌗位更能准确地反映该颌位的特征。

1．牙尖交错位的特点

（1）上下颌牙处于牙尖交错最广泛、最紧密的接触关系。

（2）大部分人的髁突基本处于下颌窝中央的位置，此时髁突前斜面、关节盘中间带、关节结节后斜面三者之间保持密切接触。

（3）双侧口颌肌群收缩对称、有力，作用协调。

（4）牙尖交错位由上下颌牙的𬌗面尖窝解剖关系所决定，是可重复的下颌位置。

（5）牙尖交错位在人的一生中相对稳定，但也是逐渐变化的。随着年龄的增加及牙病的发生，牙磨耗、缺失、临床治疗等造成咬合变化，都可能会对牙尖交错位产生影响。总体上，牙尖交错位的存在、变化和消失可依牙尖交错𬌗的状态而变化。

2．牙尖交错位的影响因素　牙尖交错位的存在是以牙尖交错𬌗为前提的，无论牙尖交错𬌗为何种形态，其所确定的颌位就是牙尖交错位。影响牙尖交错位的因素有如下几种。

（1）牙尖交错𬌗异常：如多数牙缺失、𬌗面重度磨损、某些错𬌗等，均可能使牙尖交错位发生改变。

（2）肌功能异常：如一侧咬肌痉挛，可使下颌在牙尖交错位时出现偏斜，上下牙不能达到最广泛、最紧密的接触。

（3）颞下颌关节异常：如髁突发育异常、髁突重度骨质吸收、下颌骨骨折移位等，都会造成咬合接触的异常，上下颌牙不能达到最广泛、最紧密的接触。

3．牙尖交错位正常的意义　牙尖交错位是下颌的主要功能位，咀嚼、吞咽、言语等口腔功能活动均与牙尖交错位有着密切关系。𬌗面的解剖嵌合关系决定其具有很好的可重复性，临床上常作为检查、诊断和治疗的基准位。

（二）后退接触位

1．后退接触位的概念　从牙尖交错位开始，下颌还可再向后下移动少许（约 1mm 左右），后牙牙尖斜面保持部分接触而前牙不接触，同时髁突也受颞下颌韧带水平纤维的限制，不能再向后退，此时，下颌可以作单纯的铰链开口运动，具有可重复性。下颌的这个位置称之为后退接触位（retruded contact position，RCP），是下颌的生理性最后位。

下颌从牙尖交错位向后下移动约 1mm 可达此位。从后退接触位向牙尖交错位的移动范围内，双侧后牙均匀对称接触，无偏斜，称为长正中（long centric）。但是在正常人群中，大约有 10% 的人下颌不能从牙尖交错位后退，或者说牙尖交错位与后退接触位为同一个位置，此现象称为一位，而将具有牙尖交错位与后退接触位两个颌位的现象称为二位。儿童中一位的比例较高，随着年龄增长，一位的比例逐渐减少，二位的比例明显增加，成人时基本为 90% 左右。

2．后退接触位的意义

（1）大多数成人存在牙尖交错位和后退接触位两个位置，后退接触位为下颌在牙尖交错位时承受的咬合力提供了缓冲余地。

（2）后退接触位是口颌系统疾病诊断和进行咬合重建的记录位。

（3）曾有学者强调 ICP-RCP 咬合干扰对于颞下颌关节紊乱病和磨牙症具有重要病因学意义，因此在口颌系统功能检查中，后退接触位及其咬合接触特征是一项重要的检查内容。

（三）下颌姿势位

当人直立或端坐，两眼平视前方，不咀嚼、不吞咽、不说话时，提颌肌群轻微收缩以对抗下颌骨所承受的重力，上下颌牙之间有一前大后小的楔形间隙，大约 2 ~ 4mm，称为息止殆间隙（freeway space），此时下颌所处的位置称为下颌姿势位（mandibular postural position，MPP）（图 1-23）。

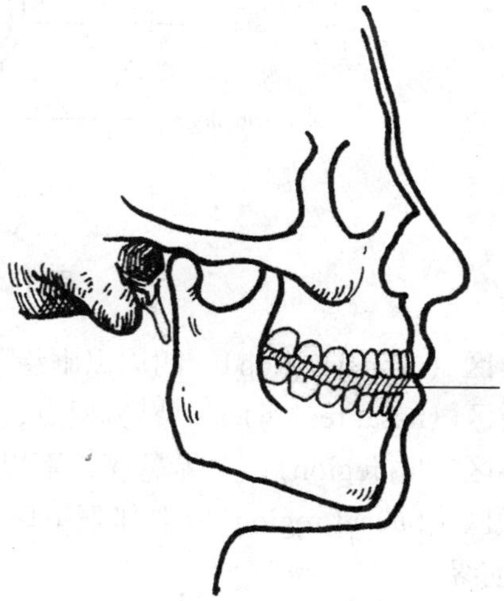

图 1-23　下颌姿势位

1．下颌姿势位的特点

（1）在牙尖交错位后下方约 2 ~ 4mm 处，无咬合接触。

（2）受体位的影响，头前倾或后仰影响息止殆间隙的大小。

（3）在人一生中可随咬合等因素的变化而发生相应变化，但在一段时间内，该位相对稳定，具有一定的可重复性。

2．下颌姿势位的意义　下颌姿势位时上、下颌牙不接触，不产生非咀嚼性磨损，牙周与颞下颌关节组织不受力，口颌肌比较放松，这是维持口颌系统健康所必需的。正常人在 24 小时内上下颌牙接触的时间仅十几分钟，大部分时间上下颌牙都处于分开状态。有紧咬牙习惯或磨牙症的患者，在非咀嚼情况下（如夜间睡眠状态）也保持上、下颌牙的密切接触或产生接触运动，不仅造成牙的严重磨损，而且异常肌活动加重了对牙体、牙周组织和颞下颌关节的负荷，久之会造成口颌系统的损伤和功能障碍。因此，保持下颌姿势位的相对稳定或正常的殆间隙是十分重要的。

下颌姿势位靠肌张力和下颌骨重力的平衡来维持，其稳定性可受到许多因素的影响。体位、下颌骨重量（缺牙及牙槽骨吸收、广泛金属修复体等）、肌紧张程度及异常的咬合关系如覆殆、覆盖比例过大、反殆等会影响姿势位的稳定性。但是，在相当长的一段时间内，下颌姿势位又是相对稳定的。在全口牙缺失作总义齿修复确定颌位时，下颌姿势位具有重要参考价值。

第三节　颌面部解剖

颌面部是面部的一部分，而面部是指发际以下、颌骨下缘以上及两侧下颌支后缘之前的区域。通常以经过眉间点及鼻下点的两水平线为界，将面部分为上 1/3、中 1/3 和下 1/3 三等份，颌面部由面部的中 1/3 和下 1/3 两部组成。

一、颌面部分区及表面标志

（一）颌面部分区

根据面部形态及解剖特点，可将其分眶区、鼻区、唇区、颏区、眶下区、颧区、颊区、腮腺咬肌区、面侧深区、额面区、颞面区（图 1-24）。

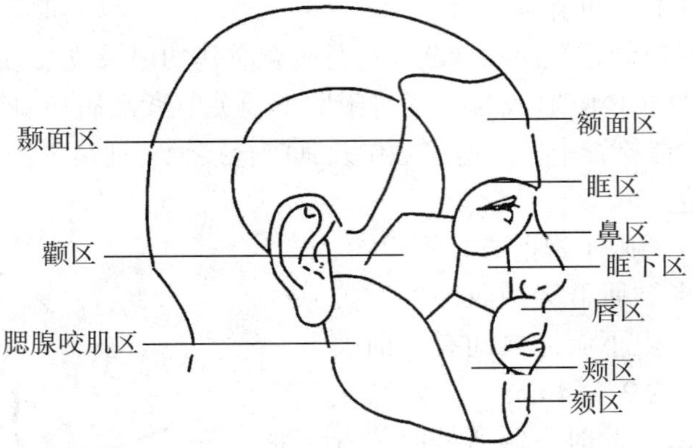

图 1-24 颌面部分区

1．眶区（orbital region） 四周以眶缘为界。

2．鼻区（nasal region） 上界鼻根点，下界鼻底，两侧界为内眦与鼻翼点的连线。

3．唇区（lip region） 上界鼻底，下以颏唇沟与颏区分界，两侧界为唇面沟。

4．颊区（buccal region） 上邻眶下区和颧区，下界为下颌下缘，前界为唇区和颏区，后界为咬肌前缘。

5．眶下区（infraorbital region） 上界为眶下缘，下界为唇面沟中点至上颌骨颧突根下缘的连线，内邻鼻区，外侧界为上颌骨颧突根部的垂线。

6．颧区（zygomatic region） 上界为颧弓上缘，下界为颧骨下缘，前界为上颌骨颧突根部，后界为颧弓后端。

7．颏区（mental region） 上界为颏唇沟，下以下颌下缘为界，两侧界为口角的垂线。

8．腮腺咬肌区（parotideomasseteric region） 上界为颧弓及外耳道下缘，下以下颌下缘为界，前界为咬肌前缘，后界为胸锁乳突肌、乳突、二腹肌后腹的前缘。

9．面侧深区（deep region of lateral face） 位于颧弓和下颌支的深面，前界为上颌骨的后面，后界为腮腺深叶，内为翼外板，外以下颌支为界。该区也是颞下间隙及翼颌间隙的范围。

10．额面区（frontofacial region） 上界为发际，下界为眶上缘，两侧为上颞线。

11．颞面区（temporofacial region） 前上界为上颞线，后界为发际，下界为颧弓上缘。

（二）颌面部表面标志

面部具有许多临床常用的表面解剖标志，如图 1-25 所示。

1．睑裂（palpebral fissure） 为上睑和下睑之间的裂隙，正常睑裂的宽度和高度分别为 3.5cm 和 1.0 ～ 1.2cm。

2．睑内侧联合（medial palpebral commissure）和睑外侧联合（lateral palpebral commissure） 为上、下睑在内侧和外侧的结合处。

3．内眦（medial angle of eye）和外眦（lateral angle of eye） 分别为睑内侧联合和睑外侧联合处所成的角点。面部垂直比例作垂线时经过此点。外眦较内眦约高 3 ～ 4mm。

4．鼻根（radix nasi）、鼻尖（apex nasi）和鼻背（dorsum nasi） 外鼻上端连于额部者称为鼻根。前下端隆起处称鼻尖。鼻根与鼻尖之间称为鼻背。

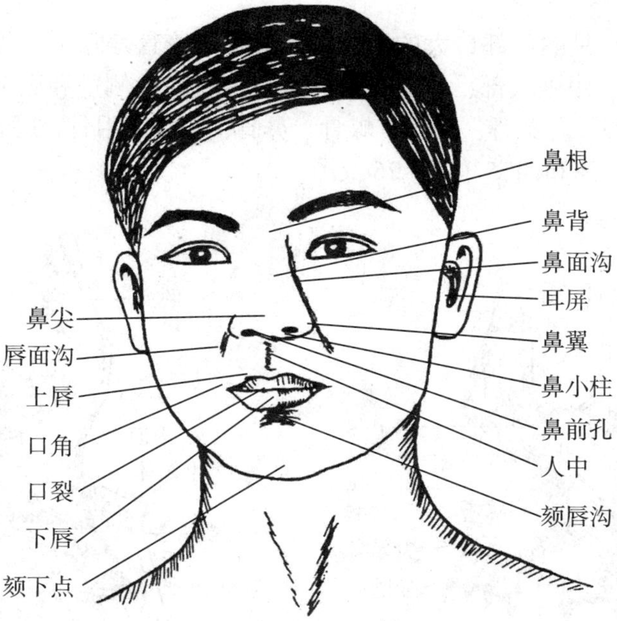

图 1-25　颌面部表面标志

5．鼻底（base of the nose）和鼻孔（nostril）　锥形外鼻之底称鼻底。鼻底上有左、右卵圆形孔，称为鼻孔，又称鼻前孔。

6．鼻小柱（columella nasi）和鼻翼（alae nasi）　两侧鼻孔之间的隆嵴称鼻小柱；鼻孔外侧的隆起称鼻翼。

7．鼻面沟（nasofacial sulcus）　为鼻外侧之长形凹陷。沿鼻面沟作手术切口，愈合后瘢痕不明显。

8．唇面沟（labiofacial sulcus）　为上唇与颊部之斜行凹陷。沿唇面沟作手术切口，愈合后瘢痕不明显。在矫治修复时，唇面沟常用以作为判断面容恢复情况的指征。

9．鼻唇沟（nasolabial sulcus）　鼻面沟与唇面沟合称为鼻唇沟。

10．口裂（oral fissure）　为上唇与下唇之间的横形裂隙。

11．口角（angle of mouth）　口裂两端为口角，其正常位置约相当于尖牙与第一前磨牙之间，施行口角开大或缩小术时，应注意此关系。

12．唇红（vermilion）　为上、下唇皮肤与黏膜的移行区。

13．唇红缘（vermilion border）　为唇红与皮肤之交界处。

14．人中（philtrum）　上唇皮肤表面正中，由鼻小柱向下至唇红缘的纵行浅沟称为人中。

15．人中嵴（philtrum crest）　人中的两侧各有一条与其并行的皮肤嵴，自鼻孔底内下方伸延至唇峰称为人中嵴。

16．颏唇沟（mentolabial sulcus）　为下唇与颏部之间的横形凹陷。

17．耳屏（tragus）　为外耳道前方之结节状突起，临床常在其前方，颧弓根部之下，检查下颌骨髁突的活动情况。在耳屏前方约 1cm 可触及颞浅动脉的搏动。

二、颌面部骨

颌面部骨由 14 块形态各异的骨块组成，构成颅面框架，支持和保护眼眶、鼻腔、口腔等相关结构，其中除了下颌骨和犁骨为单一骨之外，上颌骨、鼻骨、泪骨、颧骨、腭骨及下鼻甲均为左右成对，呈对称性排列。

（一）上颌骨

上颌骨（maxilla）是颜面部最大的骨，左右对称。该骨是除下颌骨外最大的口腔颌面部骨，形成整个上颌部、眼眶底部、口腔顶的大部分、鼻腔外侧壁和底部、部分颞下窝和翼腭窝、翼上颌裂及眶下裂，与颧骨、额骨、蝶骨、鼻骨、犁骨、泪骨、腭骨等邻接。上颌骨形态不规则，大致可分为一体和四突（图 1-26 及图 1-27）。

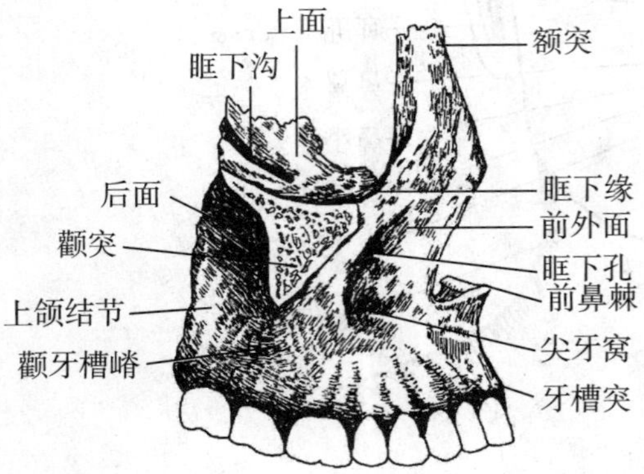

图 1-26 上颌骨外侧面观

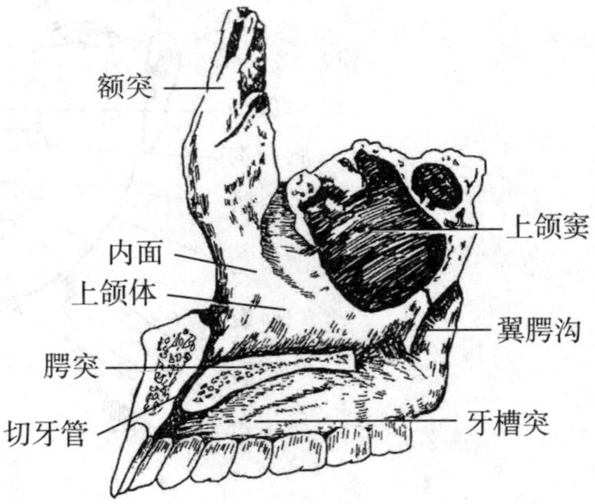

图 1-27 上颌骨内侧面观

1．上颌体　上颌体（maxillary body）略呈锥体形，分为前、后、上、内四面，中央有上颌窦。

（1）前面：又称脸面。上界为眶下缘，下界移行于牙槽突，内界为鼻切迹，向下止于尖端的突起，与对侧尖端突起共同形成前鼻棘，后界为颧突及颧牙槽嵴。在眶下缘中点下方约 0.5cm 处有椭圆形的眶下孔，孔内有眶下神经、血管通过。眶下孔向后上外方通入眶下管，眶下孔是眶下神经阻滞麻醉的有效注射部位。在眶下孔下方的骨面上有一较深的窝，称为尖牙窝，提口角肌起始于此处。尖牙窝一般位于前磨牙根尖的上方，与上颌窦仅有薄骨板相隔，故行上颌窦手术时常由此处进入窦腔。

（2）后面：又称颞下面，朝向后外，参与颞下窝及翼腭窝前壁的构成。上颌体后面与前面在外侧的移行处有颧牙槽嵴，在面部或口腔前庭可触及，是行上牙槽后神经阻滞麻醉的重要标志。后面的下部有比较粗糙的圆形隆起，称为上颌结节，为翼内肌浅头的起点。后面的中部，即上颌结节上方有数个小骨孔，称为牙槽孔。牙槽孔为牙槽管的开口，向下导入上颌窦后壁，有上牙槽后神经、血管通过。在行上牙槽后神经阻滞麻醉时，麻醉药物应注入牙槽孔周围。

（3）上面：又称眶面，呈三角形，参与构成眶下壁。中部有眶下沟，向前、内、下通眶下管，该管以眶下孔开口于上颌体的前面。眶下管的前段发出一牙槽管，有上牙槽前神经、血管向下经上颌窦的前壁穿行。眶下管的后段亦发出一牙槽管，有上牙槽中神经经上颌窦的前外侧壁穿行。眶下管长约 1.5cm，在行眶下管麻醉时进针不可过深，以免针尖穿入眶下沟而损伤眼球。

（4）内面：又称鼻面，构成鼻腔外侧壁。内面后上方有三角形的上颌窦裂孔通向鼻腔。上颌窦裂孔后方有向前下方的沟与蝶骨翼突和腭骨垂直部相接，共同构成翼腭管。翼腭管长约 3.1cm，管内有腭降动脉及腭神经通过。临床上可通过翼腭管施行上颌神经阻滞麻醉。上颌窦裂孔之前有一深沟向上与泪沟延续，参与构成鼻泪管的骨性部分。

2．四突　上颌骨的四突分别为额突、颧突、腭突和牙槽突。

（1）额突（frontal process）：位于上颌体的内上方，其上、前、后缘分别依次与额骨、鼻骨和泪骨相接。其外侧面构成眶内缘及鼻背的一部分，内侧面形成鼻腔侧壁的上份。额突参与泪沟的构成。在上颌骨骨折累及鼻腔和眶底时，复位操作应注意保证鼻泪管的通畅。

（2）颧突（zygomatic process）：由上颌体的前面、后面、上面汇集而形成的一锥状突起，向外上与颧骨相接，向下至第一磨牙处形成颧牙槽嵴。

（3）腭突（palatine process）：为水平骨板，在上颌体与牙槽突的移行处伸向内侧，与对侧上颌骨腭突在中线相接，形成腭中缝，参与构成鼻腔底部和口腔顶部的大部。腭突的下面略凹陷形成腭穹隆，参与构成硬腭的前 3/4。该面有不少小孔，有小血管通过。腭突下面在上颌中切牙的腭侧、腭中缝与两侧尖牙连线的交点上有切牙孔（incisive foramen）或称腭前孔，向上后通入切牙管（incisive canal），管内有鼻腭神经、血管通过。在麻醉鼻腭神经时，麻醉药物可注入切牙孔或切牙管内。腭突下面后外侧近牙槽突处，有纵行的沟或管，腭大血管及腭前神经在沟内穿行。腭突后缘呈锯齿状与腭骨水平部相接。

（4）牙槽突（alveolar process）：又称牙槽骨，呈弓形，为上颌骨包绕牙根周围的突起部分。两侧牙槽突在中线相接，形成牙槽骨弓。牙槽突有内、外骨板，均为骨密质。内、外骨板间夹以骨松质。牙槽突唇颊侧骨板较薄，并有许多小孔通向骨松质。故临床行上颌牙、牙龈、牙槽骨治疗或手术时，可采用局部浸润麻醉。

上颌牙槽突与腭骨水平部共同构成腭大孔（greater palatine foramen），有腭前神经通过。该孔一般位于上颌第三磨牙腭侧牙槽嵴顶至腭中缝连线的中点。

3．结构特点

（1）牙槽突结构特点：牙槽突为骨骼系统中变化最为显著的部分，其变化与牙的发育、萌出、咀嚼功能、牙的移动以及恒牙的脱落等均有密切的关系。牙槽突的变化反映了骨组织的改建过程，是破骨与成骨两者相互平衡的生理过程。口腔牙列正畸正是根据牙槽突的这一生物学特性，对错位牙施以适当的力，促使其向正常位置移动，从而达到牙列整齐并建立正常咬合关系的目的。牙槽突上有一些解剖结构与临床关系密切，如容纳牙根的牙槽窝、牙槽嵴（牙槽窝的游离缘）、牙槽间隔（两牙之间的牙槽突）和牙根间隔等。

（2）上颌窦：上颌窦（maxillary sinus）位于上颌体中央，是鼻旁窦中最大的一对窦腔。上颌窦呈锥体形，基底由鼻腔外侧壁构成，尖延伸至上颌骨的颧突，其上壁为眶底，下壁为上颌骨的牙槽突，且常较鼻腔底低 1.5cm，上颌窦的底壁由前向后盖过上颌第二前磨牙到上颌第三磨牙的根尖，与上述牙根尖之间以较薄的骨板相隔，甚至无骨板而仅覆以黏膜。上述牙的牙源性感染可累及上颌窦，引起上颌窦炎症。在行上颌窦手术时，应避免伤及牙根尖。

（3）支柱及支架结构：上颌骨与咀嚼功能关系密切，在承受咀嚼压力明显的部位，骨质比较厚，以利于将咀嚼压力传导至颅底，由此形成三对支柱，均下起上颌骨牙槽突，上达颅底。

尖牙支柱（canine buttress）又称鼻额支柱，主要承受尖牙区的咀嚼压力，起于上颌尖牙区的牙槽突，上行沿梨状孔外缘及眶内缘经额突至额骨。

颧突支柱（zygomatic buttress）主要承受第一磨牙区的咀嚼压力，起于上颌第一磨牙区的牙槽突，沿颧牙槽嵴上行达颧骨后分为二支，一支沿颧骨额突经眶外缘，在眶上缘外侧端至额骨，另一支向外后经颧弓至颅底。

翼突支柱（pterygoid buttress）又称翼上颌支柱，主要承受磨牙区的咀嚼压力，由蝶骨翼突与上颌骨牙槽突的后端连接而构成。

在上述支柱间有横行的连接支架，如眶上弓、眶下弓、鼻骨弓等。这些结构使上颌骨及其邻骨能够承受相当大的咀嚼压力，并可将外力沿各骨接缝处和腔窦骨壁弥散消失。但在受到暴力的情况下，常可造成上颌骨及其邻骨同时破损，甚至波及颅脑。上颌骨骨折时，骨折线亦与上述结构特点有关。附着于上颌骨的主要为表情肌，肌束薄弱，因而骨折移位与肌纤维的收缩牵拉无明显关系。

（二）下颌骨

下颌骨（mandible）由下颌体和下颌支组成，左右对称，是颌面部唯一能活动的骨（图 1-28 及图 1-29）。

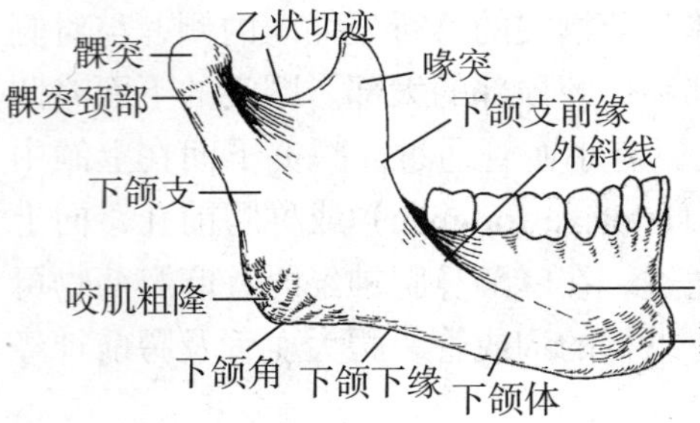

图 1-28 下颌骨外侧面观

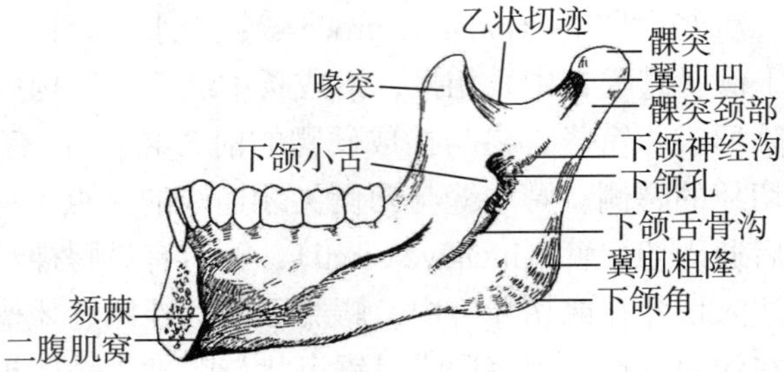

图 1-29 下颌骨内侧面观

1．下颌体（mandibular body） 为下颌骨的水平部分，呈弓形，分内外两面和牙槽突、下颌骨下缘。

（1）外面：中线处可见正中联合，正中联合两侧近下缘处，左右各有一突起称颏结节，从颏结节向后上与下颌支前缘相连接的骨嵴称外斜线，有降下唇肌和降口角肌附着，外斜线下方有颈阔肌附着。成人下颌前磨牙的下方，下颌骨上下缘之间有颏孔，颏神经和血管由此通过。颏孔的位置随年龄变化，成人颏孔朝向后、上、外方，颏神经麻醉时应注意此方向。

（2）内面：近中线的下方有一对小突起，称上、下颏棘，上颏棘为颏舌肌的附着点，下颏棘为颏舌骨肌的附着点。下颌骨正中粉碎性骨折时，颏舌肌断裂造成舌后坠，可引起窒息，急救时请注意保持呼吸道通畅。从下颏棘下方斜向后上与外斜线相应的骨嵴称内斜线，有下颌舌骨肌附着。颏棘两侧有舌下腺窝，与舌下腺相邻。中线两侧近下颌骨下缘处左右各有一卵圆形浅窝，称二腹肌窝，为二腹肌前腹的起点，二腹肌窝的后上方有颌下腺窝，与颌下腺相邻。

（3）牙槽突：与上颌牙槽突相似，但牙槽窝比上颌小。下颌牙槽骨的内外板均由较厚的骨密板组成，切牙区除外。因此在拔除下颌牙和牙槽骨手术时，除切牙区可采用浸润麻醉外，其余均需要阻滞麻醉。

（4）下颌骨下缘：外形圆钝，为下颌骨骨质最致密处，常作为颈部的上界和颌下区切口的相关标志。

2．下颌支（mandibular ramus） 又称下颌升支，左右各一，为几乎垂直的长方形骨板，有内、外两面，上、下、前、后四缘和喙突、髁突两突。

（1）内面：其中央略偏后上方处有下颌孔，呈漏斗状，开口朝向后上方。孔的前方有下颌小舌，为蝶下颌韧带附着处。孔的后上方有下颌神经沟，下牙槽神经、血管通过此沟进入下颌孔。下颌神经沟的位置相当于下颌磨牙𬌗平面上方约 1cm 处。行下牙槽神经阻滞麻醉经口内注射时，为了使针尖避开下颌小舌的阻挡，接近下牙槽神经，注射器针尖应到达下颌孔上方约 1cm 处。在下颌孔的前上方，有下颌隆突，下颌隆突是由喙突往后下方和髁突往前下方两者汇合而成的骨嵴。此处由前向后分别有颊神经、舌神经和下牙槽神经越过。下颌孔的下方有一向前下的沟，称为下颌舌骨沟，沿内斜线的下方向前延伸，沟内有下颌舌骨神经、血管经过。下颌孔向前下方通入下颌管。下颌小舌的后下方骨面比较粗糙，称为翼肌粗隆，为翼内肌的附着处。

（2）外面：外面的下方骨面比较粗糙，称为咬肌粗隆，为咬肌的附着处。外面的上中部骨面略有突起或明显突起，称为下颌支外侧隆突。该突的位置大约相当于内侧的下颌孔前后与下颌孔上缘上方附近。在行下颌支手术时，可以下颌支外侧隆突为标志，保护下颌支内侧的下牙槽神经、血管。下颌角处有茎突下颌韧带附着。

（3）四个边缘：上缘薄，为下颌切迹或称下颌乙状切迹。下缘与下颌体下缘连接，与后缘相遇成下颌角。后缘厚而圆，自髁突延伸到下颌角，上部轻度向后凸而下部凹，与腮腺相接触。前缘上部薄，与喙突连续，下部厚，与内外斜线连接。

（4）喙突（coracoid process）：又称肌突或冠状突，呈扁三角形，内外分别有颞肌和咬肌附着。颧骨骨折时可压迫喙突，影响下颌运动。

（5）髁突（condyle）：又称髁状突或关节突。髁突上端有关节面，与颞下颌关节盘相邻。关节面上有一横嵴，将关节面分为前斜面和后斜面。髁突下部缩小，称为髁突颈部，其前上方有小凹陷，称为关节翼肌窝，为翼外肌下头附着处。髁突与喙突之间有下颌切迹，有咬肌血管、神经通过。

3．下颌骨内部主要结构特点

（1）下颌管（mandibular canal）：位于下颌骨骨松质间的骨密质管道。在下颌支内，该管行向前下，至下颌体内则几乎水平向前，在经过下颌诸牙槽窝下方时，发出小管到各个牙槽窝，下牙槽神经分支及血管穿行其内。最后向前经颏管与颏孔相接，通过颏神经、血管。下颌管与下颌磨牙根尖比较接近，特别是下颌第三磨牙根尖，在拔牙或摘除断根时应注意避免损伤下颌管内的下牙槽神经。

（2）牙力轨道与肌力轨道：下颌骨表层为骨密质，内部为骨松质，骨松质在一定部位按一定的规律排列。如在下颌骨牙槽窝底部周围，骨松质包绕该处并斜向后上，通过下颌支到达髁突，形成牙力轨道，咀嚼力即通过这一轨道传至颅底。咀嚼肌收缩产生的力，直接作用于下颌骨，逐渐形成肌力轨道，此轨道一部分见于下颌角区，另一部分从喙突延至下颌体。在下颌体前部，两侧骨小梁彼此交错几乎呈直角，从一侧的下颌下缘至对侧的牙槽突，以增加抗力。

4．下颌骨的薄弱部位　下颌骨是颌面诸骨中体积最大、面积最广、位置最突出者，在结构上存在易于发生骨折的薄弱部位。

（1）正中联合：是胚胎发育时两侧下颌突的连接处，位置最为突出。

（2）颏孔区：此处有颏孔，又有下颌前磨牙的牙槽窝。

（3）下颌角：骨质较薄，且有下颌第三磨牙牙槽窝位于其间，如下颌第三磨牙阻生，则骨质更薄。

（4）髁突颈部：比较细小，其上下均较为粗大。

上述部位的解剖特点，并非是下颌骨骨折的必然因素，骨折发生的部位还要取决于所受外力的方向、程度、性质等综合因素。下颌骨上有咀嚼肌附着，由于咀嚼肌的牵拉方向不同，常使骨折块发生移位，产生咬合错乱，有的还可能使舌后坠，引起呼吸困难甚至窒息。

（三）颞骨

颞骨（temporal bone）左右成对，介于蝶骨、顶骨与枕骨之间，分为颞鳞、乳突、岩部和鼓板四部分，参与构成颅底及颅腔的侧壁。

1．颞鳞（squama of temporal bone）　构成颞骨前上方，薄似鳞片状骨板，分为内、外两面（图 1-30 及图 1-31）。

（1）外面：又称颞面，平滑、稍凸，为构成颞窝的主要部分。自颞鳞下部以前根、后根向前方突出形成颧突，与颧骨的颞突相接构成颧弓。颧弓上缘较薄，附以颞深筋膜；下缘呈短弓状，为咬肌起始处。颧突前根起始处形成一短半圆柱状的关节结节，关节结节后方、鼓部前方有关节窝，为颞下颌关节的组成部分。关节窝的前界为关节结节，关节结节从侧面观为一突起，底面观则呈自后内方略向前外方的横嵴，中间部稍有凹陷。关节结节的后面向前下方倾斜，为关节结节后斜面，是颞下颌关节的功能面。关节窝的后界为鼓鳞裂和岩鳞裂。关节窝顶部与颅中窝之间仅有一薄骨板相隔，临床在行颞下颌关节手术时应注意此关系，以免造成关节

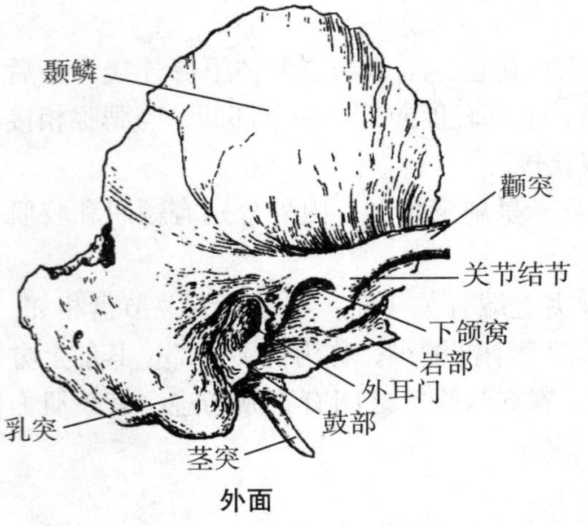

图 1-30 颞骨外面观

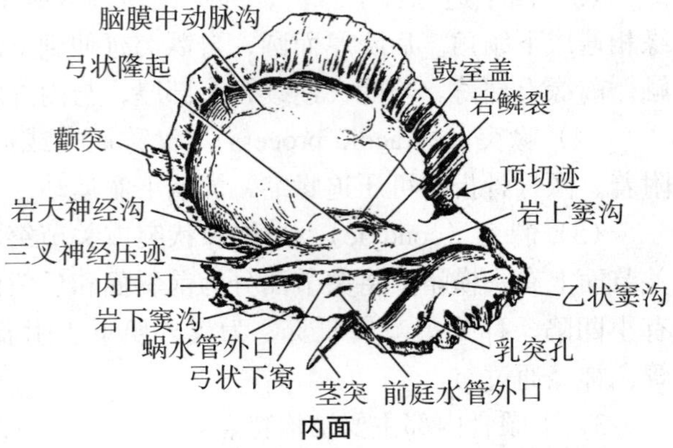

图 1-31 颞骨内面观

窝顶部骨折。

（2）内面：又称大脑面，邻接大脑颞叶，有脑膜中动脉沟。内面的下界为岩鳞裂，与颞骨岩部分开。

2．乳突（mastoid process） 为颞骨的后份，有一尖朝下的乳突，为胸锁乳突肌的附着处。乳突内侧的深沟为乳突切迹，有二腹肌后腹附着。

3．岩部（petrous part） 呈锥体形，又称颞骨锥体。岩部的大脑面有三叉神经压迹，其上有三叉神经节；小脑面有内耳门；岩部下面有颈动脉管外口；岩尖有颈动脉管内口。岩部内有面神经管，起自内耳道底上部的面神经管口，初呈水平位行向前外，再以直角转向后外，而后垂直下行，止于茎乳孔，管内有面神经通过。

4．鼓板（tympanic plate） 为一片弯曲骨板，构成外耳道的前壁、底和下后壁及外耳门大部分边缘。鼓板后方与乳突之间的骨缝称为鼓乳裂；鼓板前方与颞鳞之间的骨缝称为鼓鳞裂，其内侧因有岩部嵌入将鼓鳞裂分为前部的岩鳞裂和后部的岩鼓裂。鼓板后内侧有细长的茎突伸向前下方。茎突为茎突咽肌、茎突舌骨肌、茎突舌肌、茎突下颌韧带和茎突舌骨韧带的起始处。茎突与乳突之间有茎乳孔，为面神经管的下口，面神经由此出颅。

三、颞下颌关节

颞下颌关节（temporomandibular joint）又称下颌关节，左右对称，由下颌骨髁突、颞骨关节面，居于两者之间的关节盘、关节周围的关节囊和关节韧带所组成（图 1-32）。为既灵活又稳定的双侧联动关节，支持咀嚼、吞咽、言语及部分表情等下颌功能活动。

（一）颞下颌关节的组成

1．颞骨关节面 包括颞下颌关节窝和其前部的关节结节。

（1）颞下颌关节窝（articular fossa）：位于颞骨鳞部下表面，大致呈三角形，其底在前，为关节结节嵴。关节窝后方经鼓鳞裂与中耳相邻，因而中耳的炎症可扩散至颞下颌关节（如幼儿时期的化脓性中耳炎造成颞下颌关节强直）。反之，该关节的炎症亦可波及中耳。关节窝顶与颅中窝相邻，其间仅有薄层骨板相隔，中央最薄处可仅厚约 1.2mm，因而颞下颌关节的化脓性病变可侵入颅内，引起脑膜炎或脑脓肿。关节窝顶部的外伤或手术创伤也可造成颅脑损伤。

（2）关节结节（articular tubercle）：为颞骨颧突根部的前脚，侧面观略呈圆丘形，由一骨嵴将其分为前、后两斜面。前斜面斜度较小，后斜面构成关节窝的前壁，向前下倾斜，与殆

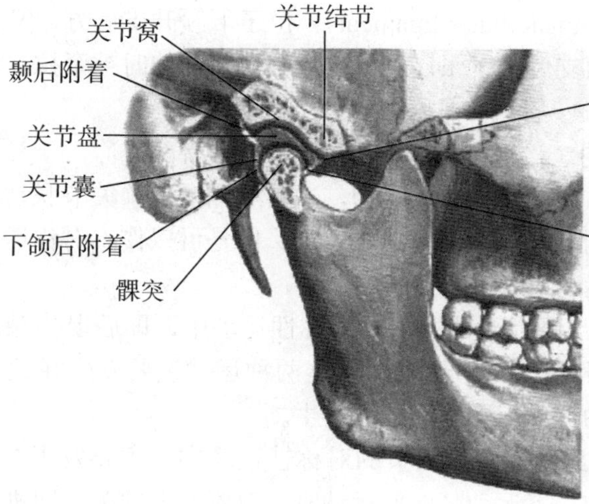

图 1-32　颞下颌关节的组成

平面的夹角称为结节后斜面斜度。关节结节后斜面及关节结节顶附近关节软骨较厚，为颞下颌关节的主要功能区。

2．髁突（condyle）　又称髁状突，呈椭圆形，前后径较短，内外径较长。髁突内、外两侧有突起的内极和外极，内极较外极略突，开口运动时，在耳屏前可触及髁突外极。髁突顶有一内外向走行的骨性隆起，称为横嵴，将髁突关节面分为前斜面和后斜面。髁突前斜面呈窄长形，为主要的负重部位，与关节结节后斜面构成一对负重区，其表面覆盖的纤维软骨较厚。髁突后斜面成圆三角形。髁突向下至颈部内外径迅速缩窄，髁颈显得较细，为下颌骨骨折的好发部位。髁颈的前内区域骨表面粗糙，为翼外肌的附着处，其外形略凹陷，称为翼肌窝。

3．关节盘（articular disk）　关节盘位于关节窝与髁突之间，具有吸收震荡、缓解关节内压的作用。关节盘呈长圆形的双凹结构，断面呈“S”形，因而可同时契合上部的关节结节及下部的髁突外形。关节盘从前向后可分为前带、中间带、后带三带，其厚度依次约为 2mm、1mm 和 3mm，主要成分为胶原纤维，其中前带和后带的胶原纤维呈多向排列，而中带的胶原纤维以前后向走行为主，没有血管神经分布，正常情况下与髁突前斜面、关节结节后斜面相对，为关节盘主要的功能负重区。关节盘后方颞后附着、下颌后附着及二者之间神经、血管等疏松组织结构在内的区域称为双板区，是关节营养、润滑的重要结构基础。

4．关节囊（articular capsule）　关节囊为包绕在关节周围韧性强、松而薄的纤维囊。关节盘四周与关节囊及周围骨组织紧密相连，将关节间隙分为互不相通的上下腔。关节上腔由关节盘上表面、颞骨关节面及关节囊构成，相对宽大，以滑动运动为主，又称为盘颞关节或滑动关节。关节下腔由关节盘下表面、髁突关节面及关节囊构成，相对窄小，主要作前后向的转动运动，故也称为盘 - 髁关节或铰链关节。

5．颞下颌关节囊外韧带　主要的囊外韧带每侧各有三条，其功能为悬吊下颌，并限制下颌在正常范围内运动。

（1）颞下颌韧带（temporomandibular ligament）：位于关节囊的外侧，故又称外侧韧带，起于颞骨关节结节的外侧面，分为浅、深两层，浅层斜向后下，附着于髁突颈的外侧面系关节囊外侧增厚的部分；深层水平向后，附着于髁突外极和关节盘的后部。可防止髁突向外侧脱位，并与下颌后退运动关系密切。

（2）蝶下颌韧带（sphenomandibular ligament）：位于下颌升支的内侧，又称为内侧韧带，起于蝶骨角棘，止于下颌升支的下颌小舌和下颌孔下缘。该韧带实际为一薄层结缔组织，对进入下颌孔的血管、神经起一定的保护作用。在迅速大张口时，具有悬吊下颌、防止张口过大的作用。

（3）茎突下颌韧带（stylomandibular ligament）：位于下颌升支后方，又称后韧带，起于茎突，向前下止于下颌角和下颌支后缘。张口时该韧带松弛，前伸时被牵拉，所以可限制下颌过度前伸。

（二）颞下颌关节的运动

颞下颌关节可以在矢状方向和冠状方向运动，这与双侧颞下颌关节联动以及双侧髁突长轴呈一定夹角有密切关系，双侧髁突虽然不能独立运动，但是可以作不对称运动。运动形式可以是单纯转动运动、单纯滑动运动或者滑动兼转动。

1．单纯转动运动　通常出现在双侧关节的对称性运动中，即后退接触位开始的小开口运动（张口度 18 ～ 25mm）时和最大开口运动时。这两种运动主要发生在关节下腔，髁突在关节盘下作前后方向的单纯转动运动，无滑动运动发生。

2．单纯滑动运动　通常出现在双侧关节的对称性运动中，主要发生在关节上腔，盘 - 髁复合体在颞骨关节面下方向前、下运动。前伸运动时，双侧颞下颌关节即进行单纯滑动运动。

3．滑动兼转动运动　可以出现在对称性运动中，也可以出现在非对称性运动中。通常认为从牙尖交错位开始的开口运动，即为滑动兼转动运动，其髁突在关节盘下转动的同时，盘 - 髁复合体也在颞骨关节面下作滑动运动，尤其是在小开口至大开口的运动过程中。

四、口腔颌面部肌

（一）表情肌

表情肌（facial expressive muscle）多位于面部浅筋膜内，起自骨面或筋膜，止于皮下，收缩时使面部皮肤形成不同的皱纹和凹陷。表情肌按其部位可分为口、鼻、眶、耳、颅顶肌五组肌群，主要有笑肌、颧大肌、颧小肌、提上唇肌、提口角肌、降口角肌、降下唇肌、颊肌、鼻肌、皱眉肌、眼轮匝肌、额肌等（图 1-33 及图 1-34）。表情肌多薄而短小，收缩力弱，肌纤维排列成环形或放射状，多围绕面部孔裂，如眼、鼻和口腔。协同运动时可表达喜、怒、哀、乐等表情，同时也部分参与咀嚼、吮吸、吞咽、呕吐、呼吸和言语等活动。由于表情肌与皮肤紧密相连，当手术或外伤切开皮肤和表情肌后，创口常裂开较大，应顺着肌纤维的走向逐渐缝

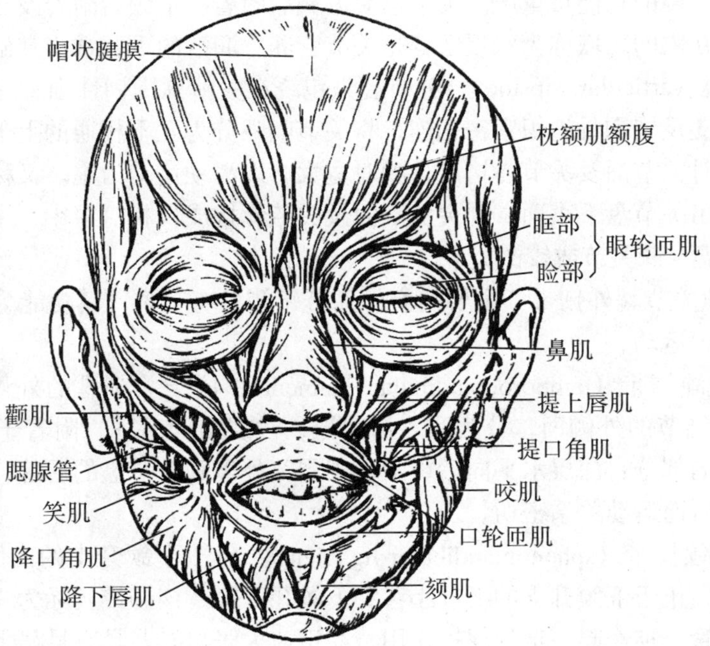

图 1-33　表情肌（前面）

合，以免形成内陷瘢痕。面部表情肌的运动由面神经支配，如面神经受损伤，可引起其支配区域表情肌瘫痪。

（二）咀嚼肌

咀嚼肌是司下颌运动的主要肌肉，狭义的咀嚼肌包括颞肌、咬肌、翼内肌和翼外肌（图 1-34 及图 1-35）。

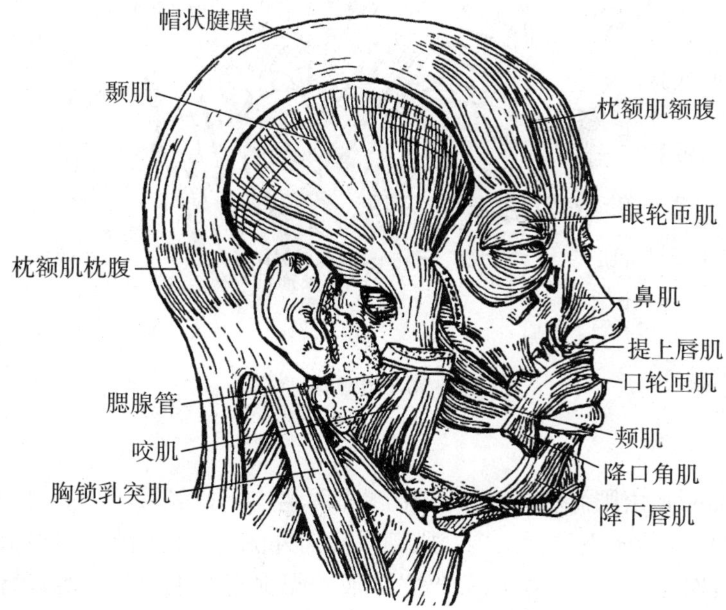

图 1-34　表情肌和咀嚼肌

1．颞肌（temporalis）起自颞窝骨面和颞深筋膜的深面，经颧弓深面止于喙突及下颌支前缘。颞肌呈扇形，肌纤维分前、中、后三部分，其功能为闭口、提下颌向前上，也参与下颌的侧方运动。颞肌后束纤维收缩有后退下颌的作用。

2．咬肌（masseter）又称嚼肌。起自上颌骨颧突、颧弓深面及下缘，止于下颌角和下颌升支外面，为长方形厚肌，分浅、中、深三层，其功能为提下颌向前上，也参与下颌的侧方运动。

3．翼内肌（medial pterygoid）为四方形厚肌，有深、浅两头，分别起于蝶骨翼突外板内面和上颌结节，二头夹翼外肌下头行向下后外，止于下颌角的内侧面的翼肌粗隆。其功能为提下颌，并协助翼外肌使下颌前伸和侧方运动。

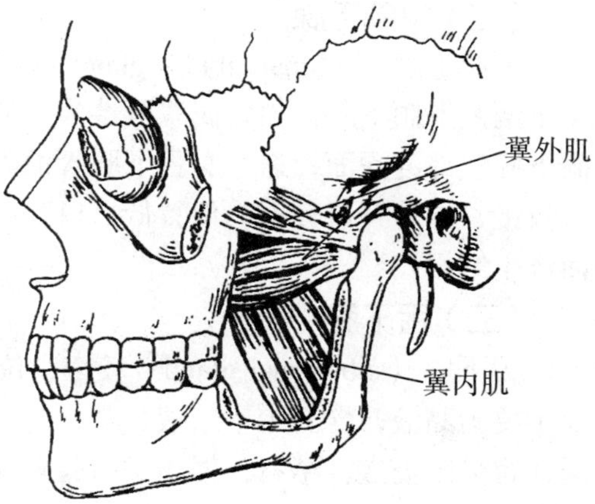

图 1-35　翼内肌和翼外肌

4．翼外肌（lateral pterygoid）分上、下两头，上头较小，起于蝶骨大翼之颞下嵴及颞下面，止于下颌关节囊和关节盘前缘；下头较大，起自翼外板的外面，止于髁颈前方和关节翼肌窝。翼外肌上头和下头的自主功能尚有争议。二者共同的作用是牵引髁突和关节盘向前下运动，并在开闭口运动中，稳定和协调颞下颌关节的盘 - 髁突复合体。

五、唾液腺

唾液腺又称涎腺（图 1-36）。口腔颌面部有三对大唾液腺和众多分布于唇、颊、舌、腭等处黏膜下的小唾液腺，各有导管开口于口腔。

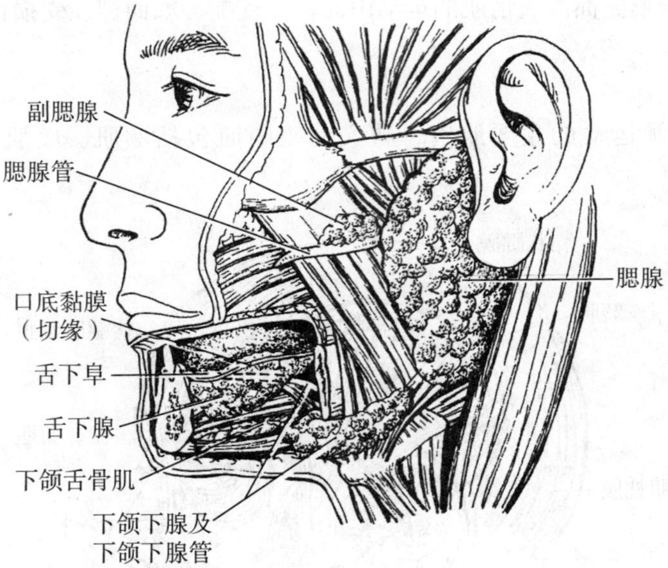

图 1-36 唾液腺

（一）腮腺

腮腺（parotid gland）由腮腺鞘包裹，位于颜面两侧皮下，颧弓下方，外耳道前下方，下颌支后外方，大部分腺体位于下颌后窝内。腮腺呈底向外侧，尖向内侧的不规则锥体形，有血管及面神经等重要结构穿行其中。腮腺分泌之浆液由腮腺管经上颌第二磨牙牙冠颊面相对应的腮腺管乳头排入口腔。腮腺管的体表投影为耳垂下缘至鼻翼下缘与口角间中点连线的中 1/3 段。临床检查挤压腮腺时，能够见到清亮的液体从腮腺管开口处流出。

（二）下颌下腺

下颌下腺（submandibular gland）为第二大唾液腺，由浅深两部组成，被下颌下腺鞘包绕，位于两侧下颌下三角内，属浆液性为主的混合性腺。下颌下腺管较长而弯曲，约 5cm，起自下颌下腺浅部的深面，途中有舌下腺管汇入，最后开口于舌系带两侧的舌下肉阜。唾液在管内运行较慢，导管开口较大、位置低，口腔内的牙垢和异物容易进入管内成为钙盐沉积的核心，进而产生结石。

（三）舌下腺

舌下腺（sublingual gland）较小，位于口底黏膜的深面，下颌舌骨肌上方的舌下区。分泌液主要为黏液，含有少量浆液。其导管小而多，有的直接开口于口底，有的与下颌下腺导管相通，容易因炎症、结石、损伤等引起涎腺导管阻塞，形成舌下腺囊肿。

六、口腔颌面部血管

（一）动脉

颌面部血液供应丰富，主要来自颈外动脉的分支，有舌动脉、面动脉、上颌动脉和颞浅动脉等（图 1-37）。各分支间和两侧动脉间，均通过末梢血管网而彼此吻合，故颌面部手术或外伤后可引起大量出血，由于血运充足，颌面部具有很强的抗感染能力和伤口愈合能力。

1．舌动脉（deep lingual artery） 在舌骨大角处起自颈外动脉的前壁。它先向上行，然后呈弓状向下，至舌骨上方，在舌骨舌肌后缘深处入舌，分布于舌和口底。舌动脉起点处是颈外动脉结扎术的重要标志。

2．面动脉（facial artery） 或称颌外动脉，是颌面部软组织的主要动脉。在舌动脉的稍上方起自颈外动脉前壁，向内上方行，经下颌下腺在咬肌附着处前缘，绕下颌骨下缘到达面部，

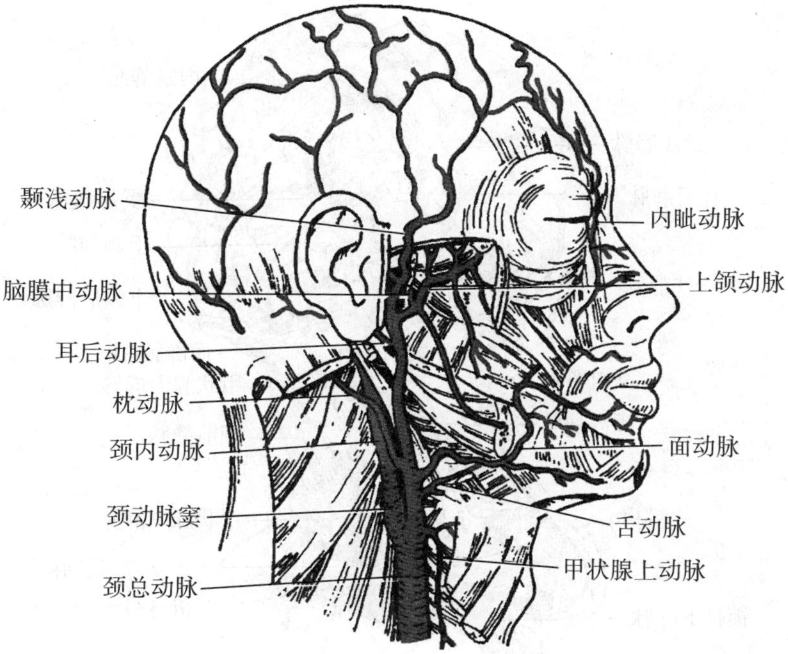

图 1-37　头颈部的动脉

分布于唇、颊、颏和内眦部。在跨越下颌骨下缘处位置表浅，当颜面部中下区域损伤出血较多时，可在此压迫血管止血。

3．上颌动脉（maxillary artery） 或称颌内动脉，位于面侧深区，它在下颌骨髁突颈部内后方起于颈外动脉，前行经髁突颈部的深面到达颞下窝，分布于上、下颌骨，上、下牙齿，腭，鼻旁窦和咀嚼肌等。

4．颞浅动脉（superficial temporal artery） 是颈外动脉的终末支。在下颌骨髁突颈部，起自颈外动脉，经腮腺行于颞下颌关节的后方和外耳道前方。分布于额、颞部皮肤。颞浅动脉在颧弓根部上方，解剖位置恒定且表浅，皮下可扪到动脉搏动，用来测脉搏和压迫止血。

（二）静脉

口腔颌面部的静脉（vein）（图 1-38）分为浅静脉和深静脉两类。浅静脉有面静脉和颞浅静脉；深静脉有翼静脉丛、上颌静脉、下颌后静脉和面总静脉。翼静脉丛可通过卵圆孔和破裂孔与颅内海绵窦相通，面部静脉的特点是静脉瓣较少，当肌肉收缩或挤压时，易使血液反流。故颌面部的感染，特别是由鼻根至两侧口角三角区的感染，若处理不当，易逆行传入颅内，引起海绵窦血栓性静脉炎等严重并发症。

1．面静脉（facial vein） 或称面前静脉，起自内眦静脉，经颧大肌、笑肌深面和颊肌、咬肌浅面，进入下颌下三角，再经颌下腺，在下颌角的后下方，与面后静脉的前支，汇合成面总静脉，汇入颈内静脉。面静脉可经内眦静脉和翼静脉丛两个途径，通向颅内海绵窦。

2．颞浅静脉（superficial temporal vein） 起始于头皮内静脉网，在颧弓根部浅面穿入腮腺，在下颌髁突颈部后方与上颌静脉汇合成下颌后静脉。

3．翼静脉丛（pterygoid venous plexus） 或称翼丛，为深静脉。位于颞下窝内，分布于颞肌和翼内、外肌之间，主要收集口腔颌面部和眼的静脉血，其后部汇集成上颌静脉。翼丛与颅内、外静脉有广泛的交通，经破裂孔导血管和卵圆孔静脉网与海绵窦相通。在行上颌结节阻滞麻醉时，勿损伤此处静脉，否则形成血肿。

4．上颌静脉（maxillary vein） 或称颌内静脉，位于颞下窝内，起始于翼丛后端，在下颌支后缘汇入下颌后静脉。

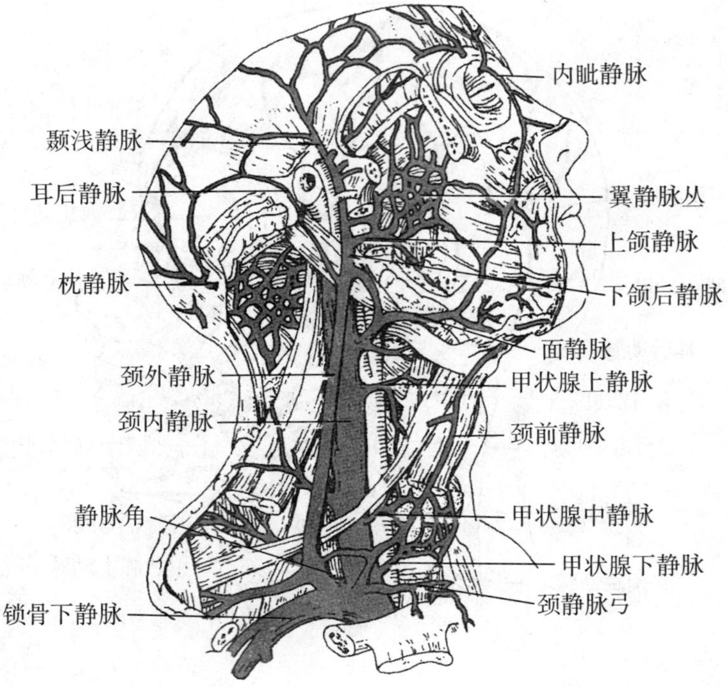

图 1-38 头颈部的静脉

5．下颌后静脉（retromandibular vein） 或称面后静脉，由颞浅静脉和上颌静脉在下颌骨髁突颈部合成，穿腮腺下行至下颌角，分为前后两支，前支与面静脉汇合成面总静脉，后支与耳后静脉汇合成颈外静脉。

七、口腔颌面颈部淋巴

口腔颌面部的淋巴组织（图 1-39）比较丰富，在淋巴管之间分布有淋巴结，它们共同构

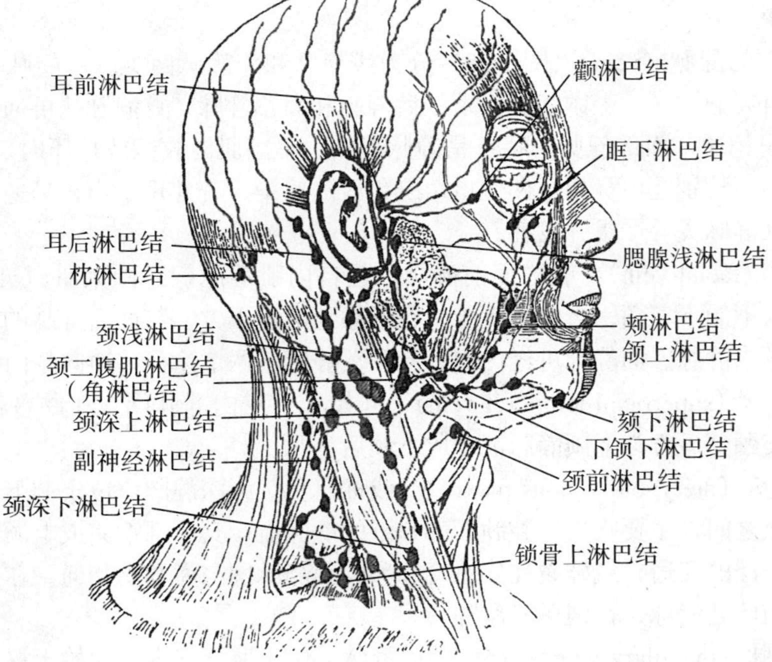

图 1-39 头颈部淋巴结分布

成口腔颌面部的防御体系。正常情况下，淋巴结硬度与软组织相似，一般不易触及；炎症时所在区域淋巴结肿大胀痛；若肿瘤侵及，淋巴结为无痛性肿胀。

（一）腮腺淋巴结

腮腺淋巴结（parotid lymph nodes）为面后部较大的淋巴结群，分为腮腺浅淋巴结和腮腺深淋巴结两组。

1．腮腺浅淋巴结（superficial parotid lymph nodes）　位于腮腺表面和腮腺咬肌筋膜的浅面，收纳来自颞区、额区、耳郭、外耳道、上下眼睑和鼻根部等区域的淋巴液，注入腮腺深淋巴结和颈深上淋巴结。

2．腮腺深淋巴结（deep parotid lymph nodes）　位于腮腺内，收纳腮腺及其相应皮肤、眼睑外侧、外耳道、咽鼓管等区域淋巴液以及腮腺浅淋巴结的输出一同注入颈深上淋巴结。

（二）下颌下淋巴结

下颌下淋巴结（submandibular lymph nodes）位于下颌下三角，收集下颌下腺、舌下腺、唇、颊、鼻、牙龈等区域淋巴液，注入颈深上淋巴结。

（三）颏下淋巴结

颏下淋巴结（submental lymph nodes）位于颏下三角，收集下唇中部、颏部、口底前部、下切牙及舌尖等区域的淋巴液，注入同侧或对侧下颌下淋巴结和颈深上淋巴结。

（四）颈部淋巴结

除承接口腔颌面部淋巴输出之外，颈部淋巴结还汇集来自头颅、眼、耳、咽和喉部的淋巴液，经由颈内静脉链注入颈淋巴干和淋巴导管或胸导管，最终汇入颈内静脉或锁骨下静脉。

颈部淋巴结包括较大的颈外侧群和较小的颈前群与咽后群。颈外侧群又可分为颈浅淋巴结和颈深淋巴结。

1．颈浅淋巴结（superficial cervical lymph nodes）　常为 1 ～ 2 个，有时缺如，有时可多达 4 个。颈浅淋巴结上方的淋巴结在胸锁乳突肌前缘与腮腺后缘之间，紧邻腮腺淋巴结，故有时与耳下淋巴结难以区分；其下方的淋巴结位于胸锁乳突肌浅面，沿颈外静脉分布。

颈浅淋巴结收纳枕淋巴结的输出管，以及腮腺、耳后等处的淋巴。其输出管越过胸锁乳突肌，终于该肌深面的颈深淋巴结。

2．颈深淋巴结（deep cervical lymph nodes）　为颈部最大的淋巴结群，上到颅底下至颈根部，约有 15 ～ 30 个淋巴结，沿颈内静脉、副神经和颈横动、静脉排列呈三角形；按其与这些解剖结构的位置关系，分别被命名为颈深上淋巴结和颈深下淋巴结、副神经淋巴结及锁骨上淋巴结。沿颈内静脉周围分布的颈深上淋巴结和颈深下淋巴结及其淋巴输出管和颈淋巴干共同组成颈内静脉链。

八、口腔颌面部神经

口腔颌面部与口腔临床应用密切相关的神经主要有三叉神经和面神经。

（一）三叉神经

三叉神经（trigeminal nerve）为最大的一对脑神经，属混合性神经，由粗大的感觉神经纤维束和细小的运动神经纤维束组成。主要分支有眼神经、上颌神经和下颌神经（图 1-40）。

1．眼神经（ophthalmic nerve）　是三叉神经中最细的一支，属感觉神经。起自三叉神经节，经眶上裂入眶，分布于泪腺、眼球、眼睑和额部皮肤。

2．上颌神经（maxillary nerve）　属感觉神经，起自三叉神经节，自圆孔出颅，向前越过翼腭窝达眶下裂，再经眶下沟入眶下管，最后出眶下孔达面部。其主要分支有颧神经、翼腭神经、上牙槽后神经、上牙槽中神经和上牙槽前神经。

（1）颧神经（zygomatic nerve）：经眶下裂入眶，分布于在颧、颞部皮肤。

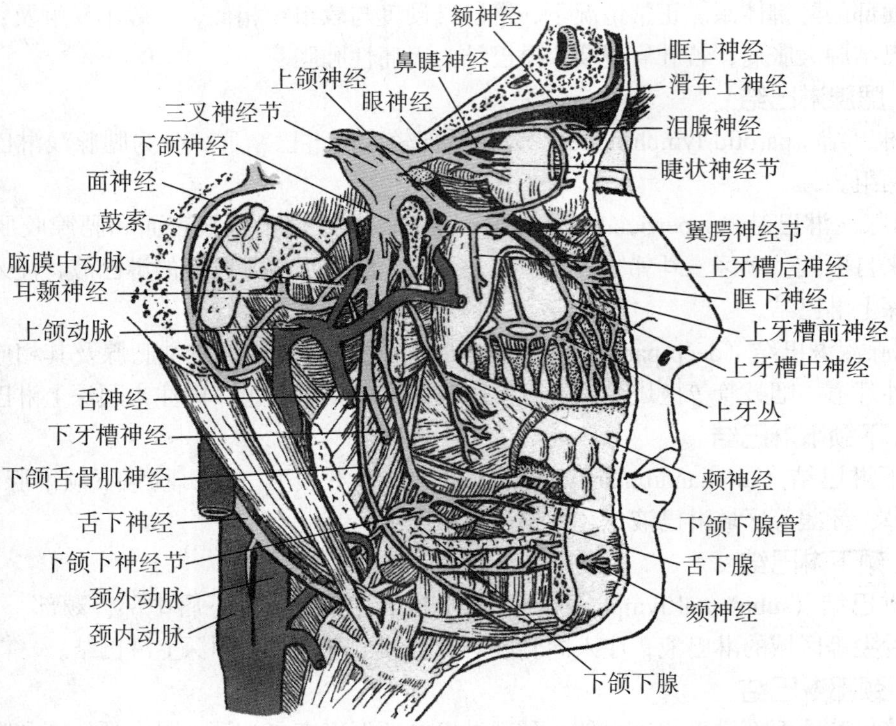

图 1-40 三叉神经及其分支

(2) 翼腭神经 (pterygopalatine nerve): 分为鼻、腭两支。鼻支经蝶腭孔入鼻腔，分布于鼻甲和鼻中隔黏膜，经切牙管出切牙孔分布于上前牙腭侧黏骨膜和牙龈。腭神经出腭大孔和腭小孔，分布于上颌第 3 ~ 8 颗牙的腭侧黏骨膜和牙龈以及软腭和扁桃体。

(3) 上牙槽后神经 (posterior superior alveolar nerve): 上颌神经进入眶下裂之前，在翼腭窝内分出。神经纤维自第二、第三磨牙牙根和第一磨牙腭根、远颊根根尖孔进入牙髓腔，或分布于牙周膜、牙槽骨及上颌窦黏膜。

(4) 上牙槽中神经 (middle superior alveolar nerve): 经上颌窦前外壁下行，分布于前磨牙和第一磨牙近中颊根、牙周膜、牙槽骨、颊侧牙龈及上颌窦黏膜。

(5) 上牙槽前神经 (anterior superior alveolar nerve): 经上颌窦前壁下行分布于上前牙和其牙周膜、牙槽骨、唇侧牙龈和上颌窦黏膜。

(6) 上颌神经于眶下孔处发出睑下支、鼻外侧支、鼻内侧支及上唇支，分布于相应的皮肤和黏膜。

3. 下颌神经 (mandibular nerve) 属混合神经，是三叉神经中最大的分支。起自三叉神经节，经卵圆孔出颅，经颞下窝下行分为前后二干。下颌神经前干较细，走行于翼外肌深面，大部分为运动纤维，分别分布于颞肌、咬肌和翼外肌。感觉纤维几乎全部集中于颊神经。下颌神经后干较粗，主要分为三条神经，即耳颞神经、舌神经和下牙槽神经，前二者为感觉神经，下牙槽神经为混合性神经。

(1) 颊神经 (buccal nerve): 为感觉神经。经翼外肌两头之间，沿下颌支前缘向下，分布于下颌磨牙及第二前磨牙颊侧牙龈及颊部的黏膜和皮肤。

(2) 舌神经 (lingual nerve): 为感觉神经。经翼内肌与下颌支之间的翼下颌间隙到达口腔底部。主要分布于同侧舌侧牙龈、舌前 2/3、口底黏膜和舌下腺。舌下腺手术时应注意保护舌神经。舌神经在经过下颌第三磨牙远中时位置表浅，因此拔除阻生下颌第三磨牙时，应防止损伤舌神经。

(3) 下牙槽神经 (inferior alveolar nerve): 为混合神经。在翼外肌内侧与舌神经一起在翼外肌深面下行，在翼外肌下缘处穿出，下行于下颌神经沟，经下颌孔入下颌管，其分支出颏孔称颏神经。分布于下颌牙、牙周膜和牙槽骨。下牙槽神经经过下颌第 3 磨牙时，距牙根尖较近，拔牙时，应避免损伤神经或将断根推入下颌管内。

上、下颌神经在口腔的分布见表 1-3。

表1-3　上、下颌神经在口腔的分布

	神经名称	分布部位
上颌神经	鼻腭神经	1|1的牙髓和321|123的腭侧黏骨膜及牙龈
	腭前神经	876543|345678的腭侧黏骨膜及牙龈
	上牙槽后神经	87|78的牙髓及6|6的腭及远中颊根髓、牙周膜、牙槽骨、颊侧牙龈
	上牙槽中神经	54|45的牙髓及6|6的近中颊根髓、牙周膜、牙槽骨、颊侧牙龈
	上牙槽前神经	321|123的牙髓及其牙周膜、牙槽骨、唇侧牙龈
下颌神经	颊神经	8–5|5–8的颊侧牙龈、颊部的皮肤和黏膜
	舌神经	8–1|1–8的舌侧牙龈、口底及舌前 2/3 的黏膜、舌下腺和下颌下腺
	下牙槽神经	8–1|1–8的牙髓及其牙周膜、牙槽骨
	颏神经	4–1|1–4的唇颊侧牙龈及下唇黏膜、皮肤及颏部皮肤

（二）面神经

面神经（facial nerve）是混合性神经，由较大的运动根和较小的混合根组成，分别司面部表情肌等面部浅层肌运动、腺体分泌及舌前 2/3 的味觉。面神经出茎乳孔后，穿经腮腺分为 5 支，从上而下依次为颞支、颧支、颊支、下颌缘支和颈支，呈扇形分布于面部表情肌，支配面部表情肌的活动（彩图 1-1）。面神经损伤可能导致眼睑闭合不全，口角歪斜等面部畸形。

1．颞支（temporal branches）　出腮腺上缘，越过颧弓后部向前上行，分布于额肌、眼轮匝肌上份、耳上肌和耳前肌。若神经受损，则同侧额纹消失。

2．颧支（zygomatic branches）　出腮腺上前缘，越过颧骨，分布于上下眼轮匝肌，若神经受损，则眼睑不能闭合。

3．颊支（buccal branches）　出腮腺前缘，行于咬肌筋膜表面，分 3 ～ 5 支布于颧大肌、笑肌、提上唇肌、提口角肌、口轮匝肌、颊肌等。若神经受损，则鼻唇沟变浅，不能鼓腮。

4．下颌缘支（marginal mandibular branch or branches）　出腮腺前缘或下端，前行位于颈阔肌深面，分布于降口角肌降下唇肌和笑肌。因与颌外动脉和面静脉邻近，临床颌下区手术时，多选平行于下颌下缘以下 1.5 ～ 2cm 处作切口，以免损伤神经，否则出现同侧下唇瘫痪，表现为口角流涎、口角偏斜。

5．颈支（cervical branch or branches）　出腮腺下端，前行至下颌下三角，分布于颈阔肌。当其受损伤时，颈部皮纹消失。

第四节　口腔局部解剖

一、口腔的境界和分布

口腔为消化道的起始部分，具有重要的生理功能，它参与消化过程，协助发音和言语动作，具有感觉和表情功能，并能辅助呼吸。

口腔（oral cavity）前壁为唇，经口裂通向外界，后经咽门与口咽部相延续，两侧为颊，上下壁分别为腭和舌下区。当闭口时，由上下牙列、牙龈及牙槽骨弓将口腔分为前外侧的口腔前庭和后内侧的固有口腔两部分。牙尖交错位时，口腔前庭后部经翼下颌皱襞与最后磨牙远中面之间的空隙与固有口腔相通。对牙关紧闭和颌间固定的患者，可经此空隙输入流体营养物质（彩图 1-2）。

二、口腔前庭及表面解剖标志

口腔前庭各壁上具有临床意义的表面解剖标志如下。

1．口腔前庭沟　又称唇颊龈沟，为口腔前庭的上、下界，呈蹄铁形，为唇、颊黏膜移行于牙槽黏膜的沟槽，是口腔局部麻醉常用的穿刺及手术切口部位。

2．上、下唇系带（frenum of upper and lower lip）　为前庭沟中线上的黏膜小皱襞，义齿基托边缘应注意此标志。儿童的上唇系带过宽或附丽过低，若造成上颌恒中切牙间隙，需及时手术治疗。

3．颊系带（buccal frenum）　为前庭沟相当于上、下尖牙或前磨牙区的黏膜皱襞，义齿基托边缘应注意此标志。

4．腮腺管乳头（papilla of parotid duct）　在平对上颌第二磨牙牙冠的颊黏膜上，可见腮腺管乳头，腮腺导管开口于此。经此导管口可作腮腺造影或腮腺导管内注射治疗。

5．磨牙后区　由磨牙后三角（retromolar triangle）及磨牙后垫（retromolar pad）组成。磨牙后三角的底为下颌第三磨牙的远中颈缘，其尖朝后。在磨牙后三角表面覆盖的软组织称磨牙后垫，下颌第三磨牙冠周炎时，此处常显红肿。

6．翼下颌皱襞（pterygomandibular fold）　为延伸于上颌结节后内方与磨牙后垫后方之间的黏膜皱襞，是下牙槽神经阻滞麻醉和翼下颌间隙及咽旁间隙脓肿口内切口的标志。

7．颊脂垫尖　大张口时，平对上、下颌后牙咬合面间颊黏膜上有一三角形隆起，称颊脂垫。其尖称颊脂垫尖，向后邻近翼下颌皱襞前缘。此尖约相当于下颌孔平面，是下牙槽神经阻滞麻醉进针点的标志。

三、唇

（一）境界及表面解剖标志

唇（lips）上界为鼻底，下界为颏唇沟，两侧以唇面沟为界，其中部有横行的口裂将唇分为上唇和下唇两部（彩图 1-3）。口裂两端为口角，其正常位置约相当于尖牙与第一前磨牙之间，施行口角开大或缩小术时，应注意此关系。上、下唇的游离缘系皮肤与黏膜的移行区，称为红唇。红唇与皮肤交界处名红唇缘。上唇的全部红唇缘呈弓背状，称唇弓。唇弓在正中线并微向前突，此处称为人中点（人中切迹），在其两侧的唇弓最高点称为唇峰，唇正中红唇呈珠状向前下方突出，名唇珠。上唇皮肤表面，正中有由鼻小柱向下至唇红缘的纵行浅沟称为人中，人中的上中 1/3 交点为人中穴，是一急救穴位。人中的两侧各有一条与其平行的皮肤嵴，自鼻孔底延伸至唇峰称为人中嵴。上述解剖部位，在唇裂手术及外伤修复中，均为重要的标志。

（二）层次

唇由外向内分为 5 层。

1．皮肤　富于毛囊、皮脂腺和汗腺，是疖、痈的好发部位。

2．浅筋膜　较疏松，炎症时水肿明显。

3．肌层　主要为口轮匝肌，手术或外伤缝合时注意对位，避免形成宽的瘢痕或隐裂。

4．黏膜下层　内含上、下唇动脉及黏液腺。唇部手术时，夹住唇动脉暂时止血，利于操作。黏液腺可发生黏液囊肿。

5．黏膜　有黏液腺开口，排出黏液润滑黏膜。

（三）唇的血液供应、淋巴回流和神经支配

1．唇的血液供应主要来自面动脉分支的上、下唇动脉。静脉血经面静脉回流。

2．唇的淋巴管丰富，淋巴回流特点　①上唇的淋巴引流较广泛；②下唇中部的淋巴管可交叉至对侧。

3．唇的感觉神经来自上下颌神经的分支，运动由面神经支配。

四、颊

（一）境界

颊（cheeks）位于面部两侧，为口腔前庭的外侧部。上界为颧骨下缘，下界为下颌骨下缘，前为唇面沟，后以咬肌前缘为界。

（二）层次

1．皮肤。

2．皮下组织　皮下组织中有腮腺导管、面神经和三叉神经的分支、面动脉及面静脉通过。在颊肌表面和颊、咬二肌之间，有一团由菲薄筋膜包被的脂肪球，称颊脂垫。

3．颊筋膜　覆盖于颊肌表面，向后被覆于咽肌表面者称咽筋膜，此筋膜在颊咽肌间增厚，形成翼下颌韧带。

4．颊肌　腮腺导管穿过此肌。

5．黏膜下层　含有黏液腺。

6．黏膜　上颌第二磨牙颊尖对应的颊黏膜处有腮腺导管口。在口角后方的颊黏膜咬合线区，有时可见成簇的粟粒状淡黄色的异位皮脂腺。

（三）颊的血液供应、淋巴回流和神经支配

1．颊部的血液供应主要来自面动脉、眶下动脉和面横动脉。静脉血主要回流至面静脉。

2．淋巴管注入下颌下淋巴结。

3．感觉由三叉神经上颌支和下颌支支配。运动则由面神经管理。

五、腭

腭（palate）由前2/3的硬腭和后1/3的软腭两部分组成，形成口腔的顶部，将口腔与鼻腔分隔开，参与发音、言语及吞咽等活动（彩图1-2）。

（一）硬腭

1．表面解剖标志　呈穹隆状，有牙弓围绕。在硬腭的口腔面，有如下具有临床意义的表面解剖标志。

（1）腭中缝：为硬腭中线上纵行的黏膜隆起。

（2）切牙乳头：为腭中缝前端的黏膜隆起，是鼻腭神经局部麻醉的表面标志。

（3）腭皱襞：位于硬腭前部，为自腭中缝前部向两侧略呈辐射状的软组织嵴。

（4）上颌硬区及上颌隆突：上颌硬区位于硬腭中央，其黏膜薄而缺乏弹性，在硬区前部的骨质隆起即上颌隆突。制作义齿基托时，在切牙乳头、腭皱襞、上颌硬区及上颌隆突处应注意缓冲，避免压迫引起疼痛。

（5）腭大孔：位于硬腭后缘前方约0.5cm处，上颌第三磨牙腭侧，约相当于腭中缝至龈缘之外、中1/3交界处。其黏膜凹陷为腭前神经麻醉的表面标志。

（6）蝶骨翼突钩：在上颌第三磨牙后内侧约1～1.5cm处，可触摸到一骨质隆起为翼突钩。腭裂手术时凿断翼突钩减小肌张力，利于伤口关闭。

2．层次及结构特点 硬腭由上颌骨腭突及腭骨水平板构成支架，表面覆以软组织，其组织层次从下至上分别为硬腭口腔面黏膜、黏膜下层、硬腭骨板（包括骨膜）、硬腭鼻腔面黏膜。

硬腭软组织的特点：①硬腭黏膜下层的前部无腺体，后部腭腺较多，为腭腺肿瘤多发部位；②硬腭的骨膜与黏膜和黏膜下层附着紧密，称为黏骨膜；③黏骨膜在近牙槽骨部分较厚，含有腭腺、神经和血管。腭部浸润麻醉常在此处黏膜下注射。腭裂修复术时在腭两侧松弛切口尽量靠近牙龈，以免损伤神经和血管，需用骨膜分离器彻底分离黏骨膜，减小缝合时组织瓣间的张力。

（二）软腭

1．表面解剖标志 呈垂幔状，附着于硬腭后缘并向后延伸，其中央有一小舌样物称为腭垂。软腭前端中线两侧的黏膜上，左右各有一腭小凹，是总义齿基托后缘的标志。软腭两侧向下外方形成两个弓形黏膜皱襞，前外方者为腭舌弓，稍后内方者为腭咽弓，两弓之间容纳腭扁桃体。软腭内有腭帆张肌、腭帆提肌等5对细小肌肉，与咽部肌肉协调运动，以完成腭咽闭合，对呼吸、语言、吞咽等起重要作用。

2．层次 软腭主要由黏膜、黏膜下层、腭腱膜及腭肌组成。腭腱膜位于软腭前1/3，构成软腭的支架，腭肌位于软腭的后2/3。

（三）腭的血液供应、淋巴回流和神经支配

1．腭部血液主要由上颌动脉的分支腭降动脉供应，软腭尚有咽升及腭升动脉分布。静脉血流至翼静脉丛。

2．淋巴主要引流至颈深上淋巴结。

3．腭部感觉神经来自三叉神经上颌支，软腭尚有舌咽神经分布。软腭运动主要由副神经的延髓根经迷走神经咽支支配，但腭帆张肌由三叉神经支配。

六、舌

舌（tongue）为口腔内重要器官，具有参与言语、协助咀嚼、感受味觉和吞咽等功能。舌的上下面分别称舌背和舌腹（图1-41）。

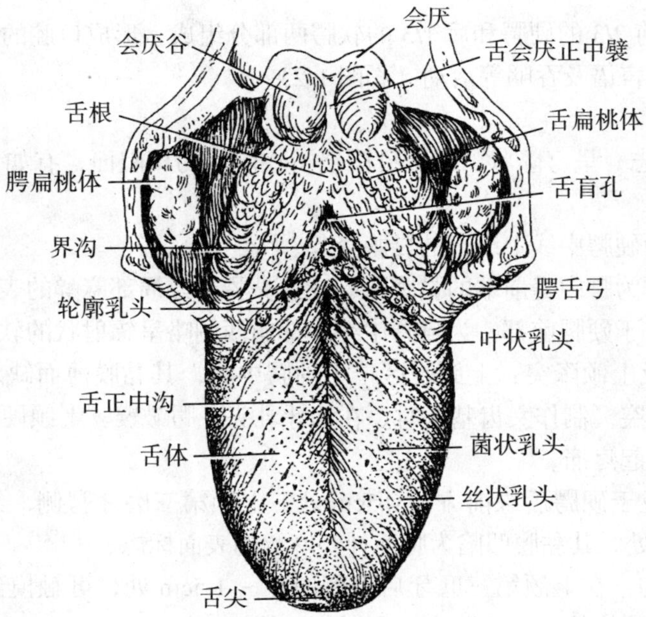

图1-41 舌背

（一）舌背

舌背分为前2/3与后1/3两部分，两部以“︿”型的界沟分界。舌前2/3为舌体，活动度大，其前端为舌尖；舌后1/3为舌根，活动度小。界沟尖端有舌盲孔，为胚胎甲状舌管咽端的遗迹。若此管未消失，则可形成甲状舌管囊肿。舌前2/3遍布乳头，共有下列四种（图1-41）：

1．丝状乳头　数目最多，但体积甚小，呈天鹅绒状，分布于舌体的上面，司一般感觉。

2．菌状乳头　数目较少，色红，分散于丝状乳头之间而稍大，有味蕾，司味觉。

3．轮廓乳头　一般为7～9个，体积最大，排列于界沟前方。乳头周围有深沟环绕，沟内有味蕾，司味觉。

4．叶状乳头　为5～8条并列皱襞，位于舌侧缘后部，含味蕾，司味觉。正常时不明显，炎症时充血发红，突起而疼痛，有时误诊为肿瘤。

舌后1/3黏膜有许多结节状淋巴组织，称舌扁桃体。

（二）舌腹

舌腹黏膜薄而平滑，黏膜返折与舌下区黏膜延续并在中线形成舌系带。舌系带过短或附着过前时，常引起吮吸、咀嚼及言语障碍，需手术治疗。在制作义齿时也应注意舌系带。

（三）肌层

舌的上、下两面间为肌层，舌肌分舌内肌和舌外肌两部分。舌内肌收缩时改变舌的形态。舌外肌分别起自下颌骨、舌骨、茎突及软腭，止于舌，收缩时变换舌的位置。舌内、外肌协同收缩，使舌能进行复杂而又灵活的运动。在全身深度麻醉或昏迷时，舌部诸肌均松弛，因而舌向后缩，以致压迫会厌、阻塞喉部，造成窒息。因此，须将患者下颌推向前方或将舌牵出。

（四）舌的血液供应、淋巴回流和神经支配

1．舌的血液供应来自舌动脉，舌后1/3尚有咽升动脉的分支。舌的静脉有舌动脉的伴行静脉和舌下神经的伴行静脉，二者注入舌静脉。

2．舌的淋巴管极为丰富，最终汇入颈深上淋巴结，且愈近舌尖的淋巴管，其注入颈深上淋巴结所在的部位愈低；愈近舌根部的淋巴结，其注入颈深上淋巴结所在的部位愈高。因舌的淋巴管丰富，且引流广泛，血运充足，加之舌的运动频繁，易促使舌癌转移。

3．舌的一般感觉和味觉　舌前2/3的一般感觉由舌神经支配，味觉由参与舌神经的鼓索味觉纤维支配；舌后1/3的一般感觉及味觉由舌咽神经支配，但舌后1/3的中部由迷走神经支配。舌后1/3的黏膜感觉较敏感，在检查咽部用压舌板时，应压于舌体部。舌的运动神经为舌下神经。

七、舌下区

（一）境界

舌下区位于舌和口底黏膜之下，下颌舌骨肌及舌骨舌肌之上，前及两侧为下颌体的内侧面，后部止于舌根。由于口底组织比较疏松，当口底外伤或感染时，易形成较大的血肿、水肿，将舌体推向上后导致呼吸困难或窒息，应引起警惕。

（二）表面解剖标志

当舌上翘时，可见舌系带两侧黏膜上各有一小突起，称舌下肉阜，为颌下腺导管开口。舌下肉阜两侧有向后外斜行的舌下襞，为舌下腺小管的开口部位，也是颌下腺导管的表面标志。行舌系带延长术时，应注意上述结构。

（三）内容及其排列

1．舌下腺及下颌下腺深部。

2．下颌下腺管。

3．舌下神经及舌下神经伴行静脉。

4．舌下动脉。

知识要点

1. 牙是直接行使咀嚼功能的器官。婴儿在6个月时，第一颗乳牙萌出，从而结束了人的第一个无牙颌时期。伴随着乳牙的不断萌出，出现了咀嚼运动。咀嚼运动的刺激和恒牙胚的生长加速了颌骨的生长发育。

2. 快速增长的颌骨又给恒牙的萌出和乳、恒牙的替换提供了必要的生长位置。从12岁起，恒牙列将伴随人的一生。除咀嚼外牙还要协同唇和舌共同完成发育及言语功能，同时由于牙及牙槽骨的支持作用，使唇颊部丰满，肌张力协调，面部表情自然，若失去牙的支持，则因唇、颊部的塌陷使人显得衰老。

3. 人类为双生牙列，第一副为乳牙列，第二副为恒牙列。为了适应生理功能的需要，各牙在牙列中所在位置不同，其形状也各异。位置对称的同颌牙，其形状和功能相同。乳牙列有乳牙20个，按其形状和功能可分为乳切牙、乳尖牙和乳磨牙。恒牙列有恒牙28 ~ 32个，同理可分为切牙、尖牙、前磨牙和磨牙。

4. 切牙和尖牙位于口角前方，又称前牙；前磨牙和磨牙位于口角之后，称后牙。咀嚼时前牙的功能面为切缘和牙尖，后牙的功能面为𬌗面。所有牙的牙根在上下颌骨的牙槽窝内，其牙冠彼此邻接，排列成近似抛物线的弓形，分别称上牙弓和下牙弓。

5. 咀嚼时上下牙弓的切缘，牙尖及𬌗面发生咬合接触的现象称为𬌗。上下牙的不同接触现象构成不同的𬌗关系，𬌗关系的差异又影响着牙齿功能的正常发挥，牙与𬌗相互依存，不可分割，牙是构成𬌗的基本单位。

6. 上下颌骨作为颌面部解剖生理的主体和面部支架，不仅为牙列提供依托和支持，也为咀嚼肌的附着提供支撑条件，同时下颌骨还参与构成了头面部唯一可动的关节——颞下颌关节。

7. 口腔局部解剖中介绍了诸多重要的表面解剖标志，是帮助口腔医生正确快速诊治的必要保证。

8. 牙、𬌗、颅面骨骼、头颈肌及与之相关的动静脉、神经及淋巴系统等共同构成了一个功能整体——口颌系统，其解剖生理学是口腔医学领域的核心基础内容。

（阎 英）

第二章　口腔颌面部检查及病历书写

口腔检查是口腔颌面部疾病诊断和治疗的基础，是指导临床医疗实践的客观依据。临床检查结果的正确与否直接关系到疾病诊治的效果。口腔检查包括采集病史和各种口腔检查。通过采集病史，根据具体病情，对牙体、牙周、口腔黏膜、口腔颌面部组织进行全面而有重点的检查，将获得的病情资料经过综合分析，从而作出正确诊断，制订出合理的治疗计划。

口腔及颌面部是人体的组成部分，某些口腔颌面部疾病可以影响全身，而全身某些系统性疾病也可以在口腔颌面部出现表征。因此，在作口腔颌面部常规检查时，除着重检查口腔和面部组织器官外，需要具有整体观念，不能忽略患者全身的相关情况，必要时还应进行全身或系统检查。例如，某些口腔病灶可以引起全身症状，甚至可使远处组织或器官发生疾病；而一些系统性疾病，如白血病、血小板减少性紫癜患者，又常常因牙龈出血或溃烂，首先到口腔科就诊。如果只注意局部，忽视全身情况，就容易误诊。因此，检查时要遵循一定的顺序和原则，以免遗漏。

第一节　口腔颌面部检查

一、口腔检查前准备及常用器械

（一）口腔检查前准备

1．准备工作　口腔诊室应定期使用紫外线或电子灭菌灯照射消毒，有菌与无菌的器械、敷料要分开放置，机头要做到一人一消毒。检查前医生应穿戴好合格的工作服、工作帽和口罩。医生要在检查前及检查后洗手。使用流动水冲洗干净后拭干，然后戴手套进行操作。

2．检查体位　目前常规的口腔内检查方法是检查者取坐位，并位于患者头部右侧或右后侧；患者仰卧于口腔综合治疗椅上；护士或助手位于患者头部的左侧位。开始检查前，应根据具体情况调节综合治疗椅的位置，既使患者感到舒适，又便于医生操作。应使患者的上颌牙列与地面呈 45° 角，下颌牙列与地面呈水平状态。

3．检查光源　口腔内环境较暗，故口腔检查时光源必须充足。现代综合治疗椅均配备了良好的适合于口腔内检查的光源，它能真实地反映出牙体、牙龈和口腔黏膜的色泽。检查时注意光线不要投射至被检查者的眼睛。对口腔内某些光线不能直射到的部位，可借助口镜的反光及反映的影像来观察。

（二）常用检查器械

口腔检查常用器械有口镜、探针和镊子。

1．口镜　口镜由口镜头和柄构成。金属口镜柄可用于叩诊牙齿。通常医生左手执口镜。口镜可牵拉口角，推压唇、颊、舌等软组织，使检查时视野更清楚；利用其镜面的反光及映像作用，可增加局部照明和检查不能直视的部位。

2．探针　探针两端形状弯曲不同，一端为大弯端，另一端为三弯端，都具有锐利的尖端，使用时应有支点，避免探针滑动而刺伤软组织。探针可以用来探查牙面的窝、沟、点、隙是否存在龋坏，牙齿有无裂纹及发现邻面的隐匿性龋洞，探查牙齿感觉过敏点；检查充填体有无悬突及人造冠的密合程度；检查皮肤或黏膜的感觉功能。另外，还有一种探针（牙周探针），尖端圆钝并有 1mm 间隔的刻度，主要用于探测牙周袋的位置和深度。

3．镊子　为口腔专用镊子，用于夹取敷料、药物、材料及异物等，或夹持牙齿以检查牙齿的松动度。一次性的口腔镊子不宜用于叩诊牙齿。

二、口腔内常规检查

（一）问诊

检查前，通过问诊主要了解患者疾病的发生、发展及诊治经过，全身健康状况以及家庭及家族成员健康状况等。目的是问清患者的主诉、现病史、既往史和有关家族史。问诊时医生应态度和蔼，语言通俗易懂，重点突出。问诊主要包括以下内容。

1．主诉　主诉是患者就诊的主要症状及持续时间，患者最感痛苦、最迫切要求解决的问题。询问时，要问清主要症状、患病的部位及持续时间等。

2．现病史　询问疾病从发生、发展、演变至就诊前的整个过程，以及在此之前是否接受过检查和治疗及治疗效果。例如牙痛，应问清开始发病的时间，由何种诱因（冷热、嵌食、咬合、扳机点）引起，牙痛的部位、性质（自发痛或激发痛、钝痛、锐痛）及疼痛程度（轻微或剧烈）、疼痛的时间（夜间痛、阵发痛、持续性疼痛）等。

3．既往史　是否曾患过对全身健康有重要影响的疾病，如高血压、心脏病、糖尿病等影响口腔疾病治疗的全身疾病，其治疗效果如何，是否有血液病史、药物过敏史等。有无传染性疾病，有无服用对口腔产生影响的药物。

4．家族史　询问家庭成员是否有患类似疾病的情况。因为有些口腔疾病和遗传因素有一定的关系，例如有些牙颌畸形。对氟斑牙患者，询问幼年时是否曾在高氟地区生活过。

（二）视诊

口腔内视诊包括对牙体、牙龈、口腔黏膜、舌及唾液腺的观察。

1．牙体　应观察牙齿的排列是否整齐，咬合关系是否正常，牙齿的形态、颜色、数目及大小是否异常，牙齿是否有龋坏、缺损或缺失等。

2．牙龈　观察牙龈的颜色、形态、质地，牙龈乳头是否有肿胀、增生、点彩消失等，是否有牙周溢脓、出血等。当有慢性汞、铅、铋中毒时，龈缘可出现色素沉着。

3．口腔黏膜　观察黏膜颜色是否正常，有无水肿、丘疹、糜烂、溃疡、斑块，有无炎症、色素沉着等。

4．舌　观察舌的颜色、舌苔、表面是否有沟裂或溃疡、边缘有无齿痕，舌乳头是否肿胀或消失，舌体的大小、舌的运动、感觉是否正常等。

5．唾液腺导管口　观察唾液腺导管口是否红肿，挤压颊部腮腺、口底颌下腺导管开口处的黏膜，观察是否有唾液或异常分泌物流出及唾液清亮度的情况。

（三）探诊

口腔检查常用探针来进行探诊。用来探查牙齿邻面或牙齿表面的窝、沟、点、隙是否有龋坏，及龋坏病变的范围、深度、有无探痛、是否有牙髓暴露等。当有充填物时，可以探查充填物边缘和牙体是否密合，是否有继发龋。牙周出现病变时，探查牙周袋深度及龈下牙石情况。当牙本质过敏时，可用于探测敏感部位。按顺序检查（右上—左上—左下—右下）。右手执笔式握持探针，以环指为支点。探针大弯端用于检查咬合面，三弯端用于检查邻面。

（四）叩诊

一般使用金属口镜柄或其他平头金属器械对牙齿垂直和水平方向进行叩诊，根据叩诊音和患者的感觉了解患牙根周组织是否存在异常反应。垂直叩诊用于检查根尖周牙周膜的反应，判断有无根尖区病变，侧向叩诊用于了解牙根侧面牙周膜的反应。叩诊时，一般先叩正常的邻牙或对颌牙作对照，然后再叩可疑患牙。正常牙叩音清脆，无叩痛；病患牙一般叩音浊，有不同程度叩痛反应。叩诊的力量宜先轻后重，一般以叩诊正常牙不引起疼痛的力量为宜。

（五）扪诊

根尖部位病变扪诊可用示指指腹于患者唇颊侧牙龈的根尖部近中或远中开始扪压，逐渐向患牙根尖部移动，询问是否有压痛。脓肿波动感的扪诊用一手示指和中指放在脓肿部位，上下交替按压，用指腹感觉是否存在波动感。对于唇颊部、口底、颌下区的病变，可进行双合诊，以了解病变的范围、质地、动度、压痛和周边的浸润情况。检查时一手拇指或示指，或双手置于病变部位上下或两侧进行触压。前者适用于唇颊、舌部，后者适用于口底、颌下区的检查。双合诊应按照由后向前的顺序进行。

（六）嗅诊

某些病变会使口腔内产生气味，医师可以通过嗅觉对诊断有所帮助。坏死性牙龈炎会有特殊的腐败性腥臭味，坏疽的牙髓组织有特殊的腐臭味，一些全身性疾病的患者口腔内会有丙酮样或类似“烂苹果”的气味。

（七）牙齿松动度检查

检查牙齿的松动度，可用牙科镊子操作。用镊子夹持前牙唇、舌面或用镊子尖并拢抵住后牙咬合面窝沟，轻轻向颊舌向或近远中向摇动，根据牙齿松动度帮助判断牙周组织的病变程度。

根据牙齿松动的程度，可分为三度。

Ⅰ度松动：牙齿颊（唇）舌方向活动，幅度＜ 1.0mm。

Ⅱ度松动：牙齿颊（唇）舌方向及近远中方向均活动，幅度 1.0 ～ 2.0mm。

Ⅲ度松动：牙齿颊（唇）舌方向、近远中方向及垂直方向均活动，幅度＞2.0mm。

三、颌面部常规检查

口腔颌面部的常规检查主要包括问诊、视诊、扪（触）诊、听诊等。其中，问诊、视诊方法及内容同口腔内检查一致。扪诊（触诊）是用医生的手指触摸或按压，并与患者的反应相结合来检查病变的部位、范围、大小、形状、软硬度、波动感、压痛、移动度及发热感等，帮助判断病变的性质。口腔颌面部检查主要有以下几个方面。

（一）表情与意识神态检查

颌面部表情的变化既可是某些口腔颌面外科疾病的表征，也可是各种全身疾病的反应。通过观察患者面容表情可以了解患者的意识状态和病情的轻重程度。

（二）颜面部外形与色泽检查

观察颜面部外形是否对称、上中下结构比例是否协调，有无突出或凹陷畸形。颜面部的皮肤色泽、弹性、质地的变化对于疾病的诊断有着很重要的意义。

（三）颌面部器官检查

1．眼　对于颌面部损伤患者要注意瞳孔的变化，如瞳孔大小、对光反射等的变化是颅脑损伤的一个重要体征。也要检查有无眼睑缺损或畸形、睑裂大小变化、眼球运动是否受限、有无复视等。

2．鼻　对于颌面部损伤患者要注意是否有脑脊液鼻漏，如有则说明前颅底骨折。上颌窦癌患者的早期症状之一可以是患侧鼻阻塞或鼻腔有血性分泌物。

3．耳　对于颌面部损伤患者如有脑脊液耳漏，则有可能中颅底骨折。对于耳部邻近部位的炎症及肿瘤均应检查听力和耳部的情况。

（四）语音及听诊检查

语音检查对某些疾病的诊断具有特殊意义，如腭裂患者具有很明显的鼻音，称“腭裂语音”，舌根部肿块可有“含橄榄音”，颞下颌关节紊乱综合征的患者在关节区可听到不同性质的弹响。听诊对血管源性肿瘤的诊断有一定的帮助，动静脉畸形患者病变部位听诊有吹风样杂音。

（五）面颈部淋巴结的检查

面颈部淋巴结的检查对颌面部肿瘤与炎症患者的诊断具有重要意义。检查时，患者取坐位，检查者应站在患者的右前方或右后方，患者头稍低，略偏向检查侧，使皮肤、肌肉放松。检查者手指紧贴检查部位，依次从枕部开始，沿耳后、耳前、腮腺区、颊部、颌下、颏下，再沿胸锁乳突肌前后缘、颈前后三角，直至锁骨上窝，仔细检查颈深、浅各组淋巴结有无肿大，及其所在部位、大小、数目、硬度、活动度、有无压痛或波动感，与皮肤或基底部有无粘连、界限是否清楚等情况。

（六）颞下颌关节的检查

颞下颌关节检查包括以下四项内容。

1．面形与关节动度检查　检查面部左、右是否对称，关节区、下颌角、下颌支和下颌体的大小和长度是否正常。两侧是否协调一致。检查髁突动度有两种检查方法：①以双手示指分别置于两侧耳屏前，请患者作开闭口运动，感触髁突的动度；②将两小指伸进外耳道前壁进行触诊，了解髁突的动度及冲击感，有助于颞下颌关节疾病的诊断。

2．咀嚼肌的检查　对于面部疼痛患者的头颈部肌肉状况，应以双侧肌肉触压诊的方式进行系统的检查。检查咀嚼肌群的收缩力，检查时应该注意询问患者两侧的感觉是否一致，触压是否有疼痛，观察两侧是否对称、协调。同时注意肌肉的质地软硬、有无肿块及萎缩等。检查的肌肉包括咬肌、颞肌、舌骨肌、二腹肌、翼内肌、翼外肌等。在口腔内触压各咀嚼肌的解剖部位：下颌支前缘向上触压颞肌前份；下颌支内侧触压翼内肌下部；上颌结节后方触压翼外肌下头。

3．下颌运动检查　让患者作开闭颌运动、下颌前伸运动和侧方运动，来检查颞下颌关节的功能是否正常。主要包括：①开口度是否正常、开口型有无偏斜，张口度≤3cm 为轻度张口受限，张口度≤2cm 为中度张口受限，张口度≤1cm 为重度张口受限；②侧方颌运动是否对称，髁突动度是否一致；③观察关节有无疼痛、有无关节弹响或杂音，对弹响要明确出现的时间、性质、次数和响度等，有无关节交锁。

4．𬌗关系检查　颞下颌关节疾病与牙、𬌗关系有密切的关系。检查𬌗关系时，应注意咬合关系是否正常，有无𬌗紊乱及𬌗干扰；覆𬌗、覆盖情况及𬌗曲线是否正常。此外，还应注意有无牙齿缺失、牙倾斜等情况。

（七）唾液腺的检查

首先观察两侧面部是否对称，各腺体所处部位的解剖标志是否存在；触压腺体感觉是否肿大，是弥漫性肿大还是局限性，是否有肿块，肿块大小、质地、活动度以及与周围组织的关系。其次，检查唾液分泌情况：导管口有无红肿溢脓现象；按压腺体时，唾液分泌是否通畅，是否清亮、黏稠或脓性。检查口腔黏膜是否干燥。唾液腺导管的检查应注意有无结石存在，检查时应该小心勿将结石推向深部。

四、口腔颌面部特殊检查

（一）牙髓活力测验

正常牙髓对外界刺激有一定的耐受阈，一般对 20 ～ 50℃的温度刺激无不适感。当牙髓出现病损时，耐受阈值发生改变，牙髓对外界刺激的反应表现为敏感或迟钝。牙髓活力测验是利用温度或电流刺激检查牙髓的反应，帮助诊断牙髓组织的活力状态。牙髓活力测验是定性而非定量的检查手段，个体对刺激感受的差异较大，测验时要求作自体对比测试，对照牙首选对侧同名的健康牙，其次为对颌同名的健康牙，再次为同期发育的其他健康牙齿，患牙与对照牙检测的部位应保持一致，以患者自身健康牙测得的结果为标准进行对比。

1．冷诊法　临床常用小冰棒测试患牙，观察患者的疼痛反应。牙髓充血时，冷刺激可引起感觉敏感或一过性的疼痛；急性牙髓炎的早期，冷刺激会引起剧痛；急性牙髓炎的晚期，热刺激引起疼痛，冷刺激反而缓解疼痛。为防止因冷水的流动而引起其他牙齿的疼痛造成的干扰，测试时要按照先下牙、后上牙，先后牙、再前牙的顺序进行，以免造成误诊。不能用冷热水枪作刺激源。

2．热诊法　一般采用加热的牙胶，置于湿润的受检牙的颊（唇）面，以观察患者的疼痛反应，热诊法一般在冷诊法测试结果不明确时使用，对牙髓感觉迟钝的患牙易得出阳性结果。对测试反应一般描述如下：

（1）正常：患牙的反应程度、时间与对照牙相同。

（2）敏感：反应速度快，疼痛程度强，持续时间较长。

（3）迟钝无反应：反复测试，加大刺激强度均无反应者。

3．牙髓电活力测验　利用微弱电流通过牙体硬组织，传导至牙髓神经，引起兴奋，产生知觉，来判断牙髓的活力。测试时，先将牙面擦干，严格隔离唾液，将牙膏置于牙髓电活力测验计的探头上，然后置于被测牙面上，将活力计点位从“0”开始逐渐加大到患者牙齿有刺激感觉时，记下测试计数值，同样要和对照牙比照。测验时应注意诊断电极不可接触黏膜组织，以防止烧伤；诊断电极不要置于充填体、龋洞或暴露的牙本质上，否则得出的结果不具可比性。牙髓对刺激的反应会因年龄的增长而减弱，而在月经期、妊娠期、精神紧张时可能反应增强。

（二）实验室检查

口腔常用的实验室检查包括血常规、尿常规、出凝血时间、生物化学、细菌涂片及培养、脱落细胞检查、组织病理学检查等。病情需要时可选择有关项目进行检查。

1．血液检查　对于口腔急、慢性炎症伴有全身反应，或特殊性牙龈肿胀或坏疽，需作血常规检查以了解白细胞总数和分类情况，以判断炎症程度，并排除白血病和粒细胞减少症。黏膜和牙龈苍白、牙龈出血和黏膜瘀斑等，应作血常规、出凝血时间、血小板计数等检查，以排除其他血液疾病。生化全项可以帮助判断患者有无全身系统性疾病，如糖尿病、肝肾功能不全等。

2．细菌涂片及培养　在口腔黏膜出现糜烂、溃疡、假膜、坏死或溃烂，如怀疑为特殊细菌感染，最好先作涂片检查，观察有无特殊细菌。也可作细菌培养，并作抗生素敏感试验，以便选用敏感有效的抗菌药物，提高疗效。

3．肿瘤脱落细胞检查　对检查口腔上皮癌有参考价值，如检查癌细胞阴性，需进一步作活体组织检查。

4．组织病理学检查　即活体组织检查，可用于口腔各种肿瘤的诊断，白斑、慢性溃疡等可疑癌前病变的确诊，结核、梅毒、麻风等特殊感染的确诊，手术切除后的增生物或组织块的定性，疑难黏膜疾病的确诊等。

（三）X线摄影检查

牙科X线摄影是最常用且经济的检查方法，在牙体、牙周病变、颞下颌关节疾病、颌骨病变、颌骨骨折、颌面部畸形的诊断和治疗方面有较大的价值，目前数字化全景线影像更清楚，可对影像进行放大、测量和处理，且便于传输和保存。

1．牙片（根尖片）　可观察到牙釉质、牙本质、牙髓腔、牙周膜及牙槽骨等结构。常用于牙体病、牙髓病、根尖周病、牙外伤和牙周病的检查及其治疗前后的对比观察。如协助确定邻面龋的部位、深度、龋洞与髓腔距离，发现充填物下面的继发龋、口小而深的潜行性龋、根折、牙内外吸收、牙骨质增生、牙髓钙化、髓石等，确定根尖周病变的范围和性质、牙槽骨破坏的程度和类型，牙体病治疗过程中了解髓腔大小，牙根和根管数目、形态、长度、弯曲、狭窄、阻塞等情况，协助确定髓室或根管壁是否穿通、根管内器械折断的位置、治疗后根管充填效果和牙周病变的恢复情况等。

2．下颌骨侧位片 显示下颌体磨牙区与下颌升支，常用于检查下颌骨的各种病变。

3．曲面断层摄影 是口腔颌面部特有的检查方法，优点是一次曝光即可将全口牙齿包括恒牙胚，以及双侧上、下颌骨，上颌窦，颞下颌关节等部位的体层影像显示。对牙体和颌骨囊肿、肿瘤、外伤、炎症、发育异常及多生牙、阻生牙等方面的X线诊断有价值。

4．X线头影测量片 在头颅定位仪严格定位下拍摄的头颅正位或侧位片，可清楚地显示颅骨，上下颌骨的正、侧面影像。通过分析X线头影测量片，有助于正畸科对牙、颅面畸形患者作出正确的诊断和矫治设计。

（四）超声检查

在口腔颌面部多用于唾液腺、颌下区及颈部肿块的检查，适用于确定有无占位性病变；确定囊性或实性肿物；对病变的位置、大小、深浅和性质有辅助诊断意义；可根据肿物的供血是否丰富对肿物良恶性的判断有一定的帮助；观察肿物与周边血管的关系，对手术提供帮助。

（五）CT 检查

CT检查即计算机层析成像，是经过计算机处理利用检测器接收X线穿透人体后的不同强度信号而得到的数据和模拟信号，而后经电子系统变换后输至荧光屏显示出图像。适于口腔的锥形束CT（CBCT）已较广泛运用。CT具有分辨率高、定位准确、图像清晰、避免重叠等优点，能对口腔颌面部软组织、颌骨、上颌窦、颅底、唾液腺及口腔颌面部间隙病变的诊断提供较客观的依据。适用于观测口腔颌面部良恶性肿瘤的位置、范围、毗邻的血管等结构的关系；颌骨骨折、颞下颌关节病变的诊断；口腔颌面部间隙感染的范围；唾液腺疾病的诊治，肿瘤术后的复查评价、口腔种植术前设计和术后评价等。

（六）MRI 检查

磁共振成像（MRI）是利用人体组织氢原子核在强大均质磁场中受到特定的射频脉冲激发时发出的信号，信号经接收器及计算机处理后成像。具有解剖结构图像显示逼真，病变显示清晰且定位准确，能显示血管并三维成像等优点。适用于口腔颌面部软组织占位性病变、血管性病变颅颌面交界区病变、颅颌面部创伤、颞下颌关节疾病等的诊断与治疗。缺点是扫描时间长、费用相对昂贵、体内有金属留置的患者受限制等。

（七）数字减影血管造影技术

数字减影血管造影是利用计算机处理数字化影像信息，并通过减影技术消除骨骼和软组织影像的新一代血管造影技术，具有诊断敏感性高，造影剂密度低、剂量小，可观察血流动态图像的优点。分静脉和动脉数字减影血管造影两种。由于数字减影动脉造影可以增加动脉内的碘造影剂浓度，从而更清楚地显示小动脉的分支，因而对口腔颌面部肿瘤和血管性病变诊断价值更高，应用更多。通过在腹股沟处股动脉穿刺置入导管，将导管送至颈外动脉，在减影状态下注入造影剂，可以显示颈外动脉主干及其分支动脉的图像。目前多用于颌面颈部血管、动静脉瘘及血运丰富的良、恶性肿瘤的检查、诊断和治疗，特别是颌面部血管畸形的介入栓塞治疗上，有广泛的应用。

（八）唾液腺分泌功能检查

唾液腺疾病需要对唾液腺的分泌功能进行检查，以明确是阻塞性病变还是萎缩性分泌抑制，是局部病变还是全身系统性疾病的表征。分泌功能检测包括定性检查和定量检查（静态和动态唾液总流率）两个方面。

第二节　病历书写

病历是诊断和治疗疾病的依据，是进行科学研究、总结经验、提高医疗质量的资料。病历书写是医务人员通过问诊、查体、辅助检查、诊断、治疗、护理等医疗活动获得相关资料，并进行归纳、分析、整理形成医疗活动记录的行为。医生要严肃、认真地采集和书写病历。病历记录要求客观、真实、准确、完整、及时和重点突出。病历包括门（急）诊病历和住院病历。口腔住院病历按普通住院病历格式要求书写，但口腔颌面部专科情况应详细描述书写。

一、病历书写的内容

病历书写的内容包括：一般项目（患者的姓名、年龄、性别、职业、民族、婚姻等）、主诉、现病史、既往史、个人史、婚育史、家族史、体格检查、专科检查、初步诊断、诊疗计划、医师签名和时间。

二、记录方法

（一）临床牙位记录方法

临床病历书写，记录牙位的方法常常采用部位记录法，即以“+”符号将上下牙弓分为四个区，面对患者进行记录。恒牙用阿拉伯数字表示，中切牙记为 1，侧切牙记为 2，以此类推，第三磨牙记为 8，例如左侧上颌第一磨牙书写为 $\underline{|6}$；乳牙采用罗马数字或英文大写字母表示，如右侧上颌第二乳磨牙书写为 $\underline{\text{V}|}$ 或 $\underline{\text{E}|}$。

恒牙式：上颌 / 下颌

$$\text{右}\quad \begin{array}{c|c} 8\,7\,6\,5\,4\,3\,2\,1 & 1\,2\,3\,4\,5\,6\,7\,8 \\ \hline 8\,7\,6\,5\,4\,3\,2\,1 & 1\,2\,3\,4\,5\,6\,7\,8 \end{array} \quad \text{左}$$

乳牙式：上颌 / 下颌

$$\text{右}\quad \begin{array}{c|c} \text{V IV III II I} & \text{I II III IV V} \\ \hline \text{V IV III II I} & \text{I II III IV V} \end{array} \quad \text{左}$$

或

上颌 / 下颌

$$\text{右}\quad \begin{array}{c|c} \text{E D C B A} & \text{A B C D E} \\ \hline \text{E D C B A} & \text{A B C D E} \end{array} \quad \text{左}$$

为了标记牙冠龋损的准确部位，临床上应用牙冠各牙面的英语第一个字母命名方法记录龋损的具体部位，I（incisal）表示切缘，La（labial）表示唇面，B（buccal）表示颊面，L（lingual）表示舌面，P（palatial）表示腭面，O（occlusal）表示殆面，M（mesial）表示近中面，D（distal）表示远中面。记录时，英语字母书写于牙位符号的右上方，如 $\underline{|6}^{DO}$ 表示牙冠的龋损部位位于远中殆面。

国际牙科联合会系统（简称 FDI 系统）记录牙位时是用两位数字表示的，其个位数字表示牙的排列顺序，类似部位记录法，而十位数字则表示牙所在的区域，以及是恒牙或是乳牙。

恒牙区：$\begin{array}{c|c} 1 & 2 \\ \hline 4 & 3 \end{array}$

乳牙区：$\begin{array}{c|c} 5 & 6 \\ \hline 8 & 7 \end{array}$

牙列中各恒牙的位置记录如下：

上

右	18 17 16 15 14 13 12 11	21 22 23 24 25 26 27 28	左
	48 47 46 45 44 43 42 41	31 32 33 34 35 36 37 38	

下

牙列中各乳牙的位置记录如下：

上

右	55 54 53 52 51	61 62 63 64 65	左
	85 84 83 82 81	71 72 73 74 75	

下

在 FDI 系统中，无论是恒牙还是乳牙，每一个牙均由一个特定的两位数表示。例如 16 表示右上颌第一磨牙，75 表示左下颌第二乳磨牙。在计算机得到广泛应用的今天，使用这种记录方法非常方便。

（二）口腔颌面部专科检查记录

重点记录主诉和现病史所反映的体征，按顺序全面记录检查结果，牙齿用牙式符号表示。

口腔颌面部检查：面部是否对称，有无肿胀及包块，有无畸形及缺损，有无淋巴结的肿大，颞颌关节及唾液腺的检查等。

口腔内检查包括张口度，牙列、牙周、牙体、黏膜、唾液腺导管口情况、口腔卫生情况、修复体或充填物情况等。

三、病历书写要求

（一）门诊病历书写要求

门诊病历分初诊病历和复诊病历。

门诊初诊病历包括就诊时间、科别、主诉、现病史、既往史、阳性体征、必要的体格检查和辅助检查结果、诊断、治疗处理意见和医师签名等。口腔门诊病历应有治疗计划，在确定诊断的基础上，根据病情的轻、重、缓、急制订治疗计划，包括对症治疗和根治疗法，以便有步骤地进行治疗。

门诊复诊病历应记录上次就诊后病情的演变、治疗反应、目前的主要症状及问题、本次检查结果与上次就诊时情况的比较、对上次诊断有误或未确诊的进行更正或进一步明确诊断、本次的处理及治疗建议等。

（二）住院病历书写要求

1．主诉　是指促使患者本次就诊的主要症状（或体征）及持续时间，如“右上后牙自发性疼痛三天”。

2．现病史　根据主诉，按症状发生的时间先后顺序记录疾病发生、发展、演变过程及目前状况。内容包括发病情况、伴随症状、发病后诊疗经过及结果、睡眠和饮食等一般情况的变化，以及与鉴别诊断有关的阳性或阴性资料等，要求文字简洁，有逻辑性。

3．既往史　是指患者本次发病以前的健康及疾病情况，特别是与现病情有密切关系的疾病，以及有无传染病史、预防接种史、外伤史、输血史、过敏史等。

4．个人史　包括出生、生长地区，是否去过疫区，是否接触有害物质，有无不良嗜好，有无冶游史等。

5．家族史　父母兄弟姐妹及子女的健康状况，有无同样的疾病，有无肿瘤、糖尿病、高血压、精神障碍、与遗传相关的疾病等。

住院病历还包括体格检查、专科情况、辅助检查、鉴别诊断、初步诊断、诊疗计划等。

第三节　电子病历

电子病历是由医疗机构以电子化方式创建、保存和使用的，重点针对门诊、住院患者（或保健对象）临床诊疗和指导干预信息的数据集成系统，是居民个人在医疗机构历次就诊过程中产生和被记录的完整、详细的临床信息资源。电子病历系统（electronic medical record，EMR）是医学专用软件。医院通过电子病历以电子化方式记录患者就诊的信息，包括首页、病程记录、检查及检验结果、医嘱、手术记录、护理记录等，其中既有结构化信息，也有非结构化的自由文本，还有图形图像信息。涉及患者信息的采集、存储、传输、质量控制、统计和利用。在医疗中作为主要的信息源，提供超越纸张病历的服务，满足医疗、法律和管理需求。电子病历内容的书写要求与病历书写规范要求一致。

一、住院电子病历涉及系统及接口

1．与 HIS 系统实现 ADT（入出转）接口。

2．与 HIS 系统实现医嘱接口。电子病历可以有独立的医嘱录入系统，即独立的医生工作站。

3．与 LIS 系统实现检验报告接口，电子检验申请接口。

4．与 PACS 系统实现检查报告接口，电子检查申请接口。

5．与病案系统实现病案统计接口。病案统计一般独立于电子病历和 His，数据来源于电子病历 His 数据点。

6．门诊电子病历还需与分诊叫号实现叫号接口。

7．根据具体情况，还可能与手术麻醉系统、ICU 系统等有相应接口。

二、主要功能

1．支持病历文档的结构化存储。

2．支持丰富的病历模板库（简单元素库、复杂元素库、小模板库、大模板库、常用语库）。

3．支持必填项检查。

4．支持各种医学专用表达式（例如月经史、胎心、龋齿位置的公式表述）。

5．支持病历文档三级审核功能。

6．支持修改痕迹保留，保留各级医生的修改痕迹。

7．时效控制机制，采用工作流主推模式，任务自动提示，及时提醒和催促医务人员，按时、按质、按量完成病历书写工作，有效地避免病历文档的缺写、漏写、延时书写。

8．支持数据元素绑定、实现了多文档同步刷新技术。

9．表格处理能力（可以方便地制作表格病历），支持表格嵌套、合并单元格、拆分单元格、删除行、删除列、添加行、添加列、表格内插入元素、表格宽度手动或自动调整。

10．支持对于输入的数值进行合法性校验、检查。

三、优缺点及意义

电子病历主要有如下优点：

1．传送速度快　医务人员通过计算机网络可以远程存取患者病历，能迅速把数据传往需要的地方。在急诊时，电子病历中的资料可以及时地查出并显示在医师的面前。

2．共享性好 医院诊治患者的常规病历记录只保存在本医院，如果患者到其他医院就诊则需要重新进行检查，这不仅浪费宝贵的医疗资源也使患者增加了很多不必要的痛苦。而采用电子病历后，则能够克服这些不足。患者在各个医院的诊治结果可以通过医院之间的计算机网络或患者随身携带的就诊卡来传输。病历的共享将给医疗带来极大的方便。

3．存储容量大 由于计算机存贮技术尤其是光盘技术的进步，电子病历系统数据库的存储容量可以是相当巨大的。

4．使用方便 医务人员使用电子病历系统可以方便地存储、检索和浏览病历，复制也很方便，可以方便、迅速、准确地开展各种科学研究和统计分析工作，大大减少人工收集和录入数据的工作量，极大地提高临床科研效率。

5．成本低 电子病历系统一次性投资建成后，使用中可以降低患者的费用和医院的开支。

电子病历也有相应的缺点，比如需要大量的计算机软硬件投资和人员培训。计算机一旦发生故障，将造成系统停顿，无法进行工作，因此，经常需要保存手工的原始记录。还有，在将病历数据输入计算机时出现各种错误超过时限后修改受限，需要严格的检查，以防止发生差错和事故。

电子病历系统可以为病历质量监控、医疗卫生服务信息以及数据统计分析和医疗保险费用审核提供技术支持，包括医疗费用分类查询、手术分级管理、临床路径管理、单病种质量控制、平均住院日、术前平均住院日、床位使用率、合理用药监控、药物占总收入比例等医疗质量管理与控制指标的统计，利用系统优势建立医疗质量考核体系，提高工作效率，保证医疗质量，规范诊疗行为，提高医院管理水平。

知识要点

1．口腔检查是诊断和治疗口腔疾病的基础，包括病史采集和口腔内、颌面部的临床检查，以及实验室检查和影像学的检查。

2．掌握临床牙位的记录方法和病历书写的内容，病历书写要求严谨、准确、完整和重点突出。

（张望群）

第三章　牙齿疾病

牙齿疾病主要包括龋病（dental caries）、牙髓病（endodontics）和根尖周病（periapical disease），以及牙体硬组织非龋性疾病，其中牙体硬组织非龋性疾病包括的病种很多，以牙齿外伤为最常见。龋病、牙髓病和根尖周病以及牙齿外伤在口腔临床上属于常见病、多发病，而且是口腔门诊患者就诊率很高的疾病。本章包括龋病、牙髓病、根尖周病及牙外伤四节内容，涉及这几种疾病的病因、临床表现及治疗原则等方面。

第一节　龋　　病

龋病（dental caries or tooth decay）是在以细菌为主的多种因素影响下，牙齿硬组织发生慢性进行性破坏的一种疾病，是牙体硬组织的细菌感染性疾病。导致龋病发生的因素有多种，主要包括细菌和其生长环境、食物，以及牙齿和其所处的环境等。

患龋病时，牙齿硬组织的病理改变涉及牙釉质、牙本质和牙骨质，临床特征是牙齿硬组织发生颜色、形态及质地的变化。成年人的龋齿大多进展缓慢，从仅有色泽改变的初期龋发展到形成有实质性缺损的龋洞需 1.5 ~ 2 年时间，这一慢性过程因自觉症状不明显，所以往往得不到患者的重视；但龋洞一旦形成，只有在极少数的特定条件下才能静止，绝大多数会呈进行性的发展；在向牙体深部发展的过程中，可引发牙髓病、根尖周病等极端痛苦且严重影响身体健康的一系列并发症；龋病的发展可使牙齿不断破坏，最终导致牙齿的丧失，破坏了咀嚼器官的完整性，直接影响食物的消化吸收，进而影响全身健康。

龋病是人类的常见病、多发病之一，在各种疾病的发病率中，龋病位居前列。但是由于其病程缓慢，一般情况下不危及患者生命，因此没有受到人们的重视。实际上，龋病给人类造成的危害很大，世界卫生组织（WHO）把龋病列为继心血管疾病和癌症之后的三大非传染性重点防治疾病之一。龋病发病率随着人类进化及经济活动的发展，特别是食物摄入量的增加而升高。随着公共口腔健康措施的实施，生活水平的改善，个人保健意识的提高，许多发达国家龋病流行情况出现下降趋势。在我国，自 20 世纪 80 年代以来的近 40 年间，龋病流行趋势平稳，无急剧增长迹象。龋病的发病率在城乡之间、性别之间及各年龄阶段有所不同。大多数调查资料显示，龋病的发病率，城市高于农村，女性高于男性。乳牙萌出后不久即可发生龋病，6 ~ 12 岁时达到高峰，随着乳牙的逐渐脱落，患龋率有所下降；恒牙的龋病从 6 ~ 7 岁开始发生，以后逐年上升，成年时期比较稳定；中年以后，由于牙龈退缩致牙根暴露，牙根面龋的发生率达到高峰。第三次全国口腔健康流行病学调查显示，各年龄组均有较高的患龋率，其中，5 岁组为 66%、12 岁组为 28.9%、35 ~ 44 岁组为 88.1%、65 ~ 74 岁组为 98.4%，各年龄组人群所患的龋病中 80% 以上未治疗。

一、病因

龋病的病因十分复杂，是一种多因素性疾病，目前比较认可的发病因素是龋病的病因四联因素理论。有三种相互作用的主要因素在疾病发生过程中起作用，包括宿主、微生物和食物，只有三种因素并存，龋病才有可能发生，这是三联因素理论。除此之外，学者们认为时间因素也必须考虑在内，从而将三联因素发展为四联因素。

（一）细菌因素

大量研究证据已经表明，细菌的存在是龋病发生的先决条件。口腔中的主要致龋细菌是变异链球菌，其次是乳杆菌和放线菌，这些细菌的致龋特点是利用蔗糖的产酸能力、耐酸能力及对牙齿表面的附着能力。细菌致龋的生态环境就是黏附在牙齿表面形成牙菌斑，没有牙菌斑就不会产生龋齿。

（二）食物因素

细菌在龋病发病过程起着重要的作用，但是研究发现在不同地区生活的人群，其患龋率有很大差别，食糖消耗水平与龋病发病呈正相关关系。食物与龋病的关系十分密切，随着人类进化，食物越来越精细，食糖摄入量增加，使得龋病发病率增加。糖的致龋作用与其种类、摄入量和摄入频率有关。蔗糖是主要致龋糖类，被致龋菌利用而产生各种有机酸，酸可使牙齿硬组织脱矿进而导致牙齿组织丧失，形成龋洞。

（三）宿主因素

宿主因素是指宿主对龋病的易感程度。宿主易感性包括唾液的流速、流量、成分，牙齿的形态与结构，全身状况等。牙齿是致龋菌攻击的靶点，形态复杂、排列拥挤的牙齿因易使细菌滞留而易发病；唾液的理化性质、分泌量与龋病的发生之间关系也很密切，口干症患者、头颈部放射治疗后的患者，由于唾液腺发生病理性破坏而致唾液分泌量减少，全口牙齿在短时间内可发生猖獗性龋坏，称为猖獗龋（rampant caries）。全身状况与龋病发病有一定关系，全身状况受到营养、内分泌、遗传、免疫状态和环境等因素影响。

（四）时间因素

龋病发病的每一个过程都需要一定的时间才能完成，成熟恒牙的龋齿从仅有色泽改变的初期龋发展到形成有实质性缺损的龋洞需 1.5 ～ 2 年时间。

二、临床表现

（一）好发牙齿及好发部位

1．龋病好发牙齿　由于不同牙齿解剖形态和生长部位的特点，龋病在各牙的发生率存在着差别。大量流行病学调查资料表明，龋病的牙位分布基本是左右侧对称，下颌多于上颌，后牙多于前牙，下颌前牙患龋率最低。

恒牙患龋率顺序为：36，46 ＞ 37，47 ＞ 16，26 ＞ 17，27 ＞ 15，25，35，45 ＞ 11，12，13，21，22，23 ＞ 31，32，33，41，42，43。

2．龋病好发部位　龋病的好发部位与食物是否容易滞留有密切关系。牙齿表面一些不易得到清洁，细菌、食物残屑易于滞留的场所，菌斑积聚较多，容易导致龋病的发生，因此牙齿的窝沟点隙是龋病的最好发部位，其次的好发部位是牙齿的邻面和牙颈部。老年人由于牙龈萎缩、牙根外露，邻面和牙颈部龋发生率较高。此外，在牙齿排列拥挤的部位也易发生龋坏。临床检查时应重点检查这些好发牙齿及好发部位（图 3-1）。

（二）龋病的临床表现

患龋病时，牙齿硬组织的病理改变涉及牙釉质、牙本质和牙骨质，临床特征是牙齿硬组织发生颜色、形态及质地的变化，以质变为主，色、形变化是质变的结果。随着病程的发展，病变由牙釉质进入牙本质，组织不断被破坏、崩解而逐渐形成龋洞。临床上常根据龋坏病变的深度分为浅、中、深龋（图 3-2）。

1．浅龋　浅龋是指龋损只限于釉质或牙骨质内的早期病变。患者一般无主观症状，遭受外界的物理和化学刺激如冷、热、酸、甜刺激时亦无反应。一般在临床体检时仔细检查才能发现。牙齿平滑部位的浅龋一般呈白垩色点或斑，无肉眼可见的形态缺损，探诊粗糙；窝沟部位的浅龋呈黑褐色斑点，探针尖可探入并有被牵拉感。早期诊断疑为浅龋时，可定期追踪复查，

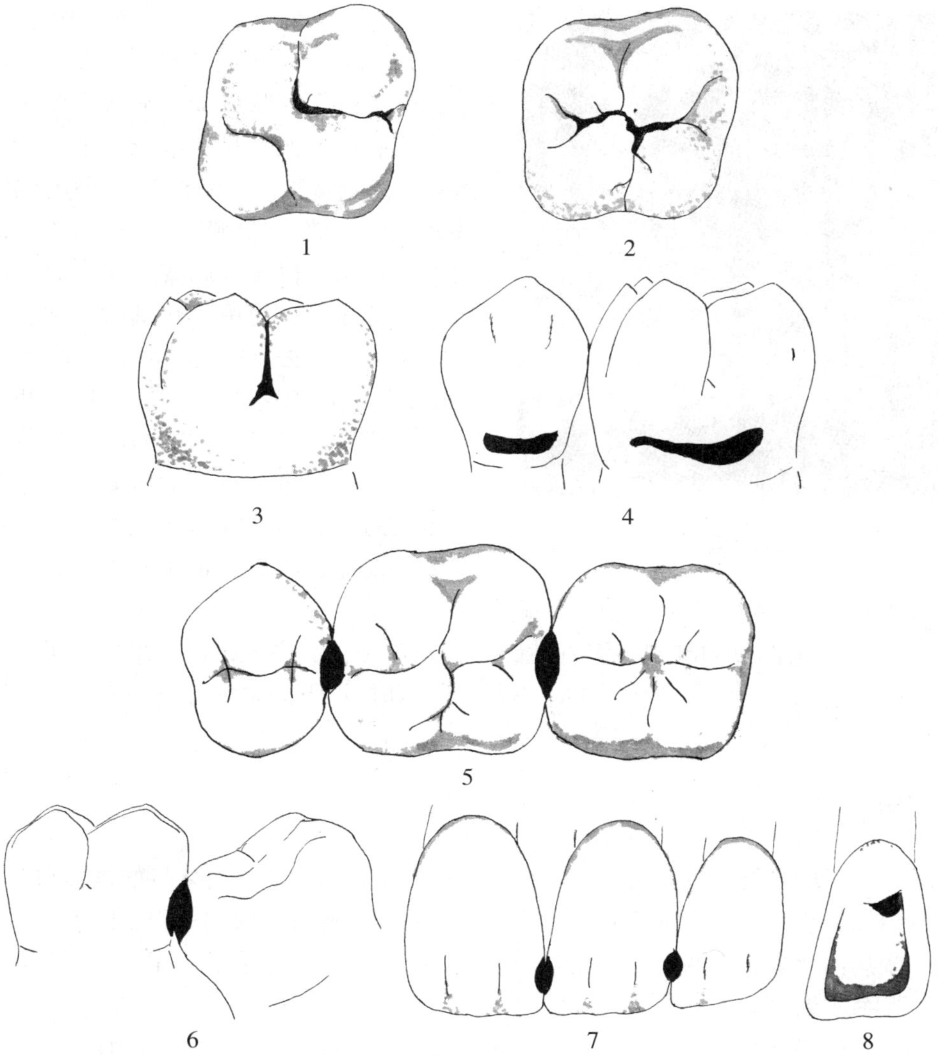

图 3-1　龋病的好发部位

1.和 2．后牙殆面窝沟龋；3．磨牙颊面沟龋；4．牙颈部龋；5．后牙邻面龋；
6．因阻生牙而致的邻面龋；7．前牙邻面龋；8．前牙舌面窝龋

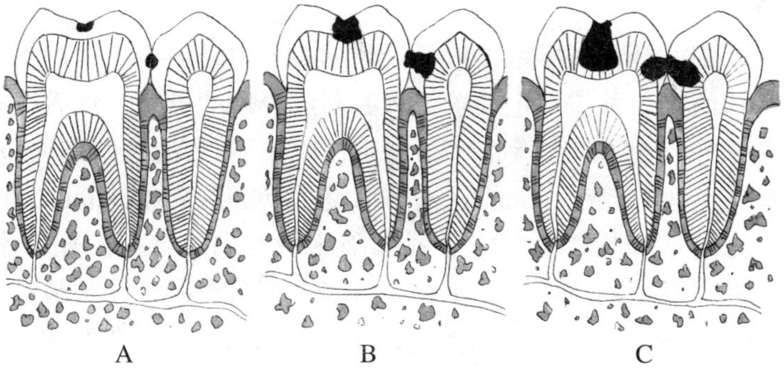

图 3-2　龋病的临床分类

A．浅龋；B．中龋；C．深龋

或者借助其他诊断手段。

2．中龋　当龋病进一步发展到牙本质浅层时，牙齿的色、形、质均发生明显改变。患者对冷热酸甜刺激（尤其是酸甜等化学刺激）敏感，刺激消除后症状立即消失。临床检查时，龋洞中除有病变牙本质外，还有食物残渣等，探诊时洞底质软、有酸痛感。去除龋坏组织后，见

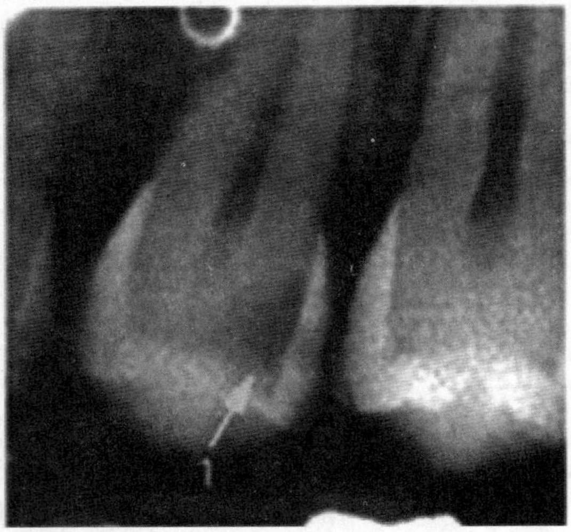

图 3-3 龋病 X 线片

洞深达牙本质浅层，即可确诊为中龋。

3．深龋 龋病进展到牙本质深层时即为深龋。患者自觉症状更加明显，主要表现为患牙对冷热刺激，尤其是对冷刺激敏感，程度比中龋强烈。当食物嵌入龋洞时，可引起剧烈疼痛，致使患者不敢用患侧咀嚼。临床检查时，可见很深的龋洞，探诊洞底或用冷水滴入窝洞时敏感或感觉疼痛，而用冷热刺激测试正常牙面时感觉正常，在去除龋坏组织后，见洞深已达牙本质深层，但未穿透牙髓腔，即可诊断为深龋。

深龋诊断中，最关键的问题是鉴别牙髓状态，如错误地将已穿髓的深龋洞、牙髓已感染或坏死的龋洞当作深龋予以充填，则可引起严重的并发症，给患者带来极大痛苦。所以，诊断深龋时应排除牙髓疾病，鉴别诊断见牙髓病一节。

发生在殆面窝沟部位的龋洞呈潜行性破坏，洞口小、洞底大，治疗术中所见的实际龋洞明显变大，易引起患者误解（彩图 3-1A，B）。牙齿邻接点下的龋洞有时不易发现，拍 X 线片可明确诊断（图 3-3）。

三、治疗原则

治疗龋病的目的是终止龋病的发展，保护牙髓的正常活力，恢复牙齿的外形和功能，维持与邻近软硬组织的正常生理解剖关系。龋病的治疗原则是针对不同龋损程度的患牙采用不同的治疗方法。龋病治疗主要有两类，一类是非手术治疗，另一类是手术治疗。

（一）非手术治疗

龋齿的非手术治疗是采用药物或者再矿化等技术终止或者消除龋病的治疗方法。适应范围有限，主要适用于釉质早期龋损，牙体组织未见缺损；静止龋损，龋损因素已经去除；口腔内暂时需要保留的乳牙，牙齿形态已经被破坏。常用的药物有氟化物、硝酸银和再矿化液，使用方法为龋坏部位的局部涂擦。

（二）手术治疗

对已形成实质性缺损的牙齿，手术治疗是治疗龋病最主要的手段。对患牙先去除龋坏组织和失去支持的薄弱牙体组织，并按一定要求将窝洞制成合理的形态，然后以充填材料填充或其他特定方式恢复其固有形态和功能达到龋病治疗的目的。手术治疗的方法包括充填术（filling restoration）、粘接修复术（fix restoration）、嵌体修复术（inlay restoration）和冠修复术（crown restoration），其中，充填术和粘接修复术是我国临床最常用的技术。充填术是传统的治疗技术，它采用牙体外科的手术切割技术，去净龋坏组织、按窝洞的设计及制备原则将剩余牙体组织制备成具有机械固位的规定形状［即窝洞（cavity）］，用具有可塑性的牙科填充材料充填到窝洞中，以恢复牙齿的形态和功能。充填术最常用的充填材料是银汞合金（amalgam），它历史悠久，价格较低，使用广泛，但因色泽不美观，一般用于后牙。粘接修复术于 20 世纪 60 年代开始在临床应用，它对传统的以机械固位方法为主的充填术提出了挑战，牙体制洞的经典技术已逐渐被粘接技术所取代。粘接修复技术的优势主要表现在以下方面：更多地保留了健康牙体组织，减少了充填体与牙体组织之间的微渗漏，更有效地防止继发龋的产生，减少了牙齿破裂的危险性。光固化复合树脂（composite resin）是粘接修复术的最常用材料，它是一种高分子材料，其色泽酷似自然牙，是一种较理想的修复材料，既可用于前牙，也可用于后牙。随着复合树脂材料和粘接剂的持续改进，复合树脂粘接修复技术已成为修复龋损的最主要技术。

第二节 牙髓病

牙髓组织位于由牙本质围成的牙髓腔内，仅借狭窄的根尖孔与根尖周组织相连。牙髓作为一种疏松结缔组织，所含的细胞、血管和神经对环境变化的反应与其他疏松结缔组织的反应基本相同。牙髓病（endodontics）是指发生在牙髓组织的疾病，是发病因素、病理机制非常复杂的病损，其发病机制尚不完全清楚，并未形成成熟的理论。目前认为引起牙髓病的原因主要有细菌、物理和化学刺激以及免疫反应等，其中细菌因素被认为是主要因素。根据牙髓病的临床表现及治疗预后分类：可复性牙髓炎（reversible pulpitis）、不可复性牙髓炎（irreversible pulpitis）、牙髓坏死（pulp necrosis）和牙髓钙化（pulp degeneration）及牙体内吸收。不可复性牙髓炎是临床最常见的牙髓疾病，包括急性牙髓炎（acute pulpitis）、慢性牙髓炎（chronic pulpitis）、逆行性牙髓炎（retrograde pulpitis）。本节将重点讨论临床就诊率最高的急性牙髓炎和慢性牙髓炎两种疾病。

一、病因

（一）微生物感染因素

感染是牙髓病的主要致病因素。目前认为，根管和根尖周的感染是以厌氧菌为主的混合感染，厌氧菌在牙髓病和根尖周病的发生和发展中具有重要作用。感染途径包括牙本质小管暴露、牙髓暴露、牙周袋途径及血源感染，其中细菌侵入的最主要途径是通过近髓的深龋洞，牙髓病大多是龋病的继发病。此外，在牙周病时，深牙周袋中的细菌可以通过根尖孔或侧支根管进入牙髓，引起牙髓感染。这种由牙周途径导致的牙髓感染称逆行性牙髓感染，所引起的牙髓炎称为逆行性牙髓炎。

（二）物理因素

造成牙髓疾病的物理因素主要有创伤、温度刺激、电流作用等。交通事故、运动竞技、暴力斗殴或咀嚼硬物均可导致急性牙外伤；创伤性咬合、磨牙症、窝洞充填物或冠修复体过高都可引起慢性的咬合创伤。用牙钻备洞特别是未用冷却剂时温度刺激可导致可复性牙髓炎，甚至不可复性牙髓炎，产热是备洞时造成牙髓损伤的主要原因。

（三）化学因素

化学因素绝大部分是医源性的，主要与充填材料有一定的毒性、垫底材料选择和使用不正确、酸蚀剂和粘接剂的刺激作用、消毒药物使用不当等因素有关。

二、临床表现及诊断

（一）可复性牙髓炎（牙髓充血）

可复性牙髓炎是指在临床实际工作中，去除作用于患牙上的病源刺激因素，同时给予患牙适当的治疗后，患牙的牙髓可以恢复到原来状态的一种牙髓初期炎症，以血管扩张、充血为主要病理变化，故也将此病称为牙髓充血。可复性牙髓炎的临床症状为当患牙受到冷、热温度刺激，或者甜、酸化学刺激时，立即出现瞬间的疼痛反应，尤其对冷刺激更加敏感；刺激一旦去除，疼痛随即消失；患牙没有自发性疼痛。绝大部分患牙临床检查时可发现有深龋洞，去净腐质后未及牙髓，探洞底敏感；用冷热刺激测试患牙正常牙面，可出现一过性敏感症状。临床上需注意与慢性牙髓炎鉴别（见慢性牙髓炎）。

（二）急性牙髓炎

急性牙髓炎包括无慢性过程的急性牙髓炎和慢性牙髓炎急性发作，其中绝大多数病例属于后者。临床特点是发病急，疼痛剧烈。口腔急诊患者大多为急性牙髓炎。由于牙髓组织处在四壁坚硬、毫无弹性、出入孔狭小的牙髓腔中，牙髓发生急性炎症时，炎症渗出物得不到及时引流，髓腔压力急剧增高，患者会感到难以忍受的疼痛。同样，由于牙髓组织所处的特殊环境，一般炎症所表现的红、肿、热、痛，在牙髓炎时只有疼痛能够表现出来，所以，难以忍受的剧烈疼痛是急性牙髓炎的最大特点。

1．临床表现　急性牙髓炎的疼痛症状有以下四大特点。

（1）自发性阵发性痛：患者在没有任何外界刺激的情况下，突然发生剧烈的自发性尖锐痛，疼痛分为持续过程和缓解过程，即所谓阵发性发作或阵发性加重。在炎症早期，疼痛时间持续短，缓解时间较长，可能一天内发作 2 ～ 3 次，每次持续数分钟。到炎症晚期，发作频率高，疼痛时间长，可持续数小时或 1 天。化脓期患者会主诉有搏动性跳痛。

（2）夜间痛：疼痛常在夜间发作，或疼痛程度比白天更剧烈。患者常因牙痛难以入睡，或者从睡眠中痛醒。可能是平卧时头部血流量增加，致使牙髓腔内压力增高而引起疼痛发作；也可能是夜间身体各器官兴奋性降低，患牙相对兴奋性增高，兴奋灶集中所致。

（3）疼痛不能自行定位：当疼痛发作时，大多数患者不能明确指出患牙所在位置。疼痛常常沿神经的分布区域放射到患牙同侧的任何牙齿及颌面部、头颈部，放散范围与疼痛程度呈正相关。除少数前牙外，一般不放散到对侧牙颌区域。

（4）温度刺激加剧疼痛：冷热刺激在疼痛的间歇期会引发疼痛，在发作期会加重疼痛，这是区别其他疾病引起口腔颌面部疼痛的重要标志。在牙髓炎的晚期，由于牙髓坏疽，髓腔内产生气体，基于热胀冷缩的原理，热刺激会加剧疼痛，而冷刺激却能使疼痛缓解。临床上常可见到患者携带冷水瓶就诊，随时含漱冷水缓解疼痛。

2．诊断

（1）诊断步骤：急性牙髓炎的临床诊断并不困难，但因疼痛的不定位性，使病源牙的确定成为诊断中的最大难点。患侧有 14 ～ 16 颗牙齿，任何一个牙齿都可成为怀疑对象，如何快速准确地找到患牙，掌握牙髓炎的诊断步骤至关重要。临床上牙髓炎的诊断三步骤，也称“诊断三部曲”，依据这种诊断方法，绝大多数牙髓炎都能得到确诊。

第一步是问诊，通过问诊可以了解患者的主要症状，建立初步印象。重点问疼痛与温度刺激的关系，因温度刺激引起或加重痛是区别其他疾病引起口腔颌面部疼痛的重要标志。

第二步是通过视诊、探诊、叩诊等一般临床检查，找出可疑患牙。根据病因，由常见至不常见，逐个排查患侧牙齿，可疑患牙可有数个。

第三步是采取冷热刺激测试可疑患牙，验证诊断并确定患牙。

（2）诊断依据：典型的四大疼痛症状；可以检查到引起患牙牙髓病变的牙体损害或深牙周袋等；牙髓温度测试结果能够帮助确定患牙位置。

3．鉴别诊断　急性牙髓炎主要表现为患牙剧烈疼痛不能定位，因此临床上需要与非牙源性牙痛的疾病进行鉴别。

（1）与三叉神经痛（trigeminal neuralgia）鉴别：三叉神经痛是一种原因不明的三叉神经感觉功能障碍性神经系统疾病，疼痛程度剧烈（刀割样、撕裂样、电击样），并沿三叉神经分布区域放散，易误诊为急性牙髓炎。三叉神经痛有别于急性牙髓炎的特点是：很少夜间发作，温度刺激不引发痛，发作持续时间短（数秒～ 2min）；疼痛发生有扳击点（trigeminal neuralgia），即轻触碰患侧面部某区可引发疼痛，以致患者不敢刷牙、洗脸、吃饭。临床检查牙齿无异常，或虽有牙齿疾病，但患牙治疗后疼痛仍不缓解。

（2）与龈乳头炎（gingival papillitis）鉴别：龈乳头炎是相邻两牙之间由于长期食物嵌塞

而发生的牙间龈乳头急性炎症。患者表现为剧烈的自发性疼痛，但疼痛的性质有别于急性牙髓炎，为持续性的胀痛，疼痛多可定位；临床检查可见患处牙龈乳头红肿，探痛明显，易出血，刺破肿胀的龈乳头疼痛可缓解。

（3）与急性上颌窦炎（acute maxillary sinusitis）鉴别：上颌后牙的牙根尖邻近上颌窦底，上颌后牙的神经进入根尖孔前，经过上颌窦侧壁和上颌窦底。所以，上颌窦内感染常引起上颌后牙的牙髓神经疼痛，并放散到头面部，而引起误诊。急性上颌窦炎表现为上颌多个牙持续性胀痛，近期有上呼吸道感染或鼻窦炎史。临床检查查不到引起牙髓炎症的患牙，邻近上颌窦的牙齿均有叩击痛，上颌窦前壁压痛，瓦氏位X线片可明确诊断。

（4）与心源性牙痛鉴别：据统计，心源性疼痛（心绞痛、心肌梗死引起）病例有18%可放射到颌面部，当患者以面部放射痛为唯一主诉症状时，应加以注意。

（三）慢性牙髓炎

慢性牙髓炎是临床上最为常见的牙髓炎症，日常门诊的牙髓病患者大多为慢性牙髓炎。慢性牙髓炎大多为原发性，少数由急性牙髓炎或其他牙髓病转变所致。其病理特点是牙髓组织呈慢性炎症状态，病变广泛，波及整个牙髓，根尖周膜可成为炎症外围区。慢性牙髓炎在一定条件下可急性发作，同样具有急性牙髓炎的四大疼痛症状。

1．临床表现

（1）慢性牙髓炎一般不发生激烈的自发性疼痛，但多有自发痛病史。有时出现不十分明显的阵发性隐痛或者每日定时的钝痛，发作不频繁，下午或夜间相对易发作，持续半小时左右。

（2）遇冷热刺激能引起疼痛，放散区域广泛，不能定位，但有时患者可指出患牙（根尖周膜成为炎症外围区，咬合时疼痛），刺激去除后疼痛仍持续一段时间。

（3）食物嵌入龋洞内时疼痛，牙髓外露者会引起剧痛。在乳牙和年轻恒牙，牙髓可增生并向髓腔外生长，形成息肉，进食时易出血。

2．诊断　患牙的长期冷、热刺激痛病史和自发痛病史；可以检查到引起牙髓炎的牙体组织的疾病或者牙周疾病等；患牙对温度检查的异常表现；叩诊时患牙有一定程度的叩诊痛。

3．鉴别诊断　由于慢性牙髓炎所表现出的疼痛症状不很典型，有的病例以冷热刺激疼痛为唯一主诉，故需与可复性牙髓炎鉴别，两者的相同点都是遇冷热刺激敏感或疼痛，区别点是慢性牙髓炎病史长，可有自发痛史；而可复性牙髓炎病史短，无自发痛史，洞底探查极敏感，患牙无叩击痛。鉴别困难时，作安抚治疗（诊断性治疗），观察两周。如在观察期内，无临床症状，牙髓活力正常，可确诊为可复性牙髓炎；如出现自发性疼痛和（或）咬合痛，牙髓敏感或迟钝，则确诊为慢性牙髓炎。

三、治疗原则

牙髓病的治疗原则是保护具有正常生理功能的牙髓以及保存患牙。对于牙髓病变还处于早期阶段的恒牙和根尖孔尚未形成的年轻恒牙，应当尽可能地保存活髓；对于不能保存活髓的患牙，应该去除病变保存患牙。

（一）应急处理

急性牙髓炎的疼痛症状异常剧烈，应首先进行应急处理。急性牙髓炎的治疗具有特殊性，虽为炎症，但口服消炎药物无效。最快速有效的治疗方法是开髓引流，安抚止痛。引流炎症，减轻髓腔压力，放置止痛药物（如丁香油）于髓腔安抚止痛。如诊断准确无误，开髓后的患牙疼痛症状大多数立即缓解，手到病除在急性牙髓炎的治疗中最能得到体现。

（二）保存活髓

1．保存活髓的意义　健康的牙髓可以维持牙体组织的营养代谢，保持牙齿正常的光泽度和强度。牙髓坏死或拔除牙髓后，牙釉质和牙本质将失去主要营养来源而变脆弱，牙齿易折裂；牙齿失去光泽，牙色暗淡甚至变色。由于牙髓组织所处的解剖环境不利于牙髓组织的修复与再生，保存活髓的适应范围很窄，一般仅适用于可复性牙髓炎及根尖孔粗大的年轻恒牙的早期牙髓炎。

2. 适应证

(1) 深龋或其他牙体疾病所致的可复性牙髓炎。

(2) 可复性牙髓炎与慢性牙髓炎难以鉴别时的诊断性治疗（安抚治疗）。

(3) 年轻恒牙的早期牙髓炎。

3. 方法

(1) 盖髓术（pulp capping）：在严格消毒的条件下，用具有保护和治疗作用的药物、材料（盖髓剂）覆盖在近髓（或露髓）处，以防止感染，保存牙髓活力，诱导成牙本质细胞（dentinoblast）形成修复性牙本质（reparative dentin），使牙髓得以恢复正常。

(2) 牙髓切断术（pulpotomy）：牙髓切断术是暂时治疗术，目的是使患病的年轻恒牙根尖继续发育完成，待根尖发育完成后须改行根管治疗。适应证为根尖未完全形成的年轻恒牙，在深龋治疗时发生意外穿髓，露髓孔较大，无法行盖髓治疗时；或炎症限于冠髓的早期牙髓炎。在严格消毒的条件下，切除有局限病变的冠髓，断髓创面用盖髓剂覆盖以防止根髓感染，并诱导成牙本质细胞形成修复性牙本质，封闭根管口，以保存根髓的活力和功能，使患病的年轻恒牙根尖继续发育完成。

（三）保存患牙

当不能使病变牙髓恢复健康时，应摘除病变牙髓进行根管治疗（root canal therapy），尽可能地保存患牙，以维持牙列的完整性，使患牙发挥正常的咀嚼功能。

根管治疗术是治疗牙髓病及根尖周病的首选方法，它是彻底清理根管内炎症牙髓和坏死物质、扩大成形根管，并对根管进行适当消毒，最后严密充填根管，以去除根管内感染性内容物对根尖周组织的不良刺激，防止根尖周病的发生或促进根尖周病变愈合。根管治疗三大步骤包括髓腔和根管预备、根管消毒以及根管的严密充填。

1. 髓腔和根管预备（root canal preparation）是根管治疗术的关键步骤，根管治疗术成功与否很大的程度上取决于根管预备的质量。根管预备的主要目的是，利用物理和化学相结合的方法清除根管内病变牙髓组织及其分解产物、细菌及各种毒素，除去根管壁表层感染的牙本质，制备成一个在根管口处直径最大，牙本质骨质界处直径最小，平滑、锥形的根管，冲洗洁净，除去根管内残余的物质和碎屑。

2. 根管消毒　根管预备完成后，根管内的细菌、坏死牙髓组织和根管内壁的感染物，大部分已经被去除，通过根管消毒能够进一步去除牙本质小管深层和根管侧支等微细结构的细菌、毒素。根管消毒方法主要有药物消毒、电解消毒、超声消毒、微波消毒及激光消毒等 5 种方式，其中药物消毒最常用。

3. 根管充填　根管充填是将去除牙髓并经预备的空根管用一种密封材料充填起来以隔绝根管和根尖周组织的交通，防止再感染。

第三节　根尖周病

根尖周病是指发生在根尖周围组织的炎症性疾病，又称根尖周炎。根尖周病多为牙髓病的继发病，当牙髓病变没有得到有效控制，根管内牙髓组织中的感染物通过根尖孔作用于根尖周组织而引起。根据临床病理过程可将根尖周炎划分为急性根尖周炎（急性浆液性根尖周炎、急性化脓性根尖周炎）和慢性根尖周炎（根尖周肉芽肿、慢性根尖周脓肿、根尖周囊肿）。

一、病因

根尖周病多由牙髓病继发而来，所以引起牙髓病的因素都能直接或间接地引起根尖周病。

（一）细菌感染因素

目前认为，根管和根尖周的感染是以厌氧菌为主的混合感染，厌氧菌在牙髓病和根尖周病的发生和发展中具有重要作用。感染来源大多由感染牙髓中的细菌和细菌产物直接侵及根尖周组织，造成根尖周感染；少数情况下，还可以通过深的牙周袋或邻牙的根尖周病变直接扩散而来。

（二）物理因素

创伤常常是引起急性根尖周炎的诱发因素。当外力突然作用于原本不健康的牙髓或有慢性根尖周炎的患牙时，会引起急性根尖周炎。慢性咬合创伤、牙髓治疗时器械或根充物超出根尖孔，均能引起根尖周炎。

（三）化学因素

绝大部分化学因素是医源性的，当治疗牙髓病或根尖周病时，不适当的药物使用成为一种化学刺激物，造成化学性的根尖周病。

二、临床表现及诊断

（一）急性根尖周炎

1. 临床表现　急性根尖周炎（acute apical periodontitis，AAP）是从根尖部牙周膜发生浆液性炎症反应到根尖周组织的化脓性炎症反应的一系列发展过程，病变过程由轻到重、病变范围由小到大的连续过程。急性根尖周炎病理变化的初期是根尖周膜内的浆液性炎症反应，又称急性浆液性根尖周炎。患者此时自发痛不明显，一般只有轻微的咬合痛，患牙有浮起感，咬合时首先与对颌牙接触，咬紧牙时，由于咬合压力可将充血血管内的血液挤压出去，使充血减轻，患者反而感觉疼痛缓解。但浆液性炎症反应阶段十分短暂，很快就发展到根尖周组织的化脓性炎症反应，炎症渗出物增多，局部压力增高。

当脓肿局限在根尖周时，又称急性化脓性根尖周炎（图 3-4）。患者可出现自发性剧痛，疼痛性质是持续性的跳痛，患牙浮起感明显，咬紧牙时疼痛不是缓解而是加重，以致患者不敢用患侧咀嚼。临床检查时，可见患牙多有深龋洞，牙髓全部或绝大部分坏死，探诊龋洞无感觉，叩诊患牙疼痛明显，根尖周部位黏膜充血，但不肿胀，扪压根尖部疼痛明显。炎症如在此阶段没有得到及时引流，脓液则向四周扩散，穿过牙槽骨的骨松质、骨外板达到骨膜下，形成骨膜下脓肿。

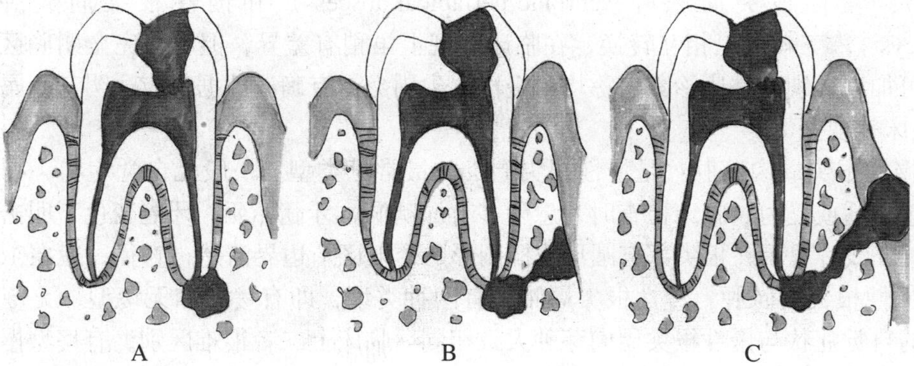

图 3-4　急性化脓性根尖周炎的典型过程

A. 根尖周脓肿阶段；B. 骨膜下脓肿阶段；C. 黏膜下脓肿阶段

在骨膜下脓肿阶段，因骨膜坚韧致密，脓液集聚于骨膜下所产生的压力很大，患牙的持续性、搏动性跳痛更加剧烈，疼痛达到高峰期。此时病期已经 3 ~ 5 日，患者非常痛苦，多伴有全身症状，精神疲惫。临床检查时，患牙更觉浮起、松动，不经意碰到患牙，也会觉得疼痛难忍；患牙根尖部的黏膜明显红肿，移行沟变浅、变平，有明显压痛及深部波动感；患牙相对应的颌面部出现反应性水肿，触摸颌下或颏下淋巴结肿大，由于上颌的淋巴液也回流到颌下淋巴结，所以颌下淋巴结肿大并不完全是下颌牙齿的炎症所致。血常规化验白细胞计数多升高，体温升高达 38℃左右。如白细胞计数和体温继续升高，则应怀疑并发颌面部蜂窝织炎、颌骨骨髓炎或败血症。绝大多数患者都能及时就诊，如果仍未治疗或没有得到合理治疗，脓肿会穿破骨膜到黏膜下，形成黏膜下脓肿。少数情况下，脓液从骨膜下进入肌间隙，引起颌面部间隙感染或并发败血症。

在黏膜下脓肿阶段，由于黏膜下组织疏松，脓液到达黏膜下时，局部压力明显减轻，患者感到疼痛症状大大缓解。因为脓液趋于表面，根尖部肿胀局限，移行沟黏膜呈半球状隆起，浅表波动感明显，全身症状缓解。

2．诊断　主要根据患牙表现出来的典型临床症状，急性根尖周炎的诊断不难作出。但在诊断过程中，应根据现阶段的疼痛症状和肿胀程度，参考发病时间，准确判断病情所处的阶段，这对治疗计划非常重要。

3．鉴别诊断

（1）与急性创伤性根周膜炎（acute traumatic periodontitis）鉴别：急性创伤性根周膜炎是在牙齿受到突然外力（如暴力击打、进食硬物磕碰、创伤等）的情况下发生的根周膜内炎症，一般在外伤后 1 ~ 2 天内发病，症状与急性根尖周炎的浆液性炎症反应阶段相似。但急性创伤性根周膜炎的患牙牙髓活力基本正常，对温度刺激略敏感，结合外伤史，不难鉴别。

（2）与牙周脓肿（periodontal abscess）鉴别：牙周脓肿是牙周炎发展到晚期，出现深牙周袋后的一个常见伴发症状，一般为急性过程。牙周脓肿与急性根尖周炎的化脓性炎症反应阶段相似，虽然二者感染来源和炎症扩散途径各不相同，但有时根尖脓肿的脓液可穿过牙槽骨到牙周组织，牙周脓肿的感染也可扩散到根尖，所以应加以鉴别。牙周脓肿时，患牙一般没有牙体硬组织的疾病，牙齿松动明显，垂直叩诊患牙无明显的疼痛，可探及深的牙周袋，其肿胀部位接近牙龈边缘，肿胀范围较根尖周脓肿局限，牙髓活力基本正常，X 线片检查可以发现牙槽骨吸收。

（二）慢性根尖周炎

慢性根尖周炎（chronic apical periodontitis，CAP）是由于根管内长期存在感染及病源刺激物从而导致的根尖周围组织慢性炎症反应。本病可由急性根尖周炎转化而来，也可由牙髓病发展所致。慢性根尖周炎的病理变化主要表现为三种，即慢性根尖周肉芽肿（chronic periapical granuloma）、慢性根尖周脓肿（chronic periapical abscess）和慢性根尖周囊肿（chronic periapical cyst），三者可以相互转换，在临床表现上虽稍有差异，但不易完全明确区分，X 线片上有时可加以区别。临床诊断名称均为慢性根尖周炎，有确凿证据时应注明其所属类型。

1．临床表现

（1）慢性根尖周肉芽肿：是慢性根尖周炎的最常见类型。一般无自觉症状，有时患牙在咀嚼时稍感不适或乏力。临床检查时，患牙多有深龋洞，牙髓坏死，牙冠变色，叩击患牙有时有不适感。X 线片显示在根尖部有圆形或椭圆形的透射区，边界清楚，直径一般在 1cm 以下。

（2）慢性根尖周脓肿：慢性根尖周脓肿有两种类型，即有瘘型和无瘘型。无瘘型慢性根尖周脓肿的自觉症状与慢性根尖周肉芽肿大致相同，临床上二者很难区别。有瘘型慢性根尖周脓肿可在患牙牙龈上发现瘘管口，瘘管口是根尖周脓液排脓道的出口，大多位于患牙根尖部的唇颊侧，少数位于舌腭侧，有的瘘管口在远离患牙的其他牙的根尖部。临床检查时应注意瘘管口与患牙的关系，可用牙胶尖插入瘘管，拍摄X线片加以确定其来源。瘘管有时开口于皮肤，形成皮肤瘘，易被误诊为皮肤病。慢性根尖周脓肿的X线片表现为患牙根尖部有近似圆形或椭圆形的透射区，边界模糊且不规则。无瘘型慢性根尖周脓肿易急性发作。

（3）慢性根尖周囊肿：根尖周囊肿增长缓慢，多无自觉症状。临床检查时，患牙牙髓坏死，牙冠变色。囊肿大小不等，小囊肿因不引起颌骨变形，外观上无异常表现而不易被发现，只有X线片检查时才能发现。当囊肿逐渐增大向外膨隆时，在患牙根尖部可见根尖部黏膜呈半球状隆起，表面不红，扪诊较硬，如囊肿周围骨质很薄，扪诊有乒乓球感。当囊肿增长过大时，可压迫邻牙牙根吸收或使邻牙移位。X线片检查可见根尖部有边界清楚、白线包绕的圆形透射区。

2．诊断　患牙X线片上根尖区骨质破坏的影像是确诊的重要依据；患牙牙髓活力检测结果合并患者年龄作为诊断的重要参考；病史及其患牙的临床检查情况是辅助诊断的指标。对于慢性根尖周肉芽肿、慢性根尖周脓肿和慢性根尖周囊肿这三种类型即便借助影像学检查也不容易准确判定，在临床上诊断统称为慢性根尖周炎，在治疗原则和治疗方法上基本相同。

3．鉴别诊断

（1）X线片上与正常骨孔鉴别：上中切牙牙根之间有切牙孔，下颌前磨牙牙根附近有颏孔，均是正常结构。X线片投照角度有偏差时，骨孔影像落在根尖处，易与慢性根尖周肉芽肿混淆。正常骨孔邻近的牙齿牙冠完整，色泽无异常改变，牙髓活力正常，牙根的根周膜连续、影像清晰。

（2）与颌骨内肿瘤鉴别：大的囊肿应注意与颌骨内肿瘤，尤其是与单房性造釉细胞瘤鉴别。单房性造釉细胞瘤的囊壁厚薄不均，作病理检查可明确诊断。

三、治疗原则

根尖周疾病的临床治疗较为复杂，首先应该掌握治疗原则，拟定完善的治疗计划才能够进行合理有效的治疗。根尖周病的治疗原则是清除病灶，保存患牙。根尖周病患牙的牙髓全部或绝大部分坏死，根管壁受到感染，炎症已达根尖周组织，并可能破坏颌骨，有的成为破坏远隔器官的病灶。因此，治疗根尖周病，首先要彻底清除根管内和根管壁的感染和一切病源刺激物；然后用生物相容性良好的人工材料严密封闭根管系统，以防止根尖周组织的细菌入侵根管而造成根管再次感染；最后用封闭性良好的永久性充填材料或精密的冠类修复体修复牙体缺损，以防止来自口腔的细菌通过充填体或修复体与牙体组织的缝隙再次感染根管。随着科学技术的发展，对根尖周病的治疗理论和方法逐渐完善，绝大多数的根尖周病可以治愈，破坏的骨组织可以恢复。现代牙体修复技术对牙冠破坏严重的患牙也可进行修复，使其发挥正常的咀嚼功能。因此，保存患牙的适应范围越来越广泛，绝大多数的患牙可以保留。

1．应急处理　90%的根尖周病的患者需要立即进行应急处理，以便缓解疼痛，应急处理是初次治疗中采取的重要措施。目前在临床上的应急处理提倡在局麻下进行，能够明显减轻患者的痛苦。急性根尖周炎的应急处理原则是建立引流、抗菌止痛，对于炎症已经发生5天以上的，局部有明显波动感的骨膜下和黏膜下脓肿在局麻下切开排脓。处理方法是打开髓腔，拔除牙髓，通畅根管，使根尖周炎症的渗出物或脓液通过根管得以引流，从而缓解根尖部的压力。急性根尖周炎晚期的患者往往伴有全身症状，必要时要配合全身用药，但单纯的药物治疗不能有效缓解疼痛。

急性根尖周炎急性期消退后，必须进行进一步的专业治疗，否则会再次急性发作或演变成为慢性根尖周炎，危害身体健康。对于根尖周疾病，根管治疗是目前最有效、最常用的方法，它采用专用的器械和方法对根管进行清理、成形（根管预备），有效的药物对根管进行消毒杀菌（根管消毒），最后用生物相容性材料对根管进行严密的充填（根管充填）以及冠方修复，从而达到控制感染、修复牙体缺损、促进根尖周组织疾病愈合、防治再感染的目的。

2．根管治疗术（root canal therapy，RCT）是国际通用的治疗牙髓病和根尖周病的最有效方法，疗效恒定，临床成功率可达 95% 以上。原理是用机械和化学的方法彻底清除根管内的病源刺激物并成形根管，通过根管消毒和根管的严密充填，除去病源存在的条件，以达到防止根尖周炎发生和促进根尖周病愈合的目的。

根管治疗术适应证广泛，凡不能保存活髓的各型牙髓病，各型根尖周病均可采用。但在根管过于细小弯曲、根管内有异物或器械折断、根管不通的情况下，进行根管治疗比较困难，有时须配合采取根尖手术方法进行倒充填。

根管治疗术的优点是理论研究系统，治疗器械设备和操作技术步骤国际标准统一，术后即刻有明确的评定指标，可直观地评价治疗质量，并为后续的冠修复术提供了良好基础。缺点是治疗程序复杂，疗程较长，器械质量要求较高，大部分器械需依赖进口，因此治疗费用相对较高。根管治疗术在发达国家已成为治疗根尖周病及治疗不能保存活髓的牙髓病的唯一方法，在我国多数地区也已普遍应用。为保证根管治疗质量，在治疗过程中，对患牙需要至少拍摄 4 张根尖 X 线片（图 3-5）。

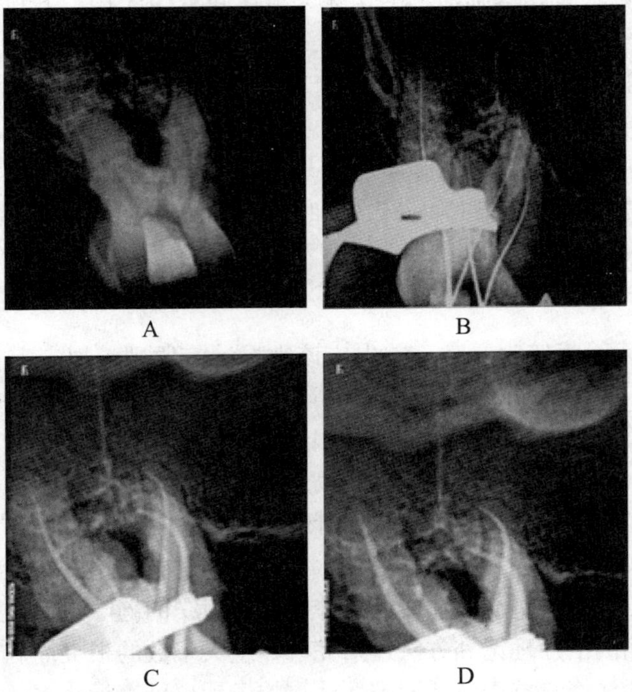

图 3-5 根管治疗时的 X 线片

A．初始片；B．初尖锉；C．主尖锉；D．根充后

第四节 牙外伤

牙外伤（tooth injuries）是指牙齿受急剧创伤，特别是打击或撞击引起的牙周膜的损伤、牙体硬组织的损伤、牙脱位和牙折等。切牙处于面部较为突出的部位，容易受伤，所以牙齿外伤多数为上颌切牙，其中约 95% 为上颌中切牙，其次为上颌侧切牙，下颌切牙较少；尖牙与后牙因位置稍后，均有面颊保护，除非受到直接剧烈的打击，通常外伤较少。男性牙外伤比例高于女性。乳牙外伤多发生在 1 ~ 2 岁儿童；恒牙外伤发生率高于乳牙，人群中多发生于 6 ~ 13 岁儿童。

牙齿外伤多为急诊，应及时处理。临床上无论伤势轻重都要按常规询问外伤史，进行全面仔细的检查，明确诊断和处理方案，并对预后进行估计。病情和预后应向患者解释清楚，争取合作，有利于进行治疗和随访。

一、分类

牙齿外伤包括牙体、牙髓和牙周组织的损伤，有时伴有牙槽骨骨折或颌骨骨折，以及口唇、面部软组织撕裂伤等，还可能与身体其他部位损伤同时存在，临床表现复杂。为了便于临床诊断和治疗，需要对牙外伤进行分类。我国采用的牙外伤分类方法为李宏毅分类法，以下主要依据该分类法介绍各类牙外伤的诊断和治疗原则。

李宏毅参考国际上的各种分类方法提出了牙外伤分类：

1．牙齿震荡（tooth concussion）

（1）牙周损伤。

（2）牙髓损伤。

（3）牙体损伤。

2．牙齿折断（tooth fracture）

（1）牙冠折断（crown fracture）。

（2）牙根折断（root fracture）。

（3）冠根折断（crown-root fracture）。

3．牙齿移位（tooth displacement）

（1）牙齿挫入（tooth intrusion）。

（2）牙齿侧向移位（tooth lateral luxation）。

（3）牙齿部分脱出（tooth part extrusion）。

4．牙齿完全脱出（tooth total extrusion）

二、问诊和检查

（一）外伤史

外伤史的询问是十分重要的，应向患者或陪伴来院者详细了解患者的年龄、性别、外伤原因、受伤时间和地点、受伤的部位、患者来诊时的自觉症状、患牙的疼痛情况等；同时要询问受伤后的经过、做过何种处理及既往史。同时，作为医生一定不能忽视患者的全身状态，以免延误全身病的治疗时机。

1．外伤时间　指从外伤发生到就诊求治的时间，对牙外伤的预后影响较大。如牙外伤全脱位，在 15 ～ 30min 内再植，成功率较高，超过后成功率明显下降。

2．外伤的原因　可以帮助估计外伤的严重程度，判断是否合并其他器官和颅脑的损伤，必要时需要请有关专科医师会诊。

3．外伤地点和外伤方式　根据外伤地点的卫生状况判断伤口和暴露牙髓的感染程度；也可根据撞击物的质地和外伤方式初步判断患牙的外伤程度。

4．伤后处理　主要指外伤后有无接受过牙科处理，合并面部和全身外伤时有无排除颅脑症状和其他危及生命的症状。

5．全身病史和既往史　要关注药物过敏史和血液疾病史等。

（二）临床检查

1．一般检查　观察口腔颌面部软组织和骨组织的损伤程度和范围，头部的损伤，软组织的撕裂和出血情况，外伤牙的检查，还要注意患儿咬合状态和咀嚼功能的检查。对外伤牙的检查要注意患牙及邻牙有无折断，确认折断的部位、范围，有无露髓，探诊有无反应，露髓孔周围有无污染，牙齿是否变色以及牙齿有无松动、移位、脱出，有无叩痛，通过牙髓活力测验判断外伤牙牙髓活力状态。

2．X 线片检查　对每一个外伤牙齿都要拍摄根尖片，确认患牙牙根形成情况，有无根折、移位，牙周膜和牙槽骨有无损伤，乳牙和恒牙的关系等，有时可能还需要拍摄曲面断层片等全景片判断颌骨有无骨折等。

三、临床表现、治疗原则和预后

（一）牙震荡

牙震荡是牙周膜组织的轻度损伤，通常不伴有牙体硬组织的缺损。牙震荡是所有外伤牙的伴发损伤，单纯牙震荡在复杂性牙外伤或多个牙齿外伤时容易被忽略。

1．临床表现　患牙表现为伸长不适感，牙龈可能会有少量出血，有轻微的松动和叩痛。牙髓活力测定反应不一，一般情况下受伤当时牙髓无反应，数周或数月后牙髓反应开始恢复，3 个月后牙髓活力正常的牙齿一般恢复较好。如果数月后牙齿出现变色现象表明牙髓已经坏死。

2．治疗原则　1 ~ 2 周内避免患牙咬物，让患牙得到充分的休息。必要时进行调𬌗，以减轻患牙的早接触及𬌗力负担。患牙咬合创伤严重时，可制作全牙列𬌗垫，松动的患牙应固定。同时要嘱咐患者外伤早期避免进食太凉太热的食物；注意口腔卫生，预防菌斑堆积，并视外伤程度服用抗生素。还应要求患者定期复查，第 1、3、6、12 个月随访牙髓状态，若出现牙髓或根尖周病变应及时进行处理。

（二）牙齿折断

牙齿受外力后引起牙体硬组织折断，根据折断部位的不同而分为牙冠折断、牙根折断和冠根折断。

1．牙冠折断　牙冠折断是牙齿折断最常见的类型，根据折断面积大小和深浅度不同，分为三种情况：单纯釉质折断、釉质折断暴露牙本质、冠折露髓。

（1）单纯釉质折断（图 3-6）：一般没有自觉症状。临床检查时需要注意有无釉质裂纹，并进行相应处理。若折断的牙釉质边缘较锐利，为防止舌或口唇划伤，应将锐利边缘磨光，磨光时应尽量减少震动患牙。

（2）牙冠折断暴露牙本质（图 3-7）：外伤近期来就诊，不论面积大小，都应行间接盖髓术保护牙髓。如牙齿松动不明显，可以用复合树脂修复牙冠外形；如牙齿松动，可以先用光固化玻璃离子或复合体等暂时充填材料覆盖断面，待松动度消失后，如无其他症状，再去除暂时充填体，用树脂或瓷贴面修复牙冠缺损。但部分患牙牙冠缺损面积过大，需要进行根管治疗后桩冠修复。

在治疗冠折的同时，要注意检查牙齿的松动和咬合情况，要拍摄 X 线片排除根折和轻度脱位。如有咬合创伤应予以调整，如无法调整、牙齿松动明显时应固定患牙。各种保存活髓的外伤牙，术后可能出现牙髓坏死、髓腔根管钙化等情况，所以需要定期随访观察，并拍摄 X 线片，一旦出现上述情况需及时作牙髓治疗。

（3）冠折露髓（图 3-8）　牙根完全形成的患牙应在根管治疗后桩核冠修复。牙根未完全形成的年轻恒牙，应尽可能保存并保持生活的牙髓，让年轻恒牙牙根继续发育，形成良好的根尖封闭（见第六章第三节）。

2．牙根折断（图 3-9）　临床上按根折的部位分为根尖 1/3 折断、根中 1/3 折断和近冠 1/3 折断。

根折的主要临床表现为牙齿松动、牙冠稍伸长、有咬合创伤等，症状轻重和根折部位有关，越近冠方的根折，症状越明显，近根尖 1/3 部位的根折，症状较轻或不明显。X 线片是诊断根折的主要依据，但有时根折后断面很密合，X 线片重叠影像较多，常有漏诊和误诊的可能，

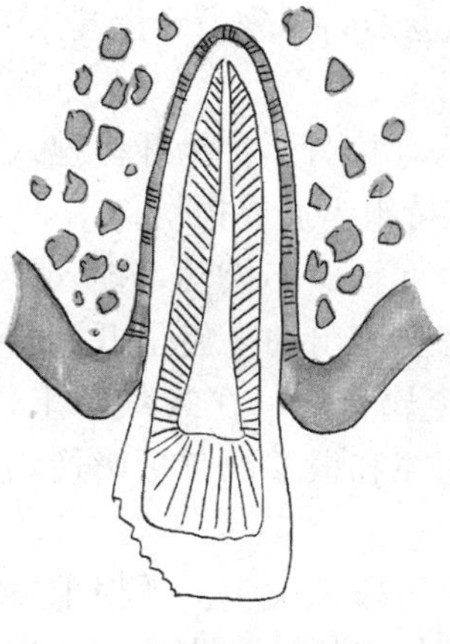

图 3-6　单纯釉质折断

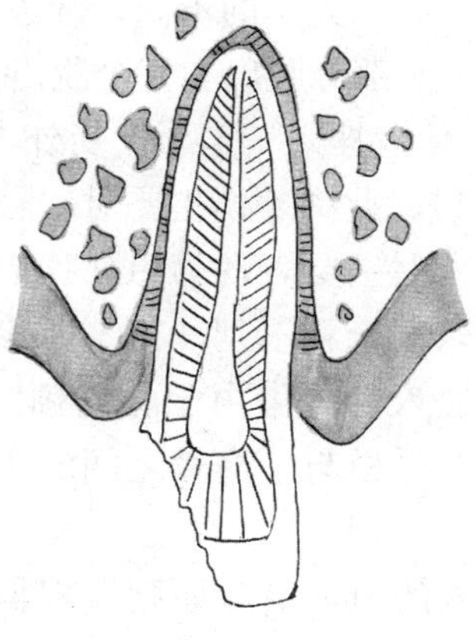

图 3-7　牙冠折断暴露牙本质

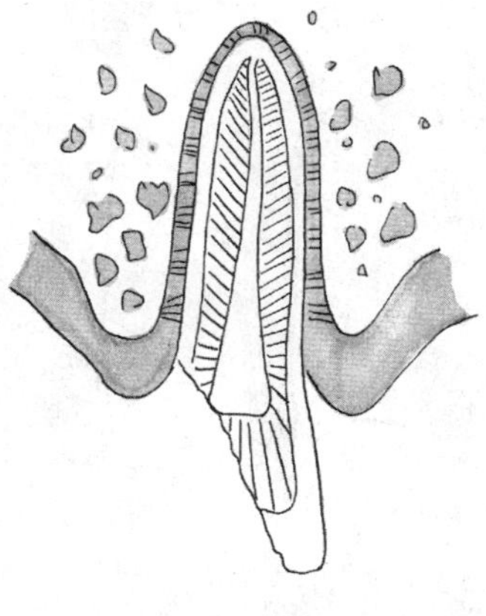

图 3-8　冠折露髓

所以还要结合临床症状进行诊断，可疑时应变换投照角度再次拍摄。

根折的治疗原则如下：

（1）近冠 1/3 折断：应去除冠部断端，如果剩余牙根长度足够进行桩冠修复，可以保留牙根。牙根完全形成的牙齿可以在根管治疗后，进行正畸牵引或冠延长术，暴露断面，修复牙冠。牙根未完全形成的患牙可以摘除牙髓后行根尖诱导（见第六章第三节）。同时要注意保持间隙，防止邻牙移位。

（2）根中 1/3 折断：需将断端复位后固定，根折的愈合与两断面的密合程度有关。如果根折后断面分离，牙冠伸长，极易造成患牙的咬合创伤，应在局麻下，沿患牙的牙长轴方向加压，使分离的断面重新复位密合后再固定（图 3-10）。根折牙需固定 2 ～ 3 个月，才有可能保证断根愈合。

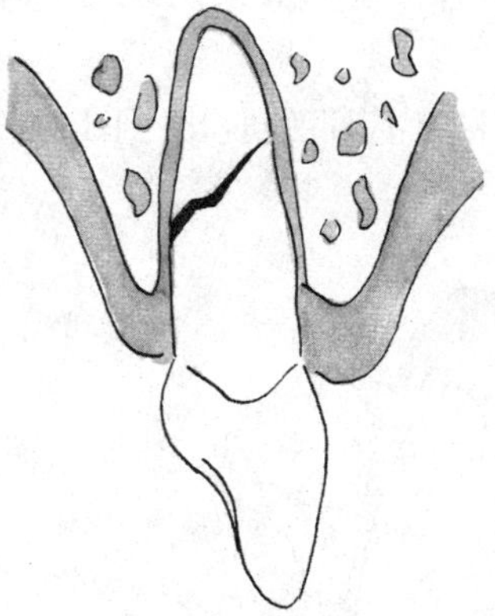

图 3-9　牙根折断

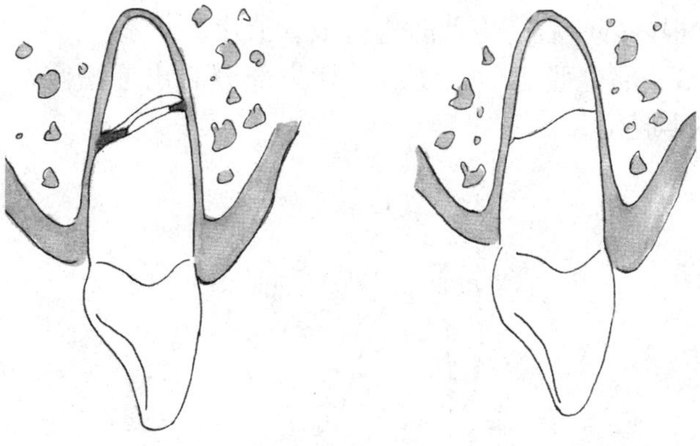

图 3-10　根折与复位

（3）根尖 1/3 折断：如临床几乎不松动又无明显咬合创伤，只需嘱患者不要用受伤部位咀嚼，可以不用固定；如有明显松动伴咬合创伤时，再对患牙进行固定。

（4）消除咬合创伤：咬合创伤轻时可以适量调整对𬌗牙；在咬合创伤重、深覆𬌗的情况下，可以采用全牙列𬌗垫辅助治疗。

（5）定期随访：复诊时要检查牙髓活力，牙根折断后冠部牙髓容易出现炎症或坏死，发现后要及时作根管治疗。

（三）牙齿移位

当牙齿受到外力撞击或打击之后，会造成牙齿脱离其正常位置，称为牙齿移位。正在发育中的牙根短小，牙周膜和牙槽骨组织疏松，当牙齿遭受外力时，容易造成牙齿移位。根据所

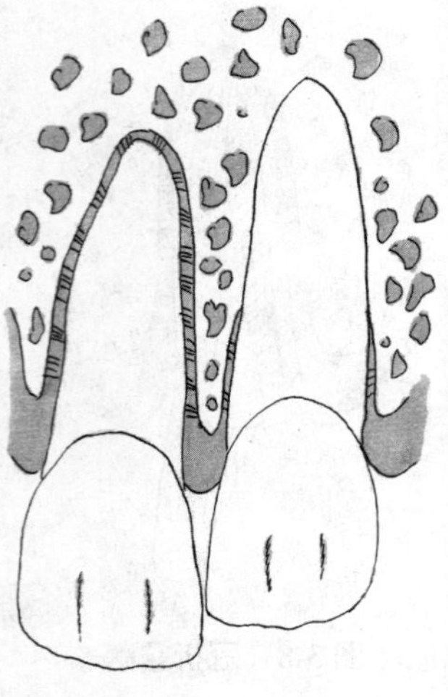

图 3-11 牙齿挫入

受外力方向、大小的不同，牙齿移位类型也不同，分为牙齿挫入、侧向移位、部分脱出和完全脱出。

1．牙齿挫入　当牙齿受外力后，陷入牙槽骨，称为牙齿挫入（图 3-11），此类外伤主要对牙髓和牙齿支持组织造成损伤。

临床上主要表现为患牙比同名牙牙冠变短，不松动，挫入严重时可以完全看不到牙冠。叩诊时，未完全萌出的牙齿呈低沉的音调，挫入的牙齿由于骨内锁结呈清脆金属音调。在 X 线片上，挫入牙的牙根与牙槽骨之间的正常牙周间隙和根端硬骨板影像消失。

挫入的恒牙治疗原则应根据牙根发育阶段来决定。牙根未发育完成的牙齿可能会自动萌出，不宜强行拉出复位，应观察牙齿萌出情况，并复查牙髓状态。牙根完全形成的患牙挫入严重时，应在外伤后 3 周内进行正畸牵引，如果正畸条件有限，建议在初诊时将患牙局麻下拉出复位并固定，否则会引起牙根与牙槽骨粘连。这类患牙牙髓坏死的发生率几乎百分之百，应在外伤后 2 ~ 3 周内摘除牙髓进行根管治疗。

2．牙齿侧向移位　侧向移位（图 3-12）指外伤后牙齿发生唇舌向或近远中向错位。

移位牙常偏离牙长轴，可能伸长与对颌牙有咬合创伤。患牙移位方向和程度不同，松动度不同。同时患牙叩痛明显，牙龈撕裂出血。X 线片可显示移位侧牙周间隙消失，偏离侧牙周间隙增宽，有时伴有牙槽骨折断。

治疗：应在局麻下用手指加压法将牙齿复位，然后用全牙列殆垫、酸蚀夹板法或正畸托槽将牙齿固定 2 ~ 3 周，同时要注意检查并消除咬合创伤。拆除固位装置前，应拍 X 线片确定愈合情况，若牙周膜边缘模糊，应延长固定时间，可达两个月以上。固定期间应嘱患者保持良好口腔卫生，避免咬合创伤。定期随访观察牙髓活力和根周组织愈合情况，如果出现牙髓坏死或牙根内外吸收，应及时进行根管治疗。

3．部分脱出　外伤后，牙齿部分脱出牙槽窝，明显伸长，称牙齿部分脱出（图 3-13），又称半脱位。

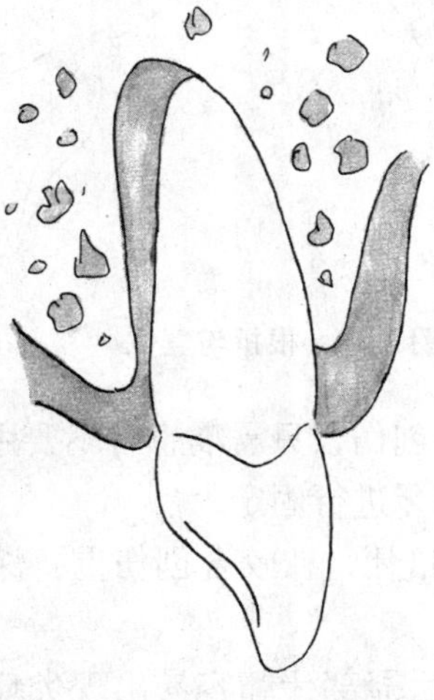

图 3-12 牙齿侧向移位

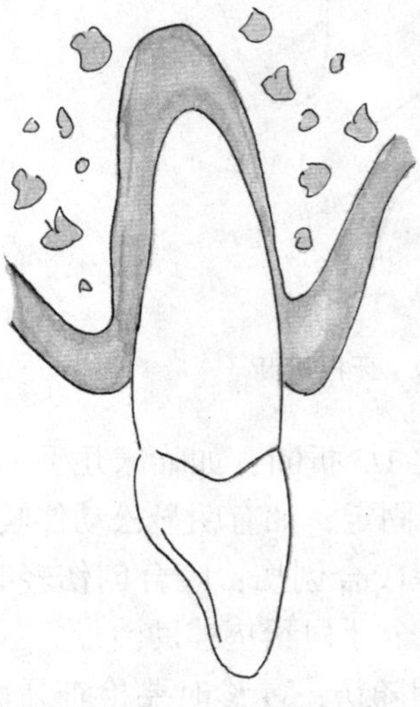

图 3-13 牙齿部分脱出

临床表现为患牙明显伸长，与对颌牙有咬合创伤，牙齿松动明显并有龈沟溢血。X 线表现为患牙根周膜增宽，根尖处有半圆形透影区，牙槽骨骨硬板可能完整也可能有骨折。

治疗原则与牙齿移位相同：①患牙复位固定；②消除咬合创伤；③定期随访观察牙髓活力、

根周组织愈合情况。

（四）牙齿完全脱出

牙齿受外力后完全脱出牙槽窝，称为牙齿完全脱出（图 3-14），又称牙齿全脱位。

临床检查可见患牙牙槽窝空虚，X 线片上只能看到牙槽窝的影像，看不到牙齿。牙齿脱出后的储存条件和储存时间对脱出牙再植的成功有显著影响。牙齿完全脱出后应立即放入生理盐水、组织培养液、牛奶或唾液中，但唾液中存在细菌，储存时间不应超过 2h。牙齿脱离牙槽窝时间越短，成功率越高，15 ～ 30min 内再植成功率较高。

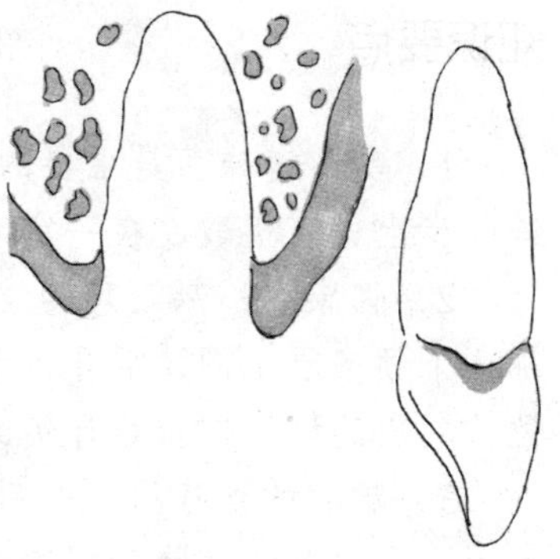
图 3-14　牙齿完全脱出

牙齿完全脱出的治疗方法有如下几种。

1．再植　用大量生理盐水冲洗牙槽窝内和患牙表面的污物，但不可刮患牙的根面，防止损伤根面牙周组织而影响愈合。植入患牙时应使用最小的压力完成，如牙槽窝有骨折应用牙挺等工具修整牙槽窝形态，再完成再植。

2．固定患牙　在急诊条件下，可用釉质粘接材料暂时固定，但这种固定应在 7 天内拆除，改用全牙列𬌗垫固定。全牙列𬌗垫既可避免咬合创伤，又可使再植牙有一定的生理动度，利于愈合，同时还可减少再植牙发生牙根吸收或与牙槽骨粘连的可能性。再植牙固定时间应控制在 2 ～ 3 周。

3．抗生素的应用　再植后应常规全身使用抗生素至少 1 周，必要时还需在外伤后 48h 内注射破伤风抗毒素。

4．牙髓治疗　牙根发育完成的牙齿在再植后 2 周牙齿松动减轻时，应摘除牙髓后用氢氧化钙制剂充填根管，可以有效地预防牙根吸收。牙根未发育完成的再植牙，如根尖孔直径大于 1mm，可暂不进行牙髓治疗，但需定期复查牙髓情况，一旦出现牙髓炎症或坏死，应立即摘除牙髓，进行根尖诱导成形术。

5．定期复查　要对再植牙进行长期观察，通过临床检查和拍摄 X 线片，复查牙齿预后。一般第一个月内每周复查一次，半年内应每月进行复查，半年后应每 3 ～ 6 个月根据情况进行复查。牙齿再植后，经常发生牙根吸收：①在再植不久即发生牙根浅表性外吸收，但很快可自行修复，有牙骨质沉积，之后再植牙根面吸收呈静止状态；②替代性吸收，再植后牙根吸收持续进行，吸收区由牙槽骨长入取代，牙根发生固连，患牙不松动，叩诊声音清脆，X 线片显示发生替代性吸收的区域正常的牙周膜间隙消失或模糊，直到牙根完全被牙槽骨替代，这种情况可以在复查时更换根管内的氢氧化钙制剂，控制牙根吸收；③炎性肉芽吸收，多见于再植后牙髓未及时摘除的病例，牙根内吸收和外吸收同时存在，或出现弥漫性根尖周炎，最后患牙自行脱落或被拔除。

四、儿童牙外伤

儿童恒牙外伤多发生于 6 ～ 13 岁儿童，以 8 岁最为多见，常累及牙根未完全形成的年轻恒牙。年轻恒牙外伤的诊断和治疗可以参照成人恒牙外伤，但治疗相对较保守。牙髓治疗时应尽量多地保存活髓，尤其是保存活的根尖牙乳头使牙根继续发育；牙外伤程度较重时，也应尽量保存伤牙，以利于局部牙槽骨的发育。

乳牙外伤多发生在 1 ～ 2 岁儿童，各种乳牙外伤的临床表现与恒牙外伤相似，乳牙外伤的诊断和治疗可以参照恒牙外伤，但乳牙根端有继承恒牙胚正在发育，外伤本身或处理不当均可造成恒牙胚的损害，轻者导致继承恒牙的釉质发育不全，严重时可使恒牙发育畸形，甚至停止发育。乳牙外伤的治疗原则：①尽可能减少患儿的痛苦；②将乳牙外伤对继承恒牙胚的影响降低到最低；③乳牙外伤多发生在幼儿，如患儿不能合作，治疗效果不佳，则不宜进行保守治疗，可以拔牙，一般前牙缺牙间隙在正常发育情况下，影响不大，但应密切观察乳牙外伤可能对继承恒牙造成的伤害，定期复查，争取在第一时间处理并发症。

儿童牙外伤是口腔儿科和急诊科的常见病，若能及时采取相应的措施进行治疗，其预后和疗效必然会得到改善，并能有效降低外伤对儿童的牙、颌、面生长发育的负面影响。

知识要点

1．变形链球菌是主要的致龋菌。致龋菌通过代谢蔗糖生成多聚糖，在牙表面形成牙菌斑，进一步生成有机酸，在一定时间内致牙硬组织溶解，从而形成龋—龋病四联因素理论。

2．临床上，龋表现为发生在牙表面的色、形、质改变。龋病的牙位分布基本是左右侧对称，下颌多于上颌，后牙多于前牙，下颌前牙患龋率最低。牙齿的窝沟点隙是龋病的最好发部位，其次的好发部位是牙齿的邻面和牙颈部。根据龋损发展的深度分为浅龋、中龋和深龋。

3．龋病的治疗原则是针对不同龋损程度患牙采用不同的治疗方法。已形成洞的龋损必须通过手术的方法去除病损，然后再用生物相容性材料修复缺损部分。

4．牙髓病分为可复性牙髓炎、不可复性牙髓炎、牙髓坏死和牙髓钙化及牙体内吸收。不可复性牙髓炎是临床最常见的牙髓疾病，包括急性牙髓炎、慢性牙髓炎、逆行性牙髓炎。

5．急性牙髓炎的疼痛症状有四大特点：自发性阵发性痛；疼痛常在夜间发作，或疼痛程度比白天更剧烈；疼痛不能自行定位，当疼痛发作时，患者大多数不能够明确指出患牙所在位置；温度刺激加剧疼痛，冷热刺激在疼痛的间歇期会引发疼痛，在发作期会加重疼痛，这是区别其他疾病引起口腔颌面部疼痛的重要标志。

6．牙髓病的治疗原则是保护具有正常生理功能的牙髓以及保存患牙。对于牙髓病变还处于早期阶段的恒牙和根尖孔尚未形成的年轻恒牙，应当尽可能地保存活髓，对于不能够保存活髓的患牙，应该去除病变保存患牙。

7．根尖周炎多为牙髓病的继发病，当牙髓病变没有得到有效控制时，根管内牙髓组织中的感染通过根尖孔作用于根尖周组织，引起根尖周病。根尖周炎分为急性根尖周炎（急性浆液性根尖周炎、急性化脓性根尖周炎）和慢性根尖周炎（根尖周肉芽肿、慢性根尖周脓肿、根尖周囊肿）。

8．急性浆液性根尖周炎一般只有轻微的咬合痛，患牙有浮起感，咬紧牙时，由于咬合压力可将充血血管内的血液挤压出去，使充血减轻，患者反而感觉疼痛缓解。急性化脓性根尖周炎，骨膜下脓肿阶段，患者非常痛苦，多伴有全身症状，如精神疲惫，如果仍未治疗或没有得到合理治疗，脓肿会穿破骨膜到黏膜下，形成黏膜下脓肿。

9．根尖周病的治疗原则是清除病灶，保存患牙。根管治疗是目前治疗根尖周病最有效、最常用的方法，对根管进行清理、成形，消毒杀菌，用生物相容性材料对根管进行严密的充填以及冠方修复，从而达到控制感染、修复牙体缺损、促进根尖周组织疾病愈合、防治再感染的目的。

10．牙齿受外力后引起牙体硬组织折断，分为牙冠折断、牙根折断和冠根折断。治疗单纯釉质折断应将锐利边缘磨光；牙冠折断暴露牙本质应行间接盖髓术保护牙髓。治疗冠折露髓有以下两种情况：牙根完全形成的患牙应在根管治疗后桩核冠修复；牙根未完全形成的年轻恒牙，尽可能保存牙髓，让年轻恒牙牙根继续发育。

11．牙齿脱出后的储存条件和储存时间对脱出牙再植的成功有显著影响。牙齿完全脱出后应立即放入生理盐水、组织培养液、牛奶或唾液中，牙齿脱离牙槽窝时间越短，成功率越高。

（致谢：本章插图由新疆医科大学口腔医学院教师林静及研究生于倩绘制）

（赵　今）

第四章 牙周疾病

牙周组织由牙龈（gingiva）、牙周膜（periodontal ligament）、牙骨质（cementum）和牙槽骨（alveolar bone）组成，是牙齿的支持组织。牙周组织将牙齿牢固地附着于牙槽骨，承受咬合力。牙周疾病（periodontal disease）是发生于上述牙周组织的疾病，广义是指牙周组织的各种病理情况，包括牙龈病（gingival disease）和牙周炎（periodontitis）；而狭义牙周病仅指牙周炎。

第一节 牙周病的病因学

口腔内有合适的温度、湿度及丰富的营养物质，给微生物的定植提供了合适的条件。目前，可从牙周袋分离出的微生物多达400种以上，包含需氧菌、厌氧菌，以及真菌、支原体、病毒等。正常情况下，口腔内的菌群之间相对平衡，菌群与宿主之间也保持着动态平衡，这种平衡对于口腔健康很重要，抑制了外源性微生物的影响，并且能够刺激宿主免疫反应，起到维持消化系统微生物生态平衡的作用。

当正常菌群失去相互制约，或者微生物与宿主之间失去平衡时就会产生不良反应，细菌能够逃避宿主防御功能，细菌表面物质、产生的酶类和毒素，都能够破坏牙周组织。在牙周疾病发生的过程中，宿主和微生物的相互作用以及宿主自身的免疫炎症反应都起了重要作用。

一、牙周病的始动因子：牙菌斑生物膜

在牙周病病因研究中，对细菌的研究较深入。作为牙周病的始动因子，牙菌斑生物膜（dental plaque biofilm）在牙周炎的发展过程中，使各种细菌发挥不同的致病作用。牙菌斑是一种由基质包裹，相互黏附或黏附于牙面、牙间或修复体表面，质软而未矿化的细菌性群体，不能被水冲去或漱掉，是一种细菌性生物膜。

（一）牙菌斑生物膜的分类

牙菌斑分为龈上菌斑和龈下菌斑。

龈上菌斑位于牙龈缘以上，靠近牙龈处的菌斑对牙周组织危害最大，其他不易清洁的地方，如窝沟、邻接面也有菌斑附着。菌斑主要为革兰阳性兼性菌组成，成熟的菌斑中心为革兰阳性丝状菌，如颊纤毛菌、梭杆菌、放线菌，表面附着链球菌、韦荣球菌等。龈上菌斑与龈上牙石、龋齿的发生有关。

龈下菌斑位于龈缘以下，分为附着性龈下菌斑和非附着性龈下菌斑。附着性龈下菌斑由龈上菌斑延伸到牙周袋内，附着于牙面。牙周炎时附着性菌斑随着牙周袋的加深而增多。结构、成分和龈上菌斑相似，主要为革兰阳性球菌、杆菌、丝状菌，少量的螺旋体和革兰阴性短杆菌。它与龈下牙石、牙周炎、根面龋发生有关。

（二）牙菌斑生物膜的形成过程

牙菌斑生物膜的形成过程大致可分为三个基本阶段。首先是获得性薄膜的形成，起初有唾液蛋白或糖蛋白吸附于牙面，形成一层薄的无结构、无细胞的膜，在龈缘区域较厚，牙尖区域较薄。该膜含有蛋白质、糖类、脂肪，促进早期细菌的定植，同时为细菌提供营养。当有细菌发生黏附和共聚，口腔内形成获得性薄膜后，就开始陆续有细菌定植于薄膜。最初黏附的是一

些革兰阳性球菌，后期定植菌又附着在早期定植菌表面，最后菌斑成熟。在这个过程中，细菌定植有先后顺序。先吸附的革兰阳性球菌，链球菌占大多数，接着是丝状菌、放线菌，随后厌氧菌、能动菌和螺旋体等微生物的比例上升。一般，形成12h的菌斑可由菌斑显示剂着色，9天后各种细菌形成复杂的生态群体，10 ~ 30天菌斑发展成熟达到高峰。

（三）菌斑微生物是引发牙周病的始动因子的证据

1．实验性龈炎观察　1965年，Löe等选择12名牙周健康的牙科学生，停止口腔卫生措施，使菌斑聚集在牙面，所有受试者在10 ~ 21天均发生了实验性龈炎，牙菌斑数量增多，牙龈出血，有炎症。

2．流行病学调查　流行病学调查发现牙周病的分布、患病率和严重程度与该人群的口腔卫生情况、菌斑集聚呈正相关。

3．机械清除菌斑或抗菌治疗效果　采用机械清除菌斑的方法，如洁治、刮治等方法，牙周袋内的细菌数量减少，牙龈炎症减轻。

4．抗菌药物　临床观察表明，甲硝唑、替硝唑、阿莫西林、氯己定治疗牙龈牙周炎症有疗效。

5．动物实验研究　动物实验证明，仅有牙石或者牙颈部结扎等异物刺激，如无细菌感染，不会引起牙龈炎；使用有细菌的食物饲养，可造成实验动物发生牙周炎，并有组织学证据证明细菌的集聚与牙周破坏、骨吸收有关。

6．宿主免疫反应　在牙周病患者龈沟液、血清中，常可检测到对牙周可疑致病菌的高滴度特异抗体，抗体在牙周炎治疗后下降。

二、局部和全身促进因素

（一）局部因素

1．牙石（dental calculus）是附着于牙面或者修复体上，由正在钙化或已钙化的菌斑及沉积物，唾液或龈沟液中的矿物盐逐渐沉积而成。牙石中，75% ~ 85%为无机盐（钙约占总重的40%以上，磷为20%，以及少量钠、镁和微量元素），其余为有机物和水。牙石不能靠刷牙的方法去除。根据所在位置，分为龈上牙石和龈下牙石。

龈上牙石沉积在临床牙冠上，黄色或白色，有的因为外源性着色呈深色。在上颌第一恒磨牙颊面以及下前牙区域较多，这是由于唾液腺导管开口在相应位置。

龈下牙石位于牙龈下，需要探诊辅助检查才能够确定。一般为黑色或者褐色，质地坚硬。大多位于牙周袋内，以牙邻面、舌、腭多见。

牙石与牙周病的关系十分密切，流行病学调查显示，牙石量与牙周炎呈明显的正相关。消毒的牙石在体内不会诱导炎症或者脓肿。因此，牙石对牙周组织的危害可能来源于其表面堆积的菌斑，以及牙石表面的多孔结构容易吸附大量的细菌毒素。去除牙石是牙周炎治疗和维护的基本原则。

2．解剖结构的异常或者缺陷也是牙周病的促进因素。前牙的腭侧沟、磨牙的根分歧部位、根面的凹陷，都是容易聚集菌斑的位置。

3．牙齿位置异常通常会妨碍口腔卫生措施的实施，容易堆积菌斑。

4．牙齿拥挤、不良修复体、食物嵌塞、口腔不良习惯等都是牙周炎的局部促进因素。

（二）全身因素

1．遗传因素　增加牙周炎易感性的遗传性疾病可能与宿主的易感性有关。包括白细胞黏附缺陷病、唐氏综合征、掌跖角化 - 牙周破坏综合征等。

2．雌激素、吸烟、2型糖尿病、骨质疏松、精神紧张等都是牙周炎的危险因素。

综上，牙周炎的发生发展、疗效与患者自身的先天因素、后天因素、环境因素等息息相关。牙周炎的治疗需要患者的积极配合。

第二节　牙龈病

牙龈病（gingival disease）是局限于牙龈组织的病变，一般不累及深层的牙周组织。根据1999年国际牙周疾病分类研讨会的建议，将牙龈疾病分为牙菌斑性龈病损（包括龈缘炎、青春期龈炎、妊娠期龈炎及药物性牙龈肥大等）和非菌斑性龈病损（如病毒、真菌等引起的牙龈病，全身疾病在牙龈的表现及遗传性病变）。

一、慢性龈炎

慢性龈炎（chronic gingivitis）是菌斑性牙龈病中最常见的一类，属于“仅与牙菌斑有关的牙龈炎”。本病又称边缘性龈炎和单纯性龈炎。炎症主要位于游离龈和龈乳头，是牙龈病中最常见的，发病率高，几乎所有人在一生中均可发生不同程度和不同范围的慢性龈炎（彩图4-1）。

（一）致病因素

由于菌斑微生物长期作用于牙龈，导致牙龈的炎症反应。而牙石、食物嵌塞（food impaction）、不良修复体（faulty restorations）、牙齿排列不齐等是促进菌斑滞留的因素，加重牙龈的炎症。

（二）临床表现与诊断

菌斑所致的牙龈炎一般无自觉症状，这类患者就诊的主要原因为刷牙或咬硬物时牙龈出血，一般无自发性出血倾向。有些患者有牙龈局部痒、胀，口臭等症状。病损主要表现为牙龈颜色、形态、质地的改变，以及探诊出血等。

1．色泽　健康牙龈色泽为粉红色，牙龈炎时牙龈呈鲜红或暗红色。

2．外形　健康牙龈的外形为龈缘菲薄且紧贴牙面，附着龈表面有点彩。牙龈炎时龈缘变厚，与牙面分离，龈乳头圆钝肥大，表面的点彩因组织水肿而消失。

3．质地　健康牙龈质地致密而坚韧，牙龈炎时牙龈变得松软脆弱，缺乏弹性。这是由于结缔组织水肿和胶原的破坏所致。

4．探诊出血（bleeding of probe，BOP）　健康的牙龈组织在刷牙和触探龈沟时均不会引起牙龈出血。患龈炎时使用钝头牙周探针轻触即出血，为探诊出血，这是诊断牙龈有无炎症的重要客观指标。

5．与血液病（如白血病、血小板减少性紫癜、再生障碍性贫血等）及其他疾病（坏死性龈炎、艾滋病相关龈炎等）引起的牙龈出血不同的是，龈炎引起的牙龈出血极少为自动出血，一般自行止住，去除局部刺激后疗效显著。可由此进行鉴别诊断。

（三）治疗原则

1．对患者进行菌斑控制与龈炎关系口腔卫生宣教，早诊断、早治疗和定期维护口腔健康，帮助患者掌握正确的刷牙方法、使用牙线（dental floss）控制牙邻面的菌斑。

2．进行牙面的清洁，如龈上洁治（supragingival scaling）以清除龈上菌斑和牙石。

3．清除龈上和龈下菌斑同时，可使用抗微生物和抗菌斑的制剂（如1% ～ 3%的过氧化氢液冲洗龈沟，碘制剂龈沟内上药，氯己定含漱等），以增强口腔卫生措施的效果。

4．改正菌斑滞留的因素　如修改不良的修复体（充填体悬突、修复体边缘不密合、邻牙无接触关系）和不良的固定，或可摘局部义齿，治疗龋坏牙和矫正错位的牙齿。

5．疗效的维护　除了坚持不懈地进行菌斑控制外，还应定期（6 ～ 12个月）进行复查和洁治，如果患者不能有效地控制菌斑，容易导致菌斑再次大量堆积，造成慢性龈炎复发。

二、青春期龈炎

青春期龈炎（puberty gingivitis）是指发生于青春期少年的慢性非特异性牙龈炎，也是菌斑性牙龈病，但是受内分泌影响，女性患者略多于男性。

（一）致病因素

1．口腔局部因素　菌斑和牙石仍是最主要的病因。青春期的少年正处于乳恒牙交替期，牙齿排列不齐，口呼吸习惯和戴用正畸矫治器等均为菌斑的滞留提供了条件。牙石相对较少。该年龄段的人群不易坚持良好的口腔卫生习惯，也是青春期龈炎发生的重要因素。

2．全身的内分泌因素　青春期内分泌（性激素）的变化明显，牙龈是性激素的靶器官，因此随着内分泌的变化，牙龈组织对局部刺激因素产生更加明显的炎症反应。

（二）临床表现和诊断

1．多见于青春期少年，一般无明显症状，或有刷牙、咬硬物时牙龈出血及口气加重。

2．有前牙唇侧的牙龈增生、龈乳头呈球状突起，牙龈颜色暗红、光亮、质地软、探诊易出血等龈炎表现。

3．患者处于青春期前后，局部有致病因素，但牙龈肥大发炎的程度超过局部刺激的程度。

4．口腔卫生情况一般较差，可有正畸矫治器，存在不良卫生习惯。

（三）治疗原则

1．进行口腔卫生指导，严格控制菌斑。

2．通过龈上洁治术，彻底清除菌斑和牙石，并可配合应用龈袋冲洗、袋内上药和含漱剂漱口，一般就可痊愈。病程长和过度肥大增生者需手术切除。定期复查，养成良好的口腔卫生习惯。

3． 特殊患者应有相应的预防措施。如正畸患者，首先正畸前应治愈龈炎，矫正器的设计应不影响牙龈且易于患者控制菌斑，同时在整个矫正过程中应定期进行牙周检查和治疗。纠正不良习惯等。

三、妊娠期龈炎

妊娠期龈炎（pregnancy gingivitis）是指妇女妊娠期间，由于女性激素水平升高，而使原有牙龈的炎症加重或形成炎性的妊娠期龈瘤样改变，分娩后病损可自行减轻或消退，故称为“妊娠期龈炎”，而非“妊娠性龈炎”（彩图 4-2）。发生率报告不一，在 30% ~ 100%，口腔卫生良好者发生率低。

（一）致病因素

1．口腔局部因素　如菌斑、牙石的堆积，或在妊娠前已有菌斑所致的龈炎等。但妊娠时龈沟内细菌的成分也有变化，如牙菌斑中的中间普氏菌明显增多，成为优势菌，随着妊娠时间增加以及血中黄体酮水平的升高而变化。口腔卫生良好者，本病发生率低。

2．全身的内分泌因素　如果没有局部菌斑、牙石的存在，妊娠本身并不会引起牙龈的炎症。但妊娠时由于血液中女性激素（特别是黄体酮）水平的增高，牙龈作为女性激素的靶器官，妊娠期由于黄体酮水平的增高使牙龈对局部刺激物更加敏感，加重了菌斑所引起的炎症反应。

（二）临床表现和诊断

1．孕妇在妊娠前患有不同程度的龈炎，妊娠 2 ~ 3 个月后开始出现明显的症状，至 8 个月时达高峰。分娩后 2 个月左右，牙龈炎症可缓解，消退到妊娠前水平。

2．妊娠期龈炎多发生于前牙区或全口牙龈，牙龈乳头呈鲜红或暗红色、质地松软、光亮、肥大，轻触牙龈容易出血。患者一般无明显不适，但严重时可有溃疡和假膜形成。

3．妊娠期龈瘤发生于牙间乳头，色鲜红光亮或呈暗紫色，瘤体常呈扁圆形，质地松软，可有蒂或无蒂，有的瘤体呈小的分叶状，下前牙唇侧乳头为多发区域。发生率为 1.8% ～ 5%，一般发生于妊娠第 4 ～ 6 个月。患者无疼痛等不适，常因牙龈出血或妨碍进食而就诊。妊娠瘤随着妊娠月份的递增而增大，分娩后能自行逐渐缩小，但多不能完全消失，仍需去除局部刺激物或进行牙周手术。

4．诊断　孕妇，局部有菌斑、牙石刺激，妊娠期间牙龈炎症加重表现为牙龈红肿、易出血。

（三）治疗原则

1．去除一切局部刺激因素，如菌斑、牙石、不良修复体等，由于患者处于妊娠期且容易出血，进行龈上洁治时，操作应轻柔、仔细，尽量减少出血，可分次、分区进行。

2．进行细致的口腔卫生宣教，严格控制菌斑。

3．对妨碍进食的妊娠瘤，在妊娠 4 ～ 6 个月期间可行妊娠瘤切除术。

4．最理想的预防措施是在妊娠前治疗牙龈炎和牙周炎，对适龄妇女进行口腔卫生指导。

5．对怀孕的牙周炎患者，根据妊娠月份，酌情进行牙周治疗和健康促进。

四、药物性牙龈肥大

药物性牙龈肥大（drug influenced gingival enlargement）是受药物影响的牙龈病，也属于牙菌斑性牙龈病（彩图 4-3）。目前认为与菌斑，牙石，以及长期服用苯妥英钠（大仑丁）、硝苯地平（心痛定）、维拉帕米和环孢素等药物有关。

（一）致病因素

1．癫痫、冠心病或肾移植患者，服用的上述药物使牙龈增生肥大。抗癫痫药物如苯妥英钠可使已有炎症的牙龈发生纤维性增生；钙通道阻滞剂如硝苯地平、维拉帕米和免疫抑制剂环孢素也可引起药物性牙龈增生，如服用环孢素患者约 30% ～ 50% 可发生牙龈纤维性增生。引起牙龈增生的原因尚不清楚，有人报告可能因为上述药物降低了胶原酶活性或影响了胶原酶的合成，使胶原的合成增加，分解减少而引起牙龈的过度增生。

2．局部刺激不是牙龈增生的始发因素，但菌斑、牙石引起的牙龈炎症能加速病情的发展。

（二）临床表现和诊断

患者有癫痫、高血压病史，或者接受过器官移植，服用苯妥英钠、硝苯地平或环孢素，服药后 3 个月牙龈开始出现增生症状，牙龈呈小球状、桑葚样或分叶状，质地坚实并有弹性，呈淡粉红色。增生只发生于有牙区，无牙区不发生病损，拔牙后，增生的牙龈可自行消退。

（三）治疗原则

1．停药或者改服其他药物。与专科医生协商，考虑更换其他药物或者交替使用。

2．进行口腔卫生指导，掌握控制菌斑的方法，严格控制菌斑，减轻服药期间的牙龈增生程度。

3．去除局部刺激因素，龈上洁治，必要时龈下刮治，多数患者的牙龈增生可缓解。

4．通过上述治疗单纯增生的牙龈仍然不能完全消退，可行手术切除增生的牙龈。

五、坏死性溃疡性龈炎

坏死性溃疡性龈炎（necrotizing ulcerative gingivitis，NUG）是一种牙龈的急性感染，牙龈坏死是本病的特点。当感染累及牙龈组织、牙周膜和牙槽骨，发生上述组织坏死，则称为坏死性溃疡性牙周炎。坏死性溃疡性龈炎和牙周炎都可能与艾滋病和其他免疫系统缺陷性疾病有关。

（一）致病因素

1．主要的致病菌是梭形杆菌和螺旋体，主要因局部的抵抗力降低而形成的一种机遇性感染。

2．原有龈炎或牙周炎是发病的重要条件。

3．吸烟也是重要的危险因素。吸烟使牙龈的血管收缩，降低血液循环。另外，吸烟还有使白细胞的趋化和吞噬功能减弱等负面影响。

4．精神因素　该病患者多为睡眠不足、过度疲劳和情绪紧张等有精神刺激者，致使个人应激水平增加，并降低局部的抵抗力。

5．某些因素使机体的免疫功能低下，也易诱发本病。如某些营养不良的儿童，恶性肿瘤患者、血液病患者等，值得注意的是艾滋病患者常出现类似本病的病损。

（二）临床表现

1．起病急，多发生于青壮年男性，以吸烟者多见。牙龈疼痛明显；牙龈自发出血、探诊出血；口腔有腐败性恶臭。

2．坏死和溃疡多开始于下前牙间乳头或边缘龈，后累及附着龈的唇舌侧，坏死面上有灰白色的假膜，易擦去；龈乳头呈刀切状或火山口状，龈缘呈虫蚀状。

3．轻者全身症状不明显，重症者可有全身症状如低热、颌下淋巴结肿大等。

4．若累及牙周组织，有牙槽骨的吸收，牙周袋形成牙齿松动，则为坏死性溃疡性牙周炎。

（三）治疗原则

1．去除局部坏死组织，急性期可先去除大块龈上牙石，坏死局部用过氧化氢溶液擦洗或含漱，清除坏死组织；重症者口服甲硝唑等抗生素；也可以采取维生素 C 支持疗法，指导患者合理营养、充分休息、摄入足够液体、停止吸烟。

2．急性症状缓解后，治疗同菌斑性牙龈炎。

3．全身免疫缺陷患者，口内病情处理的同时，积极配合内科治疗。

六、白血病的龈病损

白血病的龈病损（leukemia-associated gingivitis）是白血病在牙龈的表现。某些白血病患者以牙龈出血、肿胀为首发症状，因此根据口腔病损的早期诊断应引起高度重视。

（一）致病因素

白血病的确切病因至今不明，牙龈病损为病变白细胞大量浸润所致，结缔组织水肿变性，胶原纤维被幼稚白细胞所取代。毛细血管扩张，血管腔内可见白细胞形成栓塞，并可见组织坏死，并非牙龈结缔组织本身的增生。

（二）临床表现

1．起病急，患者自觉乏力，有不同程度发热，出现贫血及皮下和黏膜自发性出血现象。

2．牙龈肿大，外形不规则呈结节状，颜色暗红或苍白，牙龈有自发性出血倾向（与牙龈炎症不同），止血困难。由于牙龈出血、肿胀，口内自洁能力差导致菌斑大量堆积。

3．牙龈可坏死、溃疡，有自发痛，口臭，牙齿松动。

4．局部和全身的淋巴结可肿大。

5．血液学检查可见白细胞数目和形态的异常，骨髓穿刺检查可明确诊断。

（三）治疗原则

1．通常需要内科确诊，口腔治疗是配合血液科医生治疗。

2．进行口腔卫生指导，加强口腔护理。

3．切忌进行牙龈手术和活体组织检查。

4．牙龈出血以保守治疗为主，压迫止血（如牙周塞治剂），局部可用止血药（如云南白药）。

5．在全身情况允许时，可进行简单的口腔局部洁治治疗。

6．伴有脓肿时，初期、脓肿形成时尽可能不切开引流。可进行局部穿刺，抽吸脓液。

七、急性龈乳头炎

急性龈乳头炎是指病损局限于个别牙间乳头的急性非特异性炎症。

（一）致病因素

牙间乳头受到机械或者化学的刺激是导致急性龈乳头炎的直接原因。食物嵌塞、不良修复体、不正确的剔牙、异物刺激等都会引起急性或慢性非特异性炎症。

（二）临床表现

牙间乳头充血、肿胀，探针和吮吸时易出血，有明显的自发性胀痛、触痛、叩痛、冷热刺激痛明显。患区存在局部刺激因素。

（三）治疗原则

1. 去除局部刺激因素。
2. 消除急性炎症。
3. 用 3% 过氧化氢溶液、0.12% 氯己定溶液局部冲洗。

第三节　牙周炎

牙周炎是由牙菌斑中的微生物所引起的慢性感染性疾病，导致牙周支持组织的炎症和破坏，主要症状为牙周袋（periodontal pocket）形成、牙槽骨吸收（alveolar bone loss）、牙龈炎症（gingival inflammation）和牙齿的逐渐松动、移位（tooth migration），甚至脱落。牙周炎是我国成年人丧失牙齿的首要原因。

一、慢性牙周炎

慢性牙周炎（chronic periodontitis）是最常见的一种牙周炎，常见于成年人，35 岁以后患病率增加，病情加重，但也可发生于儿童和青少年。多由长期的慢性龈炎向深部牙周组织扩展而引起组织的破坏，发展成为慢性牙周炎（彩图 4-4）。

（一）致病因素

菌斑微生物是慢性牙周炎的始动因素，牙石、食物嵌塞、不良修复体、牙齿排列不齐和解剖形态异常等加重菌斑的滞留是局部促进因素。同时，宿主的防御机制也在发病机制中起着重要的作用。吸烟、糖尿病、遗传和精神紧张等是重要的全身易感因素。伴有咬合创伤时可加重牙周组织的破坏，为协同破坏。

（二）临床表现和诊断

1. 病变可一般侵犯全口牙齿，少数患者发生于一组牙齿。发病有一定的牙位特异性，上颌磨牙和下前牙区域由于菌斑牙石容易堆积，发生慢性牙周炎的概率比较大。病程长，呈活动期和静止期交替出现。

2. 临床表现为牙龈充血、肿胀，探诊出血，牙周袋形成，袋内可有脓，牙槽骨吸收，牙齿松动。晚期牙齿可松动和移位甚至脱落。

3. 晚期可引起逆行性牙髓炎，临床表现为冷热痛、自发痛和夜间痛等急性牙髓炎症状。

4. 慢性牙周炎根据疾病的范围和严重程度，分为局限型和弥漫型。受累部位少于或等于 30% 为局限型，若大于 30% 的部位受累则为弥漫型。严重程度用来描述整个牙列、个别牙齿或位点。轻度，牙周袋深≤ 4mm，附着丧失 1 ~ 2mm。中度，牙周袋深≤ 6mm，附着丧失 3 ~ 5mm。重度，牙周袋深＞ 6mm，附着丧失≥ 5mm。

（三）治疗原则

牙周炎治疗的目标是去除或改变导致牙周炎的菌斑微生物和局部促进及全身易感因素，从而停止疾病的发展，恢复牙周组织的形态和功能，并预防复发。另外，有条件者可促使牙周组织再生。

1．清除局部因素，进行龈上洁治、龈下刮治和根面平整等基础治疗。

2．指导患者进行严格的、长期的菌斑控制。

3．可辅助局部的药物治疗。大多数患者在根面平整后，组织能顺利愈合。但对一些炎症严重的患者可采取牙周袋内局部放置抗菌药物（甲硝唑、多西环素等），可取得较好的临床效果。

4．拔除不能保留的患牙，建议戒烟、控制糖尿病等。

5．去除慢性牙周炎的局部致病因素（去除咬合高点、修改不合适的义齿、治疗创伤等）。

6．非手术治疗后，未能消除病情，应考虑牙周手术，以控制病情进展和（或）纠正解剖学上的缺陷。

7．牙周炎患者需每 3 ～ 6 个月进行复查和复治，否则影响疗效。

二、侵袭性牙周炎

侵袭性牙周炎（aggressive periodontitis，AgP）的临床和实验室检查明显不同于慢性牙周炎，而且相对少见（彩图 4-5）。这类牙周炎多发于青春期前后，但在成年人中也可见，疾病过程发展迅速。侵袭性牙周炎有局限型和广泛型两型。

（一）致病因素

目前认为微生物（伴放线杆菌）的感染，宿主机体的免疫反应，吸烟、遗传等调节因素在侵袭性牙周炎的发病过程起到一定作用。

（二）临床表现和诊断

1．局限型和广泛型侵袭性牙周炎的常见表现是快速进展的附着丧失和骨破坏。发病年龄小，开始于青春期前后，患者通常在 20 岁需要拔牙或自行脱落。女性多于男性。

2．局限型好发于上下切牙和第一恒磨牙，至少两颗恒牙有邻面附着丧失，其中包含第一恒磨牙，非第一恒磨牙和切牙的其他牙不超过两颗。广泛型侵犯全口大多数牙，广泛的邻面附着丧失，累及至少 3 颗第一恒磨牙和切牙的恒牙。

3．本病通常的次要表现是菌斑堆积量与牙周组织破坏的严重程度不相符。局限型患者的菌斑、牙石量少，牙龈炎症轻微，但相对应的牙周袋深。广泛型的牙龈明显红肿，易出血，但菌斑牙石量因人而异。

（三）治疗原则

通常侵袭性牙周炎的治疗目标、方法与慢性牙周炎的治疗相似。

1．强调早期诊断，早期治疗，防止复发。应进行龈上洁治，龈下刮治，根面平整等基础治疗，同时严格要求患者配合控制菌斑，彻底消除感染。

2．根据患者的依从性以及菌斑控制的情况，定期复查（1 ～ 2 个月一次），半年后若病情稳定，复查的间隔期适当延长。

3．必要时行牙周手术。

4．配合全身药物治疗，如甲硝唑和阿莫西林二者联合使用。

5．因发病机制复杂，未能完全控制病例的治疗目标是减缓疾病的进展。

第四节 牙周炎与全身性疾病

牙周炎也可以作为一些全身性疾病在口腔中的突出表征之一。该类牙周炎患者除有全身性疾病外，还伴有严重而迅速破坏的牙周炎，被称为反映全身疾病的牙周炎。属于本范畴的牙周炎主要有两大类，即血液疾病（白细胞数量和功能的异常等）和遗传性疾病。本节重点介绍一些重要的相对常见的全身疾病在牙周组织的表现。

一、掌跖角化 - 牙周破坏综合征

本病为遗传性疾病，属于常染色体隐性遗传。主要特点为手掌和脚掌部位的皮肤过度角化、皲裂和脱屑，牙周组织严重破坏。有的病例还伴有硬脑膜的异位钙化。本病较罕见，人群中的患病率为百万分之一至四。

1．临床表现　皮损及牙周病变常在 4 岁前共同出现，有报告称可早在出生后 11 个月发生。皮损包括手掌、足底、膝部及肘部局限性的过度角化及鳞屑、皲裂，伴有多汗和臭汗。约有 1/4 的患者易有其他处感染。患儿智力及身体发育正常。牙周病损在乳牙萌出后不久即可发生，有深牙周袋，炎症严重，溢脓、口臭，牙槽骨迅速吸收，在 5 ～ 6 岁时乳牙即相继脱落，创口愈合正常。待恒牙萌出后又按顺序相继发生牙周破坏，常在 10 多岁时即自行脱落或拔除。

2．治疗　本病对常规的牙周治疗效果不佳，患牙的病情继续加重，往往导致全口拔牙。

二、唐氏综合征

该病又名先天愚型，或 21 三体综合征，为一种由染色体异常所引起的先天性疾病。唐氏综合征的发病率与母亲的年龄有关。母亲年龄越大发病率越高，可能由于卵细胞在母体内减数分裂过程较长，卵子老化，且受环境的影响，易造成染色体的不分离。

1．临床表现　患者有发育迟缓和智力低下。约 1/2 患者有先天性心脏病，约 15% 的患儿于 1 岁前夭折。面部特征为面部扁平，眶距增宽，鼻梁低宽，颈部短粗。常有上颌发育不足、萌牙较迟、错𬌗畸形、牙间隙增大、系带附着位置过高等。几乎 100% 的患者有严重牙周病，且牙周破坏程度远超过菌斑、牙石等局部刺激造成的破坏。全口牙齿均有深牙周袋及炎症，下颌前牙较重，有时可有牙龈退缩，病情迅速加重，有时可伴坏死性龈炎。乳牙和恒牙均可受累。

2．治疗　对本病的治疗无特殊方法。彻底的牙周基础治疗和认真的菌斑控制可减缓牙周破坏。但由于患儿智力低下，常难以坚持。

三、家族性和周期性白细胞缺乏症

本病病因不明，是一种罕见的血液系统疾病。大多数患者在婴幼儿期发病，但也有发病于成年期的。疾病特征为中性粒细胞周期性减少，粒细胞减少期一般持续 3 ～ 10 天，周期为 21 天左右。

1．临床表现　在婴幼儿期就开始反复出现发热、食欲减退，并伴有咽炎、细菌感染等症状。几乎所有患者都有口腔表现，常伴有唇、舌、颊侧黏膜和牙龈反复发作的溃疡，以及皮肤、胃肠道和泌尿生殖系统的溃疡，症状的出现与粒细胞的减少相一致。患者的牙周病损可累及乳牙列和恒牙列。典型表型为快速破坏的牙周炎、牙龈红肿出血、牙周袋形成、牙槽骨广泛吸收、牙齿松动，最终导致牙齿丧失。

2．治疗　①口腔卫生指导；②牙周基础治疗和定期维护；③全身治疗。

四、糖尿病和牙周炎

反映全身疾病的牙周炎是指伴有全身疾病的严重而迅速破坏的牙周炎。临床常见的 2 型糖尿病患者，其所患糖尿病主要影响的是牙周炎的发病和严重程度。

（一）致病因素

高血糖本身不引起牙周病，而是糖尿病的病理变化使机体对牙周局部致病因子的抵抗力降低，从而加速了局部组织的破坏。糖尿病的控制是取得牙周炎治疗效果的重要前提；牙周感染的控制对血糖的稳定也有促进作用。两者是双向互相影响和作用的关系。

（二）临床表现和诊断

未经诊断或未经控制的糖尿病患者，常有下面的口腔表现。

1．牙周组织炎症较重，龈缘红肿成肉芽状增生。出血倾向明显，易发生牙周脓肿，牙槽骨吸收迅速，牙周袋深，累及牙齿松动。

2．腮腺可肥大，唾液分泌的量和成分也可改变，如唾液和龈沟液的含糖量也会随血糖升高而增高。

3．口腔白色念珠菌病为糖尿病的常见并发症。

（三）治疗原则

1．鼓励糖尿病患者积极控制血糖，通过与专科医生的沟通，采取最有效的方式保持血糖的平稳状态。

2．血糖控制不理想者，牙周治疗时可以辅助全身应用抗生素。

3．血糖控制理想的患者，可进行常规的牙周治疗，治疗效果良好。

4．对患者进行有关牙周病与糖尿病相关的健康教育。

五、艾滋病和牙周炎

（一）致病因素

受到人类免疫缺陷病毒感染后，感染者由于全身免疫功能降低，容易发生口腔内的机遇性感染，包括真菌、病毒、细菌感染等。约有 30% 的艾滋病患者首先出现口腔内症状，多为牙周组织的感染。对这类患者的牙周炎治疗使用抗生素以及龈下刮治有效果，可以治疗细菌为主要病原体的感染，如伴放线杆菌、牙龈卟啉单胞菌、中间普氏菌等。

（二）临床表现和诊断

目前，艾滋病在口腔中的表现有毛状白斑、白色念珠菌感染等，晚期可发生 Kaposi 肉瘤。认为与艾滋病相关的牙周病损有以下三种：

1．线形牙龈红斑（linear gingival erythema，LGE） 位于牙龈缘处，有明显的鲜红色宽约 2 ～ 3mm 的红边，极易出血。常规治疗反应不佳。此阶段无牙槽骨的吸收。但此种病损也偶见于非 HIV 感染者，需仔细鉴别。

2．坏死性溃疡性牙龈炎（necrotizing ulcerative gingivitis，NUG） 艾滋病患者发生的坏死性溃疡性牙龈炎的临床表现与非艾滋病感染者十分相似，但病情较重。

3．坏死性溃疡性牙周炎（necrotizing ulcerative periodontitis，NUP） 患者牙槽骨吸收特别严重，甚至有死骨形成，但相应部位的局部刺激因素不一定达到相应的严重程度。换而言之，如牙周局部的影响因素不严重，但牙周破坏迅速，而且有坏死性牙龈损伤的特征时，应提高警惕，结合血清学检查来判断。

（三）治疗原则

1．按照常规的牙周治疗，去除局部刺激因素（菌斑、牙石）。0.12% ～ 0.2% 氯己定含漱。

2．全身给予抗菌药物，首选甲硝唑。通常治疗后 24 ～ 36h 疼痛消失。

白色念珠菌感染、LGE、NUG、NUP 均可发生于非艾滋病患者或免疫功能低下者，因此对可疑病例应进行必要的检查或者转诊。

知识要点

1．牙周疾病是一种发病率很高的口腔疾病，因牙周炎需要拔除的牙占拔牙原因的30%～40%，所以该病是我国成人牙齿丧失的主要原因。

2．菌斑是牙周炎的始动因子，因此严格控制菌斑是预防牙周疾病、保持治疗效果的重要手段。

3．菌斑所致龈炎是最常见的牙龈病，是牙龈出血的最主要原因。某些内分泌改变（青春期、妊娠）可加重牙龈炎症。清除局部刺激因素（菌斑、牙石）是最有效的治疗方法。

4．牙周炎是由牙菌斑中的微生物引起的牙周支持组织的慢性感染性疾病，表现为牙周袋形成、牙槽骨吸收和牙齿的逐渐松动、移位甚至脱落。由于多因素影响着牙周炎的发生发展，所以治疗主要以去除菌斑及其他促进因子为主，但不同类型的牙周炎需要多种手段（手术、药物、正畸）综合治疗，并需要终身维护和重复治疗。

5．因治疗全身疾病而服用的某些药物可引起药物性牙龈肥大，而口腔卫生控制和积极的牙周局部治疗可降低牙龈增生的发生率和减轻增生的程度，必要时可以寻求其他替代药物。

6．牙周炎与全身疾病（心血管疾病、糖尿病等）密切相关，特别是与糖尿病有双向关系，积极治疗牙周炎和定期牙周维护有利于全身健康。

（刘　怡）

第五章　口腔黏膜病

口腔黏膜病（oral mucosal diseases）是指发生在口腔黏膜及其软组织上的类型各异、种类众多的疾病总称。口腔黏膜病病因复杂，病种繁多，临床表现多样化，病损常出现更迭性和重叠性的特点，往往与全身状况关系密切。口腔黏膜病可分为感染性疾病、变态反应性疾病、溃疡类疾病、大疱类疾病、斑纹类疾病和唇舌疾病等。目前临床常见的口腔黏膜病有口腔扁平苔藓、复发性阿弗他溃疡、灼口综合征等，在本章会重点介绍。口腔黏膜病的临床检查以视诊、触诊及探诊等局部检查为主，同时还应注意全身其他部位的体征，必要时配合血液学、免疫学检查、活体组织检查、脱落细胞学检查、分子生物学检查和心理学检查等辅助检查。治疗上，口腔黏膜病常常同病异治、异病同治，采用局部治疗、全身治疗和中西医结合的方法进行治疗。转归上，多数口腔黏膜病预后良好，但某些口腔黏膜病可能迁延不愈，甚至癌变，应引起高度重视。

第一节　口腔黏膜基本病损

口腔黏膜病虽然病种繁多，但是都是由基本病损构成的，现介绍如下：

1．斑（macule）　是黏膜或皮肤上的局限性的颜色异常，不高出黏膜表面，形状、大小、颜色不等。

2．丘斑（patch）　是一种界限清楚，大小不等，稍隆起而坚实的病损，为白色或灰白色，表面平滑或粗糙。

3．丘疹（papule）　临床表现为小的局限性突出于黏膜表面的实质性疹子，大小不等，形状不一，直径一般在 1 ～ 5mm。表面形状可以是圆的、尖的、扁平的或多角形的。

4．疱（vesicle）与大疱（bulla）　指黏膜或皮肤中的液体聚集而成的疱。其内容物可以为渗出的组织液（水疱）、血液（血疱）或脓液（脓疱）。疱突出于黏膜表面，呈半圆形，大小不一。口腔黏膜上的疱由于经常接受机械刺激，容易破溃，形成糜烂或溃疡。根据疱形成部位的不同，可分为上皮内疱和上皮下疱。

5．糜烂（erosion）　为黏膜上皮浅层的破坏，为上皮的部分损伤，不累及基底细胞层。一般由机械刺激或药物烧伤引起，也可因上皮内疱破溃引起，上皮表层剥脱后，下方结缔组织血管更易暴露，因此临床表现为鲜红色病损。

6．溃疡（ulcer）　是黏膜上皮的完整性发生持续性缺损或破坏，使其表层坏死脱落而形成凹陷。临床上根据溃疡的深浅，分为浅层溃疡和深层溃疡。浅层溃疡愈合后不留瘢痕，深层溃疡抵达结缔组织深层，故愈合后留有瘢痕。

7．假膜（pseudomembrane）　也称伪膜，为灰白色或黄色膜，常在溃疡表面形成，由炎性渗出的纤维素、坏死脱落的上皮细胞和炎性细胞组成，它不是组织本身，故可以擦掉或撕脱。

8．萎缩（atrophy）　组织细胞的体积缩小和数目减少称为萎缩。呈现红色的病变，表面所覆盖的上皮变薄，结缔组织内丰富的血管分布清楚可见。病变部位略凹陷，其特有的一些上皮结构消失，被一薄层上皮所取代。萎缩有病理性萎缩和生理性萎缩。生理性萎缩与年龄有关，病理性萎缩原因很多，如扁平苔藓等。舌乳头萎缩，可使舌面呈鲜红、光亮，称为镜面舌。

9．皲裂（rhagades）　表现为黏膜或皮肤的线状裂口。是由于某些疾病或炎症浸润，使局部组织失去弹性变脆而成。若皲裂仅限上皮内，愈合后不留瘢痕，若深达黏膜下层，愈合后可留瘢痕。

10．瘢痕（scar）　创伤或其他病损引起皮肤、黏膜或其深部组织缺损时，可由再生的结缔组织进行修复，这种修复性的结缔组织称为瘢痕。表面光滑，质地较硬。

第二节　常见的三种口腔黏膜疾病

一、口腔扁平苔藓

扁平苔藓（lichen planus，LP）是一种病因不明的皮肤黏膜慢性炎症性疾病。皮肤和黏膜可单独或同时发病。口腔病损称为口腔扁平苔藓（oral lichen planus，OLP），是最常见的口腔黏膜病之一，发病率为0.51%，好发于中年女性，属于斑纹类的口腔黏膜疾病。

（一）病因

病因尚不明确，可能与感染因素、微循环障碍因素、精神心理因素、内分泌因素、免疫因素、遗传因素等有关。

（二）临床表现

本病的发病人群从3岁的儿童到80多岁的老人均有报道，任何年龄阶段都可发病，但以30岁以上患者多见。男女都可发病，国内外多数资料报道女性多于男性。

LP的典型皮损为紫红色、多角形扁平小丘疹。初起时为粟粒大，可逐渐增大到蚕豆大。边缘境界清楚，表面干燥光滑，被有白色角质薄膜，有蜡样光泽。用液状石蜡擦拭皮损表面后，以放大镜观察，可见损害表面有灰白色或乳白色纵横交错的细纹。一般有阵发性痒感，亦有无自觉症状者。皮疹可发于全身各处，但以四肢屈侧、前臂和腕部多见。

口腔黏膜的损害多见于颊黏膜，常呈对称性。其次为前庭沟、舌、唇、牙龈、腭。黏膜损害发生率约占25%，可单发于黏膜，亦可与皮肤同时并发。部分患者局部有粗糙木涩感，或对辛辣食物刺激敏感；上皮剥脱糜烂时，可有自发性疼痛。多见的损害为白色条纹灰白色角化小丘疹，点状或圆球状组成细的条纹，白色光亮称威肯线（Wickham's striae）。白色花纹可组成网状、树枝状、环状等多种形状（彩图5-1），也可表现为白色斑块状。根据病损形态分为以下几种类型：

1．网状型　临床最为常见。在口腔黏膜上可见略突出于黏膜的白色网状条纹，互相交织成网状，可发生于口腔黏膜各处，但以颊黏膜为主。临床无症状，或偶有粗糙感。

2．环状型　灰白色微小丘疹组成细条纹，稍高隆起成环形、半环形，可发生于唇红、双颊、舌缘、舌腹等部位。

3．条纹型　由丘疹连接成线纹，可呈直线或波浪形，组成树枝状、线条状、条索状病损。

4．斑块型　斑块大小不一，形状不规则，类圆形或不规则形，一般较硬且隆起，多发生于舌背，受损区的舌乳头常有不同程度的萎缩。

5．丘疹型　灰白色的丘疹散布在黏膜上，有时聚集形成小斑块，四周可见其他形状条纹。多无临床症状。

6．水疱型　较少见，此型表现大小不一的水疱，疱易破，流出清凉液体，上皮全层脱落，露出固有层，水疱破溃后形成糜烂性溃疡。此型常见于软腭、唇颊部。

7．糜烂型　在充血基础上发生糜烂，故常称为充血糜烂型。糜烂周围有白色条纹或丘疹，疼痛明显。常发生于颊、前庭沟、舌腹、磨牙后区等部位。

8．萎缩型　多见于舌背，为较淡的白色斑块，微凹下，舌乳头萎缩致病损表面光滑。发生在牙龈时则有充血和糜烂，邻近可见白色条纹。

(三)诊断

根据临床表现即可诊断，必要时可进行活体组织检查确诊。口腔扁平苔藓被认为是一种潜在恶变疾病，如病损发生在口底 - 舌腹、颊黏膜口角区内侧三角形、软腭复合体三个危险区，且迁延不愈或反复糜烂建议作病理检查排除恶变。

(四)治疗

临床分型为糜烂型和非糜烂型，根据不同类型选择治疗方案。

1．应详细询问病史，了解全身情况，调整心理状态。无症状者不需处理，定期观察。

2．局限的糜烂性病变可在糜烂基底处注射激素，选用醋酸泼尼松、醋酸曲安奈德等作黏膜下注射。另外，他克莫司软膏局部涂抹，或他克莫司溶液含漱可作为替代治疗药物，治疗对于皮质类固醇治疗无效的难治性病损。还可用氯己定（口泰）、复方硼砂含漱剂含漱，或溃疡膏、溃疡膜等局部应用。

3．广泛糜烂可用全身治疗。首选免疫抑制治疗，可口服糖皮质激素、硫酸羟氯喹、沙利度胺、昆明山海棠等药物抑制患者免疫功能。对迁延不愈的 OLP，应注意可能有白色念珠菌感染，可局部应用抗真菌药治疗。

4．非糜烂型扁平苔藓可选用免疫调节类药物，如多抗甲素、卡介苗多糖核酸、转移因子等。另外，对于局部过角化，可使用维甲酸类药物。

5．中医辨证论治疗或用中成药治疗，如口炎清颗粒、龙胆泻肝丸以及复方苔藓片等。

6．长期未愈的溃疡或组织学表现为非典型上皮增生的病变可手术切除。

(五)预防

1．消除精神紧张，治疗慢性病灶，限制烟酒及刺激性饮食（辣椒、生葱、生蒜等），生活力求规律。

2．口腔卫生不良，有局部刺激因素的应首先去除刺激因素（不良修复体、牙石、软垢），保持口腔卫生。

二、复发性阿弗他溃疡

复发性阿弗他溃疡（recurrent aphthous ulcer，RAU）是指具有周期性复发特点的口腔黏膜自限性、溃疡性损害。RAU 是最常见的口腔黏膜病，其患病率高达 20% 左右，发病以青壮年居多。临床根据溃疡大小、深度和数目分为轻型复发性阿弗他溃疡、疱疹样复发性阿弗他溃疡和重型复发性阿弗他溃疡三种。

(一)病因

病因不清，且有个体差异。与遗传因素、免疫因素、精神心理因素、内分泌因素、细菌感染、全身疾病、微量元素缺乏和环境因素有关，目前尚无统一确切的结论，很可能是多种因素综合作用的结果。

(二)临床表现

1．轻型复发性阿弗他溃疡（minor aphthous ulcer，MiRAU） 该病为最常见的 RAU，约占 80%。溃疡不大，直径多为 2 ~ 5mm，边缘整齐，孤立散在，数目不多，每次发作 1 ~ 5 个不等（彩图 5-2）。溃疡周期性反复发作，有自限性，好发于黏膜上皮角化较差的区域，如唇内侧、舌尖、舌腹、颊部、前庭沟、软腭等部位。发作时溃疡有“红、黄、凹、痛”的特征，即溃疡周边有约 1mm 的充血红晕带，表面覆盖黄白色假膜，溃疡中心稍凹陷，灼痛明显。一般溃疡 7 ~ 10 天可自愈，愈合后不留瘢痕。

2．疱疹样复发性阿弗他溃疡（herpetiform ulcer，HU） 该型溃疡约占 RAU 的 8% 左右，又称“口炎性口疮”或“阿弗他口炎”。溃疡小而多，直径小于 2mm，可有 10 ~ 30 个或更多。溃疡散在分布于口腔内，呈“满天星”状，可发生于非角化黏膜，病变不成簇（彩图

5-3)。溃疡周围黏膜充血，唾液增多，疼痛明显。相应局部淋巴结肿大，有时伴有头痛、发热等症状。发作规律同 MiRAU，愈合后不留瘢痕。

3．重型复发性阿弗他溃疡（major aphthous ulcer，MaRAU） 又称复发性坏死性黏膜腺周围炎（periadenitis mucosa necrotica recurrens，PMNR）或腺周口疮，占 RAU 的 8% ～ 10%，好发于青春期，患者一般有口腔溃疡反复发作的病史。溃疡数目少，多为单发，2 ～ 3 个以上少见，可伴有轻型口疮。溃疡直径大于 5mm，可达 1 ～ 2cm 或以上，周围黏膜水肿，边缘隆起，溃疡中央凹陷，呈弹坑状（彩图 5-4）。病损持续时间长，可达 3 个月到半年。疼痛剧烈，有时伴有相应部位淋巴结肿大。溃疡波及黏膜下层及腺体，愈合后留有瘢痕。

（三）诊断和鉴别诊断

根据复发性自限性的病史特征和临床体征即可诊断。根据溃疡的大小、数目和深度可以分型。

（四）治疗

由于复发性阿弗他溃疡病因尚不清楚，且具有较大的个体差异，因此治疗方法虽然很多，但是没有特效疗法。临床上对 RAU 的治疗通常以对症治疗为主，并将减轻疼痛、促进溃疡愈合、延长复发间歇期作为治疗的基本原则。

1．局部治疗　以消炎、止痛、预防感染和促进溃疡愈合为原则。

（1）消炎：0.05% 氯己定含漱剂含漱；溶菌酶片 20mg、华素片 0.5mg 含化，每日 3 ～ 4 次。

（2）止痛：复方苯佐卡因凝胶局部涂抹、1% 地卡因、0.5% 达可罗林表面涂布麻醉；0.5% ～ 1% 普鲁卡因含漱。

（3）促溃疡愈合：重组牛碱性成纤维细胞生长因子、溃疡膜、溃疡散、养阴生肌散、西瓜霜喷剂等局部涂抹，一天数次。

（4）皮质激素局部封闭：深大的腺周口疮经久不愈，可用醋酸曲安奈德在溃疡基底部注射，每周一次。

（5）物理疗法：病损区激光、红外线照射，可以止痛，促进溃疡愈合。

2．全身治疗　以去除可能的致病因素、减少复发、延长间歇期为原则。

（1）建议患者调节紧张、焦虑情绪，尽量不吃刺激性过大的食物。

（2）肾上腺皮质激素：可每日口服泼尼松 10 ～ 30mg。治疗相关疾病如积极治疗胃、十二指肠溃疡、结肠炎、活动性肝炎等。

（3）免疫增强剂：可口服转移因子、甘露聚糖肽、干扰素、胸腺肽等药物。左旋咪唑 25 ～ 50mg，一天三次，连服 3 天，停 4 天，1 ～ 2 个月为一疗程，用药期间定期查血象和肝功能。

（4）免疫抑制剂：氯喹或羟氯喹、沙利度胺等。

（5）适当补充维生素和微量元素。

（6）中医中药辨证施治：实证可用清胃散、导赤散加减。虚证依病情选用知柏地黄汤、补中益气汤等。

三、灼口综合征

灼口综合征（burning mouse syndrome，BMS）是以舌部为主要发病部位，以烧灼样疼痛、舌感觉异常、口腔黏膜感觉异常等为主要表现的一组综合征，又称舌痛症（glossdynia），好发于舌前 2/3、硬腭前份以及下唇部位，其伴随症状多为口干、味觉改变等，常不伴有明显的临床损害体征，也无特征性的组织病理变化。BMS 的发病率较高，好发于更年期或绝经后期女性。

（一）病因

灼口综合征病因复杂，可能与局部刺激因素、口腔不良习惯、感染因素、唾液异常、精神心理因素、内分泌因素、神经因素等有关。

（二）临床表现

舌烧灼样疼痛为最常见的临床症状，但也可表现为麻木感、刺痛感、味觉迟钝、钝痛不适等感觉异常。疼痛在一天之中常有晨轻晚重的节律性变化，并在紧张、疲乏等情况时加重，在入睡后、吃饭、工作、注意力分散、饮酒时疼痛较轻。病程长短不一，多数患者病程较长，逐渐加重，少数患者有明确的突发病史。口腔伴随症状包括口干、舌乳头萎缩、黏膜上皮充血发红、局部水肿等。临床检查常无可查的阳性体征。舌运动自如，舌体柔软，触诊反应正常，舌黏膜正常或有轻度舌乳头炎。

全身性症状除糖尿病、贫血、更年期综合征等其他特殊症状外，一般有失眠、头痛、疲乏、潮热、易怒、多汗、注意力不集中、性欲降低、阴道灼热感等。患者常精神紧张、抑郁、忧心忡忡。

（三）诊断和鉴别诊断

一般根据患者舌部或口腔其他部位的烧灼样疼痛等异常感觉，以及临床症状与体征明显不协调的特征，可以作出诊断。应特别注意询问病史，了解患者有无社会心理影响因素和伸舌自检等不良习惯等。

（四）治疗

本病缺乏特殊的治疗方法，治疗主要从消除局部刺激、纠正系统性因素以及心理治疗入手。

1．对因处理

（1）消除局部刺激因素：包括调磨锐利的牙尖、去除不良修复体、清除牙石、拔除残冠残根等；停用可能引起局部疼痛的漱口水等；并告知患者戒除伸舌自检等不良习惯；对于合并真菌感染的患者，可口服氟康唑或制霉菌素，并用2% ～ 4% 碳酸氢钠溶液含漱。

（2）纠正系统性因素：积极治疗与BMS相关的疾病如糖尿病等。更年期症状明显且无明显禁忌证者（如肝肾功能不全、糖尿病、甲状腺功能亢进等），可采用雌激素替代疗法。维生素缺乏或营养状况不佳可补充复合维生素B、叶酸、维生素E等；还可采用舌神经封闭疗法。

（3）心理治疗：要以同情的心态宽慰和开导患者，使其树立治疗的信心；还可酌情配合心理专科医生为患者选用精神支持疗法、暗示疗法、行为疗法及松弛疗法等。对有恐癌症的患者应解释病情，消除其恐癌心理。

2．对症处理　疼痛明显者可用0.5% 达克罗宁液局部涂布，但不可长期频繁使用。失眠、抑郁明显者可用谷维素、艾司唑仑（舒乐安定）等。口干唾液黏稠者可用溴己新（必嗽平）。

第三节　其他口腔黏膜疾病

一、口腔单纯疱疹

单纯疱疹（herpes simplex）是由单纯疱疹病毒所致的病毒性皮肤黏膜病，属于口腔黏膜感染性疾病。临床以出现簇集性小水疱为特征，有自限性，易复发。

（一）病因

由单纯疱疹病毒（herpes simplex virus，HSV）感染引起。正常人中约有半数以上为病毒的携带者。病毒经呼吸道、口腔黏膜或破损皮肤进入人体。原发感染大多通过与患者直接接触获得，如通过接吻、使用疱疹性龈口炎患者用过的餐具等。正常人的单纯疱疹病毒感染大多局限于皮肤黏膜表层。特别易感者，如新生儿、严重营养不良或有其他感染的儿童、免疫缺陷和应用免疫抑制剂者，可发生血行播散。原发性感染多为隐性，仅有10% 的患者出现临床症状。

原发感染发生后，无论有无临床症状，均转为潜伏感染。由于人体对单纯疱疹病毒不产生永久免疫力，故每当机体抗病力减弱时，如发热、胃肠功能紊乱、月经、妊娠、病灶感染、过度疲劳和情绪改变时，体内潜伏的病毒即活跃而引起发病，形成局部的复发疱疹。

（二）临床表现

1．原发性疱疹性口炎（彩图 5-5） 为最常见的由单纯疱疹病毒 I 型原发性感染引起的口腔病损。多数原发感染的临床症状并不显著，也可能表现为急性疱疹性龈口炎。本病以 6 岁以下儿童多见，尤其是 6 个月至 2 岁更多，成人也不少见。

（1）前驱期：发病前常有接触史。潜伏期约 1 周，以后出现发热、头痛、疲乏不适、全身肌肉疼痛，甚至咽喉肿痛等急性症状，颌上和颈上淋巴结肿大、触痛。患儿流涎、拒食、烦躁不安。1 ～ 2 天后，口腔黏膜广泛充血水肿，附着龈和龈缘也常出现急性炎症。

（2）水疱期：口腔黏膜任何部位皆可发生成簇小水疱，似针头大小，水疱壁薄、透明，不久破溃，形成浅表溃疡。

（3）糜烂期：尽管水疱较小，但汇集成簇，破溃后可引起大面积糜烂，并可造成继发性感染，覆盖黄色假膜。

（4）愈合期：糜烂面逐渐缩小、愈合，整个病程为 7 ～ 10 天。但未经适当治疗者，恢复较缓慢。

2．复发性唇疱疹（彩图 5-6） 患者多为成人。一般复发感染的部位在口唇或接近口唇处，故称为复发性唇疱疹。复发的口唇损害有两个特征：①损害总是以起疱开始，常为多个成簇的疱，单个的疱较少见。②损害复发时，总是在原先发作过的位置，或邻近原先发作过的位置。诱使复发的刺激因素较多，包括阳光、局部机械损伤，特别是轻度发热，如感冒等；在许多病例中情绪因素也能促使复发。开始时患部有烧灼痒感，随即出现红斑及簇集性小水疱，小疱可融合成大疱，疱液澄清，水疱破裂后呈现糜烂面，数日后干燥结痂。7 ～ 14 天痊愈，愈合后无瘢痕。

（三）诊断

1．原发性疱疹性龈口炎 多见于 6 个月～ 2 岁的儿童，其他年龄阶段也不少见。发病前有高热史。口腔黏膜出现单个或成簇的疱疹，龈缘和附着龈充血水肿，口周皮肤，鼻翼等处也可出现成簇的疱疹。取皮肤黏膜疱疹刮取物作涂片，检查发现多核巨细胞和核内嗜酸性包涵体，可辅助诊断。

2．复发性唇疱疹 患者多为成人。多有唇疱疹病史。口唇、口周出现成簇水疱。

（四）治疗

1．全身使用抗病毒药物治疗 阿昔洛韦、更昔洛韦等。

2．免疫调节剂 胸腺素、转移因子等。

3．局部治疗 以消毒、止痛、促进愈合为原则。0.2% 氯己定溶液对 I 型单纯疱疹病毒有明显抑制作用，可嘱患者含漱；口周皮肤及唇部的疱疹可用 5% 阿昔洛韦软膏局部涂抹。肾上腺皮质类固醇全身应用可导致病毒感染扩散，是绝对禁止的；但局部应用可减轻炎症水肿。

二、多形性红斑

多形性红斑（erythema multiforme）又叫多形性渗出性红斑，属于口腔黏膜超敏反应性疾病。本病累及皮肤和黏膜，表现为红斑、丘疹、水疱、糜烂和结节等，是一种急性、自限性且常复发的炎症性皮肤病。

（一）病因

病因不明，目前多认为是机体对多种变应原产生的一种变态反应。在多形红斑早期皮损浅层血管壁及表皮真皮交界处有颗粒状 IgM 或 C_3 沉积，在部分患者血液中检出循环免疫复合物。

（二）临床表现

患者发病前常有倦怠、发热、头痛、咽喉痛、关节痛，咳嗽等前驱症状。按临床表现可将本病分为两型。

1．轻型多形性红斑 好发于青壮年，多见于春秋两季。皮肤损害对称分布于手背、足背、前臂及小腿伸面及颈两侧，损害为红斑、丘疹、水疱、大疱或血疱等。皮疹中央形成水疱，周围绕以暗红色晕，称虹膜样红斑（彩图 5-7）。

口腔黏膜病损早期多在口腔前部，黏膜水肿充血，出现水疱，疱破形成糜烂或溃疡。唇部损害尤为严重，糜烂水肿结痂，常合并痂下感染，易出血（彩图 5-8）。

2．重型多形性红斑 亦称为多腔孔糜烂外胚叶病或 Steven-Johnson 综合征。发病急剧，迅速出现水肿或大疱。黏膜损害可在疾病早期发生，如唇、颊、咽、喉黏膜肿胀，出现水疱、糜烂、出血或形成浅在溃疡。口唇糜烂，常形成褐红色厚痂，自觉疼痛，影响张口及进食。稍后，外阴、尿道口及肛门处黏膜也可出现损害，表现为红斑、水疱、糜烂或浅溃疡，导致排便排尿均感疼痛。

眼部损害多较严重，表现为结膜炎、角膜炎、角膜溃疡或巩膜炎。患结膜炎时由于上下眼睑皮肤糜烂分泌物较多，常使上下眼睑粘连。眼部护理不善者可发生角膜溃疡。发病过程中，中毒症状显著，可有寒战、高热，热型为弛张热或稽留热型。

（三）诊断

根据皮肤多形性损害，如丘疹、斑疹、水疱、红斑、结节等，好发于四肢远端及面部等部位，不难诊断。典型的病损为虹膜状红斑或靶形红斑。口腔黏膜病损是全口黏膜广泛糜烂。唇部糜烂并形成血痂。

（四）治疗

1．追查病因 进行特异性和有针对性的治疗。防止再次接触致敏物质。

2．口腔黏膜糜烂可用氯己定、西吡氯铵等含漱。进食前为防止疼痛，可涂 1％～2％普鲁卡因溶液或含漱。

3．药物治疗 给予泼尼松每日 30～60mg，于早晨 8 点顿服。在口腔糜烂和渗出症状控制后逐渐减量，同时给予抗组胺药、葡萄糖酸钙等药物。

4．支持疗法 补充高营养、高蛋白食物及大量维生素等。

5．重型多形红斑，应尽早用激素和抗生素治疗。其他体窍黏膜损害，特别是眼病，应及时请相关科会诊或转诊。

三、白塞病

白塞病（Behçet’s disease，BD），又称贝赫切特综合征，以同时或先后发生的口腔黏膜溃疡以及眼、生殖器、皮肤病损为该病的主要临床特征，几乎累及每一病例，而被称为“口—眼—生殖器三联征”。其中，以口腔溃疡为其基本病损，发生率 100%。关节以及心血管、神经、消化、呼吸、泌尿等多系统的病变，虽发生概率较小，但后果严重，可危及生命。本病在地中海沿岸、中东及远东地区发病率较高，20～40 岁男性多见。在英美等国，女性患者比例较高。

（一）病因

确切病因尚不明确。

1．免疫因素 患者血清中免疫复合物及免疫球蛋白 IgA、IgG、IgM 均增高；唾液中 IgA 显著减少；有抗口腔黏膜抗体、抗动脉壁抗体等多种自身抗体；用皮质类固醇激素治疗可使 IgG 下降，临床症状缓解。

2．遗传因素 本病有明显的地区和种族差别，以及家族性分布趋向。在对组织相容性抗原的研究中发现，HLA-B51与BD有密切关系。HLA可能引起中性粒细胞功能亢进。

3．其他因素 微循环障碍、纤溶功能降低，病毒、细菌、结核、梅毒感染，环境因素和微量元素缺乏等可能与本病有关。

（二）临床表现

白塞病的早期往往是口疮的反复出现，以后逐渐有生殖器溃疡、结节性红斑、虹膜睫状体炎、关节炎、消化道溃疡等发生。

依照病损出现的概率多少，可分为常见症状和少见症状两大类。常见症状包括口腔、生殖器、皮肤、眼等症状；少见症状包括关节、心血管、神经、消化、呼吸、泌尿等系统病变。

1．常见症状

（1）口腔：反复发作的口腔黏膜溃疡，与复发性阿弗他溃疡类似。口腔溃疡是BD最常见的首发症状和必发症状。

（2）生殖器：反复发作的外生殖器溃疡，但间歇期较口腔溃疡长。

（3）皮肤：反复发作的结节性红斑、面部毛囊炎、痤疮样皮疹、皮下血栓性静脉炎和皮肤针刺反应。皮肤损害出现率亦较高，仅次于口腔溃疡。

（4）眼：可分为眼球前段病变和后段病变。眼部病损在常见症状中出现率最低，但后果严重。

2．少见症状

（1）关节：国内报道关节症状的发生率为26%～62%。与风湿性关节炎的症状相似。

（2）心血管系统：血管病变为主要症状，可发生在各种血管。

（3）消化系统：表现为腹痛、恶心、呕吐及消化道出血。

（4）神经系统：发生率较低。可表现为脑膜炎、脑干综合征、器质性精神错乱症群及周围神经损害等。

（5）呼吸系统：发热、胸痛、咳嗽、咯血、胸腔积液、肺门淋巴结病。

（6）泌尿系统：肾炎、蛋白尿、血尿。

（三）诊断

以临床症状和体征为主要诊断依据。

1990年BD国际研讨会提出的诊断标准为：以复发性口腔溃疡为基础，加下述任意两项即可确诊。①复发性生殖器溃疡；②眼疾（葡萄膜炎、视网膜炎等）；③皮肤损害（结节性红斑等）；④皮肤针刺反应阳性。

（四）治疗

1．局部治疗

（1）口腔溃疡治疗同RAU。

（2）外阴溃疡可用1/5000高锰酸钾溶液坐浴，每晚1次，再用四环素可的松眼膏涂于溃疡面。

（3）眼部轻型炎症可用激素滴眼液或软膏治疗。

（4）皮肤红斑可用激素软膏治疗。

2．全身治疗

（1）免疫抑制药物

1）肾上腺皮质激素：为首选药物，如泼尼松。给药途径及剂量按病情轻重而定，分为短期和长期疗法。

2）细胞毒类：可增强肾上腺皮质激素的疗效，减少副作用，减少剂量。如环磷酰胺和硫唑嘌呤。

3）非甾体激素类药物：保泰松、吲哚美辛（消炎痛）、阿司匹林等。对发热、关节痛、结节红斑有效，和激素同用效果更佳。

4）中成药：雷公藤多苷或昆明山海棠。

（2）免疫增强剂或免疫调节剂：如转移因子、左旋咪唑等。

（3）其他还可用沙立度安（反应停）、异烟肼、秋水仙素等治疗。

（4）中医辨证施治：根据辨证可用清肝利湿法、清热泻火法、补肾养阴法或温补脾肾法治疗。

四、天疱疮

天疱疮（pemphigus）是一种累及皮肤及黏膜的严重的慢性自身免疫性大疱性疾病。临床表现为皮肤、黏膜上成批出现的极易破溃的大疱，基底常无明显的炎症；不经治疗难以愈合。天疱疮主要累及皮肤、口腔、食管黏膜。病理特点是上皮内棘层细胞松解和上皮内疱（或裂隙）。免疫荧光检查可发现棘细胞之间有抗棘细胞间黏合物质的自身抗体存在，且患者血清中存在抗上皮成分的循环抗体。

根据病损特点，天疱疮可分为四型：寻常型、增殖型、落叶型和红斑型。其中最常见也最严重的是寻常型天疱疮，口腔是其最早出现病损的部位，其他型天疱疮少见或根本不发生于口腔内。

（一）病因

病因尚不清楚。目前认为一些病毒感染、紫外线照射、含有巯基的药物（如青霉胺）刺激，引起棘细胞间黏合物质发生改变成为自身抗原，而导致循环天疱疮抗体产生，产生自身免疫而发病。

（二）临床表现

大多数发生于中老年人，起病前多无前驱症状，约60%的患者口腔损害早于皮肤损害6个月～1年。病损可发生于牙龈、软腭、硬腭、咽旁及其他易受摩擦的任何部位。疱壁薄而透明，易破溃，疱破后留下不规则的糜烂面和残留的疱壁；疱壁向边缘退缩，使溃疡面扩大，这种现象称为“边缘扩展”。此时，用探针可沿疱壁无痛性地探入上皮内而不出血（彩图5-9）。若进一步将疱壁撕去或提拉，可使疱壁无痛性扩大，常连同邻近外观正常的黏膜一并无痛性地撕去一大片，留下鲜红的创面，临床上称为“揭皮试验阳性”。附着龈表现为剥脱性龈炎损害。口内各处病损可同时处于发生、消退和愈合的不同阶段，使病损呈多样性，表现出疾病的更迭性。

皮肤损害好发于前胸、躯干以及头皮、颈、腋窝、腹股沟等易受摩擦处。为大小不一的松弛性水疱，疱壁较薄，易破。若以手指轻轻加压，可使疱壁扩展、水疱变大，或稍用力推擦外观正常的皮肤，可使表皮细胞松解而致搓处发生水疱，或者口腔内用舌头舔及黏膜，可使外观正常的黏膜脱落或撕去，这些现象称为尼氏征（Nikolsky’s sign）。

其他部位黏膜，如鼻腔、眼、外生殖器、肛门等处黏膜均可发生与口腔黏膜相同的病损，往往不易恢复正常。

（三）诊断

1．临床损害特征　口腔黏膜糜烂面，周围充血不明显，边缘扩展阳性，皮肤出现大小不一的松弛性水疱及易破溃，尼氏征阳性。

2．脱落细胞学检查　疱底脱落细胞涂片行Giemsa染色或HE染色，在显微镜下可见典型的棘层松解的解体细胞，该细胞核大而圆，染色深，胞浆少，又名天疱疮细胞或棘层松解细胞或Tzanck细胞，这类细胞的多少和病情轻重有关。

3．活体组织检查　手术时，手术刀一定要锋利，不能使上皮和其下的组织分离，否则诊断困难。病理特点是上皮内棘层细胞松解和上皮内疱（或裂隙）。

（四）治疗

以糖皮质激素为基础，辅以其他支持疗法和局部治疗，从而起到防止新病损发生、加快旧病损愈合、减轻症状的作用。

1．支持治疗　天疱疮是一类严重的皮肤黏膜病，由于较多的水疱及不易愈合的糜烂面，大量体液丢失，患者易出现低蛋白血症感染、电解质紊乱等，应注意补充高蛋白质食物、维生素、电解质，适当补充血浆或全血。

2．皮质类固醇激素　为本病的首选药物。可将用药过程动态分为起始、控制、减量和维持四个阶段。起始及控制阶段强调“量大、从速”；减量与维持阶段侧重“渐进、忌躁”。泼尼松的起始量为，国外 120 ~ 180mg/d，国内 60 ~ 100mg/d，或每千克体重 1 ~ 2mg。起始量用至无新损害出现 1 ~ 2 周，即病情控制后可递减，每次递减 5mg 或减原量的 10% 较为稳妥，1 ~ 2 周减 1 次，至日剂量低于 30mg/d 后减量更应慎重，直到每日 10 ~ 15mg 为维持量。在使用激素前必须详细询问病史，如有无胃溃疡及结核病史等，并进行全身仔细检查，如行胸透检查，查体重，血压，血糖，血清钾、钠、氯等。大量使用激素时应防止感染，故可间断使用抗生素，激素减量可考虑加免疫抑制剂。

3．免疫抑制剂　常用的有硫唑嘌呤、环磷酰胺、甲氨蝶呤、环孢素等。免疫抑制剂主要可抑制抗体的形成。

4．血浆置换疗法　用于病情严重、血清中抗体滴度高的患者或皮质激素疗效不佳者。本法通过去除循环抗体，达到缓解病情的目的。

5．其他治疗方法　包括雷公藤多苷片及氨苯砜。雷公藤多苷效果较好。这类药物有抗炎、免疫抑制作用。

6．局部治疗　消炎止痛，防止继发感染。特别要注意防止真菌感染。

（五）预后

自皮质类固醇激素应用以来，本病的预后已明显好转。早期诊断，正确治疗，预后较好。有严重皮损的应该转诊皮肤科。

五、口腔白斑病

口腔白斑（oral leukoplakia）是指口腔黏膜上的白色斑块或斑片，不能被擦去，在临床上和病理上不能诊断为其他疾病者。口腔白斑属于口腔黏膜斑纹类疾病，是口腔黏膜的潜在恶变性疾病之一。

（一）病因

口腔白斑的发病原因还不清楚，但已知与吸烟、饮酒、嚼槟榔、念珠菌感染和环境中的有毒物质及致癌剂有关。口腔中的机械刺激、温度刺激、流电刺激或不良修复体也可引起白斑。

（二）临床表现

口腔白斑好发于 45 ~ 60 岁的男性患者。可发生于口腔任何部位，好发于颊、舌（彩图 5-10）、唇、腭、口底、牙龈黏膜。根据临床表现，白斑被分为均质型和非均质型。非均质型又包括疣状、颗粒状和溃疡状。

1．均质型白斑　多表现为浅白色或不均匀白色，平伏或高于黏膜表面，不粗糙或略粗糙，柔软，无症状或稍有不适的白色斑块。有些则有皱褶，形成乳白色隆起的斑块，表面粗糙。

2．疣状白斑　表现为乳白色，厚而高起，表面有刺状或绒毛状突起的白色斑块。粗糙，质稍硬，可有不适感。

3．颗粒状白斑　损害表现为红白相间，白色颗粒散布在发红的黏膜上。颗粒白斑多见于口角联合区。

4．溃疡型白斑　在增厚的白色斑块上出现糜烂或溃疡，有刺激痛感。

（三）诊断和鉴别诊断

诊断根据临床表现，确诊依靠组织病理。本病常需与以下疾病鉴别诊断：白色水肿、皮脂腺异位症、烟碱性口炎（尼古丁性口炎）。

（四）与白斑癌变有关的因素

白斑属于癌前病变，有以下情况者应密切随访：

1. 非均质型白斑，较均质型更易恶变。
2. 发生在三大危险区的白斑：舌腹口底、软腭复合体、口角三角区。
3. 女性恶变率高于男性。
4. 伴有念珠菌感染的白斑更易恶变。
5. 上皮异常增生程度越重者越易恶变。
6. 有自发痛或刺激痛者。

（五）治疗

1. 对口腔白斑的治疗目前尚无特效方法。但首先应去除可能的致病因素，例如戒烟和去除不良修复体。对于小面积的病损可采用手术切除、激光、冷冻等方法去除。但术后必须定期复查。

2. 轻度异常增生者采用保守治疗，主要是用维生素 A 及其衍生物、维生素 E 以及配合中医中药治疗。中医主要是采用活血化瘀法，药物有增生平、消斑片等。

3. 对伴有白色念珠菌感染的病损可配合抗真菌治疗。

4. 对有癌变倾向的病损类型、部位，应定期严密复查，必要时切除并活检。

六、慢性非特异性唇炎

慢性非特异性唇炎又称慢性唇炎（chronic cheilitis），是唇部慢性非特异性的炎症性病变。病程迁延，反复发作。

（一）病因

病因不明。可能与各种慢性长期持续性刺激因素有关，如干燥、寒冷、不良舔唇及咬唇习惯等。

（二）临床表现

按临床表现可分为以脱屑为主的慢性脱屑性唇炎和以渗出糜烂为主的慢性糜烂性唇炎。

1. 慢性脱屑性唇炎　常累及上下唇红部，以下唇为重，唇红可见黄白色或褐色脱屑。轻者为单纯散在性脱屑，重者可鳞屑密集或重重叠叠。可无痛地将屑皮轻易撕下，暴露出下方看似正常的组织。可继发感染而呈轻度水肿充血，有局部干胀发痒刺痛或灼痛感，病情持续数月至数年不愈。

2. 慢性糜烂性唇炎　唇红部糜烂，有炎性渗出物，形成黄色薄痂，或出血后凝结为血痂。痂皮脱落后形成糜烂面，继之又渗出结痂，反复发生，使唇红部肿胀或慢性轻度增生。常不自觉咬唇、舔唇或用手揉擦，以致病损区皲裂而有明显疼痛感。

（三）诊断

根据病程反复和临床表现可以作出诊断。

（四）治疗

1. 避免不良刺激因素，改变咬唇、舔唇等不良习惯，进食后要注意用温水清洗唇红部，戒除烟酒，忌食辛辣食物，减少风吹、寒冷等刺激。

2. 结痂时用 0.1% 雷夫奴尔湿敷；干燥脱屑者可用抗生素软膏或激素软膏，亦可用维生素 A、维生素 B_2 及鱼肝油类软膏，以改善上皮代谢，减少鳞屑干裂症状。

3. 极轻微脱屑者，又无自觉症状，可涂少量润唇膏。

知识要点

1．口腔扁平苔藓是一种累及皮肤黏膜的慢性炎症性疾病。病因不明，与精神因素有关。口腔黏膜可表现为珠光白色丘疹、各种形态的白色条纹、白色斑块、水疱和充血糜烂等病损。治疗时根据病情、临床类型（糜烂型、非糜烂型）等选择不同的治疗方案。

2．复发性阿弗他溃疡是最常见的口腔黏膜溃疡性损害，患病率约为20%，病因不明。治疗原则是去除可能的致病因素、减少复发或数目、延长发作间歇期、局部消炎止痛、促进溃疡愈合。

3．灼口综合征是以舌部为主要发病部位，以烧灼样疼痛为主要表现的一组综合征，常不伴有明显的临床损害体征，好发于绝经期前后妇女。发病可能与局部刺激、不良习惯、内分泌及心理因素有关。治疗应在积极消除局部刺激、纠正伸舌自检不良习惯、解除疼痛的基础上进行，治疗系统性疾病，补充微量元素，进行心理治疗等。

4．口腔原发性单纯疱疹为单纯疱疹病毒引起的感染性疾病，可发生于任何年龄的人，但好发于6个月～2岁的儿童。发病前常有全身不适和发热等前驱症状，继而口腔黏膜充血，出现成簇的小水疱，疱易破裂形成糜烂面。局部治疗以消炎、止痛、促溃疡愈合为原则，全身治疗以抗病毒治疗和增强抵抗力为原则。

5．多形性红斑是黏膜皮肤的一种自限性、急性炎症性疾病，青壮年多见。临床有红斑、丘疹、水疱、糜烂及结节等多种表现形式，常对称分布于四肢皮肤，口腔损害多见于唇红。应详细询问病史，寻找可疑的致敏物质并与之隔离。除局部处理外，药物治疗采用肾上腺皮质激素，同时给予抗组胺、葡萄糖酸钙等药物。

6．白塞病是一种以细小血管炎为病理基础的慢性进行性、复发性、系统损害性疾病。临床以先后出现多系统多脏器病损，且反复发作为特征。常同时或先后出现口腔黏膜溃疡，以及眼、生殖器、皮肤病损。其中口腔溃疡为最基本病损，几乎累及每一病例，其表现与复发性阿弗他溃疡类似。治疗除局部病损的对症处理外，还可采用肾上腺皮质激素、细胞毒类药物、非甾体激素类药物等。

7．天疱疮是一种严重的自身免疫性、大疱性皮肤黏膜病。口腔以寻常型多见，病损常先发生于口腔黏膜，数月后皮肤才出现大疱，注意患者口腔表现有利于寻常型天疱疮的早期诊断。临床表现为皮肤、黏膜上出现极易破溃的水疱，基底常无明显的炎症，不经治疗常难以愈合。正确应用皮质类固醇激素可取得较好疗效。

8．口腔白斑病是口腔黏膜上以白色斑块为主的损害，不具有其他任何可定义的损害特征；属于癌前病变，有一定的恶变可能。白斑的产生可能与局部刺激、吸烟、念珠菌感染以及全身因素有关。临床上分为均质型和非均质型两大类，非均质型恶变率较高。其治疗主要包括去除局部刺激因素、治疗可能的念珠菌感染、局部及全身应用维甲酸类药物等。

9．慢性非特异性唇炎：病因不明，可能与气候干燥、寒冷、烟酒刺激和不良习惯等有关。依临床表现分为慢性脱屑性唇炎和慢性糜烂性唇炎。病程反复，迁延不愈。治疗首先要避免局部刺激、改正不良习惯；干燥脱屑者可局部使用抗生素或激素软膏，糜烂渗出者以硼酸溶液或生理盐水湿敷。

（程　斌）

第六章　儿童牙齿疾病

儿童口腔医学是口腔医学范畴的一门独立学科，以处于生长发育阶段的儿童和青少年为对象，研究其口腔范围之内牙、牙列、颌骨及软组织等的形态和功能，诊断、治疗和预防其口腔疾病及畸形，使之形成有健全功能的咀嚼器官。对于儿童口腔科的诊疗年龄，不同地区各有差异，我国多为 18 岁以下。儿童无论从生理还是心理上均与成人有较大不同，且处于生长发育阶段，各方面都在不断变化。随着机体各个器官的不断发育，在牙、牙列、咬合、颌面部都会发生明显的变化。儿童口腔疾病的诊疗有其独特之处，不能简单地参照成人来进行儿童口腔治疗，应制订系统的治疗计划。治疗中除解决当前病痛，修复受损的牙体、恢复牙列的形态和功能外，还应考虑到不影响儿童的正常生长发育，对乳牙的治疗要有利于恒牙的正常发育和萌出。儿童牙齿疾病（tooth diseases in children）主要有龋病、牙髓病和根尖周病。

第一节　乳牙龋病

乳牙龋病（dental caries in primary teeth）是临床上最常见的儿童口腔疾病，病因及组织病理学特征与成人龋病无显著差异。但因儿童生理行为及乳牙解剖结构特点，致使乳牙更易患龋且进展迅速。1995 年第二次全国口腔健康流行病学调查结果显示，5 岁儿童乳牙患龋率 76.55%，龋均（受检查人群中每人口腔中平均龋、失、补牙数）4.48。2005 年第三次全国口腔健康流行病学调查结果显示，5 岁儿童乳牙患龋率 66.00%，龋均 3.50，而未治率高达 97.1%，形势严峻。由于儿童处于生长发育期，儿童龋病较成人龋病危害更大。

一、乳牙易患龋的因素

1．解剖形态特点　乳牙牙冠近颈 1/3 处隆起，颈部明显收缩，相邻两牙为面接触，较恒牙点接触自洁作用差；且大多数乳牙列有生理间隙，易嵌塞食物。乳磨牙𬌗面窝沟点隙多、形态复杂开口小，更易造成食物滞留，菌斑堆积。

2．牙体组织结构特点　乳牙硬组织薄，牙釉质、牙本质矿化程度低，钙化差，抗酸能力弱，易发生龋蚀。

3．儿童饮食特点　儿童咀嚼能力差，所食食物多为软食，含糖量高、黏着性强。这些食物易附着于牙面产酸发酵，导致乳牙龋的发生。并且儿童进食次数多，有些幼儿还有睡前和夜间进食的习惯，更促进了龋齿的发生发展。

4．口腔自洁和清洁作用差　儿童年龄小，没有口腔保健知识，监护人又往往缺乏维护口腔健康的意识。加之幼儿动作协调能力差，不能做到有效刷牙。此外，儿童睡眠时间长，睡眠时口腔处于静止状态，唾液分泌减少，不利于口腔自洁。

5．早期发现困难　乳牙牙髓神经纤维少，对各种不良刺激反应不敏感，而且儿童自我感知能力和语言表达能力差，家长对乳牙的重视不够，导致多数乳牙龋不能在早期被发现。

二、临床表现

1．患龋率高、发病年龄早　儿童因存在以上各种易患龋的因素，乳牙不仅患龋率高，而且发病年龄早，在萌出不久即可患龋。与恒牙相比，在牙齿萌出后，乳牙龋的发生更早。

2．龋蚀进展速度快　乳牙急性龋较多，由于乳牙釉质和牙本质均较薄，且矿化程度低，龋病发展迅速，很快形成龋洞，早期就可波及牙髓，极易发展成牙髓病、根尖周病。

3．龋损范围广　在同一患儿的口腔内，龋损可同时出现在多个牙齿和同一牙齿的多个牙面。乳牙龋好发于乳磨牙的𬌗面、邻面及上颌乳切牙的邻面；另外，唇、舌等光滑面也可患龋，在牙颈部龋坏相连形成环状龋（彩图6-1）。有的儿童在短时间内出现多个牙齿的广泛龋损，且常常累及不好发龋的牙齿，例如下切牙。

4．自觉症状不明显　乳牙患龋后的自觉症状不如恒牙明显，常被家长忽视，临床常见患儿前来就诊时乳牙龋已发展成牙髓炎，甚至根尖周炎。

5．修复性牙本质形成活跃　乳牙牙髓血运丰富，修复性牙本质形成活跃，可防御细菌感染，保护牙髓。

三、乳牙龋的危害

（一）局部影响

1．影响咀嚼功能　龋齿会导致牙体缺损，当多个牙齿龋坏，特别是乳磨牙龋坏时，会明显影响儿童的咀嚼功能，降低咀嚼效率。

2．对恒牙的影响　乳牙龋病引起的根尖周炎，会对其下方恒牙胚的发育造成影响，可引起继承恒牙釉质发育不全，如特纳牙的发生。乳牙根尖周炎还可造成局部牙槽骨的破坏和感染，牙根的异常吸收，造成恒牙的早萌或迟萌。乳牙的龋蚀、牙体的崩解缺损，易使食物残渣和软垢等停滞堆积在口腔内，可导致新萌出的恒牙，特别是与龋患乳牙相邻的恒牙发生龋坏。

3．对牙列及咬合关系的影响　乳牙龋坏可致𬌗高度降低，邻面龋坏可引起牙弓长度减小，使恒牙萌出间隙不足或错位拥挤，导致错𬌗畸形。

4．损伤口腔软组织　龋坏所致的破损牙冠可刺激局部唇颊、舌的黏膜。有时慢性根尖周炎患牙的根尖可穿透黏膜外露于口腔，形成创伤性溃疡。

5．对面部发育的影响　咀嚼运动的生理刺激与颌骨的发育密切相关，若一侧的乳牙龋病导致咀嚼功能降低或失用，造成偏侧咀嚼，长时间会使颜面发育不对称。另外，乳牙因龋早失可造成咬合异常、咬合功能紊乱，进而影响颜面颌骨发育。

（二）对全身的影响

1．咀嚼功能降低，影响营养摄入　咀嚼功能的降低必然会影响儿童的营养摄入，长期慢性营养不良会使儿童的生长发育受到影响，儿童机体的抵抗力也会降低。

2．慢性感染　龋病引起的慢性根尖周炎可作为病灶，引起机体其他组织发生感染，如风湿性关节炎、蛛网膜炎、肾炎等。

3．对发音和心理的影响　幼儿期是儿童学习语言的最佳时期，乳牙（特别是乳前牙）的大面积崩解和早失会影响正确的发音。前牙区的龋齿特别是严重龋蚀影响美观、有碍正常交往，会对儿童的心理发展产生一定负面影响。

四、治疗原则

成人龋病的治疗技术原则上适用于乳牙龋病。乳牙龋病的治疗目的和意义是终止龋的发展，保护牙髓的正常活力，避免因龋而引起的并发症；恢复牙体的外形和咀嚼功能，维持牙列的完整性，使乳牙能被正常替换，有利于颌骨的生长发育。

儿童龋病治疗应当本着早发现、早治疗的原则。口腔中有多个牙齿患龋时，必须做好治疗计划。治疗计划要系统，有针对性，同时要让家长明白乳牙龋齿治疗和预防的重要性。乳牙龋病的治疗主要有药物治疗和修复治疗。

1．药物治疗　药物治疗主要是使用氟化物，抑制或终止龋蚀的进展，但不能恢复牙体外形，因此如有条件还应选择修复治疗。药物治疗适用于大面积不易形成洞型的浅龋，初期龋及龋坏广泛的根面龋也可应用。常用药物主要有2%氟化钠溶液，1.23%酸性氟磷酸钠溶液，8%氟化亚锡溶液，75%氟化钠甘油糊剂，10%氨硝酸银溶液，38%氟化氨银溶液，氟保护漆等。

2．修复治疗　修复治疗是乳牙龋病的主要治疗方法，即去除龋坏组织，制备一定的洞型，在保护牙髓的状况下，用牙科材料充填窝洞，恢复牙体外形和功能。常用的充填材料有光固化复合树脂、玻璃离子水门汀、复合体和银汞合金等。对于用一般方法难以恢复外形和功能的大面积龋坏的乳磨牙，需用金属预成冠修复。

第二节　年轻恒牙龋病

恒牙开始萌出于口腔，发育尚未完成，随着机体的生长发育，还在不断变化。年轻恒牙是指恒牙已萌出，在形态和结构上尚未形成和成熟的恒牙。及时防治年轻恒牙疾病，形成健全的恒牙列是儿童口腔科的重要工作。

一、年轻恒牙龋病特点

1．患龋率高　由于年轻恒牙的组织结构和解剖形态特点，硬组织薄，矿化度低，𬌗面窝沟深，致使年轻恒牙易于患龋。2005年第三次全国口腔健康流行病学调查结果显示12岁组儿童患龋率为28.9%。

2．发病早　年轻恒牙硬组织矿化程度较成熟恒牙差，约在萌出2年后完成进一步矿化，因此年轻恒牙患龋年龄早。特别是第一恒磨牙萌出早，龋坏年龄早，常被误认为是乳磨牙而延误治疗。

3．龋坏进展快、易波及牙髓　年轻恒牙硬组织薄，渗透性强，牙本质小管粗大，一旦患龋发展很快，临床上常呈急性龋，龋洞腐质湿软，备洞时较为敏感。年轻恒牙髓腔大、髓角高，龋蚀的细菌毒素易于侵及牙髓。

4．好发于磨牙𬌗面　由于年轻恒牙如前所述的解剖形态和组织学特点，𬌗面窝沟深，形态复杂，磨牙𬌗面是龋病的易感部位。

二、治疗原则

初萌的年轻恒牙牙根未发育完成，因此年轻恒牙龋病的治疗除修复外形、恢复功能外，应以保护牙髓为原则。深龋治疗时，要尽量减少对牙髓组织的损害。对年轻恒牙龋要积极治疗，在儿童进行乳牙龋病治疗时应常规检查恒牙有无患龋，一旦发现龋齿应及时治疗，防止龋蚀扩大。

1．年轻恒牙的浅龋、中龋治疗同成人。对早期脱矿无缺损的牙釉质龋，可局部涂布不使牙齿变色的氟化物进行药物治疗。年轻恒牙釉质羟磷灰石结晶小，结晶间有间隙且晶体的化学性质不稳定，易与氟等无机离子结合，局部涂氟的抑龋作用和促进再矿化作用明显优于成人恒牙。

2．对于近髓的深龋采用间接盖髓术，方法同成人。

3．年轻恒牙的牙尖、沟嵴明显，𬌗面的窝洞形态复杂，洞缘难以确定，此种情况可采用复合树脂与窝沟封闭术联合应用的方法，窝洞采用复合树脂充填，以窝沟封闭剂处理外周点隙。

4．年轻恒牙的修复能力强，在深龋治疗时，对去除全部龋蚀牙本质后可能会露髓的深龋，可采用二次去腐法（gross caries removal therapy）（图 6-1）。即在首次去腐时，估计去除全部感染牙本质可能穿髓的，可保留近髓处的软化牙本质，窝洞清洗干燥后，以氢氧化钙制剂覆盖洞底，之后垫底暂封窝洞。10 ～ 12 周第二次就诊时，去除全部暂充物，用挖匙作第二次去腐，去除残留的软化牙本质。此次常可见首次湿润的牙本质已变为深褐色的干燥牙本质，软化牙本质再矿化。检查确认未露髓后，作间接盖髓、垫底、永久充填。

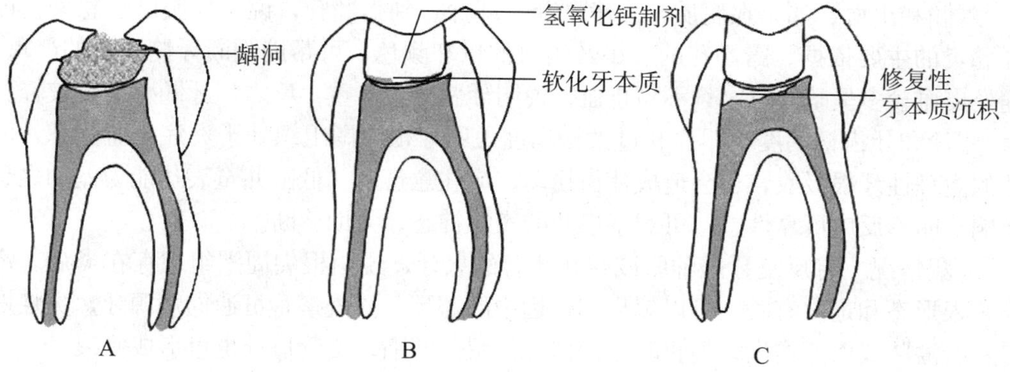

图 6-1 二次去腐治疗

间接牙髓治疗：A. 患深龋的年轻恒牙；B. 去除大部分腐质，保留少量软化牙本质，氢氧化钙制剂间接盖髓，暂且充填；C. 3 ～ 6 个月后重新打开窝洞，去除残留软化牙本质。髓腔内有修复性牙本质沉积，形成保护牙髓屏障，可再次间接盖髓、垫底，永久充填患牙。

第三节 乳牙牙髓病和根尖周病

乳牙牙髓病和根尖周病的临床表现及治疗原则与乳牙的组织结构和生理解剖特点密切相关。

一、发病特点

1．乳牙牙髓病早期症状不明显 由于儿童乳牙的组织结构和解剖生理特点，牙髓组织细胞血管成分多，血运丰富，抵抗力强，炎症常转为慢性过程，临床上出现急剧疼痛的，多为慢性牙髓炎急性发作。儿童患龋后的自觉症状不如成人明显，并且儿童表达能力较差，病变早期不易发现，就诊时大多已是晚期牙髓炎甚至根尖周炎。

2．乳牙牙髓组织疏松，牙髓感染易扩散至根尖周组织，形成根尖周炎，而此时的牙髓仍可有活力。

3．乳磨牙髓室底副根管多，根分歧处硬组织薄，加之受下方恒牙萌出的影响，乳牙根在分歧侧开始吸收，牙髓感染易扩散至根分歧下，在该处牙龈形成脓肿或瘘管。

4．儿童牙槽骨骨质疏松，骨皮质薄，血运丰富，感染易于扩散，急性根尖周炎可快速发展成急性牙槽脓肿，引起急性蜂窝织炎。

5．乳牙牙髓炎及根尖周炎易导致牙根吸收。乳牙的牙髓及根尖周炎症会造成牙髓组织或根尖周组织的破骨细胞活性增强，可引起牙根内吸收和外吸收。

6．乳牙慢性根尖周炎自觉症状不明显，牙龈只有潜在性的淤血或无分泌的瘘管，检查时应特别注意，以免漏诊。

二、临床表现及诊断

1．病史采集 主要是了解疼痛史。由于乳牙牙髓神经分布稀疏，神经纤维少，对各种感觉反应不敏感，且儿童对疼痛不能准确地表述，因此很难诊断牙髓炎症的程度。临床上有自发痛史，表明乳牙牙髓有广泛炎症，甚至牙髓坏死；但无疼痛史并不代表牙髓健康，不能作为判断乳牙牙髓无感染的标准。

2．露髓和出血 如果在腐质未去净之前，即探查到露髓孔，说明牙髓已经感染，可作为确诊牙髓炎的主要依据。露髓孔的大小及出血的量和颜色，可帮助判断牙髓病变的严重程度，如露髓处出血较多呈暗红色，且不易止血，说明牙髓感染严重；反之，牙髓感染则较轻。

3．叩诊和牙齿松动度 叩痛和过大松动度说明牙根周围组织处于炎症充血状态，但替牙期乳牙的生理性牙根吸收，也会造成牙齿松动，应注意辨别。低龄儿童表达能力差加之恐惧心理的影响，叩诊反应可靠性差，可观察患儿的表情神态，帮助诊断。

4．牙龈情况 有反复牙龈肿胀或存在瘘管的患牙，说明根尖周围组织存在炎症。瘘管的位置与牙根形态和走向有关，可以偏离到近远中的邻牙，探查瘘管可通向病源牙。炎症发作时瘘管口常有溢脓或肉芽增生，静止时牙龈部位仅留一凹陷，瘘管口处也可形成瘢痕。

5．X线检查 X线检查对乳牙牙髓炎和根尖周炎的诊断具有重要作用，可间接推断牙髓有无病变及病变程度，应注意观察以下内容：① 龋坏的深度及龋坏与髓腔的关系；② 有无根尖周病变及根尖周病变的程度、波及范围，是否累及下方恒牙胚；③ 乳牙牙根是否出现生理性或病理性吸收；④ 恒牙牙胚的发育情况，牙囊骨壁是否完整。

6．乳牙牙髓活力测试 因儿童对临床常用的牙髓温度测试、电活力测试等牙髓检查方法表达不清，在儿童不能得到可靠的结果，因此临床上对乳牙牙髓病的诊断，很少采用牙髓活力测试。

三、治疗原则

乳牙牙髓病和根尖周病的治疗目的和原则是去除感染和慢性炎症，消除疼痛，防止进一步发展成牙槽脓肿、颌面部蜂窝织炎；尽量延长患牙的保存时间，同时防止病变对继承恒牙的病理影响。

1．乳牙牙髓切断术（pulpotomy in primary teeth） 该术是在局麻下去除冠部牙髓组织，用药物处理牙髓创面以保存根部健康牙髓组织的治疗方法（图6-2）。

乳牙牙髓切断术的适应证为：① 乳牙深龋露髓或外伤露髓（不能直接盖髓者）；② 乳牙部分冠髓牙髓炎。若乳牙牙髓感染已侵犯根髓，形成弥漫性炎症，甚至侵犯到牙根周围组织，则

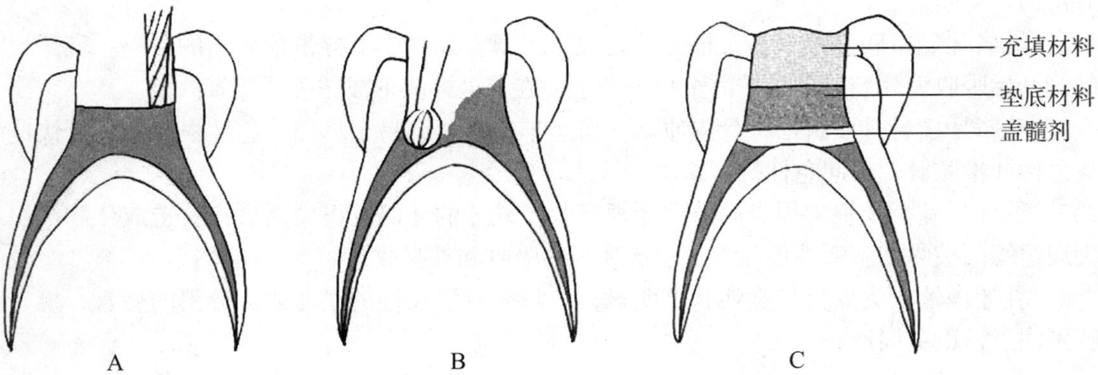

图6-2 乳磨牙牙髓切断术

A．揭髓室顶；B．去冠髓；C．盖髓、垫底、充填

禁用牙髓切断术。乳牙牙髓切断术对牙髓状态的判断要求严格：① 患牙无自发痛史；② 患牙无叩痛和异常的松动度，牙龈无肿胀和瘘管；③ X线检查无根分叉区和根尖周组织炎症、无病理性根内外吸收；④ 早期牙髓炎，预计根髓正常，冠髓切断后，出血新鲜量少，用棉球轻压即可止血。乳牙牙髓切断术常用的盖髓剂有甲醛甲酚合剂、戊二醛、硫酸亚铁、氢氧化钙制剂等。乳牙牙髓切断术应定期进行临床及X线检查。成功的指征是临床检查无任何症状，X线片显示牙根无病理性吸收，无根尖和根分歧病变，恒牙胚发育正常，患牙于接近替换期脱落。

2．乳牙根管治疗术（root canal therapy in primary teeth）　乳牙根管治疗术是治疗乳牙牙髓炎和根尖周炎的常用方法，也是保留牙齿的最后治疗手段。通过根管预备和药物消毒去除感染物质并消除根尖周炎症，用可吸收的充填材料充填根管，以达到治疗根尖周病变的目的（图6-3）。

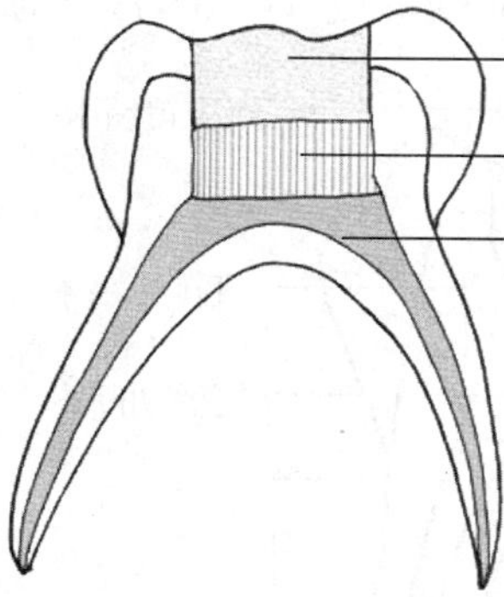

图6-3　乳磨牙根管充填

适应证：① 牙髓炎症波及根髓，不宜行牙髓切断术者；② 牙髓坏死，髓室底完整，无病理性穿通者；③ 急、慢性根尖周炎，根尖周病变局限，骨质破坏未波及继承恒牙胚者。

乳牙根管治疗术的方法与恒牙根管治疗术相似，但有其特点，治疗时须注意：① 术前需拍X线片，了解根尖周病变及牙根吸收情况；② 乳牙根管预备时应确定工作长度，勿将根管器械超出根尖孔，以免将感染物质推出根尖孔或损伤恒牙胚。乳牙根管预备时的牙根长度主要依靠X线片，不宜使用电子根管长度测量仪，因为乳牙根尖生理性或病理性吸收后，无法准确测量工作长度；③ 在乳牙的替换中，由于乳牙牙根的生理吸收，继承恒牙方可萌出在正常位置上，因此乳牙的根管充填材料仅可采用可吸收的、不影响乳恒牙替换的糊剂充填。常用的根充糊剂有氧化锌丁香油糊剂、氢氧化钙制剂、碘仿制剂、氢氧化钙碘仿混合制剂。

乳牙龋坏严重致髓室底穿通，乳牙根尖及根分叉区病变广泛，炎症已累及恒牙胚或乳牙牙根重度吸收时，一般建议拔除患牙，不宜再作根管治疗。

第四节　年轻恒牙牙髓炎和根尖周炎

年轻恒牙髓腔宽大，髓角高，牙根尚未发育完成，根尖孔未闭合，一般在萌出后3～5年牙根才能发育完成。年轻恒牙牙髓和根尖周组织疏松，血运丰富，牙髓发生炎症时，感染易于扩散，但如能得到及时的控制与治疗，则很容易恢复。

一、临床特点

1．年轻恒牙牙髓病多由龋病引起，除此之外，牙齿结构异常（如畸形中央尖折断）、牙外伤也是导致牙髓感染的常见病因。

2．龋病引起的牙髓炎症多为慢性炎症，急性炎症往往是慢性牙髓炎的急性发作。年轻恒牙的根尖周病多是牙髓炎症或牙髓坏死的继发病。

3．牙髓活力测验，特别是电测量仪对年轻恒牙不适用，因为年轻恒牙的根尖孔尚未形成，不能形成根尖部的高电阻回路。

4．叩痛和过大松动度说明牙根周围组织处于炎症充血状态。但年轻恒牙生理动度偏大，且存在较大的个体差异，在进行牙齿松动度检查时，应注意与健康对照牙比较。

5．X 线检查对判断牙根发育中患牙的牙髓状态十分重要。可以提供以下信息：① 龋坏的深度，龋坏与髓腔的关系，有无修复性牙本质形成；② 年轻恒牙牙根发育情况；③ 有无根尖周病变及病变范围；④ 有无根管钙化或牙根的内外吸收。需特别注意的是在健康年轻恒牙开放的根尖周围，有边界清晰、局限性的透影区，为牙乳头的部位，应注意与根尖部病变相鉴别。

二、治疗原则及方法

年轻恒牙牙髓治疗的原则是防止或消除牙髓感染，尽量保存活髓，以保证牙根的继续发育和生理性牙本质的形成（图 6-4）。选择治疗方法时，应尽量保守，凡能保存全部活髓的不要轻易选择牙髓切断术，不能保存全部活髓的要保留根部活髓，不能保留根部活髓的，要保留牙齿。尤其是要保存活的根尖牙乳头使牙根继续发育完成。总之要最大限度保证年轻恒牙的正常发育。

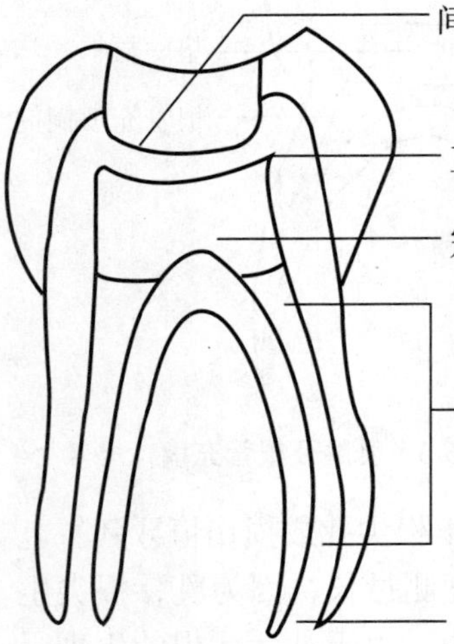

图 6-4 年轻恒牙的牙髓治疗方法

（一）间接盖髓术

间接盖髓术（indirect pulp capping）是指将盖髓剂覆盖在接近牙髓的牙本质上，以保存牙髓活力的方法。适用于① 深龋近髓或外伤冠折达牙本质深层，无明显牙髓炎症状者；② 深龋近髓伴有牙髓充血或可复性牙髓炎者。常用盖髓剂为氢氧化钙制剂。

（二）直接盖髓术

直接盖髓术（direct pulp capping）是用药物覆盖于牙髓暴露处，以保存牙髓活力的方法。适用于窝洞制备时的意外穿髓，穿髓孔直径小于 1mm；或外伤露髓，露髓孔小于 1mm，出血量少，颜色新鲜，时间在 24h 以内者。由于腐质未去净即露髓的牙髓往往已感染，不宜再作直接盖髓术。同样，直接盖髓术要求在术前对患牙的牙髓状态进行准确的判断，术后还要进行定期复查，直到年轻恒牙的牙根完全形成。凡术后无疼痛不适，咀嚼功能正常，X 线片显示穿髓孔处有修复性硬组织形成，牙根继续发育的，可认为是成功病例。

（三）牙髓切断术

牙髓切断术（pulpotomy）是较常用的活髓保存方法，年轻恒牙牙髓切断术的适应证：① 年轻恒牙龋源性、外伤性或机械性露髓不能行直接盖髓术者，外伤时间一般应小于 72h；② 牙髓感染局限于冠髓而根髓未受感染的冠髓炎；③ X 线片显示无根尖周组织病变。禁忌证为牙髓的弥漫性感染。

年轻恒牙牙髓切断术应在局麻无痛状态下进行，操作中要严格隔湿、消毒、防止污染。操作步骤与乳牙牙髓切断术相似。包括：① 术前拍 X 线片；② 麻醉隔湿；③去腐制备洞型；④ 揭髓室顶、去冠髓；⑤ 根髓断面放置盖髓剂；⑥ 充填。

目前常用的活髓保存剂有氢氧化钙、MTA 等。年轻恒牙牙髓切断术后应对患者进行追踪观察，定期进行临床及 X 线检查，直到牙根完全形成。治疗后的牙齿应无自觉症状，临床检查牙齿不松动、无叩痛，牙龈无肿胀及瘘管，牙髓活力测试阳性，X 线检查牙髓断面下方有牙本质桥形成，牙根继续发育，根管无内外吸收，根尖周无病变。目前多数学者认为年轻恒牙在行牙髓切断术后，会发生根髓变性和弥漫性根管钙化，主张牙根完全形成后改作根管治疗。

年轻恒牙采用牙髓切断术成功的关键：① 术前正确的诊断和适应证的选择；② 术中严格遵守无菌操作；③ 将牙髓断面的损伤减少到最小；④ 选用良好的盖髓剂。

对露髓孔小、牙髓污染较轻的患牙，可采取部分牙髓切断术（partial pulpotomy），只去除露髓孔下方的感染牙髓，这种方法对牙髓损伤小，可保留更多的健康牙髓。

（四）牙根形成术

当年轻恒牙部分根髓受到感染，而近根尖部的牙髓和牙乳头组织基本正常时，可采用牙根形成术（apexogenesis）。即去除感染的根髓，保留根尖部基本正常的牙髓和牙乳头，使牙根继续发育形成的治疗方法。牙根形成术的主要充填材料为氢氧化钙制剂，术后牙根可以正常发育，形成生理性的根尖形态。牙根形成术术后需要定期复查，待牙根完全形成后改行根管治疗术。

（五）根尖诱导成形术

根尖未形成而发生严重牙髓病变或根尖周炎症的年轻恒牙，通过根管预备和药物处理，诱导牙根继续发育或根尖闭锁的方法，称为根尖诱导成形术（apexification）。治疗过程基本同根管治疗，根管预备时要参照术前X线片，确定工作长度，操作时注意勿伤及牙乳头，目前主要采用氢氧化钙制剂为诱导剂。术后需要定期复查，每3～6个月摄X线片检查牙根的发育变化和糊剂吸收情况。若糊剂已被吸收，牙根尚需诱导，应重新填入糊剂，待牙根完全形成或根尖闭锁后改行根管治疗。与牙根形成术相比，根尖诱导成形术主要是使根尖形成钙化屏障，而牙根形成术是使年轻恒牙生理发育并形成根尖。

第五节　乳牙早失的间隙保持

乳牙因各种原因提前脱落，称为乳牙早失（彩图6-2）。乳牙早失后，因邻牙移位，对颌牙过长，间隙会变小。乳牙早失时患儿年龄越小，间隙变小的可能性越大。为防止邻牙向缺隙部位倾斜和对颌牙伸长，应用间隙保持器保持早失牙齿的近远中和垂直间隙，以保证继承恒牙的正常萌出。

一、乳牙早失的原因

1．严重龋病、牙髓病及根尖周病导致牙齿过早脱落或拔除。
2．恒牙异位萌出造成乳牙牙根过早吸收，牙齿脱落。
3．牙齿因外伤脱落或拔除。
4．先天性牙齿缺失。

二、间隙保持器的种类和适应证

间隙保持器分为固定式和活动式两大类。固定式包括远中导板式、带环丝圈式、全冠丝圈式、充填式、舌弓式、Nance弓间隙保持器。活动式包括可摘式功能性保持器。

1．远中导板式间隙保持器（distal shoe space maintainer）　适用于第二乳磨牙早失、第一恒磨牙尚未萌出或萌出中的病例。用第一乳磨牙作基牙，戴入预成的或自制的合金全冠，冠的远中端焊接弯曲导板，插入牙槽窝内，贴合于未萌出的第一恒磨牙的近中面。

2．带环丝圈式或全冠丝圈式间隙保持器（band/crown loop space maintainer）　是在选择的基牙上装配带环（全冠），在缺失牙处通过弯制的金属丝来维持缺隙的近远中距离（彩图6-3）。适用于第一乳磨牙早失，第二乳磨牙可作基牙或第二乳磨牙早失，第一磨牙可作基牙的病例。

3．充填式间隙保持器（filling single-arm space maintainer）　适用于单个乳磨牙早失，当缺隙前的牙齿有远中邻面龋，或后端的牙齿有近中邻面龋，且龋坏波及牙髓需进行根管治疗的，可将钢丝的一端埋在充填体里，另一端弯成弧形接触缺失牙另一邻牙的邻面。此种保持器操作简便，在临床上可直接完成。

4. 舌弓式间隙保持器（lingual arch space maintainer） 将舌弓的两端焊接带环，固定在第二乳磨牙或第一恒磨牙上，以保持牙弓周长和牙齿间隙的保持器。是一种用于下颌的保持器，适用于下颌双侧多个乳磨牙早失，双侧第二乳磨牙或第一磨牙可作基牙的病例。通常在下颌切牙萌出后使用，以免影响其萌出。

5. Nance 弓（腭弓）式间隙保持器（Nance maxillary holding arch） 与舌弓式间隙保持器的用途一致，用于上颌缺牙的间隙保持，其前方不应与下颌前牙的切缘相接触。

6. 可摘式间隙保持器（removable space maintainer） 相当于局部义齿，适用于多数乳牙早失，或伴有前牙缺失者。它不仅能保持缺牙间隙的近远中长度，而且能保持垂直高度和恢复咀嚼功能，还可以改善患儿的颜面外形。但此种间隙保持器需要患儿的配合，坚持戴用。

知识要点

1. 乳牙龋病病因及组织病理学特征与成人龋病相似，但有其自身特点：患龋率高、发病年龄早；龋蚀进展速度快，龋损范围广泛；自觉症状不明显；修复性牙本质形成活跃。

2. 乳牙龋病的治疗要制订系统有针对性的治疗计划。治疗方法主要有药物治疗和修复治疗。药物治疗只能抑制或终止龋蚀的进展，但不能恢复牙体外形，乳牙龋病应首选修复治疗。

3. 年轻恒牙牙根尚未发育完成，而牙髓是保证牙根发育完成的主要组织，因此年轻恒牙龋病的治疗应以保护牙髓为原则。年轻恒牙浅龋、中龋的治疗同成人；在深龋治疗时，对去除全部龋蚀牙本质后可能会露髓的深龋，可采用二次去腐法。

4. 乳牙牙髓病早期症状不明显，临床上有自发疼史或龋蚀未去净即露髓，说明牙髓已感染，为诊断牙髓炎的主要依据；但无疼痛史不代表牙髓无感染。儿童牙槽骨骨质疏松，血运丰富，感染易于扩散，急性根尖周炎可发展成急性牙槽脓肿，引起急性蜂窝织炎。乳牙慢性根尖周炎自觉症状不明显，检查时应注意牙龈和瘘管变化及 X 线检查结果。

5. 年轻恒牙牙髓治疗的原则是防止或消除牙髓感染，尽量保存活髓，以保证牙根的继续发育。选择治疗方法时，应尽量保守。年轻恒牙牙髓治疗时要根据牙髓的感染程度和牙根发育状态选择治疗方法。

6. 多种原因可造成乳牙早失。为防止间隙变小，保证继承恒牙的正常萌出，乳牙早失后应根据具体情况佩戴适合的间隙保持器。

（尚佳健）

第七章　口腔颌面部感染

第一节　概　　述

一、口腔颌面部感染病因特点

（一）口腔颌面部解剖生理特点

口腔颌面部位于消化道和呼吸道的起端，通过口腔和鼻腔与外界相通。口腔、鼻腔、鼻旁窦的腔隙，以及牙、牙龈、扁桃体等特殊解剖结构和局部的温度、湿度均适宜于细菌的滋生和繁殖。正常状态时，口腔颌面部即存在大量微生物，处于微生物的生态平衡状态。

口腔颌面部存在较多的相互连通的潜在性筋膜间隙，其间隙内含疏松的蜂窝结缔组织，形成感染易于蔓延的通道，炎症发生后容易扩散。颜面部血液循环丰富，静脉直接或间接与颅内海绵窦相通，鼻唇部静脉通常无瓣膜，发生在鼻根至双侧口角区域内的感染易向颅内扩散，因而被称为面部的“危险三角区”。腮腺、下颌下腺、舌下腺及小唾液腺均有导管与口腔相通，口腔内的细菌可逆行到腺体内引起唾液腺的感染。口腔颌面部具有丰富的淋巴组织，口腔、咽、头面部及上呼吸道的感染可沿淋巴管扩散，引起区域性的淋巴结炎。面部毛囊、汗腺、皮脂腺非常丰富，又是人体暴露部位，因而容易受损和感染。

（二）病原微生物

口腔颌面部感染常见的病原菌有金黄色葡萄球菌、溶血性链球菌、大肠杆菌以及铜绿假单胞菌、变形杆菌、类杆菌、放线菌、梭状芽孢杆菌等。口腔颌面部感染可以仅由一种病原菌引起，也可以由多种病原菌引起。目前口腔颌面部最多见的是需氧菌和厌氧菌的混合感染。感染的发生一方面取决于细菌的种类、数量和毒力；另一方面取决于机体的抵抗力、易感性，病员的年龄、营养状况，有无全身性疾病，以及感染发生部位的解剖特点，局部血液循环状况等多种因素。

（三）感染途径

1．牙源性　病原菌通过病变牙或牙周组织进入体内发生感染者，称为牙源性感染。最常见的是由龋病、牙周病、智牙冠周炎所引起。牙源性途径是口腔颌面部感染的主要来源。

2．腺源性　病原菌经由淋巴管引起局部淋巴结的化脓性炎症，继而穿破淋巴结被膜后向周围扩散引起颌周间隙感染。

3．创伤性　继发于创伤后发生的感染。

4．血源性　身体其他部位化脓性病灶的细菌栓子通过血液循环引起口腔颌面部感染。

5．医源性　医务人员进行局部麻醉、手术、穿刺等操作时未严格遵守无菌技术造成感染。

二、临床表现

口腔颌面部感染多为化脓性炎症，可表现为急性、慢性和亚急性。

（一）局部症状

急性化脓性感染，炎症区域表现为红、肿、热、痛和受累器官的功能障碍。初期，病变区充血、水肿，与正常组织间没有明显界限，水肿范围常超过病变范围，皮温高，压痛明显。在病变局限期，脓肿形成时，则与正常组织有一定分界线，局部可扪得波动感，皮肤有凹陷性水肿。腐败坏死性感染因组织间隙中有气体产生，可触及捻发音。感染部位深而范围局限者，局部症状一般较轻微，位置表浅而病变广泛者，则症状明显。急性感染常伴有区域性淋巴结肿大。因感染部位不同，可出现张口受限，吞咽、咀嚼、语言障碍，甚至呼吸困难。在炎症慢性期，病变区组织变硬，形成浸润块，有轻度压痛。受累器官可出现不同程度的功能障碍，脓肿可自行破溃，面颊部出现经久不愈、反复排脓的瘘口。

（二）全身症状

全身症状因病原菌的毒力和机体抵抗力的不同而有差异。炎症反应较轻如面部疖等，或机体抵抗力较强时，全身症状轻微或无全身症状。严重感染如急性中央性颌骨骨髓炎等，全身症状一般比较明显，主要表现为畏寒，发热，头痛，全身不适，乏力，食欲减退，尿量减少，呼吸、脉搏增快等。实验室检查白细胞总数增高，中性粒细胞比例增加或有核左移。患者可出现水、电解质平衡失调。严重感染可出现败血症、脓毒血症、化脓性海绵窦血栓性静脉炎、脑膜炎及脑脓肿、中毒性休克等并发症，是导致患者死亡的主要原因。慢性感染者可有持续低热，全身衰竭，营养不良，不同程度的贫血等。

口腔颌面部感染的诊断主要根据临床表现，感染区的红、肿、热、痛是其主要表现。脓肿形成后可触及波动感，但深部脓肿不易触到波动感，可出现凹陷性水肿，并可行穿刺以协助诊断。必要时行 B 超或 CT 等检查，以明确炎症的部位、范围。诊断时要注意与全身性疾病相鉴别，如白血病、恶性淋巴瘤、肿瘤继发感染等。另外，应注意口腔颌面部感染患者是否伴有全身性疾病，如糖尿病患者易发生疖痈和筋膜间隙蜂窝织炎。

三、治疗原则

应采用局部治疗与全身治疗相结合的原则。局部治疗主要是促进炎症局限和清除病灶，包括局部用药及脓肿切开引流等；全身治疗包括全身支持疗法，抗菌药物治疗及对症处理等。

脓肿切开引流术是常用的局部治疗方法。切开引流的指征包括：①局部皮肤肿胀、压痛明显，触有波动感；②深部感染穿刺有脓抽出；③急性化脓性炎症经抗菌药物治疗无效，出现明显的全身中毒症状；④口底蜂窝织炎，尤其是腐败坏死性感染或小儿颌周蜂窝织炎，全身中毒症状明显，出现呼吸、吞咽困难；⑤脓肿已破溃，但引流不畅。

脓肿切开引流术手术原则：①切口部位尽量选择脓肿最低处以利于引流；②切口应考虑外形及美观，愈合后瘢痕应相对隐蔽，切口方向应与皮纹方向一致；③避免损伤重要血管和神经；④除非脓肿浅表，原则上应采取二次分离脓腔的方式，切开皮肤至皮下或黏膜下，再用血管钳钝性分离达脓腔；骨膜下脓肿应切开骨膜达骨壁；腮腺咬肌区的化脓性感染等较大脓肿或多发性脓肿，应注意用大血管钳或手指打通结缔组织相隔形成的多个脓腔；⑤操作应准确、轻柔，尤其“面部危险三角区”严禁挤压，以防感染扩散；⑥脓肿切开后用生理盐水反复冲洗脓腔，放置引流条，深在部位脓肿应放置引流管，建立通畅的引流途径。

口腔颌面部感染大多为牙源性感染，在炎症控制后，要及时处理病灶，拔除病灶牙，颌骨骨髓炎者应搔刮死骨，以防止感染复发。

全身支持疗法主要是增强机体抵抗力，纠正水、电解质紊乱及维持代谢平衡。急性期病员应适当卧床休息，注意加强营养，给予易消化，富含维生素 B、C 的食物。病情严重或进食困难者，应静脉补液。贫血者可考虑多次小量输新鲜血或血浆。抗菌药物治疗最好根据细菌培养和药物敏感试验的结果选择抗菌药物。无条件作细菌培养或无细菌培养结果时，可根据感染来源、临床表现、脓液性状和脓液涂片等估计病原菌的种类来选择抗菌药物，并宜选择抗菌谱较广或两种以上的抗菌药物，但要合理应用，防止二重感染等。同时对症处理，高热者给予物理或药物降温。如果病员伴有全身性疾病，应给予积极治疗，尤其是患有糖尿病的病员，要同时采取降血糖等措施。

第二节　智牙冠周炎

智牙冠周炎（pericoronitis）是指由于智牙阻生或萌出不全，导致牙冠周围软组织发生的炎症。临床上以下颌智牙冠周炎多见，上颌第三磨牙冠周炎发生率较低。

一、病因

随着人类的进化及食物日趋精细，咀嚼器官相应退化，颌骨的退化较牙齿退化明显，造成相对骨量不足，智牙萌出空间不够，引起萌出不全或阻生，覆盖在牙冠表面的牙龈瓣与牙冠间形成盲袋（彩图 7-1），食物、细菌容易嵌塞于盲袋内。另外，牙冠部牙龈因咬合、咀嚼食物而损伤，形成糜烂或溃疡，当机体抵抗力下降，局部细菌毒力增强时就引起冠周炎的发作。

二、临床表现

多见于 18 ～ 30 岁，常以急性炎症形式发作。早期仅表现为患侧磨牙后区肿胀不适，咀嚼、吞咽时加重，一般无全身反应。病情发展后，局部可呈自发性跳痛或沿耳颞神经产生同侧颞部放射痛；炎症侵及咀嚼肌可致张口受限。全身症状可出现如畏寒、发热、头疼、食欲减退等。白细胞可有不同程度的增高。

慢性智牙冠周炎在临床上多无明显症状，局部可有轻度压痛、不适等。

口腔局部检查，智牙多为阻生，智牙周围的软组织及牙龈充血、肿胀，龈瓣边缘糜烂，明显触痛，盲袋内溢脓，严重者有张口受限。口腔可有臭味，颌下淋巴结肿大等。

智牙冠周炎的炎症扩散途径：①可沿下颌骨外斜线向前扩散，在下颌第一磨牙颊侧黏膜转折处形成脓肿；②向后扩散形成磨牙后区的骨膜下脓肿，突破骨膜后引起颊间隙感染，破溃后形成面颊瘘；③炎症沿下颌升支向内向后扩散，可引起翼下颌间隙感染；④沿下颌升支向外向后扩散可形成咬肌间隙感染，还可引起口底蜂窝织炎等间隙的感染（彩图 7-2）。

智牙冠周炎的诊断主要根据病史、临床症状和局部表现，检查时可探到未萌出或阻生的智牙牙冠。X 线检查可帮助诊断。当下颌智牙冠周炎合并面颊瘘、下颌第一磨牙颊侧脓肿或破溃形成瘘口时，应与第一磨牙根尖周炎相鉴别。

三、治疗原则

早期以抗炎，增强全身抵抗力为主。急性期应局部冲洗上药，给予镇痛药物，形成脓肿后应切开引流，急性炎症消退后，应尽早拔除不能萌出的阻生智牙。

第三节　口腔颌面部间隙感染

口腔、颜面及颈上部软组织的弥散性炎症总称口腔颌面部间隙感染。口腔颌面部存在充满疏松结缔组织及脂肪的潜在性筋膜间隙，彼此相通。当发生感染时，可局限于一个间隙内，也可波及相邻几个间隙形成多间隙感染。严重时可向颅内、纵隔等发展，危及生命。

口腔颌面部间隙感染多为继发性，常见的感染来源是牙源性感染，其次是腺源性感染扩散。损伤性、血源性、医源性较少见。口腔颌面部间隙感染多为需氧和厌氧菌引起的混合感染，也可为葡萄球菌、链球菌等引起的化脓性感染，或厌氧菌引起的腐败坏死性感染。

口腔颌面部蜂窝织炎的诊断主要是根据病史、临床表现，结合感染来源、解剖部位、化验检查、穿刺等，特别注意有无并发症，对全身状况包括心、肺、肝、肾功能，水、电解质紊乱，有无呼吸道梗阻等作出正确的分析、判断。口腔颌面部间隙感染应与口腔颌面部各间隙内发生的恶性肿瘤或波及邻近间隙的肿瘤相鉴别，特别是继发感染的肿瘤。

一、眶下间隙感染

眶下间隙位于眼眶下方，上界为眶下缘，下界为上颌骨牙槽突，内界为鼻侧缘，外界为颧骨，底是以尖牙窝为中心的上颌骨前壁，浅层有面部表情肌、皮下组织及皮肤。间隙中有眶下神经、血管以及眶下淋巴结。

（一）病因

眶下间隙感染的主要病因是上颌尖牙、前牙、第一双尖牙的根尖化脓性炎症和牙槽脓肿，以及上颌骨骨髓炎的脓液穿破骨膜或上唇底部、鼻侧的化脓性感染扩散至眶下间隙所引起。

（二）临床表现

眶下区皮肤发红，肿胀明显，上下睑水肿，眼裂变窄，鼻唇沟消失，上颌前部龈颊沟明显肿胀变浅。眶下神经可因受压引起剧烈疼痛。脓肿形成后，眶下区、口腔前庭龈颊沟部位压痛明显，可触及波动感。眶下间隙感染可向眶内扩散形成眶周或眶内感染，也可沿内眦静脉或眶静脉向颅内扩散，引起颅内海绵窦化脓性静脉炎。

（三）治疗原则

早期局部外敷中药，治疗病灶牙。脓肿形成后应及时切开引流。炎症控制后，处理病灶牙。

二、咬肌间隙感染

咬肌间隙位于咬肌与下颌升支外侧骨壁之间。前界为咬肌前缘，后界为下颌支后缘，上界平颧弓下缘，下界为咬肌在下颌角的附着及下颌角的下缘。此间隙中充满疏松结缔组织。在咬肌上部通过下颌乙状切迹与颞下间隙相通，后方为腮腺深叶所包绕。

（一）病因

咬肌间隙感染主要来源于下颌智牙冠周炎及下颌磨牙的根尖周炎、牙槽脓肿，也可由相邻间隙感染扩散所引起，偶有因腮腺化脓性炎症波及者。

（二）临床表现

典型症状是以下颌角为中心的局限性肿胀、变硬伴明显张口困难及疼痛。时间较长易并发下颌骨边缘性骨髓炎。由于咬肌肥厚坚实，脓肿形成后不易触到波动感，可出现凹陷性水肿，常通过穿刺来确定。

（三）治疗原则

除全身抗感染治疗外，脓肿形成后立即行切开引流，从口内或口外切口，直达脓肿及骨面，如有边缘性骨髓炎存在，应在脓液减少后早期行病灶刮治术。

三、翼下颌间隙感染

翼下颌间隙位于下颌支内侧骨壁与翼内肌之间。前界为颞肌和颊肌，后界为腮腺鞘，上界为翼外肌的下缘，下界为翼内肌附着于下颌支处。此间隙中有下颌神经分支及下牙槽动、静脉通过，借疏松结缔组织与相邻间隙相通。

（一）病因

翼下颌间隙感染常见的原因是下颌智牙冠周炎和下颌磨牙的根尖感染所致。下牙槽神经阻滞麻醉或封闭时，注射针头污染也可引起此间隙的感染。

（二）临床表现

常有牙痛史，继而出现张口困难，甚至牙关紧闭，咀嚼、吞咽时疼痛明显。翼下颌皱襞处黏膜水肿，下颌支后缘内侧轻度肿胀，局部压痛。此间隙位置深在，脓肿形成后难以直接触到波动，常需穿刺确定。

（三）治疗原则

初期应全身应用足量抗生素，控制炎症发展和扩散。脓肿形成后切开引流。

四、下颌下间隙感染

下颌下间隙位于下颌骨体下缘与二腹肌前腹与后腹之间的下颌下三角内，内有下颌下腺、下颌下淋巴结、脂肪组织，并有颌外动脉及面前静脉通过。

（一）病因

下颌下间隙感染多来自于下颌磨牙根尖周炎、牙槽脓肿、智牙冠周炎，下颌下淋巴结炎的扩散等。

（二）临床表现

下颌下三角区肿胀、压痛。感染常扩散至舌下间隙，出现口底后部肿胀，舌运动疼痛，吞咽不适，严重时出现呼吸困难。脓肿形成时可出现凹陷性水肿及波动感。多伴有不同程度的全身症状。

（三）治疗原则

应用足量抗菌药物。脓肿形成时，切开引流。

五、口底多间隙感染

口底多间隙感染又称为口底蜂窝织炎，一般指双侧下颌下、舌下以及颏下间隙同时受累，曾被认为是口腔颌面部最严重且治疗最困难的感染之一。

（一）病因

口底多间隙感染可来自下颌牙的根尖周炎，牙周脓肿，下颌第三磨牙冠周炎，颌骨骨髓炎，下颌下腺炎，淋巴结炎，扁桃体及咽部感染，口底软组织和颌骨损伤等。口底多间隙感染可能是葡萄球菌、链球菌等引起的化脓性感染，也可能是厌氧菌以及腐败坏死性细菌为主引起的腐败坏死性感染。

（二）临床表现

化脓性病原菌引起的口底多间隙感染早期多局限在一侧颌下间隙或舌下间隙，后扩散到整个口底间隙，双侧下颌下、舌下及颏下区呈弥散性肿胀。

腐败坏死性病原菌引起的口底多间隙感染表现为软组织的广泛水肿，病情重，发展快，感染扩散迅速。水肿范围可达面颊部、颈部，严重者可达枕部、胸上部。肿胀区皮肤苍白或呈青紫红色，触之坚硬，无弹性，有明显凹陷性水肿，可扪及捻发音。随着病情进展，深层组织坏死、液化，可出现波动感。由于口底黏膜水肿、舌体被抬高，常出现语音不清，吞咽及呼吸困难，严重者烦躁不安，呼吸短促，口唇青紫、发绀，甚至出现“三凹”症状。全身中毒症状严重，常伴高热、寒战，体温可达 39 ～ 40℃以上。全身抵抗力差者，虽中毒症状明显，体温反而不升高。

口底多间隙感染容易发生严重的并发症，如败血症、中毒性休克、窒息、纵隔感染等，常危及病员的生命。

（三）治疗原则

全身支持疗法，纠正全身中毒症状，保持呼吸道通畅。脓肿形成时切开引流。腐败坏死性口底蜂窝织炎及时作广泛的切开引流。

第四节 唾液腺炎症

唾液腺炎症一般分为化脓性、病毒性、自身免疫性炎症及特异性感染。腮腺及下颌下腺炎症较常见，而舌下腺和小唾液腺很少见。

一、慢性复发性腮腺炎

慢性复发性腮腺炎在临床上较为常见，儿童和成人均可发生。

（一）病因

儿童复发性腮腺炎的病因复杂，发病机制还不十分清楚。一般认为与儿童腮腺发育不全，局部及全身抵抗力低下，致细菌逆行感染有关。儿童复发性腮腺炎有明显的自愈性，至青春期后即痊愈。少数迁延不愈，反复发作至成人而称为成人复发性腮腺炎。

（二）临床表现

发病年龄自婴幼儿至 15 岁均可发生，以 5 岁左右最为常见。男性稍多于女性，可突然发病或逐渐发生。腮腺反复肿胀，每次肿胀多持续 1 周，挤压腮腺有脓性或胶冻样液体流出。发作频率不一，多则每年发作 10 余次，发病年龄越小，发作愈频繁。随年龄增长发作次数减少，持续时间变短，大多至青春期后症状消失。

腮腺造影主要表现为末梢导管呈点状、球状扩张，排空功能下降（彩图 7-3）。

慢性复发性腮腺炎的诊断主要根据临床表现和腮腺造影。儿童复发性腮腺炎需和流行性腮腺炎进行鉴别表 7-1。后者由病毒所引起，双侧腮腺常同时肿大，伴发热，无反复发作史。成人复发性腮腺炎需和舍格伦综合征继发感染相鉴别。舍格伦综合征是一种自身免疫性疾病，常见于中年女性，无自幼发病史。临床表现为口干、眼干，唾液腺及泪腺肿大以及其他自身免疫性结缔组织病。

表7-1 儿童复发性腮腺炎与流行性腮腺炎鉴别

疾病名称	感染源	病史	发病部位	症状	造影表现
儿童复发性腮腺炎	化脓性细菌	反复发作	单侧腮腺或双侧腮腺交替发病为多见	腮腺区肿胀硬结，导管口可有胶冻样或脓性分泌物	腮腺末梢导管呈点状、球状扩张，排空功能下降
流行性腮腺炎	病毒	单次	双侧同时发病	腮腺区肿胀水肿，质软，分泌无明显异常	无明显异常

（三）治疗原则

复发性腮腺炎具有自愈性，一般主张保守治疗，以增强抵抗力，防止继发感染，减少发作为治疗原则。如有急性炎症表现，应用抗菌药物。间歇期应保持口腔卫生，多饮水，用淡盐水漱口，饭前饭后、睡眠前按摩腮腺，帮助排空唾液。发作频繁者可每年肌内注射 1 ～ 2 个疗程胸腺肽，以调节机体的免疫功能。腮腺造影不仅有诊断作用还有治疗作用，约半年至一年患侧腮腺导管注入少量碘化油有防止肿胀发生的作用。

二、慢性阻塞性腮腺炎

慢性阻塞性腮腺炎指由各种原因引起的以腮腺唾液流出受阻，导致腮腺反复肿胀流脓，腮腺造影及病理上表现为导管系统炎性改变为主的病变。

（一）病因

慢性阻塞性腮腺炎的病因尚不十分清楚。主要原因是导管或导管口狭窄，常常是导管口黏膜损伤，瘢痕愈合所致，少数是由导管结石或异物所引起。腮腺导管细长、狭窄，或扭转迂曲，唾液易于淤滞，也是导致本病的原因之一。

（二）临床表现

中年发病多见。单双侧腮腺均可受累，以单侧常见。腮腺反复进食性肿胀，持续几分钟至数小时，亦有持续几周者。有的患者腮腺肿胀与进食无明显关系，晨起时自觉腮腺胀痛，按摩腮腺后口腔内出现有咸味的液体，随之胀痛减轻，甚至消失。临床检查腺体增大，中等硬度，轻度压痛。挤压腮腺可见胶冻状或雪花状分泌物自导管流出。双合诊可触及粗硬呈条索状的腮腺导管。

腮腺造影显示腮腺主导管及分支导管扩张不整，严重时呈腊肠状改变，分支导管可见呈串珠状、点状扩张的表现（彩图 7-4）。

慢性阻塞性腮腺炎的诊断主要根据临床表现和腮腺造影。应与成人复发性腮腺炎和舍格伦综合征继发感染相鉴别。

（三）治疗原则

治疗应以去除发病因素为主。由导管结石或异物引起者，应摘除结石和异物；导管狭窄者，应用钝头探针扩张导管。按摩腮腺，促使唾液排出。应用催唾食物或药物，促进唾液分泌。用温盐水漱口，减少腺体逆行感染。也可向导管内注入碘化油、抗生素等。经上述治疗无效，或整个主导管高度扩张不整，腺体呈萎缩状时可考虑手术治疗。

三、涎石病及下颌下腺炎

涎石病指在腺体内或导管内发生钙化性团块而引起的一系列病变。涎石病可发生于任何唾液腺，但 85% 左右发生于下颌下腺，涎石形成后常继发急、慢性下颌下腺炎。

（一）病因

唾液腺结石发生的原因尚不十分清楚，与多种原因有关。局部因素如异物、炎症等造成唾液滞留，易导致结石形成。机体钙磷代谢紊乱，唾液中钙磷浓度较高也易形成涎石。涎石病易发生在下颌下腺的主要原因是：①颌下腺为混合性腺体，分泌的唾液富含黏蛋白，较黏滞，钙含量高，钙盐容易沉积；②下颌下腺导管较长，其走行方向是自下而上，开口于口底，唾液逆重力方向运行易滞留于导管内。大多数涎石不透射 X 线，X 线平片可以显示涎石的影像，这种涎石为阳性涎石。亦有因钙化程度低，X 线平片不能显示者为阴性涎石。导管内因结石存在可阻塞分泌物流出，口腔细菌可逆行感染，引起下颌下腺炎的发生。

（二）临床表现

涎石病可发生于任何年龄，以 20 ～ 40 岁的中青年多见。病期长短不一。部分小的涎石不影响唾液排出，长期存在无临床症状，检查时偶然发现。涎石导致唾液排出障碍时，则引起阻塞症状，表现为进食时腺体肿大，病员自觉胀感及疼痛，有时疼痛剧烈，呈针刺样，称“涎绞痛”。停止进食后数分钟至几小时，症状消失。严重者持续时间长，甚至不能完全消退。临床检查可见，导管口黏膜红肿，挤压腺体有脓性分泌物自导管口溢出。双合诊检查在涎石部位可触及硬结并有压痛。慢性下颌下腺炎者，腺体肿大较硬。

X 线检查显示在 X 线平片上有圆形或椭圆形密度增高的涎石影像，但钙化程度不高的阴性涎石难以显示，可在急性炎症消退后行唾液腺造影，涎石所在处表现为圆形、椭圆形或梭形缺损区（彩图 7-5）。

涎石病及下颌下腺炎的诊断主要根据临床表现，进食时下颌下腺肿胀并伴发疼痛，导管口溢脓，触诊检查可扪及导管内结石，下颌下腺肿大。X 线平片上有结石影像。诊断时应与下颌下腺肿瘤鉴别，下颌下腺肿瘤呈进行性肿大，无进食时肿胀或炎症表现，X 线平片上无结石影像。还应与下颌下淋巴结炎相鉴别，下颌下淋巴结炎可出现反复肿大，但与进食无关，且位置表浅，下颌下腺导管口分泌正常。

（三）治疗原则

涎石病和下颌下腺炎的治疗主要是清除阻塞因素，去除涎石，尽量保留下颌下腺（彩图7-6）。但腺体功能丧失不能逆转时应予切除。

四、舍格伦综合征

舍格伦综合征是主要累及外分泌腺的全身性自身免疫病，发病率为0.29% ~ 0.77%，仅次于类风湿关节炎，位于自身免疫病第二位。舍格伦综合征以唾液腺和泪腺的慢性炎性细胞浸润和破坏最为明显，同时亦累及腺体以外的各个系统，血清中出现大量自身抗体。该病在我国曾经有不少的漏诊和误诊，多误诊为“慢性化脓性腮腺炎”，其根本原因是由于患者不重视口干、眼干症状，同时医师对本病认识不全面，不能把所见到的症状、体征、实验室发现与本病联系起来。

（一）病因

舍格伦综合征病因至今仍不清楚，包括病毒感染、淋巴细胞凋亡缺陷、异常自身抗原、骨髓间充质干细胞异常等都有可能为其发病原因。

（二）临床表现

局部症状包括口腔、眼及唾液腺表现。由于唾液分泌减少，患者有明显口干、口臭异味。由于唾液量减小及成分黏稠度增加，常引起黏膜感觉及味觉异常，并容易继发龋齿、牙周病、白色念珠菌感染等，引起局部疼痛、烧灼感。重者影响其进食、吞咽、说话及其他口腔功能，常见症状有进食时吞咽困难，需饮水帮助，说话时舌活动困难，需随身带水湿润口腔，义齿固定不良等。口腔检查时，可见口底黏液池消失，口腔黏膜干燥、发红、干裂、出血，唇及舌背黏膜发红，舌乳头萎缩，出现裂纹，重者舌背表面光滑，潮红呈镜面舌，部分轮廓乳头及叶状乳头红肿。继发龋齿增多，常是多个牙同时发病，俗称猖獗龋。眼部表现由于泪腺受累、泪液减少，有明显眼干、发热、异物感、畏光、疼痛及视物疲劳，角膜及球结膜可出现散在小溃疡，表现为干燥性角结膜炎。患者常在激动或眼局部受刺激时无泪或少泪，检查可见内外眼角外常存留稠厚的枯液状分泌物，触摸泪腺可肿大、发硬，眼睑及球结膜可见充血。唾液腺常表现为局部肿大、肿胀及肿块，部分患者表现为唾液腺沿其边界膨大，并持续存在不消退，主要见于双侧腮腺，也有双颌下腺肿大。检查时腺体肿大、质中偏硬，挤压腺体分泌物呈浑浊状。部分患者表现为唾液腺反复肿胀，全身状态差时，发作肿大，腺体质硬，压痛，挤压有脓性或胶冻状分泌，持续多在1周以上，可完全消退。一般认为此种肿胀为继发感染，常发生在腮腺，患者多以“腮腺炎”就诊。

舍格伦综合征可累及全身多个系统，有多种临床表现。皮肤黏膜可表现为不同类型皮疹、结节性环状红斑、紫癜或黏膜溃疡。患者有关节痛占70%以上，亦可有关节炎和晨僵，但关节和骨的侵蚀破坏则极少见。约40%舍格伦综合征患者肾受累，肾小管受累较肾小球明显，尤以远端肾小管受损后出现肾小管酸中毒和肾性尿崩症为突出。70%舍格伦综合征患者有肺功能异常，表现为小气道阻塞性、弥漫性、限制性或混合性通气功能障碍，气管支气管黏膜腺体受累而出现干咳、痰黏少、支气管反应亢进。胃镜检查及胃黏膜活检示71%有萎缩性胃炎，少数患者经肝穿刺活检证实有慢性活动性肝炎样改变。约20% ~ 40%舍格伦综合征患者出现贫血，20% ~ 30%周围血白细胞减少，10% ~ 15%患者血小板减低，并可有血小板黏附功能异常。脉管炎是另一个常见血液系统病变。约70%患者有中枢神经受累，约25%有周围神经病损，主要表现为感觉异常麻木，神经病变多因相应部位的血管炎或血管周围炎造成的局部缺血所致。另外，约50%的类风湿关节炎、69%的进行性全身硬化症及71%的原发性胆汁性肝硬化患者有明确的舍格伦综合征表现，可诊断为继发性舍格伦综合征。

腮腺造影可见腺体末梢导管点球状扩张，少部分患者可出现羽毛状、花边状、葱皮状改变；继发感染后主导管可不同程度出现扩张不整（彩图 7-7）。

（三）治疗原则

针对舍格伦综合征目前暂无非常有效的治疗手段，有临床研究发现干细胞治疗舍格伦综合征可获得较好疗效，但其推广应用存在瓶颈。由于患者有明显口干，唾液分泌减少，应用促唾剂能促进尚存留的腺体分泌唾液，但对严重口干症患者效果有限。舍格伦综合征患者存在免疫功能紊乱，并伴发全身症状，应用免疫调节类药物可改善。

第五节　颌骨骨髓炎

颌骨骨髓炎是指由细菌感染或物理、化学因素引起的发生在包括颌骨骨膜、骨密质、骨髓以及骨髓内的血管、神经等处的炎性病变。临床上以牙源性感染引起的化脓性颌骨骨髓炎最为常见，特异性颌骨骨髓炎（结核、梅毒等）较少见。婴幼儿颌骨骨髓炎多为血源性感染，因而多见于血运丰富的上颌骨，感染途径主要由远处化脓性病灶引起，也可因口腔黏膜损伤或喂养污染引起。头颈部应用放射治疗已日趋普及，可因放射线而引起放射性颌骨坏死及其继发的放射性颌骨骨髓炎。化学因素（磷、砷等）引起的颌骨骨髓炎以往较少，近年来，双膦酸盐类药物被用于治疗溶骨性病变，出现其相关颌骨坏死的病例日趋增多。

化脓性颌骨骨髓炎多发于青壮年，主要发生于下颌骨。但婴幼儿颌骨骨髓炎则以上颌骨为多见。根据感染途径，可分为牙源性感染、损伤性感染、血源性感染。而根据感染原因及病变特点，临床上又将其分为中央性颌骨骨髓炎及边缘性颌骨骨髓炎。

一、中央性颌骨骨髓炎

中央性颌骨骨髓炎系指始发于颌骨中央的骨松质和骨髓，再从颌骨中央向外扩散，继而累及骨密质和骨膜的炎性病变。

（一）病因

多由急性化脓性根尖周炎或根尖周脓肿及牙周炎发展而来。

（二）临床表现

1．急性期　全身症状明显，有寒战、高热，体温可达 39 ~ 40℃，头痛、食欲减退。白细胞计数增高。进入化脓期后，全身中毒症状加重，可发生败血症等。发病早期，炎症局限于牙槽骨和骨髓腔内，病变区剧烈疼痛，并波及邻牙，可沿三叉神经分布区放射。受累区牙松动，有浮起感，不能咀嚼。炎症继续发展，出现颌面部弥漫性肿胀，伴张口受限。下牙槽神经受到炎症侵犯时，出现下唇麻木。还可继发颌面部间隙感染。临床检查，可出现口腔黏膜充血、肿胀，多个牙松动，牙周溢脓，颌面部肿胀等。急性期炎症未被控制，颌骨坏死，形成死骨而转入慢性期。

2．慢性期　颌骨骨髓炎常在发病 2 周以后由急性转为慢性期。慢性颌骨骨髓炎病程较长，可达数月至数年之久。全身中毒症状减轻，体温正常或有低热，贫血等。局部症状缓解，口腔黏膜或面颊部可出现瘘管，长期溢脓及炎性肉芽组织增生，通过瘘孔可探及粗糙骨面或活动的死骨。严重者可发生病理性骨折。

X 线检查在颌骨骨髓炎急性期不能显示其骨质的改变，进入慢性期，颌骨发生破坏后，X 线片上表现为骨质破坏与骨质增生。骨质破坏的典型变化是骨小梁排列紊乱和死骨形成，骨质增生的主要表现是骨膜反应性增生。

中央性颌骨骨髓炎的诊断主要根据病史、临床表现，进入慢性期 X 线检查才具有诊断价值。急性期应注意与颌面部间隙感染相鉴别。

(三)治疗原则

1．急性期 以建立引流，控制炎症，增强抵抗力为主。在有效抗菌药物控制下，及时切开引流，或拔除病灶牙，从牙槽窝引流脓液。应用全身支持疗法，维持水、电解质平衡，防止发生酸中毒等，还可少量多次输血，以增强全身抵抗力。

2．慢性期 去除病因，拔除患牙，摘除死骨。

二、边缘性颌骨骨髓炎

边缘性骨髓炎系指继发于骨膜炎或骨膜下脓肿的骨密质外板的炎性病变。

(一)病因

本病病因主要为牙源性感染，常在颌周间隙蜂窝织炎的基础上发生。以下颌智牙冠周炎引起者最为多见。智牙冠周炎引起咬肌间隙或翼下颌间隙感染，继而发生边缘性颌骨骨髓炎。

(二)临床表现

急性期与咬肌间隙、翼下颌间隙蜂窝织炎的表现相似。慢性期主要表现为咬肌区弥漫性肿胀，局部组织坚硬，凹陷性水肿，张口困难。全身症状不严重。

根据骨质损害的病理特点，边缘性骨髓炎可分为骨质增生型和骨质溶解破坏型两种类型。

1．骨质增生型 多见于身体抵抗力较强的年轻人。一般全身症状较轻，局部病变发展缓慢。患侧下颌支及腮腺咬肌区肿硬，局部不适或轻微疼痛。X线检查可见明显的骨质增生致密影像。

2．溶解破坏型 多发生在急性化脓性颌周蜂窝织炎之后，骨膜或黏膜下形成脓肿，脓肿破溃或切开引流后，遗留瘘孔，长期流脓。X线检查可见病变区骨密度破坏及死骨形成的影像。

边缘性颌骨骨髓炎的诊断主要是根据临床表现和X线检查。诊断时除了与咬肌间隙、翼下颌间隙感染鉴别以外，还应与上颌窦肿瘤、颌骨骨肉瘤、纤维骨瘤相鉴别。

(三)治疗原则

去除病灶，清除死骨和病理性肉芽组织。

三、放射性骨髓炎

放射性颌骨骨髓炎是由放射线引起的放射性颌骨坏死及其继发的感染。

(一)病因

放射后几小时内颌骨内微血管即开始出现损伤，造成颌骨内持续的低血流、低氧环境，引起颌骨无菌性坏死。由于牙齿行使咀嚼功能等可造成颌骨微创伤状态，同时口腔卫生不良、牙源性感染、拔牙或其他创伤等因素可导致继发感染，形成放射性颌骨骨髓炎。

(二)临床表现

放射性颌骨骨髓炎病程缓慢，常常在放射性治疗结束后数月至数年发病。早期表现为针刺样剧痛，由于放疗引起黏膜或皮肤破溃，至骨面外露。拔牙等损伤所致的创口长期不愈，形成瘘管，溢脓。病变发生于下颌升支时，照射区软组织僵硬，出现张口受限。

放射性颌骨骨髓炎的诊断主要根据放射治疗史和临床表现。

(三)治疗原则

放射性颌骨骨髓炎的预防非常重要。放疗前应清除口腔病灶，在放射源、照射方式、分次照射方案以及剂量选择等方面全面安排治疗计划，放疗期间及放疗结束后数年应保持口腔卫生，避免局部外伤。若放疗后发生牙源性炎症必须手术或拔牙时，应尽量减少手术损伤，术前术后应用有效的抗生素，避免继发感染。

一旦发生放射性骨髓炎，除应用抗生素等全身支持疗法外，应配合高压氧等治疗。在死骨未分离前采用低浓度过氧化氢溶液或抗生素液冲洗等局部治疗。死骨分离者，应及时行死骨摘除术。

四、双膦酸盐相关颌骨坏死

双膦酸盐相关颌骨坏死是接受静脉注射双膦酸盐治疗后出现的颌骨坏死。双膦酸盐静脉注射用于治疗溶骨性病变，如多发性骨髓瘤、乳腺癌、前列腺癌、肺癌及其他多种实体瘤的骨转移。随着双膦酸盐的应用越来越广泛，出现双膦酸盐相关颌骨坏死的病例也越来越多，较大剂量静脉用药时患病率为 1% ～ 5%，而口服药患病率为 0.01% ～ 0.1%。

（一）病因

双膦酸盐与骨矿化物有高亲和力，并且有抑制破骨细胞的功能，因此有很强的抗骨吸收作用，能降低骨质疏松出现骨折的风险，并能提高肿瘤患者整体的骨组织健康水平。它在体外可以抑制羟磷灰石的形成，在体内可以阻止病理性钙化。双膦酸盐通过细胞内吞作用进入破骨细胞内，能诱导破骨细胞的一系列形态学改变，导致影响破骨细胞与骨结合的丝状肌动蛋白环消失，最终破骨细胞将出现细胞凋亡，并影响整个骨改建过程。由于颌骨的生理学特性，长期处于不停的骨改建过程中，当双膦酸盐沉积于颌骨使得破骨细胞大量凋亡，打破了骨改建的平衡，同时配合外部损伤如拔牙等，即可能出现双膦酸盐相关颌骨坏死。

（二）临床表现

双膦酸盐相关颌骨坏死与放射性颌骨骨髓炎类似，病程缓慢，可在治疗结束后数月至数年发病。该病多发生于下颌骨，诱发因素包括拔牙、手术、活检和修复体压力过大等。根据美国颌面外科医师协会以及美国骨及矿化物研究协会的定义，双膦酸盐相关的颌骨坏死应满足三个条件：①目前正在接受或以前接受过双膦酸盐治疗；②颌面部有死骨，暴露时间在 8 周以上；③头颈部未接受过放射治疗。临床表现为病变区疼痛、软组织肿胀、牙松动、骨暴露和拔牙窝不愈合，病程长期迁延可形成死骨和瘘管。

（三）治疗原则

与放射性颌骨骨髓炎类似，双膦酸盐相关颌骨坏死治疗较为棘手。对其的预防非常重要，用药前应清除口腔病灶，结束后数年应保持口腔卫生，避免局部外伤。有研究报告富血小板纤维蛋白的局部应用可促进软组织再生及骨愈合；另有动物研究显示，静脉注射骨髓间充质干细胞可有效治疗双膦酸盐相关颌骨坏死，但其临床应用仍需更深入的研究。

知识要点

1. 口腔颌面部感染常见的病原体为金黄色葡萄球菌、溶血性链球菌、大肠杆菌、梭形杆菌等。最多见是需氧菌和厌氧菌的混合感染。

2. 口腔颌面部感染的途径有牙源性、腺源性、损伤性、血源性和医源性。牙源性途径是口腔颌面部感染的主要来源。

3. 口腔颌面部感染的治疗应采用局部与全身治疗相结合的原则。

4. 智牙冠周炎是阻生智牙冠周软组织的炎症。年轻人多见，主要表现是智牙周围软组织及牙龈充血、肿胀或盲袋溢脓，张口受限，可向周围扩散或伴有全身症状。急性期的治疗采用局部处理和全身治疗。炎症控制后拔除不能萌出的智牙。

5. 口腔颌面部存在潜在性筋膜间隙，其内充满脂肪及疏松结缔组织，彼此相通。常常是牙源性感染引起这些筋膜间隙发生蜂窝织炎，并可在间隙内扩散，波及相邻几个间隙形成多间隙蜂窝织炎。严重时可向颅内、纵隔发展，危及生命。

6．涎石病及下颌下腺炎以进食时颌下区肿胀、疼痛为主要表现，以手术治疗为主。

7．颌骨骨髓炎多由病灶牙所引起。临床上分为中央性颌骨骨髓炎和边缘性颌骨骨髓炎。急性期的治疗与一般急性炎症相同。慢性期以处理病灶牙和清除死骨为主。

（王松灵）

第八章　口腔颌面部外伤

口腔颌面部位于人体的显露部位，近年来其创伤的发生率呈显著上升趋势。致伤原因中，平时道路交通事故位居首位，战时以火器伤为主。口腔颌面部器官多、结构多、功能多，是人体最重要的感官集中区。此区域上接颅脑，下连颈部，是呼吸道和消化道的起端，是维持生命的咽喉要道。由于口腔颌面部解剖和生理特点，受伤后的表现除具有外伤的共性外，还有其特殊性。因此在口腔颌面部损伤的救治工作中，一定要有整体观念，对伤员应作全面系统的检查，迅速判断伤情，分清轻重缓急。先抢救生命，待生命体征平稳后，尽早进行专科介入，以免延误时机，造成不良后果。

第一节　口腔颌面部损伤的特点

（一）血运丰富、组织疏松

1．血运丰富的“利”表现在三个方面　①组织抗感染能力强；②组织再生修复能力及愈合能力强；③伤后 24 ～ 48h 之内，甚至超过 48h，只要没有明显的化脓性感染，进一步清创后，仍可作初期缝合。

2．血运丰富的“弊”表现在三个方面　①损伤后出血多；②容易形成血肿；③在口底、咽旁、舌根等部位损伤，可因血肿的压迫阻塞呼吸道，引起窒息。

3．组织疏松的弊多利少，“弊”表现在三个方面　①损伤后肿胀严重；②在口底、咽旁、舌根等部位损伤，可因水肿的压迫使呼吸道变窄；③感染后容易扩散。“利”主要是由于组织疏松，疼痛较轻。

（二）腔、窦多

口腔、鼻腔、上颌窦、外耳道等颌面部的腔、窦内存在着大量细菌，损伤后的创口若与其相通，可直接被污染，如处理不当，感染的可能性随之增加。故在清创时应尽可能关闭那些与腔窦相通的创口。

（三）口腔颌面部是容貌中心

颌面部是五官所在的容貌中心，对称性很重要。颌面部发生严重外伤后，容易出现表情肌和咀嚼肌断裂，软、硬组织缺损。清创缝合时若处理不当会造成五官移位、面部不对称畸形。因此，处理颌面部伤口时尽量保留可能存活的组织，进行对位缝合，减少畸形的发生。

（四）上接颅脑

上颌骨或面中 1/3 损伤时，外力易传至颅脑。无论闭合性还是开放性损伤，均可直接或间接地并发不同程度的颅脑损伤，抢救时注意检查是否发生脑脊液鼻漏和耳漏。脑脊液鼻漏应与正常鼻腔分泌物鉴别，前者较清，后者稍黏。

（五）下连颈部

颈部为大血管和颈椎所在。下颌骨损伤容易并发颈部损伤，颈外动脉、颈内动脉或颈总动脉若被损伤，可引起出血性休克。颈内静脉若被损伤可引起空气栓塞，造成死亡。颈椎若被损伤，可发生高位截瘫。

（六）口腔颌面部为呼吸道上端

口腔颌面部损伤后，可因组织移位、肿胀、舌后坠、血凝块和分泌物等阻塞呼吸道，轻者呼吸困难，重者发生窒息。

（七）口腔颌面部为消化道入口

口腔颌面部损伤后，常因肌肉的挫伤、裂伤、骨折或骨折片移位，影响咀嚼和吞咽功能，妨碍正常饮食，影响口腔卫生。

（八）口腔颌面部有牙齿存在

牙齿在颌骨骨折中有利也有弊。

1.“利”表现在三个方面 ①颌骨骨折的移位可以引起牙齿移位和咬合关系紊乱，所以牙齿移位和咬合关系紊乱是诊断颌骨骨折的主要依据；②颌骨骨折后，可以利用牙齿作结扎固定，所以牙齿为颌骨骨折的治疗提供了条件；③颌骨骨折的复位情况可以直观地表现为牙齿咬合关系的恢复，所以牙齿的咬合又是判断颌骨骨折治疗效果的重要标准。

2.“弊”表现在两个方面 ①颌骨骨折常伴有牙齿损伤，折断的牙齿可作为“二次弹片”穿入邻近组织，使损伤面扩大，并可导致异物感染；②骨折线上的龋坏牙及松动牙可导致骨组织感染或影响骨折愈合。

（九）颌面部其他结构的损伤

口腔颌面部有腮腺、三叉神经、面神经等结构。若伤及腮腺及其导管，会造成涎瘘。若伤及三叉神经，可出现三叉神经支配区域的感觉丧失和麻木。若伤及面神经，可出现口角歪斜、额纹消失、闭睑困难等面瘫表现。

（十）合并身体其他部位的损伤

严重的口腔颌面部损伤时，常合并身体其他部位的损伤，如四肢、胸部、肝、脾等脏器损伤，造成复合外伤，使伤情变得更为复杂。因此，对伤员进行全面系统的检查尤为重要。

第二节 口腔颌面部损伤的急救

一、窒息

（一）分类

一般分为阻塞性窒息（obstructive asphyxia）和吸入性窒息（inspiratory asphyxia）两种。

（二）原因

1. 阻塞性窒息 由四种原因引起：①异物性，由损伤后的血凝块、呕吐物、碎骨片、碎牙片及沙石等异物阻塞咽部而引起窒息；②移位性，上颌骨横断骨折时，由于重力和肌肉牵拉的作用，骨折块向下、后移位，软腭阻塞咽腔而引起窒息。下颌骨颏部粉碎性骨折或两侧颏孔区同时骨折时，由于降颌肌群的牵拉，可使下颌骨前部向下、后移位，舌后坠阻塞咽腔而引起窒息；③狭窄性，口底、舌根、咽侧及颈部损伤后，可发生血肿或水肿，压迫呼吸道而引起窒息。面部烧伤患者，因吸入热气和烟雾使气管内壁水肿，导致管腔狭窄而引起窒息；④阀门性，撕裂的黏膜瓣盖住咽腔而引起窒息。

2. 吸入性窒息 昏迷的患者直接把血液、唾液、呕吐物及其他异物吸入气管、支气管或肺泡内而引起。

（三）表现

前驱症状是烦躁不安、出汗、吸气长于呼气，严重时出现三凹（锁骨上凹、胸骨上凹和肋间隙明显凹陷）体征。随之出现意识丧失、发绀、瞳孔散大等症状。如不及时抢救，可致呼吸衰竭、心搏骤停而死亡。

（四）急救

1. 阻塞性窒息 根据阻塞的原因，采取下列相应的急救措施：①异物阻塞的患者，立即用手指（裹以纱布）掏出或用塑料管（有条件用吸引器）吸出阻塞物，与此同时，将患者的体位改为侧卧或俯卧位，继续清除阻塞物，直至解除窒息；②舌后坠的患者，在舌尖后 2cm 处用粗丝线或别针穿过舌的全厚组织（有条件者也可用舌钳或巾钳），将舌拉出口外，固定于绷带或衣服上。将头偏向一侧，或采取俯卧额部垫高，便于唾液和呕吐物流出；③上颌骨横断的骨折块下坠堵塞咽腔者，用压舌板、铅笔、筷子、木棒等放于双侧上颌双尖牙部位，将下坠的上颌骨块向上托起，两端固定于头部绷带上；④因咽部肿胀压迫呼吸道者，可经口腔或鼻腔插入通气管，使呼吸道通畅，解除窒息。如情况紧急，又无适当的通气管时，应立即用 15 号以上的粗针头由环甲膜刺入气管，如仍嫌通气不足，可再插入 1 ～ 2 根粗针头，随后进行气管切开。如呼吸已停止，即刻行环甲膜切开（thyrocricotomy）紧急气管插管，以后再改用常规气管切开；⑤对于阀门性窒息，应将下垂的黏膜瓣缝回原位或剪掉，必要时进行气管切开。

2．吸入性窒息　对于吸入性窒息的患者，应立即进行气管切开。通过气管插管迅速吸出血液、分泌物及其他异物，恢复呼吸道通畅。对于这类患者，要特别防止肺部并发症发生。

二、出血

（一）压迫止血

1．指压止血　在紧急情况下，可将出血部位主要动脉的近心端，用手指压迫于附近的骨骼上，暂时止血，而后采取进一步的止血措施。如耳屏前压迫颞浅动脉于颧弓根部；咬肌前缘压迫面动脉于下颌骨下缘；严重出血时可压迫患侧颈总动脉，时间一般不超过 5min。

2．包扎止血　先将软组织复位，然后在损伤部位覆盖多层纱布，再用绷带加压包扎。包扎时要用适当的压力，避免压力过大，加重骨折块移位。

3．填塞止血　开放的洞穿性创口，可用纱布填塞，绷带加压包扎。在颈部及口底创口内填塞纱布时，应注意保持呼吸道通畅，防止压迫气管及咽腔，发生窒息。对鼻出血的患者，排除脑脊液漏后，采取凡士林纱条填塞止血。如效果不好，加用鼻后孔止血。

（二）结扎止血

紧急情况下，可用血管钳夹住血管断端，连同止血钳一起包扎转送。条件允许时，可将创口内出血的血管断端结扎。较严重的出血，局部不能彻底止血时，可作颈外动脉结扎（ligation of external carotid artery）。

（三）药物止血

1．局部用止血药　将西药（盐酸肾上腺素等）、中药（云南白药、止血粉等）或止血材料（明胶海绵、止血纱布等），直接置于出血处，外用棉球、纱布等压迫、包扎止血。

2．全身用止血药　全身用药可分为口服、肌内注射和静脉输入三种。应根据患者的出血轻重程度，选择给药途径。

三、防治感染

口腔颌面部外伤的创口常被沙土、自体牙、骨碎片和细菌污染，容易造成感染。感染对伤员的危害可能会更严重。因此，初期救治时防治感染尤为重要。其中主要的防治手段是尽早清创，无条件清创时应将伤口包扎，防止外部细菌持续污染。伤后要尽早使用抗生素预防感染。为防止口底、口咽和舌的肿胀压迫呼吸道，还可以同时给予地塞米松。伤后一般注射破伤风抗毒素防止破伤风发生，动物咬伤预防注射狂犬病疫苗。

关于休克、颅脑损伤的急救，请参考其他教科书，此处不再赘述。

第三节 口腔颌面部软组织损伤

口腔颌面部软组织损伤可以单独发生，也可以与颌骨骨折同时发生。按照损伤的原因和伤情，一般分为闭合性损伤（close injuries）和开放性损伤（open injuries）两大类。闭合性损伤面部皮肤无裂口，可有皮肤表层的擦伤。开放性损伤不但面部皮肤有裂口，而且皮下、肌层或骨骼都有与外界相通的裂口。

一、闭合性损伤

（一）临床表现

1．表层皮肤破损　可有皮肤擦伤，有点片状创面及少量出血，创面可附着沙土和其他异物。

2．皮肤瘀斑　皮下及深部组织遭受挤压性损伤，小血管和淋巴管破裂，血液渗入组织间隙，出现瘀斑和青紫。一般三周左右全部消散。

3．肿胀和疼痛　肿胀和疼痛与受伤的部位有着密切的关系，颊部及眶周软组织疏松，伤后肿胀重，疼痛轻。额部皮下组织致密，伤后肿胀轻，疼痛重。

4．血肿　由于深部血管破裂所致，有四种结局：①形成瘢痕；②形成外伤性囊肿；③形成假性动脉瘤；④形成脓肿。

（二）治疗

治疗闭合性损伤，主要是处理创面、止血、镇痛、预防感染、促进血肿吸收和恢复功能，最重要的是对血肿的处理。血肿初期，用冷敷、敷料加压包扎进行止血。止血 48h 后用热敷、理疗、外敷中药等，促进血肿消散和吸收。如果血肿较大，在无菌条件下，用粗针头将血液抽出，然后加压包扎。颞下颌关节腔内的血肿，更应该将血液抽出，同时在两侧后牙的咬合面上各放一个橡皮垫，再用四头带将颏部向上方吊起，使关节腔积液减少，减轻颞下颌关节的压力，缓减疼痛。伤后 10 天，开始按摩关节区、练习张口等治疗，防止关节腔内发生纤维性粘连，导致关节强直。血肿若压迫上呼吸道或者继发感染，应手术切开，清除血肿或感染物，同时用抗生素控制感染。血友病患者的出血，应给予输血和血友病的病因治疗。

二、开放性损伤

（一）临床表现

根据致伤原因和伤情的不同，大致可分为刺割伤、挫伤、撕裂或撕脱伤、火器伤、烧伤等。

1．刺、割伤　用锋利器物或破碎的玻璃器皿等刺伤或割伤。用刀或破碎的玻璃割伤者创缘整齐、污染轻、创口内可留有玻璃碎片。用刺刀、匕首、利剑等物刺伤者，伤道深而窄，多为非贯通伤，若伤及面神经易出现面瘫；伤及血管可致大出血；伤及腮腺易出现涎瘘。刺入物为筷子等木制物时，易折断残留于伤道内，可将细菌带入伤口深处。蜂、蝎等带毒刺的螫伤，毒刺可能会留在皮肤内。用斧子等大的机械力击伤，可造成剁碎伤。

2．挫伤　由于机械力的挤压造成皮下及深部组织损伤而无开放性伤口，组织内渗血形成瘀斑或血肿。主要表现为局部皮肤出现瘀斑、肿胀和疼痛。

3．撕裂或撕脱伤　为较大的机械力作用于颌面部组织，当力量大于组织的承受能力时，将组织撕裂或撕脱。如头发卷入机械中，造成大片头皮和面部器官的撕脱。动物的咬伤也常造成组织的撕裂和撕脱伤。头皮可自帽状腱膜撕脱，面部皮肤的裂伤可伴有开放性骨折及颅脑损伤。这种损伤创面大，创缘呈锯齿状，伤情重，出血多，疼痛剧烈，易发生出血性休克。

4．火器伤　火器伤的创口为外翻、缺失或盲管状。特别是爆炸伤，可伴有严重的骨缺损及大量牙齿损伤；软组织污染严重，伤道内集聚着不同程度的坏死组织、血凝块、金属片、碎骨片、碎牙片等异物；牙和碎骨片可作为“二次弹片”加重损伤；容易损伤颈部知名血管，造成严重出血，危及生命。

5．烧伤　烧伤后的临床表现与口腔颌面部解剖和生理特点有关，如组织反应迅速、水肿严重、渗出多；容貌毁损，精神创伤重；呼吸道黏膜水肿，易出现呼吸困难及窒息；受口腔、鼻腔和进食的影响，感染机会多；常伴发颈部烧伤，引起颏颈粘连等。

（二）治疗

1．冲洗清理创口　先用无菌纱布盖住创口，擦掉油垢，用肥皂水和清水冲洗创口周围。在局部麻醉下，用 1% 的过氧化氢溶液和生理盐水冲洗创口。冲洗创口后重新消毒、铺巾，进一步用刮匙或刀尖刮除组织表面异物，用血管钳或镊子夹出残留的沙石、组织碎片等异物。表浅的金属异物用磁铁吸出；较深者在 X 线监视下取出；位于大血管旁者，可暂不取出。一般创缘略加修理即可；明显失去活力或确已坏死的组织应去除；唇、舌、鼻、耳及眼睑处断裂伤，即使大部分或完全游离，只要没有感染或坏死，时间没超过 6h 者，都应尽量给予保留。

2．缝合创口　由于解剖生理特点的不同，各部位的缝合方法也不同。

（1）舌损伤：舌背或舌缘有缺损者，采取纵缝，避免横缝，以免舌长度缩短影响功能。舌腹与口底黏膜都有创面时，应先缝合舌的创面，后缝合口底创面，以免粘连限制舌的运动。舌组织较脆，活动度大，伤后肿胀明显，要用大针粗线、褥式加间断、针距创缘 5mm 以上的深层缝合，以免伤口裂开。

（2）腭损伤：无组织缺损者拉拢缝合。与鼻腔或上颌窦相通者，用减张切口或邻位黏骨膜瓣修复。软腭贯通伤，按鼻腔黏膜、肌层和口腔黏膜的顺序分层缝合。

（3）颊部贯通伤（penetrating injury of cheek）：组织无缺损者，由里向外按层缝合，皮肤作美容缝合。组织缺失少者，用各种组织瓣修复。组织缺损大者，留洞穿缺损不作处理，将创缘周边的皮肤与口内黏膜拉拢缝合，暂时止血，消灭创面，遗留洞穿缺损后期修复。如果伤情与条件允许时，也可用带蒂皮瓣或显微外科的游离皮瓣即刻修复。组织水肿、感染、移位明显时，可用纽扣褥式减张定向拉拢缝合，使组织尽可能恢复和接近正常位置，待感染控制和消肿后再作进一步缝合。

（4）唇部损伤：组织不缺损者，从里向外按层缝合，要特别注意肌层和唇红缘的对位缝合。组织缺损多者应立即用周围邻近组织瓣修复。

（5）鼻损伤：组织不缺损者按层拉拢缝合。缺损小者用邻近组织瓣或皮片修复。缺损大者也要设法关闭创面，切忌软骨暴露，遗留畸形后期修复。缝合后鼻腔内行中空式鼻卷填塞，保持鼻道通畅。

（6）眉、睑部损伤：眉部伤口的缝合必须准确对位，避免出现眉毛错位畸形。睑缘的垂直裂口要设计“Z”字形瓣交叉换位缝合，避免睑外翻。

（7）腮腺及导管损伤：腮腺腺体损伤（parotid gland injury）时，先缝合暴露的腺体，其次缝合腮腺筋膜，最后切除创口一侧少量皮肤，将另一侧创口的皮肤滑行拉拢缝合，加压包扎。腮腺导管损伤（parotid duct injury）时，能吻合者作端端对位吻合，不能吻合者作导管再造。吻合、再造都不能进行时，结扎断端，加压包扎腮腺，服用抑制腺体分泌药，让腺体萎缩，达到治疗目的。

（8）面神经损伤：若面神经断裂、无缺损时，应适当减张后进行吻合。若神经缺损或吻合有张力时，可切取耳大神经进行移植修复。

3．预防感染与对症治疗　每位患者都应该注射破伤风抗毒素；根据情况选用抗生素、止血药、肾上腺皮质激素、止痛药、抑制唾液分泌药等。注意口腔卫生，保持口腔清洁及必要的支持疗法。

第四节 颌骨骨折

颌骨骨折（fractures of the jaws）大部分是由于机械力引起的外伤性骨折，而病理性骨折及其他原因引起的骨折发生率很低。上、下颌骨的骨折状态各有不同，上颌骨骨折按骨折线位置高低分类，下颌骨骨折按骨折线的部位分类。

一、临床表现

（一）上颌骨骨折的临床表现

1．骨折线复杂多样 上颌骨骨折分为横断骨折和矢状骨折两大类。横断骨折的发生率高，骨折线复杂，病情严重。矢状骨折发生率低，骨折线单一（即腭正中缝裂开），病情较轻。Le Fort 将横断骨折分为三型（图 8-1）。Le Fort Ⅰ型，又称上颌骨低位骨折或水平骨折。骨折线经鼻底，自梨状孔外下缘向两侧水平延伸，越过颧牙槽嵴、上颌结节及翼突，使牙槽突与上颌骨分离。Le Fort Ⅱ型，又称上颌骨中位骨折或锥形骨折。骨折线自鼻额缝向两侧横越鼻梁，经过泪骨、眶底、颧颌缝、眶下孔、上颌窦侧壁及翼突，进入翼上颌缝。有时可波及筛窦达颅前窝，出现脑脊液鼻漏。此型骨折最常见。Le Fort Ⅲ型，又称上颌骨高位骨折或颅面分离骨折。骨折线自鼻额缝向两侧横越鼻梁、眶底、颧额缝、颧颞缝及翼突，使面中 1/3 部与颅底完全分离。此型多伴有颅底骨折或颅脑损伤，出现耳、鼻出血，脑脊液漏和面中部凹陷变长。但是，临床上遇到的上颌骨骨折线并非左右如此对称，可能一侧为Ⅰ型，另一侧为Ⅱ型、Ⅲ型或伴有腭部矢状骨折。

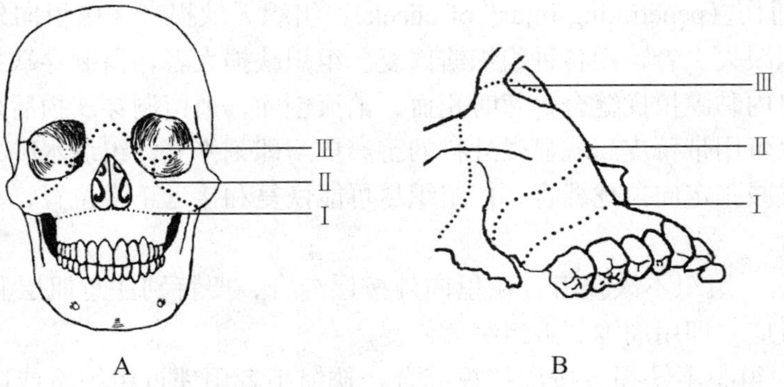

图 8-1 上颌骨骨折的 Le Fort 分类方法

A．正面观；B．侧面观

2．骨折段移位 上颌骨无强大的肌肉附着，骨折段多随外力的方向、骨块的重力和翼内、外肌的牵拉移位。如上颌骨正面受暴力发生的粉碎性骨折，骨折块随受力的方向移位到上颌窦。Le Fort Ⅰ型骨折，牙槽突因重力关系下坠，靠软组织悬挂。Le Fort Ⅱ、Ⅲ型骨折，受翼内、外肌的牵拉向后下方移位，使面中部凹陷，面型变长；软腭也随之移位接近舌根，堵塞咽腔出现呼吸困难；眼球随眶骨下移，出现复视。

3．咬合关系紊乱 上颌骨骨折段的移位必然会造成咬合关系紊乱，由于翼内肌向下牵拉，出现后牙早接触，前牙开𬌗。

4．眶周及眶内变化 眶周水肿，皮下淤血、青紫，形成特有的“眼镜症状”；睑结膜和球结膜下出血；若眼球向下移位，可出现复视。

5．颅脑损伤 Le Fort Ⅱ型和Ⅲ型骨折都可以合并颅脑损伤和颅底骨折，出现脑震荡、脑挫伤、颅内血肿及脑脊液漏的相应表现。

（二）下颌骨骨折的临床表现

1．骨折的易发部位　下颌骨发生骨折的部位常与解剖结构有关，有些部位在结构上和力学上属于薄弱区，如正中联合部、颏孔区、下颌角和髁状突颈部。骨折时，这些区域成为好发部位；相比之下，牙槽突、升支和喙突骨折的概率较小。下颌骨各部位骨折的发生率见图 8-2。

2．骨折段移位　下颌骨是颌面部唯一能活动的骨骼，它的运动主要靠肌肉的牵拉。正常情况下，肌肉的牵拉方向是：髁突区向内、前方向牵拉；喙突区向上、后方向牵拉；下颌角、升支区向上、前、内方向牵拉；颏、体区向后、下、内方向牵拉（图 8-3）。外伤骨折时，由于骨折的部位、外力的大小及方向、骨折线的方向及倾斜度、骨折段有无牙齿及附着肌肉的牵拉方向等的不同，骨折段的移位表现各异：

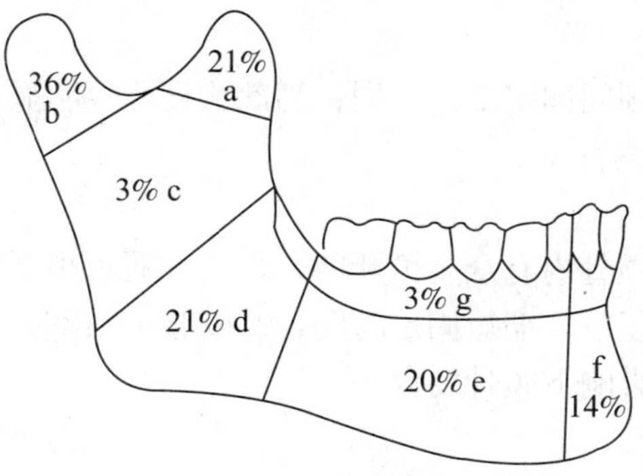

图 8-2　下颌骨各部位骨折的发生率

a．喙突；b．髁突；c．升支；d．角部；e．体部；f．颏部；g．牙槽突

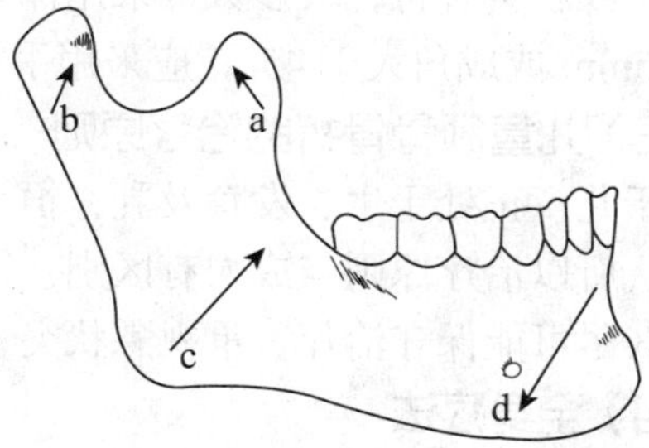

图 8-3　正常下颌骨各部位肌肉的牵拉方向

a．喙突部位，向上、后方向牵拉；b．髁突部位，向内、前方向牵拉；c．下颌角、升支部位：向上、前、内方向牵拉；d．颏、体部，向后、下、内方向牵拉

（1）颏部单发的正中联合部骨折（fractures of the symphysis），由于骨折线两侧的肌力相等，无明显移位。颏部双侧骨折，正中骨折段因降颌肌群的牵拉向下、后方移位。颏部粉碎性骨折或骨质缺损，正中向下、后方移位，两侧向中线移位，使下颌牙弓变窄。骨折块向下、后方移位者，使舌后坠，发生呼吸困难。

（2）颏孔区一侧骨折，前骨折段受降颌肌群的牵拉，向下、外移位。后骨折段受升颌肌群的牵拉，向上、前、内移位。颏孔区双侧骨折，两侧后骨折段受升颌肌群的牵拉，向上、前方移位。前骨折段受降颌肌群的牵拉，向下、后移位。导致颏后缩和舌后坠，发生呼吸困难。

（3）下颌角部正中骨折，前、后骨折段都有咬肌和翼内肌的附着，肌力相等，不发生移位。下颌角前方自后上斜向前下的骨折，因为骨折块阻挡骨折段的移位，故不发生移位。由前上斜向后下的骨折或垂直骨折，前、后骨折段受升、降颌肌群的反向牵拉，发生移位。

（4）髁状突在翼外肌附着的上方骨折，不受翼外肌的牵拉，不发生移位。在翼外肌附着的下方骨折，髁状突受翼外肌的牵拉向前内移位，升支受升颌肌群的牵拉向上方移位，出现后牙早接触，前牙开殆。髁状突骨折发生于一侧者，不能作侧颌运动。发生于两侧者，不能作前伸运动。关节囊若破裂，髁状突可被击入颅中窝。

3．咬合紊乱和骨折处异常动度　牙齿位于颌骨上，骨折段移位后，牙齿随之移位，出现咬合紊乱。颌骨断裂后，必然出现骨折处的异常动度。所以，咬合紊乱和骨折处异常动度是下颌骨骨折的主要体征。

4．撕伤和血肿　骨折处常可见牙龈撕裂、变色及水肿，若撕断下牙槽动、静脉，血液流入疏松的口底组织，形成血肿。严重者可使舌根抬高、后移，造成舌后坠，出现呼吸道梗阻。

5．功能障碍　随着下颌骨骨折的发生，出现一系列功能障碍，如咀嚼功能、吞咽功能、张口功能、语言功能、感觉功能、呼吸功能障碍等。

二、治疗原则

（一）颌骨骨折的处理时机

颌骨骨折应及早进行治疗。但是，如果合并颅脑等重要脏器损伤，生命体征不平稳时，应等待全身情况稳定和好转后，再进行颌骨骨折的治疗。在救治其他部位损伤时，不能忽视与颌骨骨折治疗的衔接。即使由于各种原因延误了早期治疗，也应抓紧时间作延期处理，防止骨折错位愈合。

（二）成人颌骨骨折的治疗原则

目前，国内、外普遍认同的治疗原则是：①解剖复位；②功能稳定性固定；③无创外科；④早期功能性运动。骨折的固定方式应根据条件选用，现阶段以手术开放复位坚固内固定为治疗的主流手段。

对于髁状突骨折，大多数可采用保守治疗，即颌间固定 2 ～ 3 周；当髁状突移位明显，高度降低 5mm 或成角大于 45°，应采用手术开放复位内固定。

（三）儿童颌骨骨折的治疗原则

由于儿童正处于生长发育及乳、恒牙交替期，颌骨内有众多恒牙胚，乳牙牙冠短小不稳固等特点，所以治疗原则与成人有区别：①尽早骨折复位，缩短固定时间；②咬合关系不必苛求严格；③尽可能保守治疗，重视髁状突骨折，以免影响下颌骨发育。

（四）全身疗法

颌骨骨折后，咀嚼功能受到很大影响。对这类患者要采取特殊的进食方法及大量营养补充，合理应用抗生素，保持口腔清洁，防止骨创感染，为骨折愈合创造条件。

第五节 颧骨颧弓骨折

颧骨是上颌骨和颅骨之间的主要连接支架，颧弓构成面中部的外侧面，在面部的外形中起着重要的作用，易受外力打击而发生骨折。

颧骨颧弓骨折的分类方法很多，简单的可分为颧骨骨折、颧弓骨折、颧骨颧弓联合骨折和颧上颌骨骨折。颧弓骨折分为双线型和三线型。

一、临床表现

1．颧面部塌陷畸形　来自前方垂直力量的打击，骨折线发生在眶下缘、颧额缝及颧弓处，颧骨体向下、内、后方向移位，并可突入上颌窦，使突起的颧骨外形消失，出现塌陷畸形的外观。需要注意的是，塌陷畸形在外伤的早期明显，随着局部肿胀的加重，塌陷畸形变得不明显，容易漏诊。

2．张口受限　①来自侧方垂直力量的打击，颧弓可发生典型的“M”或“V”字形骨折，内陷成角的骨折片阻挡喙突的运动，导致张口受限；②咀嚼肌和颞肌筋膜皆附着于颧弓，颧弓骨折的疼痛可反射性引起咀嚼肌和颞肌的痉挛，造成张口受限。

3．复视　①眶下壁和眶外壁骨折时，眶外壁上的眼球悬韧带随骨折片下降，导致眼球下移，两瞳孔不在同一水平线上出现复视；②眶底粉碎性骨折，眶内容物进入上颌窦时，导致眼球下移或眼下直肌被夹于骨折处出现复视；③颧骨骨折后，眼部肌肉出血、水肿，导致眼球运动障碍而出现复视。

4．神经症状　①颧颌缝处骨折，眶下神经可被骨折片压迫或牵拉，使同侧眶下、鼻旁及上唇皮肤出现麻木感；②开放型颧骨骨折也可损伤面神经颧支，出现同侧眼睑闭合功能障碍；③眼眶外壁、下壁或底壁骨折移位致眶腔扩大，眼球内陷压迫视神经，出现视力下降甚至失明。

5．瘀斑和肿胀　当眼眶壁发生闭合性骨折时，同侧的眶周、皮下、结膜下、口内上磨牙颊侧的前庭沟及尖牙窝有瘀斑，伴有不同程度肿胀。

二、治疗原则

颧骨颧弓骨折的治疗原则是恢复功能和外形，对移位不明显，畸形不显著，无张口受限，无复视及上唇麻木等神经受压症状者，可采取保守治疗。

凡有张口困难、功能障碍的患者，无论年龄大小都需要手术治疗。对没有功能障碍，但颧部塌陷严重者也应手术治疗。

1．颧弓骨折　颧弓细而窄，骨折线为单纯的双线和三线型。多采用切开，盲探复位（从深部向上撬），不作或很少作内固定的治疗。如口内前庭沟切开复位、下颌支前缘切开复位、颞部切开复位或巾钳复位等，都属于非稳定性固定。术后要防止骨折区受压，再次塌陷。

2．颧骨骨折　颧骨宽而厚，由于骨折常向后、内、下移位，复位后容易再移位的特点。多采用切开，直视复位，内固定的治疗方法。如在眉弓、眶下等骨折线附近作小切口、复位、内固定。近年来，对复杂颧骨骨折选用的头皮冠状切开（coronal incision）复位、坚固内固定（rigid internal fixation，RIF）技术，都属于稳定性固定。

知识要点

1．口腔颌面部是五官所在的区域，上接颅脑，下连颈部，是呼吸道和消化道的起端，是维持生命的咽喉要道。口腔颌面部与身体其他部位同时遭到严重的复合外伤时，常出现危及生命的并发症，如窒息、出血、休克等。在口腔颌面部损伤的救治工作中，一定要有整体观念。先抢救生命，待生命体征平稳后，尽早进行专科救治。在救治其他部位损伤时，不能忽视与颌骨骨折治疗的衔接。即使由于各种原因延误了早期治疗，也应抓紧时间作延期处理，防止骨折错位愈合，造成后期处理复杂化。

2．颌面部是容貌中心。颌面部受损伤后，常出现不同程度的面部畸形，从而加重伤员的心理负担，治疗时应尽早恢复其外形和功能，减少畸形的发生。

3．上、下颌骨有牙齿的存在，骨折后发生骨折段移位、粉碎，牙齿随之发生移位和缺失。在颌骨骨折的诊断和治疗中，咬合关系是重要的体征和治疗指标。

4．儿童颌骨骨折的治疗原则与成人不同。因为儿童正处于生长发育及乳恒牙交替期，颌骨内有众多恒牙胚，乳牙冠短而小，稳固性差，骨折复位要尽早，咬合关系不必像成人苛求严格，尽可能保守治疗。

5．髁状突与颞下窝组成颞颌关节，是颌面部唯一能够活动的关节，也是人体唯一的联动关节，髁状突又是下颌骨的生长和发育中心。髁状突骨折处理不当，可导致颞颌关节强直。发生于儿童，可继发后期畸形（小颌畸形）。所以，涉及髁状突骨折的治疗一定要正确。

（胡温庭　范　欣）

第九章　口腔颌面部肿瘤

发生在口腔颌面部的肿瘤类型较多，大致分为囊肿、瘤样病变、良性肿瘤和恶性肿瘤等。有统计资料显示，囊肿约占全部口腔颌面部肿瘤的20%、瘤样病变约占5%、良性肿瘤约占43%、恶性肿瘤约占32%，良性病变比恶性病变多。良性肿瘤主要是牙源性和上皮性肿瘤，恶性肿瘤中鳞状细胞癌多见。其治疗原则是良性病变以手术为主，恶性肿瘤采用以手术为主的综合治疗方法。另外，加强预防，去除致病因素对防止口腔颌面部肿瘤的发生十分重要。

第一节　总　论

一、概况

肿瘤（tumor）是人体组织细胞由于内在和外界致病因素长时间的作用，使细胞的遗传物质——脱氧核糖核酸（DNA）产生突变，对细胞的生长和分裂失去控制而发生异常增生和功能失调所造成的一种疾病。

口腔颌面部是人体多种重要器官的集中区，解剖结构复杂，且组织发生来自多层胚叶，因此所发生的肿瘤具有类型繁多，生物学特性各异，易早期侵犯诸如眼、颅底、颈部等邻近重要器官的特点。牙源性和唾液腺腺源性肿瘤为口腔颌面部所特有的肿瘤。口腔颌面部肿瘤的命名包括发生部位、组织来源及生物学特性三个方面，例如左舌下腺囊肿、右腮腺混合瘤、左下颌骨成釉细胞瘤、左舌鳞状细胞癌、右下颌骨骨肉瘤等。根据这种临床命名法便可对该肿瘤有总体的认识。有些肿瘤虽为良性肿瘤但具有局部浸润性生长的特性和恶变倾向，因此临床上称之为"临界瘤"，如颌骨成釉细胞瘤、唾液腺混合瘤等，对于这些肿瘤必须采用正确的手术切除方式。

口腔颌面部肿瘤的发病率在不同国家和地区、不同肿瘤类型之间都具有很大区别，我国目前尚缺乏确切的口腔颌面部肿瘤发病率的统计数据，不同的地区统计数据也不尽相同。据初步估算，我国口腔及口咽癌发病率约为8.7/10万（男性）和6.0/10万（女性）。口腔颌面部肿瘤发病率的排序在全身各部位中居第10位以后。口腔颌面部恶性肿瘤占全身恶性肿瘤的8.2%。在全身肿瘤中，良性与恶性的比例约为1：1。但在口腔颌面部肿瘤中，良性比恶性多。口腔颌面部良性肿瘤以牙源性及上皮性肿瘤多见，好发部位为牙龈、口腔黏膜、颌骨与颜面部。口腔颌面部恶性肿瘤以上皮组织来源最多，尤其是鳞状细胞癌最为常见，好发部位为舌、颊、牙龈、腭。近年来女性患口腔癌有明显增加的趋势。到目前为止，全面统计口腔颌面部恶性肿瘤生存率的报道甚少。就口腔颌面部鳞癌而言，20世纪90年代国内报告的5年生存率约为64%。提高生存率的关键是早期发现、早期诊断、早期治疗。尽管口腔颌面部位于浅表部位，张口直视即可见，诊断应不困难，但遗憾的是，迄今，临床早期误诊率仍高达30%。其原因可能是由于缺乏对口腔癌病损的基本认识和重视。因此，有必要对更多的非口腔专业医务工作者进行培训，使其能更好地掌握和熟悉口腔颌面部肿瘤方面的知识。

二、临床表现与诊断

早期发现、正确诊断是根治恶性肿瘤的关键。在临床上，口腔颌面部恶性肿瘤易被误诊为牙周炎、创伤性溃疡、上颌窦炎、颌骨骨髓炎、面颈部淋巴结结核等，从而使病情延误或失去治愈的机会。因此，在诊断肿瘤时，首先要从总体上区别肿瘤或非肿瘤疾病（如炎症、寄生虫、畸形或组织增生所引起的肿块）；其次，要鉴别肿瘤的生物学性质，即良性或恶性。口腔颌面部肿瘤一般临床鉴别要点可参照表 9-1、图 9-1 及图 9-2。

表9-1 良性肿瘤与恶性肿瘤的鉴别

	良性肿瘤	恶性肿瘤
发病年龄	任何年龄	癌多见于老年，肉瘤多见于青壮年
生长速度	一般较慢	一般较快
生长方式	膨胀性生长	浸润性生长
与周围组织的关系	有包膜，不侵犯周围组织，界限较清楚，多可移动	侵犯、破坏周围组织，界限不清，活动受限
临床症状	一般无症状，瘤体较大时可有面颈部畸形	常有局部疼痛、麻木、头痛、张口受限、面瘫、出血等功能受损症状
转移	无	常发生转移
对机体的影响	一般对机体无影响，但如生长在口咽部位或发生并发症时，也可危及生命	对机体影响严重，常因迅速发展、转移和侵及重要脏器及发生恶病质而死亡
组织学结构	细胞分化良好，细胞形态和结构与正常组织相似	细胞分化差，细胞形态和结构呈异形性，有异常核分裂象

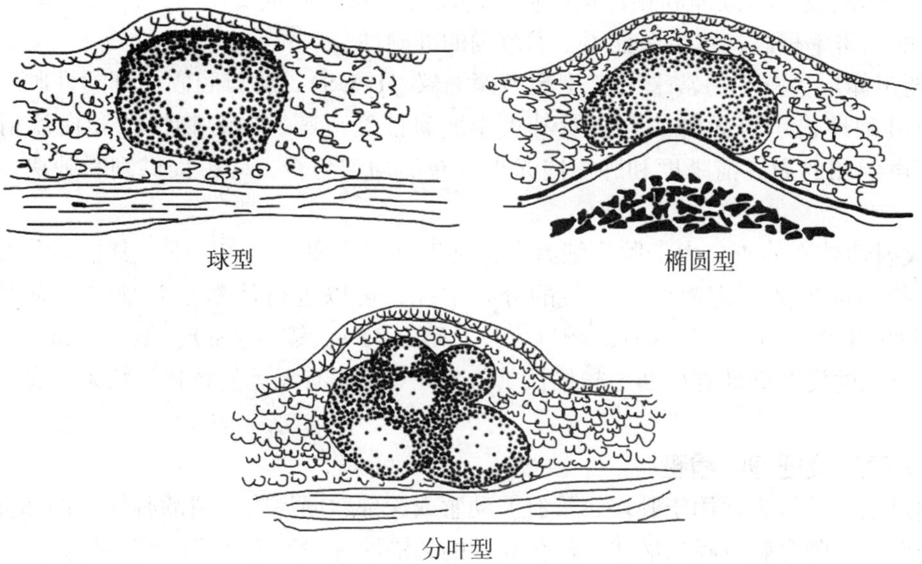

图 9-1 良性肿瘤的一般生长方式

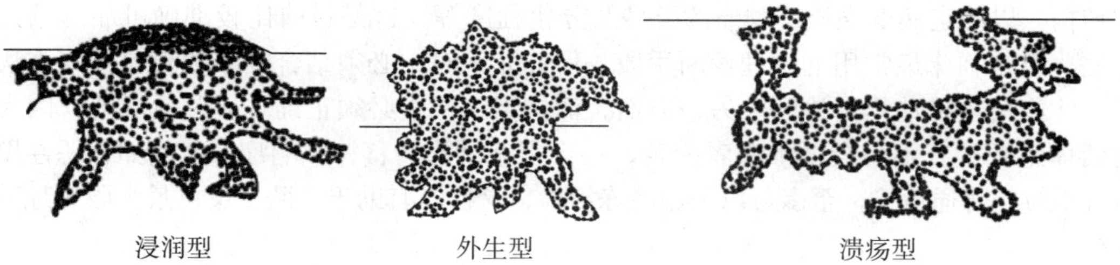

图 9-2 恶性肿瘤的一般生长方式

（一）病史采集

重点应询问最初出现症状的时间、诱发因素、确切的部位、生长速度以及最近是否突然加速生长、有无疼痛及出现器官功能障碍等表现，这在临床上对区分良性肿瘤与恶性肿瘤，以及确定晚期肿瘤的原发部位大有帮助。不要忽视患者的任何一个主诉，特别是细节，切忌把诊断依据全部寄托于其他辅助检查。

（二）临床检查

视诊和触诊在临床检查中占有重要位置。视诊可以了解肿瘤的形态、生长部位、体积大小以及有无功能障碍，如开口大小、舌及眼球活动度等。触诊可以了解肿瘤的边界、质地、活动度及与邻近组织的关系。在颊部、口底、舌部等深部肿瘤应进行双手触诊。听诊对血管源性肿瘤或脉管畸形的诊断有一定帮助。如怀疑恶性肿瘤时，应对颈部淋巴结作常规触诊检查以判断有无淋巴结转移。同时应对患者全身重要脏器进行检查，以排除肿瘤的远处转移，特别是肺部。

（三）影像学检查

1．X 线摄片　X 线摄片主要用以了解骨组织肿瘤的性质，特别是大小、边界、形状等征象，其次可了解软组织肿瘤对骨组织的侵犯程度。例如，中央性颌骨癌颌骨 X 线摄片表现为底大口小的中央呈虫蚀状的骨状破坏区；牙龈癌则常常表现为底小口大、以牙槽骨为中心向底部破坏的征象。

对恶性肿瘤还应常规行胸部摄片检查肺部有无转移。造影检查如唾液腺造影、颈动脉造影、瘤（窦）腔造影等均可协助判断肿瘤的性质和范围，并为治疗提供参考。计算机层析成像（CT）、螺旋 CT、三维 CT、磁共振成像（MRI）和数字减影血管造影（DSA）对口腔颌面部深部肿瘤的诊断及其与颌面和颈部重要血管的毗邻关系具有重要作用，特别是 MRI 对深部软组织肿瘤的分辨率很高，这也保证了手术范围的准确性。

2．超声体层检查　通常采用 B 型超声探测仪（B-US），对口腔颌面部囊性肿瘤和软组织肿瘤能较准确地提示有无肿块存在及其大小、囊性变范围、内容物性状和血流情况等。此外，由其声像图的周界清晰度和肿瘤内光点分布的均匀与否，尚可提供判断肿块良性或恶性的证据。

3．放射性核素检查　由于肿瘤细胞与正常细胞在代谢上存在区别，其核素分布也是有差别的。用扫描或计数测定放射性物质的分布情况，可以进行诊断。多倾向于应用半衰期短和低能量的核素，如锝（^{99m}Tc）、碘（^{131}I）、磷（^{32}P）、锶（^{35}Sr）、铟（^{113}In）、镓（^{67}Ga）等。近年出现的发射型计算机断层扫描仪（ECT）对肿瘤有无远处转移，特别是骨病损的显示良好。

（四）穿刺及细胞学检查

穿刺及细胞学检查适用于肿块触诊有波动感或深部软而界限欠清的肿块，例如深部血管瘤穿吸见全血，囊肿穿刺可吸出液体，部分囊肿的囊液涂片检查有胆固醇结晶等。

（五）活体组织检查

活体组织检查即“活检”系从病变部位取一小块组织制成切片，在显微镜下观察细胞的形态和结构，以确定病变性质、肿瘤的类型及分化程度等。这是目前比较准确可靠的结论性诊断方法，也是临床最常用的病理诊断手段，但并非绝对，必须结合临床和其他检查方法综合分析，才能更正确地作出诊断。另一方面，活体组织检查必须正确掌握其适应证，因为不恰当的活体组织检查不但会增加患者痛苦，还会促使肿瘤转移，影响疗效。例如，恶性黑色素瘤患者不应作普通活检，至多可以采用冷冻活检，这样既有助于诊断，又可最大限度地减少医源性扩散。

（六）肿瘤标志物检查

随着生物化学、免疫学、分子生物学、细胞工程学及遗传工程学等相应检测技术的发展，在恶性肿瘤的血液、尿液或其他体液中可发现一些特殊的化学物质，这类物质通常以抗原、激素、受体、酶、蛋白以及各种癌基因等形式出现。由于这些产物多由肿瘤细胞产生、分泌和释放，故被称为“肿瘤标志物”。因此根据血液及尿液的化验，不仅可了解患者全身情况，还可以协助对肿瘤的诊断。肿瘤标志物还能对患者的治疗效果及其预后进行有效监护。当临床发现肿瘤复发前，肿瘤标志物含量可有显著性变化，可为早期发现和诊断肿瘤提供信息。目前口腔颌面部恶性肿瘤标志物的研究尚处于基础研究阶段，使之应用于临床还有相当长的道路要走。

三、治疗

对肿瘤的治疗，首先要树立综合及多学科合作治疗的观点。应根据肿瘤的性质及其临床表现，结合患者的身体情况，具体分析，确定采取相应的治疗原则与方法，制订一个比较合理的治疗计划。

（一）治疗原则

1．良性肿瘤　通常以外科治疗为主。如为临界瘤，应切除肿瘤周围部分正常组织，将切除组织作冰冻切片病理检查，如有恶变，则还应扩大切除范围。

2．恶性肿瘤　应对肿瘤的组织来源、生长部位、分化程度、发展速度、临床分期、患者机体状况等进行全面研究后再选择适当的治疗方法。其中临床分期对临床治疗的选择及预后估计具有一定的参考价值，最常用的是国际抗癌联盟（UICC）设计的TNM分期法：T代表原发肿瘤大小，N代表区域淋巴结转移情况，M代表远处转移情况。

（二）治疗方法

1．外科手术　手术仍是目前治疗口腔颌面部肿瘤主要和有效的方法，适用于良性肿瘤或用放疗及化疗不能治愈的恶性肿瘤。对可能有淋巴转移的恶性肿瘤特别是口腔鳞癌，还应施行颈淋巴结清扫术。口腔颌面部恶性肿瘤手术失败的主要原因为局部复发或远处转移。因此，在手术中应严格遵守“无瘤”操作：保持切除手术在正常组织内进行；避免切破肿瘤，污染手术野；防止挤压瘤体，以免播散；应行整体切除，不宜分块挖除；对肿瘤外露部分应以纱布覆盖、缝包；表面溃疡者，可采用电灼或化学药物处理，避免手术过程中污染种植；缝合前应用大量低渗盐水及化学药物冲洗湿敷；创口缝合时必须更换手套及器械；为了防止肿瘤扩散，还可采用电刀，也可于术中及术后应用静脉或区域性动脉注射化学药物。

2．放射治疗　放射治疗的基本原理是通过放射线照射组织引发一系列的细胞电离，使得病理组织受到破坏，特别是分化差的细胞更容易受到放射线的影响。目前除早期较小的、对放疗较敏感的肿瘤，以及淋巴、造血组织来源的肿瘤等可用放射线治愈外，对多数口腔颌面部肿瘤来说放疗均为综合治疗的一部分，可作术前放疗，亦可作术后放疗。术前放疗可缩小肿瘤，抑制肿瘤的快速生长，为手术创造条件；术后放疗则多用于手术不能彻底切除和易复发的癌瘤，以减少局部复发。有些肿瘤采用腔内照射疗效较好。放射治疗前，应拔除口内病灶牙及肿瘤邻近的牙，拆除金属套冠及冠桥，这样既可减少颌骨感染及坏死的可能，又可使肿瘤受到放射线的直接照射。此外，还要注意口腔卫生。如放射治疗后发生放射性颌骨坏死或骨髓炎，应进一步处理。

3．化学药物治疗　对于中、晚期口腔颌面部恶性肿瘤，化疗作为综合治疗的一部分，通常是先用化学药物治疗，使肿瘤缩小后再手术，可增加治愈的机会。此称之为新辅助化疗或诱导化疗。在临床应用中，鳞癌首选平阳霉素、顺铂、甲氨蝶呤、紫杉醇等；腺癌首选喜树碱、氟尿嘧啶等。通常采用静脉推注或滴注等全身给药方式进行化疗，也可采用动脉插管行区域性化疗，以提高局部药物浓度，减轻全身毒性，提高疗效。

4．综合序列治疗 为了提高肿瘤的治疗效果，对晚期肿瘤目前多倾向于综合治疗或多学科治疗，即外科手术、放射治疗、化学药物治疗、生物治疗、低温治疗、激光治疗、高温治疗、营养治疗等。目前对口腔颌面部恶性肿瘤强调以手术为主的综合治疗，特别是三联疗法，即手术＋放疗＋化疗。但综合治疗不是硬凑，其目的是为了提高疗效。应根据患者全身情况，针对不同性质的肿瘤和发展的不同阶段，有计划并合理地利用现有的治疗手段，因人而异，制订出合理的个体化治疗方案，其特点不仅是个体的、综合的，还应是治疗方法排列有序的。

四、预防

1．消除或减少致癌因素是最好的预防方法 对口腔颌面部肿瘤的预防应消除外来的慢性刺激因素。如及时处理残根、残冠、错位牙以及磨平锐利的牙尖，去除不良修复体和不良的局部或全口义齿，以免口腔黏膜经常受损伤和刺激，从而避免诱发癌肿，特别是舌、颊及牙龈癌。注意口腔卫生，不吃过烫和刺激性的食物。此外，戒除烟、酒；在户外暴晒或在与有害工业物质接触下工作时，应加强防护措施；避免精神过度紧张和抑郁，保持乐观、平和的心态，对预防肿瘤的发生均具有一定的作用。

2．及时处理癌前病损 口腔颌面部最常见的癌前病损有白斑和红斑。口腔黏膜白斑被认为是最常见的癌前病损之一。文献报道白斑的癌变率，低者不到1%，高者甚至可达60%。口腔颌面部常见的癌前病变被认为有口腔扁平苔藓、口腔黏膜下纤维性变、盘状红斑狼疮等。对于扁平苔藓，尤其是糜烂型及萎缩型扁平苔藓久治不愈者，应充分提高警惕。据文献报道，扁平苔藓的恶变率约为1% ~ 10%。

3．开展防癌普查或易感人群的监测 早期恶性肿瘤是可以治愈的，但到了晚期，治疗效果则很差。早期肿瘤由于症状大多不明显或与有关疾病的症状类似而易被忽略。采取防癌普查，早期发现癌瘤，早期诊断，早期治疗，是当前防癌工作的重要方面。肿瘤的发生和发展要经过一定时间，一般需要几年甚至更长时间。很多癌瘤往往是早期发展较慢，到后期才发展迅速，而大多数恶性肿瘤是可能早期发现的。因此，早期发现，及时确诊，及时治疗，是提高治愈率的最有效措施。

第二节 口腔颌面部囊肿

口腔颌面部的囊肿比较常见，主要有软组织囊肿（含唾液腺囊肿）、硬组织（颌骨）囊肿两大类型。

一、软组织囊肿

（一）皮脂腺囊肿

皮脂腺囊肿（sebaceous cyst），中医称“粉瘤”，主要是由于皮脂腺排泄阻塞，皮脂腺囊状上皮被逐渐增多的内容物膨胀而形成的潴留性囊肿。

1．临床表现 好发于面颊部和额部，小者如豆，大则可至小柑橘样，囊肿生长缓慢，质地软，呈圆形，周界清楚，囊壁与皮肤组织紧密粘连，肿瘤表面皮肤中央可有一黑点，囊肿内容物为白色豆渣样皮脂腺分泌物。囊肿感染时可伴有疼痛和化脓，长期处置不当可恶变为皮脂腺癌。

2．治疗 在局麻下完整手术切除。沿颜面部皮纹方向作梭形切口，应切除包括与囊壁粘连的皮肤。伴发感染者应在感染控制后再行手术。

（二）皮样囊肿或表皮样囊肿

皮样囊肿（dermoid cyst）或表皮样囊肿（epidermoid cyst）为胚胎发育时期遗留于组织中的上皮细胞发育而形成的囊肿。表皮样囊肿也可由于损伤、手术使上皮细胞植入而形成。

1．临床表现　皮样或表皮样囊肿多见于儿童及青年。皮样囊肿好发于口底、颏下，表皮样囊肿好发于眼睑、额、鼻、眶外侧、耳下等部位。一般生长缓慢，呈圆形。囊肿表面的黏膜或皮肤光滑，囊肿与周围组织、皮肤或黏膜均无粘连。触诊时囊壁坚韧而有弹性，似面团样感。发生于下颌舌骨肌、颏舌骨肌、颏舌肌以上的囊肿多向口内突出，体积增大时可将舌推向后方，舌体上抬影响发音甚至引起吞咽和呼吸困难；而发生于下颌舌骨肌、颏舌骨肌、颏舌肌以下的囊肿多向颏部发展。囊肿内容物为白色豆渣样物质，皮样囊肿囊腔内有脱落的上皮细胞、皮脂腺、汗腺及毛发等结构，囊壁较厚，而表皮样囊肿的囊腔内没有皮肤附件（彩图 9-1）。

2．治疗　手术摘除。颜面表皮样囊肿，应沿皮纹在囊肿皮肤上作切口，切开皮肤及皮下组织，显露囊壁，然后将囊肿与周围组织分离，完整摘除，分层缝合。

（三）甲状舌管囊肿

胚胎发育至第 4 周时甲状腺始基形成，以后逐渐下降与甲状舌管及咽表面的上皮粘连。胚胎至第 6 周时，甲状舌管自行消失，在起始点处仅留一浅凹即舌盲孔。如甲状舌管不消失，则残存上皮分泌物聚积，即形成先天性的甲状舌管囊肿（thyroglossal tract cyst）。

1．临床表现　甲状舌管囊肿多见于 1 ~ 10 岁儿童，亦可见于成年人。囊肿可发生于颈正中线，自舌盲孔至胸骨切迹间的任何部位（图 9-3），但以舌骨上下部为最常见，多位于颈正中部位，有时微偏一侧。囊肿生长缓慢，呈圆形，临床上常见者多如胡桃大，质软，周界清楚，与表面皮肤及周围组织无粘连，但可与舌骨体粘连，故可随吞咽及伸舌等动作而移动。甲状舌管囊肿通过舌盲孔与口腔相通可继发感染，囊肿感染后可自行破溃或者误以为脓肿而切开引流，经久不愈则形成甲状舌管瘘（thyroglossal tract sinus），后者长期不愈可癌变。

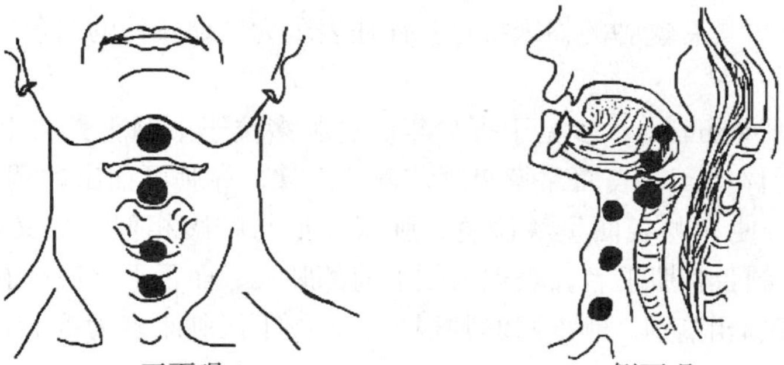

图 9-3　甲状舌管囊肿发生部位示意图

甲状舌管囊肿的诊断可根据其部位和随吞咽移动等体征而作出。有时行穿刺检查可抽出透明、微混浊的黄色稀薄或黏稠性液体。对甲状舌管瘘，还可行碘油造影以明确其瘘管行径。

2．治疗　应手术切除囊肿或瘘管，而且应彻底，否则容易复发。手术的关键是在切除囊肿或瘘管外，将舌骨中份一并切除，尽量在靠近舌盲孔处结扎盲管。

（四）鳃裂囊肿

鳃裂囊肿（branchial cleft cyst）多数认为系由胚胎鳃裂残余组织所形成。囊壁厚薄不等，含有淋巴样组织，通常多覆有复层鳞状上皮，少数则被以柱状上皮。囊肿常因壁内淋巴结炎产生纤维化而使囊壁变厚（图 9-4）。

1．临床表现　根据其来源不同临床表现不一。多见于青少年，生长缓慢，发生于下颌角

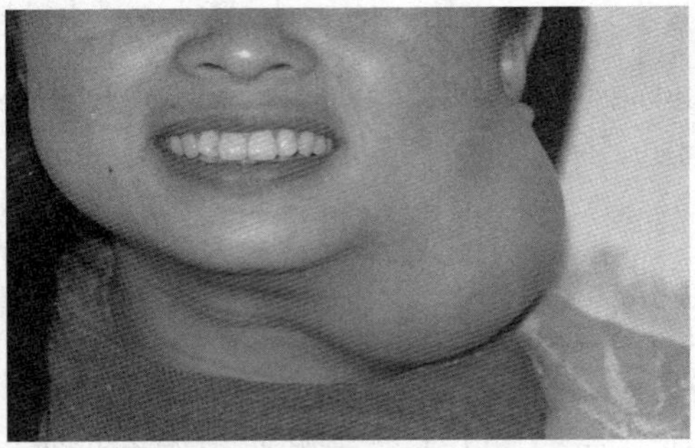

图 9-4 鳃裂囊肿（并发感染）
一侧颌下区及颈上分巨大包块，边界较清楚，外形较规则。（由贵阳医学院提供）

部及腮腺区者常为第一鳃裂来源；发生于相当于肩胛舌骨肌水平以上者为第二鳃裂来源；发生于颈根区者多为第三、第四鳃裂来源。临床上以第二鳃裂囊肿最为常见。第二鳃裂囊肿常位于颈上部，大多数在舌骨水平，胸锁乳突肌上 1/3 前缘附近，有时附着于颈动脉鞘的后部，或从颈内、外动脉分叉之间突向咽侧壁。肿物大小不定，生长缓慢，表面光滑，质地软，囊液为棕黄色或乳白色黏稠液体，含或不含胆固醇结晶。患者一般无症状，当有上呼吸道感染时，肿物可骤然变大。鳃裂囊肿穿破后，可长期不愈，形成鳃裂瘘（branchial cleft sinus）；亦有出生时，就有瘘口。囊肿可有波动感，但无搏动，需与颈动脉体瘤鉴别。

2．治疗　根治的方法是外科手术彻底切除，如遗留有残存组织，可导致复发。进行第一鳃裂囊肿手术时要注意保护面神经；进行第二鳃裂囊肿手术时要注意保护颈部重要神经血管，如第Ⅹ、Ⅺ、Ⅻ对脑神经，颈内、外动脉，颈内静脉。

（五）唾液腺囊肿

唾液腺囊肿（salivary gland cyst）好发于下唇和舌下腺。囊肿发生主要有两个原因：一是由于导管远端部分阻塞、扩张形成有上皮衬里的囊肿，称为潴留性囊肿；另一原因是导管或腺体破损，黏液向外渗入组织间隙，形成的囊肿无上皮衬里，称为外渗性囊肿。主要发生在小涎腺和舌下腺，颌下腺、腮腺少见。

1．临床表现

（1）黏液囊肿（mucous cyst）：好发于下唇及舌尖腹侧。囊肿位于黏膜下，表面仅覆盖一薄层黏膜，故呈半透明、浅蓝色小泡，状似水泡。质地软而有弹性。囊肿很容易被咬伤而破裂，流出蛋清样透明黏稠液体，囊肿消失。破裂处愈合后，又被黏液充满，再次形成囊肿。反复发作的黏液囊肿不再具有囊肿的临床特点，往往表现为质地较韧的白色瘢痕突起，透明度也因此降低。

（2）舌下腺囊肿（ranula）：多见于青少年。囊肿多位于下颌舌骨肌上，表现为单侧舌下口底区肿胀，可将舌体抬高，表面黏膜变薄。触诊柔软，穿刺可抽出黏稠、略带黄色的液体。由于内容物为唾液，使囊肿表面呈淡蓝色，肿胀外形与蛙腹相似，故又称“蛤蟆肿”（彩图 9-2）。但也有位于下颌舌骨肌下者，表现为颌下前部肿大，而舌下口底区肿大不明显，称为口外型。应与颌下区疾病相鉴别。颌下腺囊肿很少见，颌下区肿胀多为舌下腺囊肿口外型。穿刺检查可帮助诊断。

2．治疗

（1）小涎腺黏液囊肿：可在抽净囊液后，向囊腔内注入 2% 碘酊 0.2 ~ 0.5ml，停留 2 ~ 3min，再将碘酊抽出。目的是破坏上皮细胞，使其失去分泌功能而不再形成囊肿。但最常用的治疗方法为手术切除。

（2）舌下腺囊肿：根治的方法是切除舌下腺，残留部分囊壁不致造成复发。对全身情况不能耐受舌下腺切除的患者及婴儿，可简单地作袋形缝合术，待全身情况好转或婴儿长至 4 ~ 5 岁后再行舌下腺切除术。

二、颌骨囊肿

（一）牙源性颌骨囊肿

牙源性颌骨囊肿（odontogenic cyst）发生于颌骨且与成牙组织或牙有关。

1．分类

（1）根端囊肿（radicular cyst）：是由于根尖肉芽肿、慢性炎症的刺激，引起牙周膜内的上皮残余增生（图 9-5）。增生的上皮团中央发生变性与液化，周围组织液不断渗出，逐渐形成囊肿，故亦可称为根尖周囊肿（periapical cyst）。

（2）始基囊肿（primordial cyst）：发生于成釉器发育的早期阶段，牙釉质和牙本质形成之前，在炎症或损伤刺激后，成釉器的星形网状层发生变性，并有液体渗出，蓄积其中而形成囊肿。

（3）含牙囊肿（dentigerous cyst）：又称滤泡囊肿（follicular cyst），发生于牙冠或牙根形成之后，在缩余釉上皮与牙冠面之间出现液体渗出而形成含牙囊肿（图 9-6）。可来自一个牙胚（含一个牙），也有来自多个牙胚（含多个牙）者。

图 9-5　根尖囊肿 X 线表现

牙根尖类圆形低密度骨质吸收影像，边界清楚。（由贵阳医学院提供）

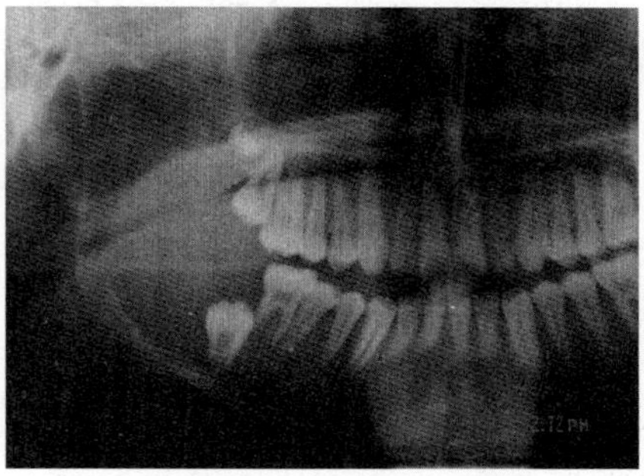

图 9-6　下颌骨含牙囊肿

一侧下颌骨巨大骨质破坏影像，肿瘤边界圆滑清楚，骨白线形成，瘤腔内可见未萌出的磨牙。（由贵阳医学院提供）

（4）角化囊肿（keratocyst）：系来源于原始的牙胚或牙板残余。角化囊肿囊壁的上皮及纤维包膜均较薄。在囊壁的结缔纤维包膜内有时含有子囊（或称卫星囊腔）或上皮岛。手术中子囊容易脱落而残留，形成复发病灶。角化囊肿（常为多发性）同时伴有皮肤基底细胞痣（或基底细胞癌）、分叉肋、眶距增宽、颅骨异常、小脑镰钙化等症状时，称为“痣样基底细胞癌综合征”（nevoid basal cell carcinoma syndrome）。

2．临床表现　牙源性颌骨囊肿生长缓慢，初期无自觉症状。若继续生长，骨质逐渐向周围膨胀，则形成面部畸形。如果囊肿发展到更大时，表面骨质变为极薄之骨板，触诊时可有乒乓球样的感觉，并发出所谓折羊皮纸样脆裂声。最后如果此层极薄的骨板也被吸收，则可有波动感。根端囊肿可在口腔内发现深龋、残根或死髓牙。始基、含牙及角化囊肿则可伴先天缺牙或有多余牙。如因拔牙、损伤使囊肿破裂，可见囊内有草黄色或草绿色液体流出，如为角化囊肿，则可见似皮脂样物质。囊肿如有继发感染，则出现炎症表现，患者感觉胀痛、发热、全身不适等。

3．诊断　可根据病史及临床表现。X 线摄片检查对诊断有很大帮助。囊肿在 X 线摄片上显示为一清晰圆形或卵圆形的透明阴影，边缘整齐，周围常呈现一明显白色骨质反应线，但角化囊肿中有时边缘可不整齐。穿刺是一种比较可靠的诊断方法，可抽出草黄色或草绿色囊液，在显微镜下可见到胆固醇晶体，角化囊肿大多可见黄、白色角蛋白样物质混杂其中。

4．治疗　应采用外科手术摘除。如伴有感染须先用抗菌药物控制感染后再行手术治疗。术前应拍 X 线片，以明确囊肿的范围与邻近组织的关系。

（二）非牙源性颌骨囊肿

非牙源性颌骨囊肿（non-odontogenic cyst），亦称面裂囊肿（cyst of facial fissure），由胚胎

发育过程中残存于面突连接处的上皮发展而成。其临床症状与牙源性囊肿相似，即主要表现为颌骨骨质的膨胀。

1．球上颌囊肿（globulomaxillary cyst） 发生于上颌侧切牙与尖牙之间（胚胎时球状突与上颌突之间），牙常被排挤而移位。X线摄片上显示囊肿阴影在牙根之间，而不在根尖部位。

2．鼻腭囊肿（nasopalatine cyst） 位于切牙管内或附近（来自切牙管残余上皮）。X线摄片上可见到切牙管扩大的囊肿阴影。

3．正中囊肿（median cyst） 位于切牙孔之后，腭中缝的任何部位（胚胎时两侧腭突之间）。X线摄片上可见缝间有圆形囊肿阴影。正中囊肿亦可发生于下颌正中线处（胚胎时下颌突之间）。

4．鼻唇囊肿（nasolabial cyst） 位于上唇底和鼻前庭内（胚胎时球状突、侧鼻突及上颌突连接处），囊肿在骨质的表面。X线摄片上骨质无破坏现象。在口腔前庭外侧可扪及囊肿的存在。

非牙源性颌骨囊肿确诊后应及时进行手术治疗，手术方法同牙源性囊肿。

第三节 良性肿瘤和瘤样病变

一、瘤样病变

（一）色素痣

色素痣（nevi）来源于表皮基底层产生黑色素的色素细胞。

1．分类

（1）皮内痣（int radermal nevus）：为大痣细胞分化而来，是更成熟的小痣细胞，并进入真皮及其周围结缔组织中。

（2）交界痣（junctional nevus）：痣细胞在表皮和真皮交界处，呈多个巢团状，边界清楚，分布距离均匀，每一巢团的上一半在表皮的底层内，下一半则在真皮浅层内。这些痣细胞为大痣细胞，色素较深。

（3）复合痣（compound nevus）：在痣细胞进入真皮的过程中，常同时有皮内痣和残留的交界痣，为上述两型痣的混合形式。

2．临床表现 交界痣为淡棕色或深棕色斑疹、丘疹或结节，一般较小，表面光滑、无毛，平坦或稍高于皮表，一般不出现自觉症状。突起于皮肤表面的交界痣容易受到洗脸、刮须、摩擦与损伤的刺激，并由此可能发生恶性病变，如局部轻度瘙痒、灼热或疼痛；痣的体积迅速增大；色泽加深；表面出现感染、破溃、出血；或痣周围皮肤出现卫星小点、放射状黑线、黑色素环，以及痣所在部位的引流区淋巴结肿大等。恶性黑色素瘤多来自交界痣。

一般认为，毛痣、雀斑样色素痣均为皮内痣或复合痣。这类痣很少恶变，如有恶变系来自交界痣部分。

3．治疗 面部较大的痣无恶变症状者，可考虑分期部分切除，容貌、功能保存均较好，但不适用于有恶变倾向者；也可采用全部切除，利用邻近皮瓣转移或游离皮片移植。如怀疑有恶变的痣，应采用外科手术一次性全部切除并送病理检查，手术应在痣的边界以外，于正常皮肤上作切口。比较小的痣切除后，可以潜行剥离皮肤创缘后直接拉拢缝合。

（二）牙龈瘤

牙龈瘤（epulis）来源于牙周膜及颌骨牙槽突的结缔组织。常见于两牙之间牙龈乳头处，位于唇、颊侧者较舌、腭侧者多，最常见的部位是前磨牙区。肿瘤呈半球形或分叶状，可引起牙齿移位，龈下多有结石。多认为是机械刺激及慢性炎性刺激引起的反应性增生，也可为来源于牙源性上皮的真性肿瘤。可分为肉芽肿型牙龈瘤、纤维型牙龈瘤、血管型牙龈瘤。

1．临床表现

（1）肉芽肿型牙龈瘤：是由于肉芽组织过度增生引起的炎性牙龈瘤，易出血，色泽鲜红。

（2）纤维型牙龈瘤：是一种真性肿瘤，也可为炎性组织增生而形成，表面光滑，不易出血，色泽与正常牙龈相近。

（3）血管型牙龈瘤：有明显的毛细血管增生和扩张，组织学呈血管瘤样结构，多伴有炎性浸润，颜色较深可呈紫红色，较软有弹性，易出血。妊娠性牙龈瘤多属此类。

2．治疗　可在局麻或者全麻下手术切除，切除必须彻底，否则极易复发。一般应将病变所涉及的牙同时拔除。

二、良性肿瘤

（一）成釉细胞瘤

成釉细胞瘤（ameloblastoma）是由牙板上皮、成釉器、牙周膜内残余上皮等发展而来的颌骨良性肿瘤，在牙源性肿瘤中较为常见。

1．临床表现　多发于青壮年，以下颌骨体及下颌角处常见。生长缓慢，初期无自觉症状，逐渐生长变大时才被发现，病变多向颌骨的颊侧膨大，骨质逐渐变薄后可有羊皮纸样感，随着颌骨的肿胀造成了颜面的不对称（图 9-7）。如侵犯牙槽突可造成所累及牙的松动、移位、脱落。肿瘤继续膨胀突出于颌骨表面，可侵入软组织内，影响下颌运动度甚至引起吞咽、咀嚼、呼吸困难。当肿瘤压迫下牙槽神经时，患侧下唇可感觉麻木不适。肿瘤发展过大时还可发生病理性骨折。发生在上颌骨的肿瘤可波及鼻腔，发生阻塞，侵入上颌窦波及眼眶、鼻泪管时可使眼球移位、流泪及复视。若向口腔发展可使牙齿咬合错乱。成釉细胞瘤可为囊性、实性或混合存在。囊性者穿刺时可有淡黄色囊液，可含胆固醇结晶。

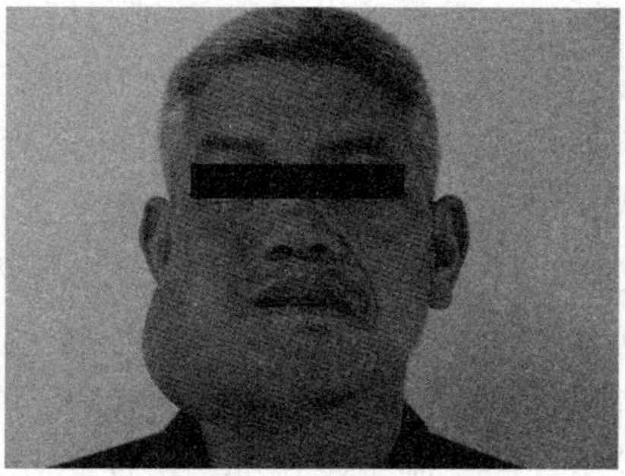

图 9-7　下颌骨成釉细胞瘤

一侧面下硬组织巨大外生膨隆包块，下界达颌下区，包块外形不规则，边界不清楚。（由贵阳医学院提供）

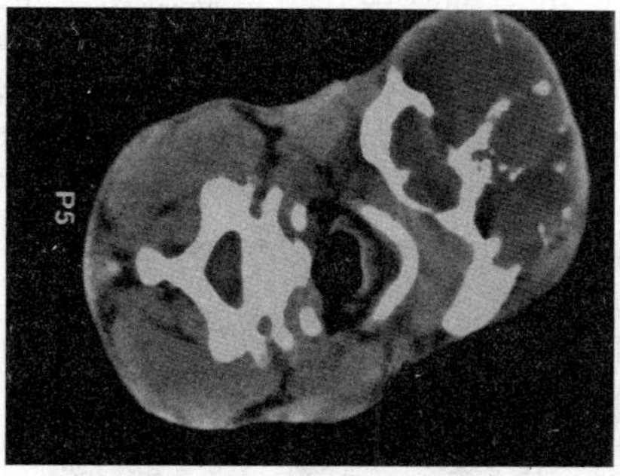

图 9-8　下颌骨成釉细胞瘤 CT 影像

下颌骨巨大不规则骨质破坏区，多房状，彼此形成月型切迹影像，瘤体边界清楚圆滑。（由贵阳医学院提供）

2．诊断　根据病史、临床表现、X 线摄片特点，可作出初步诊断。典型成釉细胞瘤的 X 线摄片表现：早期呈蜂房状，以后形成多房性囊肿样阴影，单房比较少。成釉细胞瘤因为多房性及有一定程度的局部浸润性，故周围囊壁边缘常不整齐，呈半月形切迹。在囊内的牙根尖可有不规则吸收现象（图 9-8）。

3．治疗　主要为外科手术治疗。因成釉细胞瘤有局部浸润周围骨质的特点，需将肿瘤周围的骨质至少在 0.5cm 处切除，否则，治疗不彻底将导致复发，而多次复发后肿瘤可变为恶性。下颌骨部分切除后，可立即采用植骨术。

（二）血管瘤及脉管畸形

血管瘤（脉管瘤）及脉管畸形系来源于血管或淋巴管的肿瘤或畸形。以前分类习惯将此病称为血管瘤或淋巴管瘤，现在认为有的脉管病变并非真性肿瘤，故除真正的血管瘤外目前统称脉管畸形。

1．血管瘤（hemangioma）　起源于残余的胚胎成血管细胞，发生于口腔颌面部的血管瘤占全身血管瘤的60%。多见于婴儿出生时或出生后不久（1个月以内），多发于颜面部皮肤及皮下组织，口腔黏膜较少，呈鲜红或紫红色，与皮肤表面平，周界清楚。以手指压迫肿瘤，表面颜色褪去，解除压力后，血液立即充满肿瘤，恢复原有大小及色泽。一般1年以内为肿瘤快速增长期，而1年以后则进入静止消退期，在10～12岁消退期才完成。皮肤大面积病损者称为葡萄酒斑状血管瘤；另一类型为突出皮肤，高低不平，似杨梅状，称为杨梅样血管瘤。

2．脉管畸形

（1）静脉畸形：旧分类称为海绵状血管瘤（cavernous hemangioma），是由衬有内皮细胞的无数血窦所组成。好发于颊、颈、眼睑、唇、舌或口底部。血窦大小不一，形状各异，位置深浅不定，如果位置较深，则皮肤或黏膜颜色正常，表浅者则呈现蓝色或紫色。一般边界不清，触之柔软，可以被压缩，有时可触到静脉石。当头低位时，肿瘤充血膨大，恢复正常位置后，肿块亦随之缩小，恢复原状，此称为体位移动试验阳性。有时海绵状血管瘤与毛细管型血管瘤可同时存在，彼此掺杂而成混合型血管瘤。静脉畸形病损体积不大时多无自觉症状，病损体积增大后可致颜面、唇、舌等明显畸形及功能障碍，并可继发感染和出血。

（2）动静脉畸形：旧分类称为蔓状血管瘤（cirsoid hemangioma），又称葡萄状血管瘤，是一种迂回弯曲、极不规则而有搏动性的血管瘤，主要由血管壁显著扩张的动脉和静脉直接吻合而形成。蔓状血管瘤多见于成年人，幼儿少见。蔓状血管瘤常发生于颞浅动脉所在的颞部或头部皮下组织中。肿瘤高起呈念珠状，表面温度较正常皮肤为高。患者可自己感觉到搏动，触诊有震颤感，听诊有吹风样杂音。若将供血的动脉全部压闭，则肿瘤的搏动和杂音消失。肿瘤可侵蚀基底的骨质，也可突入皮肤，使其变薄，甚至坏死出血。蔓状血管瘤亦可与毛细管型血管瘤或海绵状血管瘤同时并存。

（3）淋巴管畸形：淋巴管畸形系淋巴管异常发育所致，常见于儿童和青年，好发于舌、唇及颈部。根据临床特征和组织结构分为微囊型和大囊型两类。微囊型以前称为毛细管型及海绵型淋巴管瘤，淋巴管内充满淋巴液，在皮肤或黏膜上呈现孤立的或多发性散在的小圆形囊性结节状或点状病损，无色、柔软，一般无压缩性，肿瘤边界不清楚。口腔黏膜的微囊型淋巴管畸形有时与微静脉畸形同时存在，出现黄、红色小疱状突起，以前临床上习惯称为淋巴血管瘤（彩图9-3）。海绵型淋巴管畸形发生在唇、颌下及颊部，可使患处显著肥大畸形；发生于舌部者常合并毛细管型，并呈巨舌症，可引起颌骨畸形，致牙齿咬合关系紊乱、牙移位等。大囊型淋巴管畸形以前称为囊肿型或又称为囊性水瘤（cystic hydroma），主要发生于颈部锁骨之上，亦可发生于颌下区及上颈部。一般为多房性囊腔，彼此间隔，内有透明、淡黄色水样液体。肿瘤大小不一，表面皮肤色泽正常，呈充盈状态，触诊柔软，有波动感。囊肿型与深层静脉畸形不同的是体位移动试验呈阴性（图9-9）。

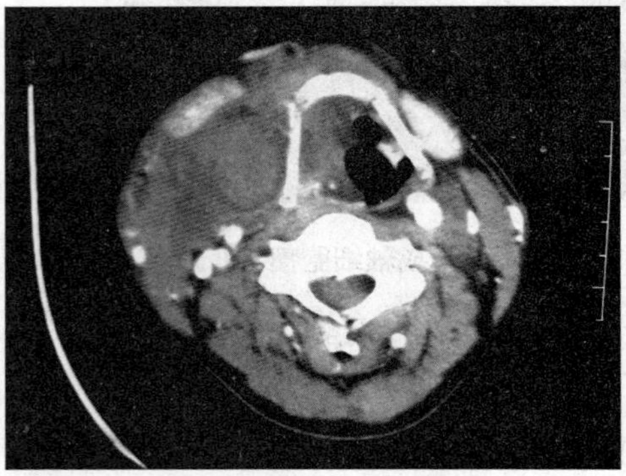

图9-9　大囊型淋巴管畸形（淋巴管瘤）CT影像

一侧颈部中分囊性占位，边界清楚，内部质地均匀，囊壁不完整。（由贵阳医学院提供）

（4）混合型脉管畸形：存在一种以上的脉管畸形称为混合型脉管畸形。

3．诊断　表浅的血管瘤或脉管畸形诊断并不困难。位置较深的脉管畸形应作体位移动试验和穿刺来确定。对动静脉畸形以及深层组织内静脉畸形、大囊型淋巴管畸形等，可以采用动脉造影以及瘤腔造影，或彩色B超、磁共振血管成像来协助诊断并为治疗作参考。

4．治疗　血管瘤及脉管畸形的治疗应根据肿瘤类型、位置及患者的年龄等因素来决定。目前的治疗方法有外科切除、放射治疗、低温治疗、激光治疗、硬化剂注射、化疗药物等，一般采用综合疗法。近年来，由于介入放射学（interventional radiology）的发展，用经导管动脉栓塞技术（transcatheter arterial embolization，TCAE）可以控制和减少术中出血。淋巴管畸形治疗基本相同，但主要是采用外科手术切除，对范围较大的肿瘤可分期切除。

（三）神经纤维瘤

神经纤维瘤（neurofibroma）是由神经鞘细胞及成纤维细胞两种主要成分组成的良性肿瘤。神经纤维瘤分单发性与多发性两种，多发性神经纤维瘤又称为神经纤维瘤病（neurofibromatosis）。

1．临床表现　神经纤维瘤多见于年轻人，生长缓慢，口腔内较少见。颜面部神经纤维瘤的临床表现主要是表面皮肤呈大小不一的棕色斑，或呈灰黑色小点状或片状病损。触诊时，皮肤内有多发性瘤结节，质较硬。多发性瘤结节可沿皮下神经分布，呈念珠状，也可呈丛状，如来自感觉神经，可有明显触痛。沿着神经分布的区域内，有时有结缔组织呈异位增生，皮肤松弛或折叠下垂，遮盖眼部，发生功能障碍，面部畸形。肿瘤质地柔软，虽瘤内血运丰富，但一般不能压缩。邻近的骨受侵犯时，可引起畸形。头面部多发性神经纤维瘤还可伴先天性枕骨缺损。神经纤维瘤病有遗传倾向，为常染色体显性遗传。因此对患者的亲属，特别是直系亲属最好进行全身性检查，才能确定是否有家族史。

2．治疗　手术切除。对小而局限性的神经纤维瘤可以一次完全切除，但对巨大的肿瘤只能作部分切除，以纠正畸形及改善功能障碍。

（四）骨化性纤维瘤

骨化性纤维瘤（ossifying fibroma）为颌面骨比较常见的良性肿瘤。

1．临床表现　骨化性纤维瘤多发生于年轻人，常为单发性，可发生于上、下颌骨，但以下颌骨较为多见。女性多于男性。此瘤生长缓慢，早期无自觉症状，不易被发现，肿瘤逐渐增大后可造成颌骨膨胀肿大，引起面部畸形及牙移位。发生于上颌骨的，常波及颧骨，并可能波及上颌窦及腭部，使眼眶畸形，眼球突出或移位，甚或产生复视。下颌骨骨化性纤维瘤除引起面部畸形外，还可导致咬合紊乱，有时可继发感染，伴发骨髓炎。

2．诊断　在X线摄片上表现为颌骨局限性膨胀，病变向四周发展，界限清楚，呈圆形或卵圆形，密度降低，病变内可见不等量的、不规则的钙化阴影。

3．治疗　由于骨化性纤维瘤属真性肿瘤，故原则上应行手术切除。

（五）多形性腺瘤

多形性腺瘤（pleomorphic adenoma）由肿瘤性上皮组织和黏液样或软骨样组织组成，因此又名混合瘤（mixed tumor），是唾液腺肿瘤中最常见者，其生物学特性不同于一般良性肿瘤。包膜常不完整，在包膜中有瘤细胞，甚至包膜以外的腺体组织中也可有瘤细胞存在，如采用剜除术或手术中肿瘤破裂，极易造成种植性复发。部分病例可发生恶变，因此该瘤属“临界瘤”（border line tumor）。

1．临床表现　在大唾液腺肿瘤中多形性腺瘤最常见于腮腺（图9-10），其次为颌下腺，舌下腺极少见，发生于小涎腺者以腭部为最常见。一般为单侧发病，偶见双侧腮腺同时或先后发病。任何年龄均可发生，但以30～50岁为多见，女性多于男性。肿瘤生长缓慢，有的肿瘤生长长达50余年，除表现为面部畸形外，一般不会引起功能障碍。肿瘤界限清楚，质地中等，触诊呈结节状，一般可活动，小者仅数毫米，大者达200mm或以上。但发生在腭部及腮腺深叶的肿瘤可固定不动。如果肿瘤缓慢生长多年突然出现生长加速，并伴有疼痛、面神经麻痹等症状时，应考虑恶变的可能。

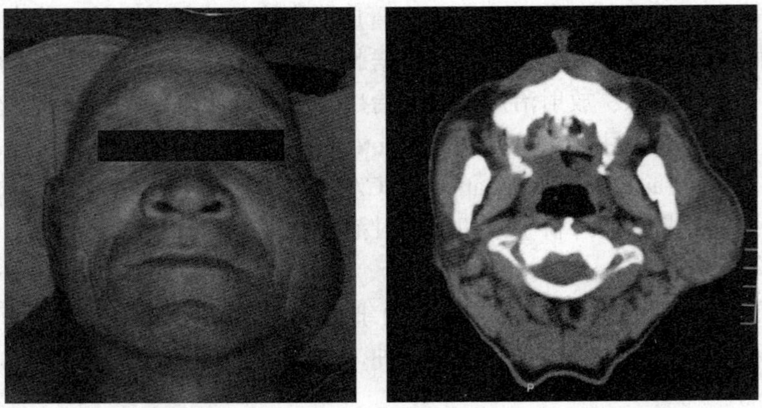

图 9-10 腮腺多形性腺瘤（混合瘤）

一侧以耳垂为中心的巨大包块，边界清楚，CT 提示左侧腮腺组织明显占位，质地均匀升高，包膜完整。（由新乡医学院提供）

2．诊断 根据病史及临床表现，结合 B 超、CT、MRI 等影像学表现可作出临床诊断。由于针吸活检容易造成肿瘤种植及组织感染，所以不主张术前进行此类形式的活体检查，因此准确的诊断需要手术后的常规病理切片检查结果。

3．治疗 手术切除。腮腺浅叶的肿瘤不能行单纯肿瘤摘除，即剜除术，而应将肿瘤包膜外正常腺体连同腮腺浅叶一并切除；腮腺深叶的肿瘤应将肿瘤及腮腺全部切除。腮腺多形性腺瘤手术应保留面神经，颌下腺多形性腺瘤应包括颌下腺腺体一并切除。

（六）沃辛瘤

沃辛瘤（Warthin tumor）又名腺淋巴瘤（adenolymphoma），多见于腮腺，其组织发生与淋巴结有关。在胚胎发育时期，腮腺和腮腺内的淋巴组织同时发育，腺体组织可以迷走到淋巴组织中，淋巴结形成包膜后即将腺体组织包裹于其中，这种迷走的腺体组织发生肿瘤样变即为沃辛瘤。

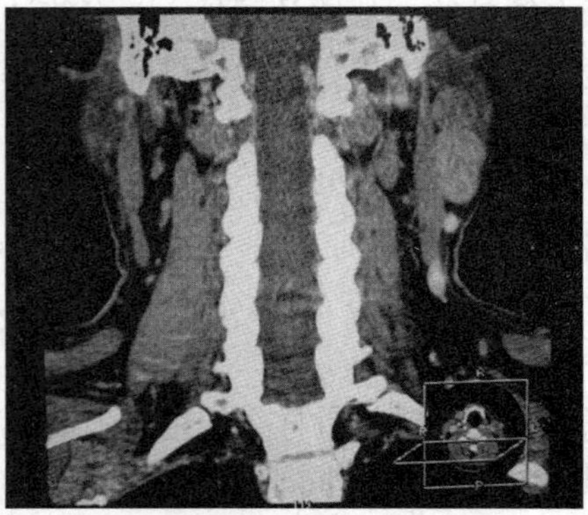

图 9-11 腮腺沃辛瘤

左侧腮腺多发卵圆形包块，边界清楚，质地均匀，包膜较薄。（由新乡医学院提供）

1．临床表现 多见于男性，男女比例约为 6：1，好发于 40 ~ 70 岁的中老年。患者常有吸烟史，其发病可能与吸烟有关。可有肿块时大时小的消长史。绝大多数肿瘤位于腮腺后下极（图 9-11）。触诊肿瘤呈圆形或卵圆形，表面光滑，质地软，有时有囊性感。肿瘤常呈多发性，约 12% 的患者为双侧腮腺肿瘤，也可在一侧腮腺出现多个肿瘤。有些患者术后又出现肿瘤，不是复发而是多发。术中可见肿瘤呈紫褐色，剖面可见囊腔形成，内含干酪样或黏稠液体。

2．诊断 根据患者病史及临床表现，大多可作出诊断。^{99m}Tc 核素显像呈“热”结节，具有特征性，有助于诊断。

3．治疗 手术切除。由于肿瘤常位于腮腺后下极，可考虑行连同肿瘤以及周围 0.5cm 以上正常腮腺切除的区域性切除术。这种方式不同于剜除术，不会造成复发，可保留腮腺导管及大部分腮腺功能。术中应切除腮腺后下极及其周围淋巴结，以免出现新的肿瘤。

第四节 恶性肿瘤

一、口腔癌

（一）舌癌

舌癌（carcinoma of tongue）是最常见的口腔癌，在口腔癌发病率中居首位。舌癌约85%以上发生在舌体，且多数发生在舌中1/3侧缘部。舌癌大多数为鳞状细胞癌。腺癌比较少见，多位于舌根部。

1．临床表现　舌癌早期可表现为溃疡、外生、浸润三种类型，早期症状多数不明显。初期表现为黏膜小硬结，仅感轻度不适，逐渐形成明显肿块或溃疡（彩图9-4），合并感染时产生剧烈疼痛，向同侧面部和耳颞部有放射感。晚期舌癌向口底侵犯时（癌肿侵犯舌内肌、舌外肌），出现舌运动受限，舌固定，进食困难及言语不清等。触诊基底部较硬且疼痛剧烈。舌癌的淋巴结转移率较高，通常为40%左右。转移部位以颈深上淋巴结群最多。此外，舌癌可远处转移，一般转移至肺部。

2．诊断　舌癌的诊断一般比较容易，但对早期舌癌，特别是浸润型要提高警惕。触诊对舌癌的诊断比视诊更为重要。为了明确诊断，应进行活检。对舌根部的癌肿，除触诊以外，还可借CT、MRI、纤维喉镜甚至纤维胃镜来帮助诊断（图9-12）。

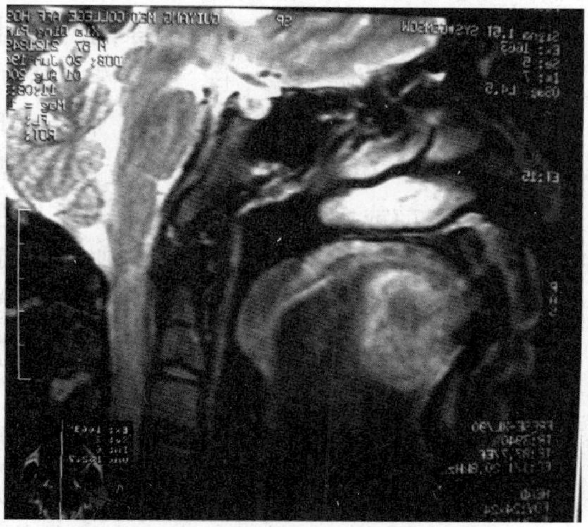

图9-12　舌癌（浸润型）MRI影像

舌体肌层广泛高密度浸润影像，边缘毛糙不清，质地不均。（由贵阳医学院提供）

3．治疗　舌癌的治疗应采取以手术为主的综合疗法。早期高分化舌癌可考虑放疗、单纯手术切除或冷冻治疗。晚期舌癌应根据不同条件采用综合治疗，放疗加手术、三联（化疗、手术、放疗）或四联（化疗、手术、放疗加中医中药或免疫治疗）疗法。由于舌癌的颈淋巴结转移率较高，除早期的无区域性淋巴结转移病例外，一般主张进行选择性、功能性颈淋巴结清扫术。对疑有对侧颈淋巴结转移的病例，应行双侧颈淋巴结清扫。对波及口底及下颌骨的病例应进行舌、颌、颈联合根治术，同期进行组织修复。舌体切除不超过1/2时可以直接拉拢缝合，超过1/2时应用带蒂肌皮瓣、游离肌皮瓣同期行舌再造术，恢复功能。化学药物治疗可以作为手术前后的辅助治疗和对有远处转移患者的治疗。放射治疗用作对晚期舌癌患者术前、术后的辅助治疗。

4．预后　据我国资料统计，以手术为主的治疗，3～5年生存率一般在60%以上，而T1病例可达90%以上。

（二）牙龈癌

牙龈癌（carcinoma of gingiva）的发病率在口腔癌中仅次于舌癌而居第二位，但近年来其发病率有逐年下降趋势。下牙龈比上牙龈多见，男性比女性多发。

1．临床表现　牙龈癌以牙龈出血、牙齿松动为特征，早期即可侵犯牙槽骨，引起牙槽骨吸收、牙齿松动而表现为牙周病。如果牙周病治疗效果不好，或拔牙创口不愈，或有肉芽组织从创口长出，则应作活检以确定诊断。下颌牙龈癌侵及下颌神经可导致下唇麻木，癌肿还可侵及颊部和口底，若侵及磨牙后区可产生张口受限（彩图9-5）。上颌牙龈癌可侵犯上颌窦和腭部。X线摄片可出现恶性肿瘤破坏特征，即虫蚀状不规则吸收。牙龈癌以局部淋巴结转移为主，远处转移较少见。

2．诊断 根据病史、临床症状，可初步诊断。活检可确诊。

3．治疗 牙龈癌以手术治疗为主。手术切除的范围应以癌肿波及范围为根据，即使是早期牙龈癌，原则上均应行牙槽突切除，而不仅仅是牙龈切除术。早期下颌牙龈癌可行原发灶及距肿物边缘 1.0cm 的下颌骨方块切除。如果下颌骨侵犯较重，可行部分或单侧下颌骨切除，有条件可行即刻植骨修复。上颌牙龈癌应行上颌骨次全切除术，波及上颌窦时可行单侧上颌骨全切。由于下颌牙龈癌颈淋巴结转移率较高，应同期进行选择性颈淋巴结清扫。

4．预后 牙龈癌的 5 年生存率较高，为 62.5%。

（三）颊癌

原发于颊黏膜的癌（carcinoma of buccal mucosa）称为颊癌。颊癌在口腔癌中占 20.85%。主要表现为疣状型、溃疡型及深部浸润型。以磨牙区附近的颊黏膜发病最为常见，可能为磨牙长期刺激颊黏膜反复损伤而致。颊黏膜癌以分化中等的鳞状细胞癌为主，但颊黏膜下腺体丰富，因此颊黏膜癌中腺源性上皮癌所占比例比舌癌高。

1．临床表现 颊黏膜癌的发生以磨牙区附近最为常见，早期以白斑或溃疡为主要表现。颊黏膜白斑癌变率约为 3% ～ 5%，多与烟酒等局部刺激关系密切。颊黏膜癌生长快，向深部生长可侵犯颊肌和皮肤，晚期可发生破溃。癌向后生长会侵及翼下颌韧带，产生不同程度的张口受限和张口时疼痛，直至牙关紧闭。牙周组织受累后，可出现牙痛或牙松动。颊黏膜癌的转移以颌下及颈部淋巴结为主，腮腺淋巴结也有转移，但远处转移较少。

2．诊断 颊癌主要根据病史、临床表现及活检来确诊。

3．治疗 由于颊癌呈浸润性生长，局部复发率高，主张采用以手术为主的综合治疗。

（1）术前或术后放射治疗：一般采用在 4 周内照射 40 ～ 50 Gy 剂量。如术前放疗，放疗后，通常需休息 4 ～ 6 周，如无特殊情况即可进行癌瘤的手术切除。

（2）术前化疗：又称诱导化疗，是目前颊癌综合治疗方案中最常用且效果肯定的重要措施。术前可单一用药，亦可联合用药。给药途径可采用静脉注射全身用药，亦可经颈外动脉分支灌注区域浓集性给药。

（3）手术治疗：颊癌手术治疗的原则与要点如下：

1）足够的深度：即使是早期病例，亦必须使切除深度包括黏膜下脂肪、筋膜层。

2）足够的边界：应在癌瘤可判断的临床边界以外 2cm 正常组织处切除。术后洞穿性缺损可施行带蒂皮瓣、游离皮瓣转移整复。

3）颈淋巴结清扫术：凡临床出现颈淋巴结（含颌下）肿大，或原发灶在 T3 以上，鳞癌Ⅱ级以上，或颊癌生长快，位于颊部后份者，应常规行同侧颈淋巴结清扫术。

4．预后 因病例组合不同，文献报道的颊癌 5 年生存率差别较大。随访结果，其 3、5、10 年生存率分别为 66.73%、62.2%、51.5%。

（四）腭癌

腭癌（carcinoma of the palate）不多见，在口腔癌中占 10.2%。

1．临床表现 腭癌常先起自一侧，并迅速向牙龈侧及对侧蔓延。腭癌多呈外生型，边缘外翻，被以渗出和血痂，触之易出血，有时亦呈溃疡型（彩图 9-6）。腭癌周围的黏膜有时可见有烟草性口炎或白斑存在。由于腭黏骨膜与腭骨紧贴，故易早期侵犯骨质，引起腭穿孔。腭癌的淋巴结转移主要侵及颌下淋巴结及颈深上淋巴结。

2．诊断 腭癌主要根据病史、临床表现及活检来确诊。

3．治疗

（1）原发灶的处理：腭癌的治疗以手术为主。腭癌手术，一般应行连同腭骨在内的病灶切除术，对较大的病损应行上颌骨次全切除术。上颌窦已受侵时，应行上颌骨全切除术。

（2）转移灶的处理：腭癌的颈淋巴结转移率在40%左右。晚期病例常发生双侧颈部转移，可考虑行双侧选择性颈淋巴结清扫术，术式可采用一侧功能性或双侧功能性颈淋巴结清扫术。

4．预后　腭鳞癌的预后较腭涎腺癌为差。统计表明，5年生存率为66%。晚期及有淋巴结转移者预后较差，5年生存率仅约为25%左右。

（五）口底癌

口底癌（carcinoma of the floor of mouth）指发生于口底黏膜的癌，多为中度分化的鳞状细胞癌。口底癌在西方国家发病率较高，仅次于舌癌，占口腔癌的第二位。但口底癌在我国少见，占口腔癌的第六位。

1．临床表现　口底癌以发生在舌系带两侧的前口底为常见。早期的口底癌多表现为舌系带一侧或两侧的溃疡，略有不适，活动时可有明显的疼痛。癌向深部浸润时会产生明显的自发痛，疼痛导致涎液增多。侵及深部肌肉组织时会产生舌体运动受限，吞咽困难和语言障碍。口底癌可侵犯邻近组织，包括舌、牙龈、下颌骨、舌下腺、颌下腺。口底癌转移率较高，且转移时间早，一般转移至颏下、颌下和颈深上淋巴结（图9-13及图9-14）。

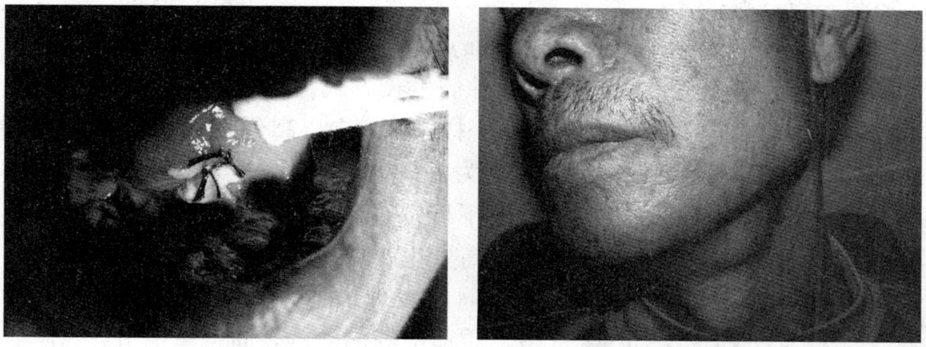

图9-13　左侧口底癌伴颌下淋巴结转移

（由贵阳医学院提供）

2．诊断　和舌癌一样，口底癌的触诊，特别是双合诊十分重要，可通过触诊了解肿瘤的性质和实际浸润部位。若需明确有无骨质破坏，可摄X线片以协助诊断。

3．治疗

（1）原发灶的处理：鉴于口底癌易早期侵及下颌舌侧牙龈及骨板，故在切除口底原发灶时常需一起行下颌骨牙槽突或方块状切除术。

（2）转移灶的处理：口底癌的颈淋巴转移率与舌癌相似，在40%左右，国外报道可高达70%。一般应考虑选择性颈淋巴结清扫术。

（3）组织缺损的修复：组织缺损要采用相应的组织瓣来修复。

4．预后　早期口底癌的预后较好，晚期较差。随访资料表明，10年生存率为50%，5年生存率为61%左右。

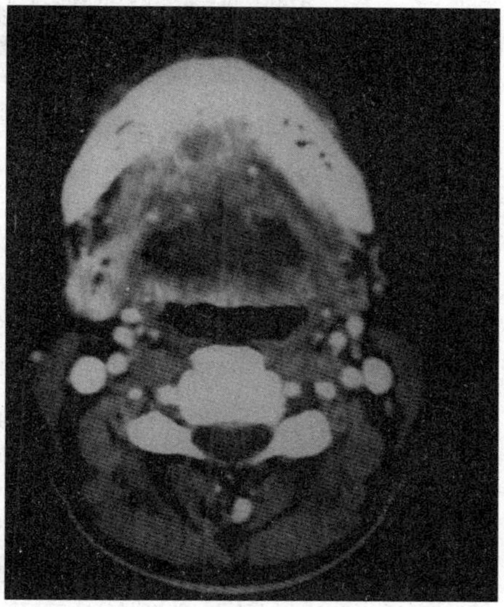

图9-14　左侧口底癌伴颌下淋巴结转移增强CT影像

（由贵阳医学院提供）

（六）唇癌

唇癌（carcinoma of lip）指唇红黏膜发生的癌，主要为鳞状细胞癌。唇内侧黏膜应属颊黏膜癌，发生于唇部皮肤者，应归于皮肤癌。

1．临床表现　多发生于下唇，常见于下唇中外1/3处的唇红缘部黏膜（彩图9-7）。早期表现为疱疹状、结痂的肿块，或黏膜增厚，随后出现菜花样肿块或火山口状溃疡，以后向周围皮肤或黏膜及肌肉浸润，晚期可波及口腔前庭及颌骨。唇癌生长较慢，一般无自觉症状，肿物长大时，影响进食。下唇癌常向颏下及颌下淋巴结转移，上唇癌则向耳前、颌下及颈深淋巴结转移。

2．诊断　依据病史及临床表现不难作出诊断，有必要作活组织检查以明确肿瘤性质。

3．治疗　早期病例无论采用外科手术、放射、激光或低温治疗，均有良好疗效。但对晚期病例及有淋巴结转移者则应采取以外科手术治疗为主的综合治疗方法。

4．预后　唇癌预后较好，3年、5年和10年生存率分别达90%、85.7%和76.6%。

二、唾液腺恶性肿瘤

恶性肿瘤约占唾液腺肿瘤的25%，其中以黏液表皮样癌和腺样囊性癌为最常见。

（一）黏液表皮样癌

黏液表皮样癌（mucoepidermoid carcinoma）是唾液腺恶性肿瘤中最常见者。根据黏液细胞比例、细胞分化、有丝分裂象的多少以及肿瘤生长方式，可分为高分化和低分化两类。分化程度不同，肿瘤的生物学行为及预后大不一样，临床上以高分化黏液表皮样癌最常见。

1．临床表现　女性多于男性，高发年龄为31～50岁。发生于腮腺者居多，其次是腭部和颌下腺，也可发生于其他小涎腺，特别是磨牙后腺。高分化者常呈无痛性肿块，生长缓慢，类似多形性腺瘤的表现。肿瘤体积大小不等，边界可清或不清，质地中等偏硬，表面可呈结节状。腮腺肿瘤侵犯面神经时，可出现面瘫症状。术后可以复发，但颈部淋巴结转移率低，血行性转移更为少见。与高分化者相反，低分化黏液表皮样癌生长较快，可有疼痛，边界不清，与周围组织粘连。腮腺肿瘤常累及面神经，颈淋巴结转移率高，且可出现血行性转移，术后易于复发（图9-15）。因此，高分化黏液表皮样癌属低度恶性肿瘤，而低分化黏液表皮样癌属高度恶性肿瘤。

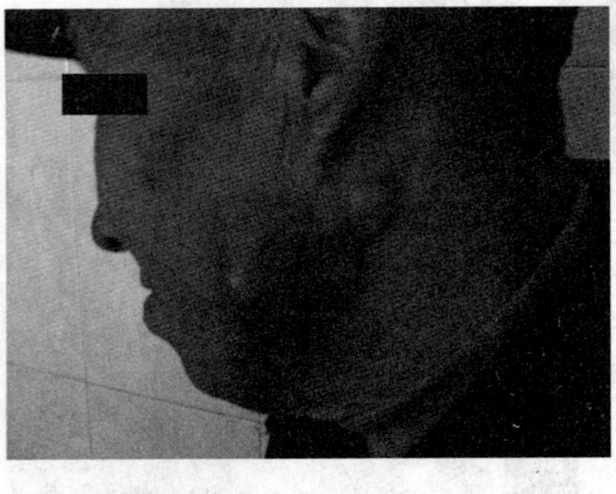

图9-15　腮腺黏液表皮样癌

一侧腮腺区不规则多发新生包块，边界不清，质硬，累及颌下区。（由新乡医学院提供）

2．治疗　治疗方式以手术为主。病理诊断和分级是指导手术的重要指标。高分化者应尽量保留面神经，除非神经穿入肿瘤或与肿瘤紧密粘连。分离后的神经可加用术中液氮冷冻及术后放疗以杀灭可能残留的肿瘤细胞。高分化者如手术切除彻底，术后可不加放疗，而低分化者宜加用术后放疗。手术方式上高分化者不必作选择性颈淋巴结清扫术，低分化者则应考虑行选择性颈淋巴结清扫术。

（二）腺样囊性癌

腺样囊性癌（adenoid cystic carcinoma）过去曾称“圆柱瘤”（cylindroma），也是唾液腺常见的恶性肿瘤之一，根据其组织学形态，可以分为腺样/管状型及实性型，前者分化较好，后者分化较差。国内统计资料显示，此瘤在唾液腺上皮性肿瘤中约占1%，在唾液腺恶性肿瘤中占27%。

1．临床表现　腺样囊性癌最常见于腭部小涎腺及腮腺，其次为颌下腺（图9-16）。舌下腺如果发生肿瘤则多为腺样囊性癌。腺样囊性癌具有以下临床特点：

（1）肿瘤易沿神经扩散，常出现神经症状，如局部疼痛、面瘫、舌麻木或舌下神经麻痹。腭部肿瘤可沿腭大神经扩散到颅底，出现剧烈疼痛，以及脑神经受累症状。

（2）肿瘤浸润性极强，与周围组织无界限。

（3）肿瘤细胞可沿着骨髓腔浸润，脱钙不明显时，X线片上常无明显骨质破坏，因此不能依据有无骨质破坏来判断有无肿瘤侵犯。

（4）肿瘤易侵入血管，血行性转移率高达40%，转移部位以肺最为多见。因此，患者在术后随访过程中要定期拍摄胸部X线检查。

（5）一般颈淋巴结转移率低，但舌根部腺样囊性癌颈淋巴结转移率较高，可考虑同期进行选择性颈淋巴结清扫术。

2．治疗　腺样囊性癌的治疗以手术治疗为主。腺样囊性癌不易手术根除，因此除手术设计时需要常规扩大手术周界外，术中宜行冰冻切片检查，以确定周围组织是否正常。术后常需配合放疗，以杀灭可能残留的肿瘤细胞。术后可选用化疗，以预防血行性转移。除实性型以外，腺样囊性癌大多生长比较缓慢，肺部出现转移灶后进展速度并不像其他恶性肿瘤那样快，患者可长期带瘤生存。因此即使患者出现肺部转移灶，如果原发灶可以根治，依然可以考虑转移灶的手术治疗。

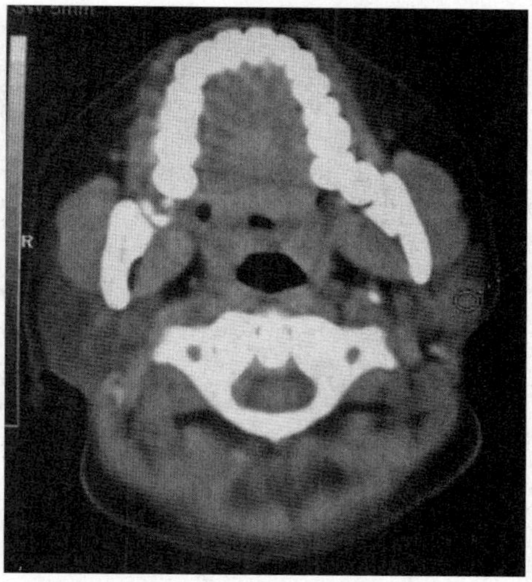

图9-16　腮腺腺样囊性癌CT影像
一侧腮腺区不规则高密度占位，边界不清，无包膜。（由新乡医学院提供）

三、颌面部肉瘤

来源于间叶组织（包括纤维结缔组织、骨、软骨、脂肪组织等）的恶性肿瘤统称为肉瘤（sarcoma），命名时在组织来源名称之后加“肉瘤”，例如纤维肉瘤、骨肉瘤等。如果一个肿瘤中癌的结构和肉瘤的结构同时并存，则此肿瘤称为癌肉瘤（carcinosarcoma）。肉瘤和癌在临床表现和病理学特征上存在很大区别（表9-2）。

表9-2　肉瘤与癌的区别

	肉瘤	癌
组织来源	间叶组织	上皮组织
发病率	较少见，大多见于青少年	较常见，多见于成年人
大体特点	质软、湿润、色灰红切面呈鱼肉状	质较硬、色灰白、较干燥
组织学特点	肉瘤细胞多弥漫分布，实质与间质分界不清，间质内血管丰富	癌细胞多形成癌巢，实质与间质分界清楚
转移途径	多经血道转移	多经淋巴道转移

（一）纤维肉瘤

纤维肉瘤（fibrosarcoma）系来源于口腔颌面部成纤维细胞的恶性肿瘤。

1．临床表现　以青壮年多见，肿瘤呈球形或分叶状。肿瘤发生于口内者，生长较快，多见于牙龈、颌骨；发生于皮肤者可呈结节状。晚期导致颌面部畸形和功能障碍，还可经血行转移至肺部（图9-17）。

2．诊断　主要依据活体组织检查，以明确诊断。

3．治疗　以手术治疗为主，应采用局部彻底广泛切除。如有淋巴结转移，亦应行颈淋巴结清扫术。手术前后采用化学治疗。

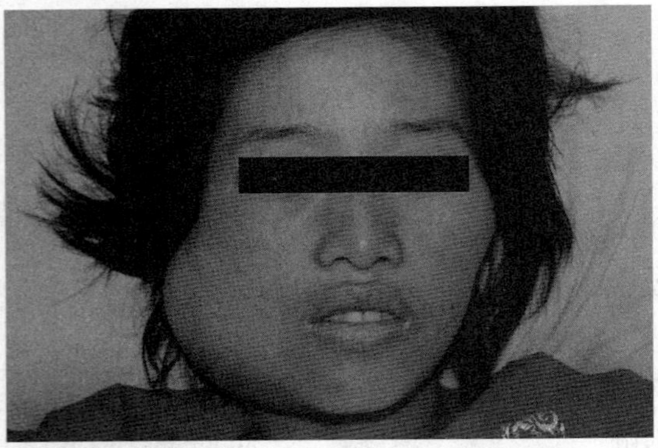

图 9-17 纤维肉瘤

一侧面部外生不规则包块，边界不清，质地较硬。

（由新乡医学院提供）

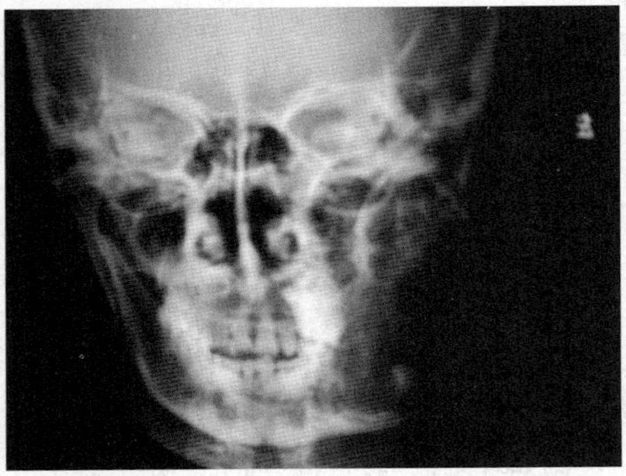

图 9-18 下颌骨骨肉瘤 X 线影像

（由贵阳医学院提供）

4．预后 通常，纤维肉瘤患者的预后较差。

（二）骨肉瘤

骨肉瘤（osteosarcoma）由肿瘤性成骨细胞、骨样组织所组成，为起源于成骨组织的恶性肿瘤。

1．临床表现 临床上常发生于青少年，下颌骨较上颌骨多见，并有损伤史。早期症状是患部发生间歇性麻木和疼痛，进而转变为持续性剧烈疼痛，伴有放射性疼痛。肿瘤迅速生长，破坏牙槽突及颌骨，发生牙齿松动、移位，面部畸形。可发生病理性骨折。在 X 线片上显示为不规则破坏，由内向外，为溶骨型；骨皮质破坏，代以增生的骨质，呈日光放射状排列，为成骨型；临床上也可见兼有上述两型表现者，为混合型（图 9-18 及图 9-19）。晚期患者血清钙、碱性磷酸酶可升高，肿瘤一般沿血行转移到肺。

2．诊断 除根据临床表现外，主要靠 X 线摄片、CT 作初步诊断，最后要依靠病理检查才能确诊。

3．治疗 以手术为主的综合治疗。手术须行大块根治性切除，特别要强调器官切除的概念，以避免因管道或腔隙传播而导致局部复发。

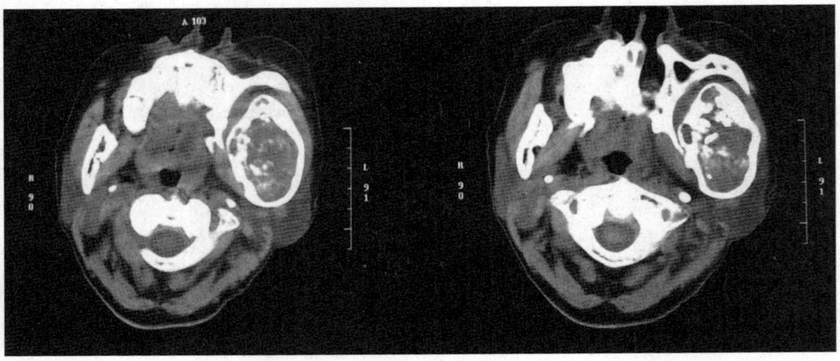

图 9-19 下颌骨骨肉瘤 CT 影像

一侧下颌骨大范围不规则骨质破坏影像，边界模糊不清，骨破坏与肿瘤性成骨现象同时存在。（由贵阳医学院提供）

4．预后 据文献报道，骨肉瘤的 5 年生存率为 30% ～ 50%。

四、恶性淋巴瘤

恶性淋巴瘤（malignant lymphoma）系原发于淋巴网状系统的恶性肿瘤，病理上分为霍奇金淋巴瘤（Hodgkin's lymphoma，HL）与非霍奇金淋巴瘤（non-Hodgkin's lymphoma，NHL），其发病率 NHL 与 HL 的比例约为 5 : 1。

1．临床表现 可发生于任何年龄，但以青壮年为多。起源于淋巴结内者称结内型，以颈部淋巴结最好发；起源于淋巴结外者称结外型，可发生于牙龈、腭、颊、口咽、颌骨等部位。结内型早期表现为颈部、腋下、腹股沟等处的淋巴结肿大，质地坚实而具有弹性，无压痛，大小不等，可移动，以后互相融合成块，失去动度。结外型临床表现多样，有炎症、坏死、肿块等各型。晚期多为全身性，如发热，肝、脾肿大，全身消瘦，贫血等。

2．诊断　疑为恶性淋巴瘤时，及时病检非常重要。对结内型可采用细胞学穿刺病检，或摘除整个淋巴结作病理检查。对结外型则可钳取或切取活检。采用免疫组化染色可以提高诊断的正确率。由于恶性淋巴瘤是全身性疾病，除口腔颌面颈部病损外，要排除纵隔、胸部、肝、脾、腹膜后等部位淋巴结受累，为此除常规 X 线摄片外，CT、MRI 都是必须采用的检查手段。

3．治疗　恶性淋巴瘤对放疗及化疗都比较敏感，因此应行以放疗或化疗为主的综合治疗。对经过放疗后不消退的结外型口腔颌面部恶性淋巴瘤，特别是已侵犯骨组织者，也可考虑行局部扩大根治性切除术，术后再考虑进行化学治疗。

4．预后　恶性淋巴瘤中 HL 的预后较 NHL 好，但总体来说不够理想。

知识要点

1．口腔颌面部良性肿瘤主要包括牙源性和上皮性肿瘤，而恶性肿瘤中以鳞状细胞癌多见。良性肿瘤治疗原则以外科手术为主，恶性肿瘤则需要采用以手术为主的综合治疗。对于牙源性肿瘤一定要考虑病灶牙及其牙周组织的处理。

2．舌下腺囊肿多见于青少年。囊肿多位于下颌舌骨肌上，表现为单侧舌下口底区肿胀，穿刺可抽出黏稠略带黄色的液体，治疗的关键是手术摘除舌下腺。

3．鳃裂囊肿属于发育性囊肿，多见于青少年，囊液为棕黄色或乳白色黏稠液体，含或不含胆固醇结晶。患者一般无症状，当有上呼吸道感染时，肿物可骤然变大，鳃裂囊肿感染穿破后，长期不愈可形成鳃裂瘘。

4．甲状舌管囊肿多见于 1 ～ 10 岁儿童，属于发育性囊肿，可发生于颈正中线自舌盲孔至胸骨切迹间的任何部位。手术关键是在去除囊肿或瘘管外，一般应将舌骨中份一并切除。

5．牙源性颌骨囊肿可分为根端囊肿、始基囊肿、含牙囊肿、角化囊肿。囊肿在 X 线摄片上显示为清晰圆形或卵圆形的透明阴影，边缘整齐，周围常呈现一明显白色骨质反应线。根尖感染是根端囊肿形成的主要原因。角化囊肿具有复发倾向。

6．牙龈瘤是来源于牙周膜及颌骨牙槽突结缔组织的良性肿瘤。可分为肉芽肿型、纤维型和血管型牙龈瘤。牙龈瘤具有某些恶性肿瘤的特点，因此手术切除必须彻底，除瘤体组织外须将病变所涉及的牙同时拔除，否则极易复发。

7．成釉细胞瘤是由牙板上皮、成釉器、牙周膜内残余上皮等发展而来的颌骨良性肿瘤，在牙源性肿瘤中较为常见。成釉细胞瘤有局部浸润周围骨质的特点，处理不当极易造成复发甚至恶变。

8．多形性腺瘤由肿瘤性上皮组织和黏液样或软骨样组织组成，又名混合瘤，是唾液腺肿瘤中最常见者，其生物学特性定位为“临界瘤”。因此腮腺浅叶的肿瘤应将肿瘤包膜外正常腺体连同腮腺浅叶一并切除；腮腺深叶的肿瘤应将肿瘤及腮腺全部切除，腮腺多形性腺瘤手术应作面神经解剖以保留面神经。

9．舌癌是最常见的口腔癌，在口腔癌中居首位。舌癌大多数为鳞状细胞癌。早期可出现淋巴结转移，治疗采取以手术治疗为主的综合疗法。

10．牙龈癌早期以牙龈出血、牙齿松动、咀嚼无力等为特征，容易与牙周炎等疾病混淆而造成误诊，治疗以外科手术为主。

11．腺样囊性癌也是唾液腺常见的恶性肿瘤之一。肿瘤易沿神经扩散，常出现神经症状；肿瘤浸润性极强，与周围组织无界限；肿瘤细胞可沿骨髓腔浸润，脱钙不明显时，X 线摄片上常无明显的骨质破坏，因此不能依据有无骨质破坏来判断有无肿瘤侵犯；肿瘤易侵入血管，血行性转移率高达40%，转移部位以肺最为多见。

12．口腔颌面部肉瘤比较少见，但是恶性程度高，多见于青少年，局部侵袭能力极强，多通过血行转移至肺。

13．口腔颌面部是消化道与呼吸道的起始端，又与面貌及语言功能密切相关，故口腔颌面部肿瘤手术应考虑对面容、语言、进食等功能的影响。在严格遵循手术无瘤原则的基础上，对大范围的手术缺损可行各类组织皮瓣移植整复术，如血管化的前臂皮瓣、腓骨骨肌皮瓣移植等。

（杨彩玲　马　洪）

第十章 牙列缺损或缺失的义齿修复

第一节 牙列缺损或缺失的病因及危害

牙列缺损（dentition defect）是指单颌或上下颌牙列中有部分自然牙缺失，牙弓内仍保留 1 个以上的牙齿存在。牙列缺失（edentulous）是指单颌或上下颌整个牙列的缺失，牙列缺失患者的上下颌称为无牙颌（edentulous jaw）。

牙列缺损和牙列缺失是人群中的常见病、多发病，可由龋病、牙周病、外伤、肿瘤和先天畸形等原因造成。牙列缺损或缺失后如不及时修复，会影响口腔颌面系统的咀嚼、吞咽、语言、表情及呼吸等生理功能，对消化系统、循环系统等全身多个系统或器官造成直接或间接的损害，且与人的容貌的协调美观及心理状态密切相关。对牙列缺损和牙列缺失患者来说，帮助其恢复丧失的外貌和生理功能，维护口颌系统平衡及心理健康，及时而有效的修复治疗具有非常重要的意义。

一、病因

1．牙周炎　牙周炎是成人牙齿缺失的主要原因。未经治疗的牙周炎患者，由于牙周支持组织的慢性进行性破坏，导致牙周袋形成和局部炎症，牙槽骨的破坏吸收会使牙齿松动，患牙最终脱落或被拔除。

2．龋病　龋病已成为继癌症、心血管疾病之后危害人类健康的第三大疾病，也是造成牙列缺损和牙列缺失的重要原因。未经治疗的龋洞会导致较大的牙体硬组织破坏，由其发展而来的牙髓坏死、根尖周炎会形成更大的破坏，最终不能保留的残根、残冠将被拔除。

3．外伤　意外冲击力可造成牙齿折断或脱落，是形成牙列缺损的原因之一。外力引起的牙冠隐裂和牙齿磨损等如不及时治疗或经保存治疗无效者也将导致患牙的拔除。牙外伤所致缺损在临床容易发现，而隐裂、磨耗等损伤常常容易被忽视。

4．颌骨疾患　临床常见颌骨骨髓炎、囊肿、肿瘤等疾患导致颌骨破坏或需治疗性切除，可以造成患者牙列缺损或缺失。

5．发育异常　牙齿数目、形态及组织结构的发育异常、骨骼畸形等也可导致牙弓内不同数量的牙齿缺失。

二、危害

1．咀嚼功能减退或丧失　牙齿的主要功能是咀嚼食物，良好的咀嚼功能是促进食物消化的必要条件。前牙缺失影响食物的切割，后牙缺失影响食物的研磨。缺牙数量、时间和部位将决定口腔咀嚼功能减退的程度。咀嚼效率降低除了会损害患者胃肠道的消化功能外，因牙列缺失导致的咬合无力对吞咽功能也有不同程度的影响。

2．语音障碍　前牙缺失导致唇齿音、齿音和舌齿音的发音不清。这种不同程度发音功能障碍，是由于牙齿缺失，舌在协助发音时失去了正常的活动和定位所致，在多数前牙缺失时影响更为明显。

3．咬合关系紊乱和牙周病变　健康完整的牙列对维持口颌系统生物力学的平衡具有重要的意义。当牙列缺损以后，未及时修复，上下牙列之间的咬合锁结关系被破坏，出现邻近牙齿向缺牙间隙倾斜移位，缺牙间隙的对殆牙因无咬合接触而伸长，出现咬合干扰和食物嵌塞，进一步导致局部牙周组织炎症；同时创伤殆的形成使余留牙负荷过重，造成余留牙齿的牙周组织出现病变，最后松动脱落。

4．影响美观 完整牙列的破坏会不同程度地影响面部的自然外形和美观。前牙缺失对患者美观影响最为明显，多个前牙丧失使唇部组织失去支持而塌陷，而牙列缺失时，牙槽骨因长期缺乏咀嚼功能刺激，出现进行性吸收，导致上下牙弓关系不调，患者面下 1/3 变短，鼻唇沟加深，面部皱纹增加，容貌显得苍老。

5．对颞下颌关节的影响 口颌系统的生物力学平衡被破坏是颞下颌关节疾病形成的重要原因之一。当牙齿缺失较多且长期未予修复，会导致咬合关系紊乱、创伤殆，出现异常的下颌前伸和侧方运动，肌张力不平衡、肌肉疲劳，髁突异位，使颞下颌关节受到损伤。患者因牙齿缺失而长期偏侧咀嚼，也会引起颞下颌关节功能紊乱。

6．心理影响 前牙缺损或牙列缺失后，患者对外观缺陷的顾虑会影响其自信心和社交活动。对于长期心理压力较大的患者可能会产生烦躁和焦虑，进而出现心理疾患。

第二节 牙列缺损或缺失的修复原则及方法

牙列缺损患者的牙列内余留有不同数目的天然牙，其修复方法主要是固定义齿或可摘局部义齿修复；牙列缺失患者整个牙弓上不存留任何天然牙或牙根，其修复方法是全口义齿修复。根据我国 2008 年全国第三次流行病学调查统计，全国 35 ～ 44 岁年龄段人群有牙齿缺失的为 37.0%，义齿修复率仅为 11.6%，在所有佩戴义齿的受检者中，有 25.4% 的人口腔中至少有一个非正规固定桥修复体。全国 65 ～ 74 岁老年人有牙齿缺失的为 86.1%，义齿修复率仅为 42.6%，在所有佩戴义齿的受检者中，有 24.2% 的人口腔中至少有一个非正规固定桥修复体。

一、牙列缺损和牙列缺失的基本修复原则

1．正确恢复缺失牙的形态和功能 义齿修复应能完整恢复缺失牙及基牙的解剖形态，恢复邻接关系和维护牙列完整，应能重建正常的殆位关系，在符合余留牙和颌骨生理状态的情况下尽可能恢复咬合功能。

2．尽量保存健康牙体组织 固定义齿、可摘局部义齿修复一般需要作牙体预备，牙体预备应既符合修复体所需要的生物力学和材料学要求，又必须做到尽量少磨除基牙的牙体组织，保存健康牙体组织。

3．保证机体和组织健康 义齿修复时，修复体类型、修复材料的选择、义齿的设计及殆力分布应根据牙体、牙周、颌位关系和患者的基本条件来决定；义齿设计应符合生物学原则，即在保证义齿解剖形态、强度及共同就位道的条件下，尽量保存基牙的牙髓活力，正确设计修复体边缘的位置，正确处理好修复体与软组织的关系，修复材料应具有良好的生物相容性和化学稳定性，义齿戴入后应对组织产生功能性刺激而不是病理性损害。

4．良好的固位力与稳定性 修复体及基牙应有合理的抗力形和固位形，义齿应能长时间承受殆力而不发生破裂、脱位，基牙也不发生折断，且舒适美观、坚固耐用。

5．改善美观，帮助发音 义齿修复应恢复牙齿与口唇的正确承托关系，复原牙齿长度与宽度的比例，并通过调整牙齿排列的角度、倾斜度、扭转度等，合理选择人工牙颜色，达到改善面部美观和帮助发音的要求。

二、固定义齿修复

（一）固定义齿结构及功能

固定义齿（fixed prosthesis）是依托缺失牙间隙两端或一端的天然牙或牙根，将其上制作的固位体与义齿联结为一体，并借助粘接剂粘接固定，以恢复牙列的形态和功能的一种修复体。其结构由固位体（retainer）、桥体（pontic）及连接体（connector）组成（图10-1），简称固定桥（fixed bridge），是修复牙列缺损中少数牙缺失或数个牙间隔缺失最常用的修复设计。

1．固位体　指在基牙上制作并粘固的全冠、桩冠、部分冠、嵌体、翼板等，将固定桥与基牙相连接。固位体应具有足够的强度和良好的生物相容性。

2．桥体　即修复缺损人工牙，其形态颜色要和缺失牙相似，具有足够的强度和良好的理化性能，不应刺激牙龈组织。

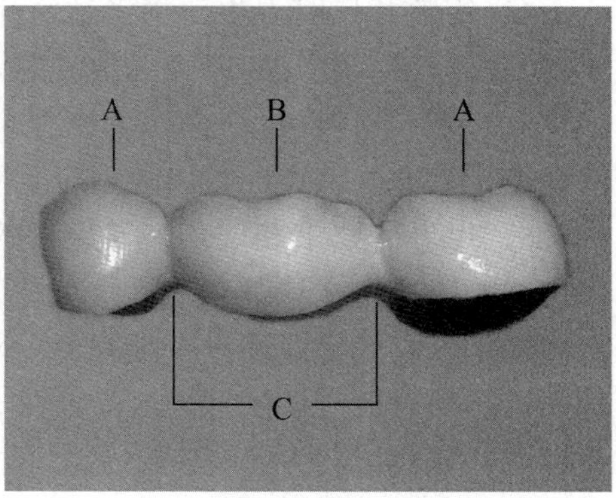

图10-1　固定义齿的组成

A．固位体；B．桥体；C．连接体

3．连接体　是固定桥桥体和固位体之间的连接部分，应具备足够的强度及良好的自洁性。可分为固定连接体（rigid connector）和活动连接体（nonrigid connector）。

（二）固定义齿的类型

固定修复技术的进步与焊接技术、铸造技术、材料学发展密切相关。固定桥的类型和分类方法较多，临床多以结构、材料、制作工艺等进行分类，随着口腔种植、计算机辅助加工制作技术的出现和普及，一些新型的固定桥开始出现。

1．固定义齿依结构不同可分为双端固定桥（rigid fixed bridge）、单端固定桥（cantilever fixed bridge）、半固定桥（semi-rigid bridge）。复合固定桥（compound fixed bridge）是采用以上两种或三种基本类型联合制成的固定桥。

2．根据桥体龈端与牙槽嵴的位置关系，可分为桥体接触式固定桥和桥体悬空式固定桥。

3．因桥体使用材料的不同，可分为金属固定桥、金属烤瓷固定桥、金属树脂固定桥、全瓷固定桥等。

4．根据制作工艺可分为整体铸造固定桥、分段焊接固定桥、粉浆涂塑烧结固定桥、CAD/CAM固定桥等。

5．随着科学技术的发展，出现了一些特殊结构的固定桥，包括种植体固定桥（implant-supported fixed bridge）、固定-可摘联合桥（fixed-removable combined bridge）和粘接固定桥（resin-bonded fixed bridge）等。

（三）固定义齿的适应证

1．缺牙的数目和部位　固定桥主要适合少数牙缺失的修复，或者少数牙的间隔缺失，常常是1～2个牙缺失，由2个或多个基牙支持。少数间隔牙缺失可增加中间基牙，多数间隔牙缺失的固定修复应慎重。多个前牙缺失但咬合力不大，而且尖牙条件好，也可作固定桥修复。符合少数牙缺失，或少数间隔牙缺失，只要基牙满足条件，牙弓内任何部位的缺失牙都能设计为固定桥修复。对殆为天然牙或固定桥的后牙游离缺失，应考虑种植修复设计。

2．基牙的条件　基牙的健康状况是能否进行固定桥修复的关键因素。理想基牙应具备良好的牙冠高度、正常的形态和健康的牙体组织；对于畸形和有缺损的基牙应通过治疗达到固位要求；基牙牙根应粗壮稳固，骨吸收不超过根长的1/3，必要时可增加基牙数目；健康活髓牙是首选的基牙，如有牙髓病变应进行完善的牙髓治疗；牙龈组织应健康，X线片能够排除根尖周病变和牙槽骨的结构异常；基牙在牙列中的正常位置是义齿取得共同就位道的有利条件。

3．咬合关系及牙槽嵴　缺牙区咬合关系基本正常，应具备一定的𬌗龈高度；正畸治疗可降低对𬌗伸长牙咬合高度，避免过度调𬌗；缺牙区牙槽嵴吸收已基本稳定，骨组织和黏膜形态正常。

4．年龄和口腔卫生　患者适宜年龄一般在 20 ~ 55 岁；在修复前进行规范的牙体牙髓和牙周治疗；培养良好的口腔卫生习惯，使患者修复后能保持良好的口腔环境。

5．余留牙情况　全面考虑患者余牙情况，牙周病、牙体牙髓病和需拔除的患牙应在固定修复设计之前处理完成；口腔内应无不良修复体；余留牙应无伸长、松动、下沉及过度倾斜。

6．患者的要求和依从性　患者的主观愿望和对固定修复的理解应被重视。患者主动配合和良好的依从性也是医生进行修复设计时应予考虑的因素之一。

固定修复的适应证没有绝对的界限，在临床实践中，患者的个体差异较大，口内条件各不相同，医师对适应证的掌握尺度经常有差异。但对于以下情况：①患者年龄较小，根尖部未完全形成；②缺牙较多，余留牙无法承担固定义齿𬌗力；③缺牙区毗邻牙牙髓病变或牙周炎未经治疗等，都不适合行固定桥修复。

（四）固定义齿的特点

固定桥通过固位体粘固在基牙上，固位好，行使咀嚼功能时，义齿稳固而无𬌗向移位；修复体与基牙形成一个新的功能整体，具有较强的对抗侧向移位的能力，修复体稳定作用好；固定桥承担的𬌗力几乎全部由基牙及基牙下的牙周支持组织承担，支持力大，即使采用桥体与缺牙区牙槽嵴接触的设计形式时，牙槽嵴也只承担了极小的𬌗力，支持作用较好；固定义齿适应证选择恰当，可在较大程度上恢复患者的牙列形态、咀嚼功能和语言功能；患者口腔环境改变小，感觉舒适，异物感小，形态美观，是多数患者愿意选择的修复方式。但是，固定义齿修复有较严格的适应范围，制作难度大，对口腔卫生条件要求高，部分患者的自身特点和全身情况不适合固定义齿修复，且固定桥基牙牙体磨除量较大，少数患者难以接受。

（五）固定义齿的制作方法和步骤

随着口腔材料和加工技术的进步，尤其是计算机辅助设计与计算机辅助制作技术（computer aided design & computer aided manufacturing，CAD/CAM）等新兴修复工艺在临床上的推广应用，使固定义齿从设计、取模到加工制作都增添了很多新的内容。以金属材料为基底桥架的固定桥，与使用陶瓷材料的固定桥修复体在制作工艺上有所不同，所需的设备和流程亦有差异，而个性化、美观、高效、简便的设计制作流程将成为主流。

1．修复前的口腔预备　拆除口腔内原有的不良修复体；完善治疗基牙及其他余留牙的牙体牙髓疾患；妥善处理和治疗余留牙的牙周炎症，改善口腔卫生；通过调𬌗矫正创伤性咬合，去除𬌗干扰，尽可能恢复正常的咬合关系；拔除滞留残根，修整牙槽嵴；选择合适基牙并进行固定义齿设计。

2．选择基牙与修复设计　选择牙根粗大、牙周健康并能形成共同就位道的健康牙作基牙，使固定义齿能获得足够的支持与固位力，能够承担额外的咬合力并长期维持在生理限度以内。固定桥设计应依据缺失牙数目、部位、基牙条件以及患者年龄、𬌗关系、支持组织健康情况等因素综合分析，确定修复类型。固位体应具备良好的固位形和抗力形，全冠（full crown）固位体是应用最广泛的固位体；桥体是恢复缺失牙形态、功能和美观的重要部分，应能恢复牙弓的完整性，符合口腔卫生和保健的要求；作出正确设计后，除后牙全金属材料固定桥外，要求通过比色板确定所修复牙齿的颜色。

3．基牙预备　应按照义齿设计的固位体类型、材料和制作工艺进行牙体预备，在保护牙体牙髓组织的原则下，各基牙预备时应有共同就位道，以使义齿能够顺利就位，为保护牙周组织的健康，应按照要求确定固位体龈边缘的位置。

4．制取印模及信息采集　根据固定义齿的大小确定制取部分印模或全牙列印模，印模范围必须包括基牙的两个以上邻牙；印模材料宜选用流动性好、富有弹性且变形小的材料，如硅橡胶印模材料；然后制作工作模型及完成可卸代型；按临床取得的咬合记录上𬌗架。CAD/CAM 制作工艺则需利用光电传感器采集牙体预备的三维形态信息，形成“光学印模”，再将光学信息数字化输入计算机，获取三维立体图像，即“光学工作模”。

5．基底层及桥架的制作　在技术室用间接法完成固位体和连接体蜡型，经包埋、铸造、打磨成形后试戴。全瓷固定桥（all ceramic fixed bridge）的桥架，是以特制瓷工艺（如铸瓷、切削、渗瓷等）全部用瓷材料制作，根据加工成型工艺可分为粉浆涂塑渗透烧结法、热压铸陶瓷铸造成型法和机加工切削成型法等。CAD/CAM 工艺是将加工件信息参数输入数控加工设备，把修复体胚料（可切削陶瓷或合金）切削成所需要的形状，完成修复体的制作。

6．义齿表面处理及烤瓷塑形　该过程包括金属基底层结合面的粗化（roughening）、排气（degassing）、预氧化（preoxidating）以及涂瓷、熔附、染色及上釉瓷；全瓷固定桥也需着色和上釉使之更加逼真，最终完成固定义齿的技术室工艺制作。

7．试戴及粘固　固定义齿初步完成后，在上釉前需在口内试戴、调𬌗，最后上釉并粘固就位。根据患者的牙弓形态、年龄、性别等进行形态修整及咬合调改，直至适合为止。必要时还需再着色，使其与邻牙协调（图 10-2 及彩图 10-1）。

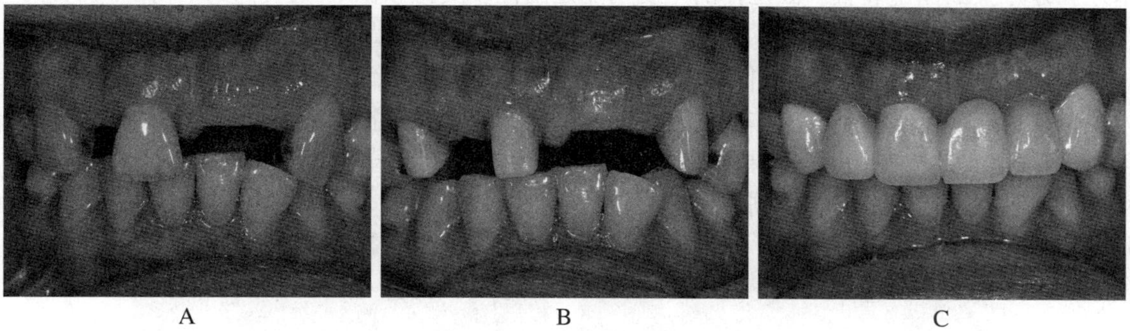

图 10-2　固定义齿实例

A．缺损情况；B．基牙预备；C．修复完成

三、可摘局部义齿修复

（一）可摘局部义齿组成及作用

可摘局部义齿（removable partial denture，RPD）是指利用口内余留的天然牙、黏膜、牙槽骨作支持，借助义齿的固位体及基托等部件装置取得固位和稳定，用以修复缺损的牙列及相邻的软、硬组织，患者可自行取戴的一种修复体。可摘局部义齿一般由人工牙、基托、固位体、支托和连接体等部分构成，是牙列缺损最常用的修复方法（图 10-3）。

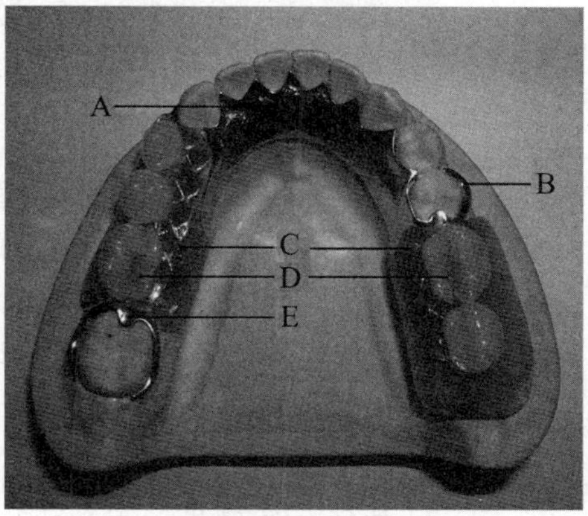

图 10-3　可摘局部义齿的组成

A．连接体；B．固位体；C．基托；D．人工牙；E．支托

可摘局部义齿按其材料结构和制作方法可以分为两种，即由钢丝卡环、基托和人工牙组成的胶连式（托式）可摘义齿和由金属支架、基托、人工牙构成的铸造支架式可摘义齿；按义齿支持组织不同，又可分成牙支持式、黏膜支持式和混合支持式可摘局部义齿。

1．人工牙（artificial tooth）是义齿结构上用以代替缺失的天然牙的部分，按制作材料分为塑料牙、瓷牙和金属牙；按殆面的牙尖斜度不同分为解剖式牙、非解剖式牙和半解剖式牙。人工牙应能够恢复自然牙列的外形和面形；建立正常咬合、排列和邻接关系以恢复咀嚼功能；辅助正常发音；防止余留牙伸长、倾斜、移位及殆关系发生紊乱。人工牙选择既要考虑大小、形态、颜色，与邻牙、同名牙协调性等美观因素，又要与患者的年龄、性别、肤色、面形相适应。另外，对缺牙区颌间距离、覆殆及覆盖程度、牙槽嵴宽度、对颌牙情况等，也应从功能和美观角度加以考虑。

2．基托（base plate）常见的基托一般依材料不同分为金属基托、塑料基托、金属网加强塑料基托三种。基托又称基板，是可摘局部义齿主要组成部分之一。它覆盖在牙槽嵴上，其作用是供人工牙排列附着、传导和分散殆力，并能把义齿各部分连成一整体。借助基托与黏膜间的吸附力、基托与基牙及邻近牙之间的摩擦力可增加义齿的固位及稳定，同时具有防止义齿翘动的间接固位作用。

3．支托（rest）是放置于天然牙上，以防止义齿龈向移位及传递殆力的硬性（金属）装置。分为殆支托（occlusal rest），切支托（incisal rest），舌支托（lingual rest）或舌隆突支托（lingual eminence rest）等。其中殆支托为最常用的一种。

4．固位体（retainer）是可摘局部义齿重要的组成部分之一，一般由金属制成，是放置在基牙和牙弓上的固定装置。固位体的主要功能是固位、支持和稳定义齿。按其作用不同分为直接固位体（direct retainer）和间接固位体（indirect retainer）。直接固位体种类较多，一般位于邻近缺隙的基牙以及其他基牙上。其中最常使用的是金属卡环，其主要作用是防止义齿向殆方脱位，也起一定支撑和稳定作用。卡环的连接体还有加强基托的功能。卡环的结构和形态变化较多，但其基本结构一般由卡环臂、卡环体、殆支托三部分组成（图 10-4），分别起固位、稳定和支持作用。间接固位体常见的有指端支托、连续卡环、邻间钩等，主要起防止义齿翘起、摆动、旋转、下沉的作用，一般放在缺失牙对侧的余牙或黏膜上。

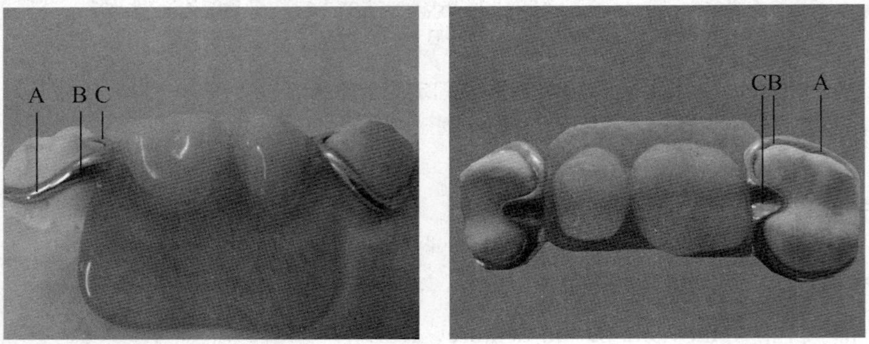

图 10-4　卡环各部位组成（颊面观、殆面观）

A．卡环臂；B．卡环体；C．殆支托

5．连接体（connector）是可摘局部义齿的组成部分之一，它可将义齿各部分连接在一起，同时还有传递和分散殆力的作用。有大连接体（major connecter）和小连接体（minor connecter）之分。大连接体亦称连接杆，依所在位置而命名，如腭杆、舌杆及唇、颊杆等。小连接体主要有卡环、支托、固位钉、增力网等，小连接体位置需离开牙龈，不能进入倒凹区。

（二）可摘局部义齿的适应证

（1）适用于各种牙列缺损，尤其是游离端缺牙患者。

（2）缺牙伴有牙槽骨、颌骨或软组织缺损，或唇、腭裂未行外科手术，需要以基托封闭腭部裂隙的患者。

（3）可作为过渡性修复及拔牙后的即刻义齿修复。

（4）基牙或余留牙松动不超过Ⅱ度，牙槽骨吸收不超过根长 1/2 者，修复牙列缺损的同时可以制作有固定松牙作用的可摘义齿式夹板。

（5）因先天牙萌出不足或牙殆面重度磨损等需适当加高垂直距离者。

（6）因基牙过度倾斜，不接受固定义齿牙体预备，或主动要求可摘义齿修复的患者。

（7）全身健康条件差，不适合作固定义齿修复的年老体弱患者。

（三）可摘局部义齿的优缺点

可摘局部义齿的适用范围非常广泛，修复方法及制作工艺相对简单，基牙牙体组织磨除少，患者能自行摘戴，便于义齿清洁维护从而能够保持良好的口腔卫生。义齿损坏后修理以及余留牙脱落后增补人工牙方便，费用较低，符合低收入消费者要求。其缺点主要因修复体较大，部件多，有异物感，部分患者适应较为困难，稳定性和咀嚼效能不如固定义齿好，有时会影响发音和表情等功能，有的患者还会出现口腔黏膜和余留牙损伤。

（四）可摘局部义齿的制作方法和步骤

采用铸造法制作可摘局部义齿较胶连法复杂，其制作步骤增加了铸造支架的加工过程。

1. 口腔预备　根据患者失牙原因，缺牙的部位和数目等情况作出义齿初步设计，制订治疗计划。治疗前应常规进行口腔洁治，了解缺牙区黏膜、颌骨的状况，检查咬合情况并作相应调殆，确定固位体设计并预备殆支托凹及隙卡沟。常规 X 线检查可排除关节或颌骨病变，发现余留残根。对于牙槽骨改建尚未稳定、牙周炎较重或有黏膜病变患者应推迟修复。

2. 制取印模，灌注石膏模型　选择形态和大小合适的托盘，根据不同的义齿设计要求选取不同的印模材料，按照正确的取模方法准确制取覆盖整个缺牙区及其相邻组织的印模，灌制精确反映患者口腔和牙弓状态的工作模型。

3. 确定和转移颌位关系　用从患者口内获得的准确蜡殆记录在模型上确定上下颌牙的殆关系；将上下颌模型和殆记录固定在一起，调拌石膏将模型固定在殆架上，完成颌位关系转移。

4. 模型设计和模型预备　由技术室完成模型观测，确定共同就位道，完成义齿最终设计，并对模型进行倒凹填塞和硬区缓冲，以及模型鞍基区的处理等。

5. 铸造支架的制作　复制磷酸盐耐火模型后，按模型设计完成义齿支架蜡型制作，再经包埋、去蜡、熔铸等工序完成金属支架铸造。支架可分段铸造，然后将各部分焊接成一整体。也可整体铸造而成，有时还需加入弯制卡环联合使用。铸造完成后进行喷砂、打磨、抛光等处理。

6. 完成可摘局部义齿　将完成的支架在模型上就位，卡环和殆支托位置应准确密合，排牙后完成基托蜡型，然后进行装盒、去蜡、填塞塑料，热处理后开盒、打磨修形，完成技术室工艺处理。

7. 义齿试戴与调整　义齿按设计的就位道戴入，应轻轻施压就位，避免用力挤压造成基牙或黏膜损伤，戴入后应仔细检查义齿的咬合关系，观察固位体、基托边缘的密合度。义齿初戴需进行调殆以发挥良好的咀嚼功能。试戴时，医生应指导患者反复练习以便义齿能在口内顺利摘戴。

四、全口义齿修复

为无牙颌患者制作的义齿称为全口义齿（complete denture，full denture）。全口义齿是采用人工材料替代缺失的上颌或下颌完整牙列及相关组织的可摘义齿修复体。

（一）全口义齿的基本结构

全口义齿由基托和人工牙两部分组成（图 10-5）。义齿基托和黏膜紧密贴合，基托边缘充分伸展到边缘封闭区，利用义齿良好的边缘封闭所产生的吸附力（adsorption）和大气压力

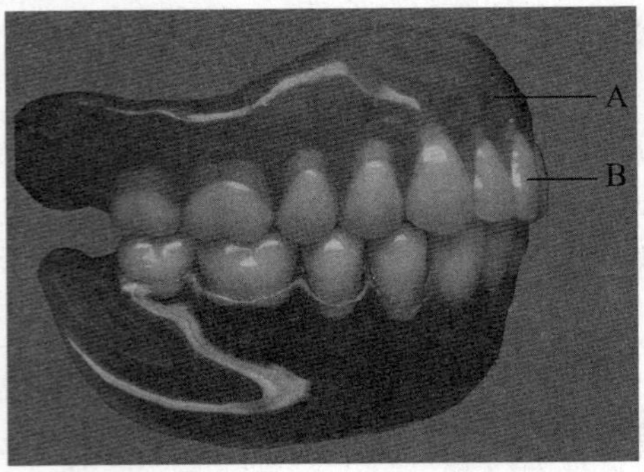

图 10-5 全口义齿
A. 基托；B. 人工牙

(atmospheric pressure) 使义齿固位于上下颌骨上，以此恢复患者的生理功能。义齿人工牙通过正确的突度和高度排列承托口唇而恢复面部外形和面下 1/3 高度，维护口腔组织健康。全口义齿要获得良好的修复效果，义齿必须要有良好固位力与稳定性。

（二）无牙颌口腔的特点

1．骨组织的改变　无牙颌骨吸收（edentulous bone loss）包括颌骨骨质疏松（mandibular osteoporosis）和剩余牙槽嵴吸收（residual ridge resorption）。牙列缺失后，牙槽嵴失去了咬合力的生理性刺激，牙周膜的骨形成能力及神经感觉能力丧失，牙槽骨代谢能力下降，颌骨出现骨重建，表现为一定程度的骨吸收。牙槽骨吸收是一个进行性和不可逆的过程。无牙颌弓形态由于上下颌颊舌侧骨质密度的不同产生了变化，上颌颌弓向上向内吸收，下颌颌弓向下向外吸收，形成下颌弓相对大于上颌弓的结果。由于牙齿缺失原因不同，不同患者的牙槽嵴或同一患者牙槽嵴的不同时期或牙槽嵴的不同部位可呈现不同的形态。

2．软组织的改变　无牙颌口腔软组织将出现退行性变和增龄性改变，肌张力和弹性降低，唇颊部组织失去支持而向内凹陷，丰满度差，面部皱纹增多，鼻唇沟加深，口角下陷，面下 1/3 距离变短；舌代偿性变大，功能亢进；唇颊组织变薄，疏松，内陷；口腔黏膜变薄，因黏膜下层疏松而失去弹性，味觉功能减退，唾液分泌减少，口腔干涩，敏感性增强，易感疼痛。由于牙槽嵴的不断吸收，附着在颌骨周围的唇颊面系带与牙槽嵴顶的距离变短；唇颊沟及舌沟变浅。

3．颞下颌关节的改变　由于失去牙列支撑，患者行使功能时面下 1/3 垂直距离缩短，造成颌骨的偏移和形成下颌前伸的不良习惯，导致颞下颌关节功能紊乱。髁突在关节窝内的位置出现改变，如关节无法出现适应性改变，久之会出现关节结构紊乱及慢性炎症，严重者可出现骨质吸收、破坏等关节器质性病变。

4．无牙颌的组织结构特点与功能分区　根据无牙颌的组织结构和全口义齿的关系，将无牙颌分为四个区：即主承托区（primary stress-bearing area）、副承托区（secondary stress-bearing area）、边缘封闭区（border seal area）和缓冲区（relief area）。主承托区为牙槽嵴顶区域，黏膜及黏膜下层致密，主要承担𬌗力；副承托区为牙槽嵴顶唇颊和舌腭侧区域，黏膜下层组织较疏松，支持力较差，不能承载较大的𬌗力，副承托区与主承托区之间无明显界限；边缘封闭区为义齿边缘接触的软组织部分，黏膜疏松，不能承受咀嚼压力，但是这些组织与义齿边缘紧密贴合，产生良好的边缘封闭作用从而保证义齿固位；缓冲区是颌骨正常或异常隆起部分，如上颌隆突、颧突、下颌隆突、颌舌骨嵴等，由于覆盖黏膜薄，不能承受咀嚼压力，义齿基托的相应部分需要磨除少许以作缓冲处理。

（三）影响全口义齿固位和稳定的因素

1．影响全口义齿固位的因素　包括颌骨的解剖形态、黏膜的性质、基托的面积、边缘的伸展、唾液的质和量。颌骨越宽大，剩余牙槽嵴越丰满，基托伸展面积越大，固位作用越好；黏膜越厚韧，固位力越好，过薄或过于松软都会导致固位力下降。唾液有一定黏稠度、具有适宜的分泌量，有利于全口义齿固位；义齿基托适宜的伸展可与黏膜组织充分接触而获得良好的固位力。

2．影响全口义齿稳定的因素　包括颌骨的解剖形态、咬合关系、人工牙排列、基托磨光面的形态、舌体大小及患者对全口义齿的适应能力等。颌骨宽大、黏膜厚韧、上下颌弓的位置关系正常，会增加抵抗侧向力的能力，因此稳定性较好；人工牙位置排列符合生物力学要求，颌位关系恢复正确及咬合关系建立良好可以促进义齿稳定；义齿基托的磨光面形态应为凹斜面，使肌肉组织的作用能对义齿形成挟持力而义齿保持稳定。

（四）全口义齿的制作方法和步骤

全口义齿是根据患者的解剖生理特点，采用适当的材料，按照特定的方法程序制作完成。制作步骤简介如下：

1．与患者交流　了解患者的主观要求，希望义齿所能达到的效果，患者对义齿修复的过程、效果的理解程度；患者既往牙科治疗情况、缺牙原因、缺牙时间的长短、是否修复过等情况；患者年龄和全身健康情况，年龄越大，牙槽骨萎缩越多，调节能力越差，越不易适应戴用全口义齿；患者性格和精神心理情况，研究结果表明，积极乐观和富有耐心的人对全口义齿能主动适应，并且易于满意。

2．修复前的检查和处理　包括对颌面部、牙槽嵴、颌弓形态大小、上下颌弓的位置关系及系带附着位置、腭穹隆的形状、舌的位置大小等情况的检查。若牙槽嵴有尖锐的骨尖、骨突、唇系带附着过于接近牙槽嵴顶等情况时，需要通过外科手术进行修复前修整；若患者牙槽嵴低平，义齿固位一般较差，可通过行牙槽嵴加高术或唇颊沟加深术等外科手术解除上述问题；若患者口腔黏膜对义齿基托材料过敏，可替换基托材料或采用种植全口义齿等方法修复。

3．制取印模，灌注石膏模型　全口义齿印模是制取义齿基托组织面覆盖无牙颌口腔组织区域的阴模，以此印模灌注石膏形成无牙颌阳模。准确的印模是取得义齿良好固位的首要环节，因此，印模必须精确反映出无牙颌组织解剖形态以及周围组织生理功能活动状态。通常采用制作个别托盘（custom impression tray）的二次印模法。在取模时作肌肉功能修整，制取能够反映患者口腔及颌骨周围组织变化的功能性印模（functional impression），以此灌注工作模型并完成模型修整。

4．颌位关系记录　颌位关系记录是借助上下𬌗托实现的，用人工制作的𬌗托来确定并记录患者面下 1/3 的适宜高度和两侧髁突在下颌关节凹生理后位时的上下颌位置关系，在这个位置，患者颞颌关节不紧张、咀嚼肌力大，咀嚼效能也高。颌位关系记录包括了上下颌垂直颌位关系（vertical dimension）和水平颌位关系，在确定正确的垂直距离和下颌的正中关系位后完成颌位关系记录，依此记录进行全口义齿人工牙排列，重建正中𬌗。通过𬌗托的唇颊侧突度可以恢复患者的面下 1/3 丰满度。

5．上𬌗架　𬌗架（articulator）是固定上下𬌗托和模型的咬合器，它具备与人体咀嚼器官相当的部件和关节，能在一定程度上模拟下颌的运动。将带有上下颌托的上下模型用石膏固定在𬌗架上，以保持上下颌间距离、颌位关系和人工牙列与颞颌关节的关系（图 10-6）。根据𬌗架模拟下颌运动程度的不同，可将𬌗架分为：不可调𬌗架、半可调𬌗架及全可调𬌗架。

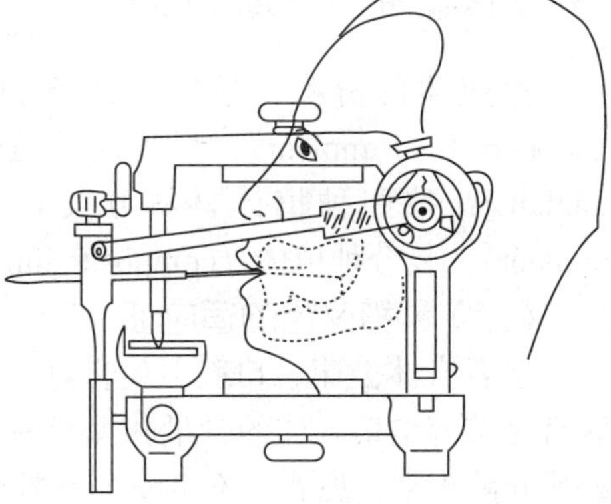
图 10-6　𬌗架与面部结构的关系

6．人工牙的排列　人工牙的排列是全口义齿恢复功能和美容的重要部分，应正确合理运用排牙原则进行排牙。要从美观、恢复生理功能和有利于组织保健三个方面进行考虑，前牙区侧重恢复面形，后牙区侧重于咀嚼功能和组织保健，正中𬌗要建立广泛均匀的𬌗接触，前伸𬌗、侧方𬌗等非正中𬌗应建立平衡𬌗（balanced occlusion）。上前牙的位置要衬托出上唇丰满度，牙齿排列要体现患者的个性，后牙功能尖要尽量排在牙槽嵴顶上。如果牙槽嵴吸收较多，要根据牙槽嵴斜坡倾斜方向调整后牙倾斜度，使𬌗力尽可能以垂直方向传至牙槽嵴。平衡𬌗即前牙对刃接触时，两侧后牙至少都有一点接触，后牙工作侧组牙接触时，非工作侧至少有一点接触，以减少功能状态下的不稳定因素。

7．全口义齿的试戴和完成　检查患者面部比例是否协调，颌位关系及咬合关系是否正确，边缘的伸展是否合适，义齿是否达到了可靠的固位与稳定等。试戴合适后进行技术室制作，包括蜡型塑造、装盒、开盒除蜡、填塞塑料、热处理，然后进行开盒、打磨抛光，完成制作。

8．全口义齿的初戴及选磨　基于无牙颌口腔的特殊解剖生理特点，全口义齿制作完成后必须经过试戴。全口义齿就位并不意味着工作结束，还需对颌位关系、咬合平衡、固位和稳定等进行检查，通过选磨修正咬合关系，获得理想的前伸平衡殆和侧方平衡殆。初戴时，要检查有无疼痛并找出出现疼痛可能的原因，调磨正中殆的早接触点使正中殆达到广泛均匀的接触和稳定的尖窝关系，调磨侧方殆和前伸殆时的牙尖干扰，达到平衡殆接触，同时教给患者保护口腔组织健康及义齿保护的常识。

9．复诊　由于无牙颌患者口腔的特殊性，患者戴用义齿后必须定时复诊，医生对戴牙后可能出现的问题进行检查和处理，分析原因解决戴牙后疼痛，根据带牙效果处理固位和稳定状况，及时对患者进行戴牙指导。若戴用义齿后有黏膜压痛，可暂时取下义齿，复诊前 2 ~ 3h 戴上义齿以便使医师准确地找到痛点进行修改。

五、种植义齿修复

种植义齿是在缺牙区的牙槽骨内植入种植体，待种植体根方与骨组织建立牢固结合后，再在其冠方制作修复体完成义齿的修复方式。

（一）种植义齿的组成及结构

种植义齿（implant borne prosthesis）由上部结构和下部结构组成，下部结构即牙种植体（dental implant）（图 10-7）。上部结构即是恢复功能和美观的义齿，通过各种连接形式与种植体的基桩相连接。牙种植体是以金属、陶瓷等人工材料制作的人工牙根，经手术方法植入缺失牙部位的牙槽嵴内。经过约半年时间，人工牙根与周围骨组织产生骨结合后，即可制作和连接上部结构，成为种植义齿。

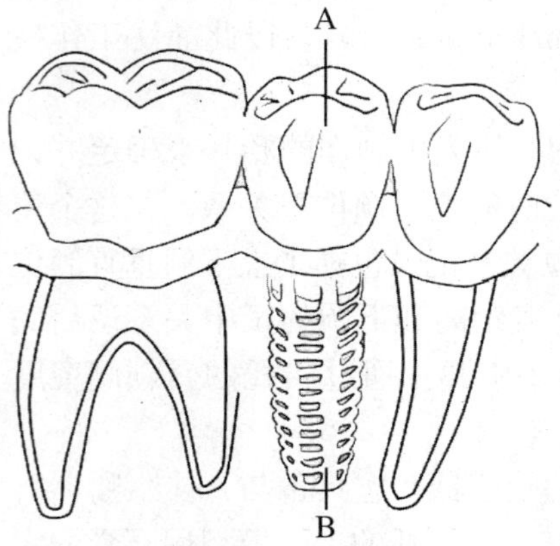

图 10-7　种植义齿的组成

A．上部结构；B．下部结构（种植体）

牙种植体的结构包括：植入组织内以获得支持和稳定的体部、穿过牙槽嵴顶黏膜处的颈部和露在黏膜外为上部结构提供固定或活动连接的基桩（abutment）三个部分。临床使用的牙种植体有多个不同的种类。

种植体的分类：按照植入部位分为骨内种植体（endosteal implant）、骨膜下种植体（subperiosteal implant）、根管内种植体（endodontic implant）、穿骨种植体（stable transosteal implant）；按照种植体材料分类分为金属种植体（metal implant）、陶瓷种植体（ceramic implant）、复合种植体（composite implant）、玻璃碳种植体（vitreous carbon implant）等。

（二）种植义齿的适应证

患者身体健康，口腔卫生良好，可耐受一般外科手术，缺牙区无软硬组织病变，缺失牙区有足够容纳植入体的骨量和理想的骨密度，咬合基本正常，邻牙牙周健康，无对殆牙伸长，缺牙间隙正常，患者无不良咬合习惯并能按时复诊，均可采用种植义齿修复。

（三）种植义齿的优缺点

1．优点　固位稳定性好，具有良好的支持作用和咀嚼功能，对发音、功能、美观影响小，避免了常规固定义齿基牙预备引起的牙体组织损伤，义齿无基托或基托面积较小，具有良好的舒适度。

2．缺点　疗程长，复诊次数多，有较多禁忌证，突出的基桩对排牙有一定影响，操作复杂，技术条件要求较高。由于口腔环境的特殊性，有一定比例的失败率。

（四）种植义齿的修复设计原则

1．种植义齿应有良好的轴面形态和与邻牙保持良好的接触关系，具有适当的外展隙和邻间隙。正确恢复咬合关系，恢复缺失牙的形态和功能。

2．保证义齿良好的固位、支持和稳定，保持合理和牢固的上下部结构连接。种植体与周围骨组织的骨结合程度直接影响种植义齿的支持力，骨结合度越高，种植体周围的骨支持力越大。

3．保护口腔组织健康，合理分散殆力，保护种植体颈部软组织和口腔余留牙的健康；坚固耐用，殆力传导沿种植体长轴方向传递，合理分散和缓冲应力。口内的余留牙与种植体义齿要形成相互协调的完整牙列。

4．种植义齿应选择有较高机械强度的修复材料，以保证种植义齿能够较长期留存，正常行使功能，坚固耐用。

5．正确选择种植体、植入位置及深度，对软硬组织进行功能和美学的整复处理，达到和谐、美观的外形。

（五）种植体植入基本要求

1．受植区的要求　种植体唇颊、舌腭侧骨质应健康，厚度不能少于1.5mm，种植体之间以及种植体与自然邻牙之间均不能少于2mm，种植体末端距离上颌窦底和下牙槽神经管不能少于2mm，种植体周围具有一定宽度的健康附着牙龈。

2．细致定位　通过锥形束CT等现代影像技术准确判断种植体植入部位的骨量和骨质，把握种植体植入的位置和方向，保证种植体与骨质的密合。

3．微创手术　使用专门器械和设备，准确把握种植体植入方向，防止手术创伤过大对骨组织成骨能力的影响，手术中注意降温，避免钻骨时的骨灼伤。为保证种植体的早期稳定，维护骨结合界面的基本愈合环境，种植体旋入的扭力矩必须适当。

4．愈合无干扰　种植体表面无细菌、脂类、异种蛋白及异种金属元素污染，在种植体骨愈合过程中不受口腔微生物环境及殆力等不利因素的影响。注重术后护理和口腔卫生维护（图10-8及彩图10-2）。

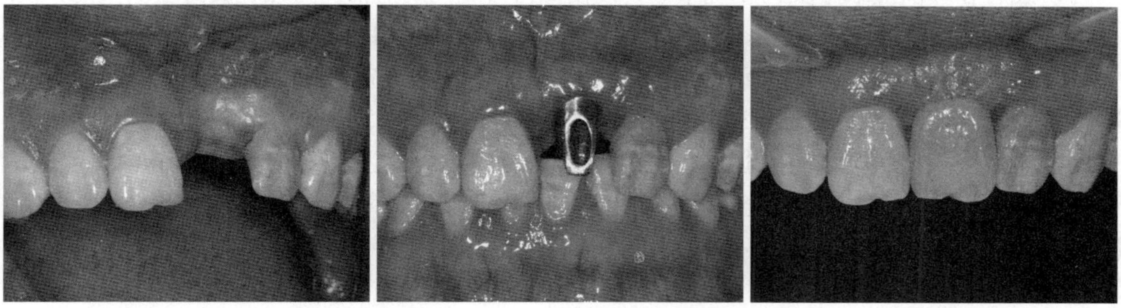

A　　　　B　　　　C

图10-8　种植义齿修复实例

A．缺牙情况；B．植入植体；C．完成修复

第三节　戴用义齿的口腔保健及义齿维护

无论是否戴用义齿，都应养成维护口腔卫生的习惯，戴用义齿后做好口腔清洁卫生更为重要。人工制作的义齿无论怎样精致，都是牙齿缺损缺失后的替代品，是依附在余留牙、黏膜和牙槽嵴上的赝复物，因此，戴用义齿的口腔保健及义齿维护非常重要。戴用者需要学会正确

的口腔卫生维护方法，随时关注余留牙牙周和口腔黏膜健康情况，定期到医院进行口腔健康检查，去除不良修复体和及时处理戴用义齿后的口腔组织异常。

一、固定义齿

1．固定义齿戴入时出现疼痛，原因可能是义齿就位时的机械摩擦、消毒药物刺激、粘接剂中的游离酸刺激，待粘接剂凝固后疼痛一般会自行消失；戴用一段时间后出现冷热刺激疼痛，可能是由于产生继发龋，或牙周创伤或牙龈退缩导致边缘密合性差，产生牙本质过敏等。需分析病因对症处理，或行牙本质脱敏治疗或牙体牙髓治疗。

2．固定义齿戴入后易出现龈缘炎或桥体下黏膜发炎，可给予局部药物治疗，如碘甘油涂拭等，并保持良好的口腔卫生习惯。学会正确的刷牙方法和牙线清洁邻间隙，可有效清除食物残渣及防止菌斑堆积，并定期进行牙周洁治，维护基牙健康。

3．如果戴牙后出现咬合高点或咬合疼痛，要及时复诊调整咬合，消除早接触或殆干扰，使殆关系协调稳定。

4．固定义齿松动或脱落要及时复诊，可能是由于粘结剂溶解，应及时进行重新粘接；也可能固位体固位不良、基牙折断等，此时应针对原因重新制作固定义齿。

5．固定义齿长期咀嚼硬物可能出现破损，特别是金属烤瓷冠容易发生崩瓷，或者长固定桥因被动适合性较差出现桥体中间断裂等。若不能在口内进行修补，一般需拆除后重做。所以固定义齿使用时尽量避免承受较重的咬合力，或咀嚼硬物。

6．患者最好半年至一年复诊一次，发现问题及时解决，以利于口腔组织的健康。

二、可摘局部义齿

1．初戴义齿时口内会有异物感、恶心或呕吐等不良反应，有时会影响发音及咀嚼，一般经戴用义齿 1 ～ 2 周后上述症状即可得到改善。

2．初戴义齿，建议先咀嚼小块软食，不宜用前牙区咬切食物。

3．戴用义齿后，可能会出现黏膜压痛，此时摘下义齿暂时不戴，复诊前 2 ～ 3h 戴上义齿，以便医生准确找到压痛点对义齿进行修改。

4．饭后和睡前应取下义齿刷洗干净，以便保持口腔内的清洁。为减轻支持组织负荷，使之有一定时间休息，最好夜间不戴义齿，取下义齿泡在清水中，但不能放在开水或酒精溶液中。

5．患者最好半年至一年复诊一次，发现问题及时解决，应进行定期口腔牙周维护，保护基牙，以利于口腔组织的健康。

6．义齿戴入后可能会存在固位不良、咀嚼功能较差、义齿摘戴困难、食物嵌塞、发音不清、咬颊咬舌、颞下颌关节不适等情况，应及时与医生联系，对义齿进行相应修改，必要时重新制作。

三、全口义齿

1．增强使用义齿的信心　预先告知患者戴牙后可能出现的问题，如明显的异物感、恶心发呕、发音不清、唾液增多、义齿脱落等情况，使患者有足够的思想准备。

2．重新建立正确的咬合习惯　由于长期缺牙，造成患者习惯性下颌前伸或偏侧咀嚼，要引导患者利用新义齿做到正中咬合。

3．循序渐进进食　无牙颌患者安装义齿后，对恢复咀嚼功能要求迫切，应当特别嘱咐患者在充分适应后由软到硬逐渐进食。

4．保持口腔清洁卫生，保护口腔组织健康。

5．义齿的保护　每天用软毛牙刷清洗义齿，避免摔坏义齿，义齿不用时用清水浸泡，避免用热水、强酸、强碱浸泡义齿。

四、种植义齿

1．口腔卫生的随访检查　包括种植义齿种植体颈部、基桩连接杆及上部结构组织面的菌斑、结石检查和清除，去除引起口腔卫生不良的种植义齿设计的原因；教会患者采用正确的口腔卫生维护方法，掌握专用清洁器具的使用方法；建立患者口腔卫生档案，记录患者的口腔卫生情况及与之相关的其他信息。

2．口腔卫生的自我维护　包括经常性的漱口消除附着软垢；选择适宜的牙刷并采用正确的刷牙方法；使用牙间清洁器、纱布条、牙线等特殊清洁器具和方式清洁基桩及上部结构龈面菌斑。

3．种植义齿的洁治保健　定期由医生采用专业的方法和器械有效去除种植体表面的菌斑、结石和色素，尽量避免破坏种植体表面的完整性和生物学性能。

知识要点

1．牙列缺损和牙列缺失是一种由多种原因造成牙齿缺失的常见病及多发病，对人体的咀嚼、语言、美观及心理等诸多功能产生影响，通过修复治疗恢复患者的功能及美观意义重大。

2．牙列缺损和牙列缺失的修复过程中，应正确恢复缺失牙的形态和功能，尽量保存健康的牙体组织，保证机体和组织的健康，义齿应有良好的固位力与稳定性，并能改善患者的美观及功能。

3．牙列缺损和牙列缺失的主要修复方法有：固定义齿修复，可摘局部义齿修复，全口义齿修复及种植义齿修复。

4．固定义齿由固位体、桥体和连接体三部分组成，其固位、稳定性好，咀嚼效率高，美观舒适，能较大程度上恢复患者的功能及美观，但其有严格的适应证，且需磨除桥基牙大量牙体，制作工艺较高且不易于修理，价格相对较高，应严格把握适应证并对患者充分告知。

5．可摘局部义齿由人工牙、基托、支托、固位体和连接体组成，其具有适用范围广，牙体磨除量少，制作工艺简单，较容易修理，价格低廉等优点，但异物感较大，咀嚼效能偏低，可能出现压迫或刺激口腔黏膜的现象，治疗前应与患者充分沟通，取得患者的理解后再行治疗。

6．全口义齿是一种主要依靠吸附力及大气压力固位的为牙列缺失患者制作的义齿。由基托和人工牙组成。其固位及稳定主要受颌骨的形态、唾液的质和量、黏膜的薄厚、咬合关系及口周肌群的协调程度的影响。在进行全口义齿修复时，应明确区分出无牙颌组织上的主承托区、副承托区、缓冲区及边缘封闭区，确定义齿的边缘及形态。

7．种植义齿是通过在缺牙区的牙槽骨植入种植体，待种植体根方与骨组织建立牢固结合后，再在其冠方制作修复体完成义齿的修复方式。种植义齿由种植体及上部结构两部分构成。

8．种植义齿修复适用于身体健康、口腔卫生良好、能耐受一般种植手术、依从性好并能完成相关术前准备的患者。种植义齿修复具有固位效果好，美观性高，舒适且避免了固定义齿修复过程中基牙预备引起的牙体组织损伤等优点。但其疗程长，复诊次数多，操作复杂，且费用相对较高，需仔细评估患者的各方面条件并充分告知后，再行治疗。

9．义齿戴入后，患者应学会正确的使用及维护方法，保持口腔卫生，关注余留牙、口腔黏膜及义齿的情况，如有异常，及时就医，并定期到医院进行复诊检查。

（郑立舸　彭　诚）

第十一章　牙、𬌗、颌、面畸形

牙𬌗畸形是指牙齿、牙弓、颌骨和颅面部的关系不调，多属口腔正畸学的范畴。颌面部发育畸形主要是指唇、腭裂及上下颌关系异常，多由口腔颌面外科诊治。腭裂可单独发生，也可并发唇裂。唇腭裂患儿伴有不同程度的牙槽突畸形，颌骨发育障碍导致后期的牙𬌗、颌骨关系异常。

第一节　错𬌗畸形的矫治

一、概述

错𬌗畸形（malocclusion）一般是指儿童、青少年在生长发育过程中，由于先天或后天因素的影响，如遗传、疾病、替牙期异常、口腔不良习惯等，导致牙齿、牙弓、颌骨和颅面部的关系不调。包括个别或多个牙齿错位，上下牙弓形态和牙齿排列异常，上下颌骨形态和位置异常，颅面部关系异常等。这些异常主要是由于发育过程中牙量与骨量、牙与颌骨、上下牙弓、上下颌骨、颌骨与颅面等之间的不协调而致。此外，生长发育完成后，外伤、牙周病等原因也可造成错𬌗畸形。

错𬌗畸形是相对于正常𬌗而言的。正常𬌗包括个别正常𬌗和理想正常𬌗。错𬌗畸形的患病率以个别正常𬌗为基准，在我国高达67.82%。

理想正常𬌗（ideal normal occlusion）：由安格尔（Angle）于1897年提出，保存全副牙齿，牙齿在上下牙弓上排列很整齐，上下牙的尖窝关系完全正确，上下牙弓的𬌗关系非常理想，称之为理想正常𬌗。

个别正常𬌗（individual normal occlusion）：错𬌗畸形对于生理过程无大碍者，都可归于正常𬌗范围。这种正常范畴内的个体𬌗，彼此之间有所不同，故称之为个别正常𬌗。

二、错𬌗畸形的病因

错𬌗畸形的形成因素和机制是错综复杂的，其发生过程可能是由单一因素及单一机制造成，也可能是由多因素多机制共同作用的结果。从错𬌗畸形形成的时间上可将病因分为先天因素和后天因素。从错𬌗畸形发生机制的角度可分为遗传因素和环境因素。

（一）遗传性因素

遗传因素在错𬌗畸形病因学中占有非常重要的地位。错𬌗畸形具有多基因遗传的特征，而不是简单的单基因遗传方式。错𬌗畸形的遗传因素来源于种族演化和个体发育。

1．种族演化（race evolution）　错𬌗畸形是随着人类种族演化而发生和发展的。由于生活环境的变迁，原始人从爬行到直立，身体重心改变，颌骨逐渐退化；由于食物结构的变化，食物由生到熟，由硬到软，咀嚼功能日益减弱，咀嚼器官退化性缩小；在人类进化过程中，颌骨退化缩小的速度快于牙齿。因此导致错𬌗畸形从无到有，从少到多。

2．个体发育（individual development）　从个体发育上看，有些人牙齿排列比较整齐，有些人牙齿排列不整齐，有不同程度的错𬌗畸形，这与父母亲的遗传特性有关。错𬌗畸形与遗传密切相关，单卵双生子遗传特性几乎完全相同。遗传性错𬌗畸形是由多基因造成的，其表现多种多样。畸形有在亲子之间直接重现；也有在数代之间断续出现和变化表现（彩图 11-1）。

（二）环境因素

环境因素（environment factors）可分为先天因素和后天因素。它们之间相互联系不能分开。而且，环境因素和颌面部的功能密切相关。

1．先天因素（congenital causes）　从受精卵细胞的形成到胎儿的生长发育直到出生前，能够导致错𬌗畸形形成的任何因素，包括发育、营养、疾病、外伤等都为先天因素。先天因素虽然不一定具有遗传性，但是，遗传因素都属于先天因素。

（1）母体因素：母亲在怀孕期间的健康和营养与胎儿的颌面部正常发育以及错𬌗畸形的形成有着密切关系。在妊娠阶段母亲有无病史（如风疹、内分泌功能失调等）、服药史，是否曾受射线照射等都会影响孩子的颌面部发育。

（2）胎儿因素：胎儿自身内分泌及新陈代谢失调，可导致胎儿发育障碍及发育缺陷（如唇腭裂、牙齿数目形态异常等）。

2．后天因素　出生后各种可能造成口腔颌面部发育障碍的全身和局部因素，均归于后天因素。口腔不良习惯和替牙期障碍是导致错𬌗畸形的主要后天原因。

（1）全身性疾病：某些急慢性疾病，如佝偻病、内分泌功能异常、营养不良、颌骨外伤等全身性疾病均能导致错𬌗畸形。

（2）口腔功能：在儿童生长发育过程中，牙齿与颌面部形态在不断的发育完善。若此时出现障碍，可能导致颌面部畸形。①吮吸功能不足可能导致远中错𬌗，功能过强可产生近中错𬌗。②喂养姿势不当会使下颌发生移位，造成近中错𬌗或下颌前突（彩图 11-2）。③偏侧咀嚼可能会造成颜面不对称。④口呼吸也是导致下颌后缩的主要原因之一。

（3）口腔不良习惯：儿童不良的口腔习惯是形成错𬌗畸形的主要原因。①吮指习惯，可导致开𬌗畸形或上前牙前突及开唇露齿等；②舌习惯，患者伸舌、吐舌习惯可导致局部开𬌗、牙齿向唇侧倾斜等；③唇习惯，咬下唇表现为开唇露齿、上唇短而厚、上前牙前突和下颌后缩等症状；咬上唇容易造成前牙反𬌗。

（4）乳牙期及替牙期的局部障碍：①乳牙早失指乳牙因非生理性原因所致早失，失去对恒牙的诱导功能，牙弓长度减少，影响颌骨发育；②乳牙滞留乳牙逾期不脱落可导致恒牙阻生或错位萌出；③乳牙龋坏或恒牙萌出顺序异常也会产生错𬌗畸形。

三、临床表现

（一）个别牙错位

个别牙偏离在牙弓内的正常位置。包括唇向错位、颊向错位、舌向错位、腭向错位、近中或远中错位、高位、低位、转位、易位、斜轴等（彩图 11-3）。

（二）牙弓形态和牙排列异常

表现为牙弓狭窄、腭盖高拱、牙列拥挤、多生牙，牙列稀疏、先天缺牙。

（三）牙弓、颌骨、颅面关系异常

1．牙弓长度不调　表现为上颌前突、上颌后缩，下颌前突、下颌后缩，双颌前突，前牙反𬌗和深覆盖等。

2．牙弓宽度不调　表现为后牙反𬌗，后牙锁𬌗，牙弓塌陷（常见于腭裂患者），牙弓狭窄，偏𬌗等（彩图 11-4）。

3．牙弓高度不调　表现为前牙开𬌗，前牙深覆𬌗等（彩图 11-5）。

4．颌骨发育异常　表现为下颌角过锐或过钝，上下颌前突、后缩，腭裂，齿槽嵴裂等。

5．颜面发育异常　表现为颜面左右不对称，颜面前突，开唇露齿，颜面后缩，面裂唇裂，下颌正中裂。

四、错𬌗畸形的危害性

错𬌗畸形主要可造成如下局部危害。

1. 对颌骨生长发育的影响　对处于生长发育期的患者，错𬌗畸形会造成颌骨发育异常。如前牙反𬌗可抑制上颌骨的生长发育，咬合偏斜会造成面部的不对称发育（彩图 11-6）。因此这类错𬌗畸形应早期矫治。

2. 对口腔健康的影响

（1）对牙体组织的影响：由于牙齿排列不齐导致口腔自洁作用差，有些区域不易被清洁。从而造成食物残渣和菌斑堆积，进而发生龋坏（彩图 11-7）。

（2）对牙周组织的影响：由于口腔不易清洁，造成龈下菌斑堆积。可引起牙龈炎甚至牙周炎。此外，由于𬌗的早接触及干扰，易造成创伤𬌗和牙周组织损伤（彩图 11-8）。

3. 对颞下颌关节的影响　长期的𬌗早接触及干扰易造成下颌运动异常，从而造成颞下颌关节运动异常，导致颞下颌关节病。表现为关节弹响、局部疼痛及开口受限等。

4. 对容貌的影响　面貌在人的社会生活中起着重要作用，而各类错𬌗畸形均可影响容貌。如开唇露齿、小颌畸形、前突畸形、面部不对称等。这些畸形会使患者因此背上沉重的思想包袱，严重者影响心理健康（彩图 11-9）。

5. 对口腔功能的影响

（1）对咀嚼功能的影响：错𬌗畸形可导致咬合关系异常及咀嚼异常，从而导致咀嚼功能低下。长此以往，可造成消化不良等胃肠道疾病。

（2）对发音功能的影响：上、下颌牙齿咬合关系不协调和口周肌肉的异常运动可造成发音不清。

6. 义齿修复及种植牙需要　倾斜牙、扭转牙在义齿修复时不适宜作基牙，缺牙后对𬌗牙过长，需要矫正压低后修复。此外有些患者牙齿稀疏，散在间隙仅靠修复又很难达到理想效果，需配合正畸治疗集中间隙。

五、错𬌗畸形的诊断

（一）口腔颌面部的一般检查

1. 患者基本情况的记录　包括姓名、性别、出生年月、民族、出生地、职业。

2. 病史及相关情况　包括主诉，医学病史（错𬌗畸形有关的全身性疾病，如佝偻病、内分泌功能异常、营养不良等），牙科病史（乳恒牙替换情况、有无口腔不良习惯、家族史）（彩图 11-10）。

3. 口腔颌面部检查　牙、𬌗、颌、面的全面检查。

（二）模型分析

牙𬌗模型的测量在错𬌗畸形的诊断中十分重要。在分析现有牙弓的拥挤度、预测儿童替牙后牙列的拥挤程度以及错𬌗的矫治方法中，牙𬌗模型的分析能提供有益的参考。

（三）X 线及 X 线头影测量

1. X 线头影测量（cephalometrics）　主要是测量 X 线头颅定位照相所得的影像，对各特定标准点进行测量分析，从而了解牙颌、颅面软硬组织的结构，使对牙颌、颅面的检查、诊断，可由表面形态深入到内部的骨骼结构中。

2. 电子计算机 X 线头影测量　此测量方法是把计算机与 X 线头影测量结合起来，是目前比较先进的方法，也称为数字化的 X 线头影测量。其原理是将在头颅图迹上所确定的各测量标记点换成坐标值，由电子计算机算出各测量项的结果并进行统计分析（彩图 11-11）。

3. 一般 X 线检查分析　牙片及咬合片显示多生牙、埋伏牙、牙根、牙周情况。颞下颌关节开闭口位片检查髁状突及关节凹情况。全颌曲面断层片观察全口牙根发育情况及上下颌骨情况（图 11-1）。

4．手腕部 X 线片　牙颌发育与全身发育是一致的。通过手腕各骨的钙化情况，了解生长发育情况，评估生长发育的潜力，判断生长发育期，对矫治设计提供帮助。

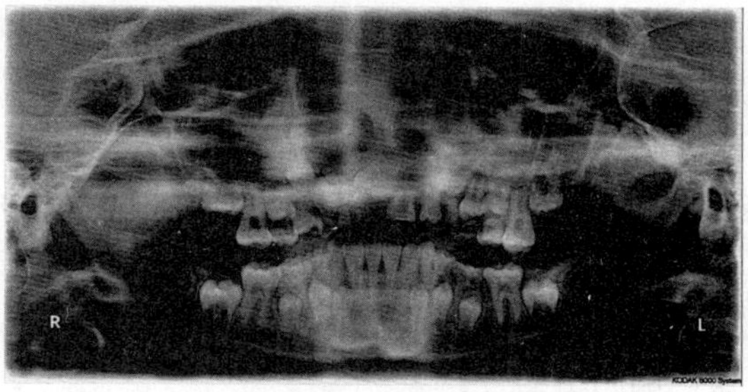

图 11-1　曲面断层片

（四）照相分析

通过拍摄面部正位像、侧位像、45° 斜侧位像、口内像记录患者的面部及口腔畸形情况（彩图 11-12 及彩图 11-13）。

六、错𬌗畸形的矫治设计及矫治方法

错𬌗畸形的矫治设计是根据患者的年龄、性别、牙颌面部畸形程度、患者对错𬌗畸形的治疗要求而制定。患者的治疗要求往往和社会文化因素密切相关。有些严重的错𬌗畸形，患者不一定要求矫治；而有些错𬌗畸形很轻，患者要求正畸的愿望却很强烈。还有很多患者不愿接受减数矫治、内收上前牙的矫治方案。因此，矫正治疗的设计是在对患者进行了全面检查后，经过对颌面资料进行分析、总结并作出正确的诊断后，对患者进行的总体设计。

（一）错𬌗畸形的矫治标准和目标

1．正畸矫治的临床标准　正畸医师对正畸矫治的临床标准的认识是一个日益提高的过程。以 Angle 的“理想正常𬌗”作为标准，即保存全副牙齿，牙齿在上下牙弓上排列很整齐，上下牙的尖窝关系完全正确，上下牙弓的𬌗关系非常理想。但后经实践发现，机体的改造是有限度的，非拔牙矫治对于一些严重错𬌗患者易造成复发。经过不断探索，Tweed 和 Begg 医师提出减数拔牙的矫治原则，并把“个别正常𬌗”作为临床标准，即错𬌗轻微，对生理过程无妨碍者，均可列入正常𬌗范畴。20 世纪 60 年代，Andrews 提出了正常𬌗的六条标准，规定磨牙为中性𬌗关系，牙冠角为正值，不同牙有不同的冠转矩，没有不适当的牙旋转，牙齿保持相互接触，无牙间隙存在，Spee 曲线深度在 0 ～ 2mm。矫正目标是平衡、稳定和美观。

2．正畸治疗的矫正时机　正畸治疗的矫正时机非常重要。一般来说，牙性错𬌗的最佳矫治时机是恒牙𬌗初期。这时身体正处于快速生长期，牙周组织、颌骨及牙槽骨有较强的生长能力，有利于牙齿的矫治。但有些影响颌骨发育的错𬌗畸形应早期治疗。

（1）乳牙期：破除口腔不良习惯，避免错𬌗畸形的发生。对于能够影响颌骨发育的反𬌗应尽早积极治疗，一般 3 ～ 4 岁儿童能配合者即可开始治疗。

（2）替牙期：应对影响恒牙建𬌗的牙齿错位及骨性错𬌗积极治疗，下颌前突、上颌后缩畸形最佳治疗时机为 8 ～ 10 岁。对下颌后缩患者，最佳治疗时间为 11 岁左右。对于严重拥挤患者还可采取序列拔牙法。

（3）恒牙期：矫治最好在青春发育期进行，一般男性 12 ～ 16 岁，女性 10 ～ 14 岁。随着社会的进步，矫正材料和矫正技术的完善，成人矫正患者也日趋增多，且能得到较好的治疗效果。

（二）正畸治疗的方法

1．预防性矫治（preventive orthodontics）　错𬌗畸形的预防性矫治主要是指在牙齿、颌骨胚胎及后天发育过程中，采取预防措施防止各种错𬌗畸形的发生，去除各种可能造成畸形的因素，避免畸形发生。包括母亲妊娠期注意营养，防止传染病等全身疾病，注意药物的使用，尽量避免放射线照射，以防胚胎发育不良。哺乳期最好母乳喂养，人工喂养应注意婴幼儿的吸奶姿势等。牙齿萌出期要定期进行口腔检查，预防龋齿和口腔不良习惯。

乳牙龋坏要及时治疗，乳牙滞留尽早拔除。尽量避免恒牙早失。抑制恒牙早萌，对迟萌的恒牙要保持间隙。乳、恒牙反殆要早期矫正，尽早拔除多生牙，唇系带过低应尽早修整，关闭牙间隙。

2．阻断性矫治（interceptive orthodontics） 在乳牙期和替牙期，通过简单的矫治方法阻断正在发生的畸形，消除病因，避免错殆畸形向严重发展，使牙、颌、面正常发育，这种方法称为阻断性矫治。阻断性矫治主要是纠正口腔不良习惯：如吮吸手指、舌习惯，咬唇，口呼吸，偏侧咀嚼等。

3．一般正畸矫治（corrective orthodontics） 在口腔正畸最常见。恒牙期发现错殆畸形者，应及时给予临床矫治。临床矫治的基本原则是首先要去除病因，然后根据口腔不同牙、殆、颌面畸形情况全面考虑矫治方案，选用合适的矫治器。目前主要使用的矫治器有固定矫治器、活动矫治器和功能矫正器。

（1）固定矫治器：是正畸矫治器中的主要类型。这类矫治器是固定在牙齿表面，利用弓丝加力控制牙齿移动从而达到矫治的目的。矫治器有多种：方丝弓矫治器（edgewise appliance）、Begg 细丝弓矫治器、直丝弓矫治器（straight wire appliance，SWA）、舌侧矫治器（lingual orthodontics）、Herbst 固定矫治器等（彩图 11-14）。

（2）活动矫治器：是一种由患者自行摘戴的矫治装置。由于材料简单易得，便于在基层推广，在一些必须矫治而又相对简单的错殆畸形的治疗中占有重要地位。为了取得良好的矫治效果，必须严格选择适应证，同时要求患者积极配合，按医嘱坚持戴用矫治器。该类矫治器包括机械性活动矫治器和环托活动矫治器等。

（3）功能矫治器：功能矫正器的主要特点是其矫治牙齿的力量来源于患者口腔颌面部肌肉的肌力。功能矫正器绝大部分是可摘类型，包括 Twin-block（彩图 11-15）、Frankel 矫正器，也有固定类矫正器，如 Herbst 矫正器。

4．外科正畸治疗（orthognathic surgery） 指对生长发育完成后的严重骨源性错殆畸形采用正畸配合外科手术的方法来矫正。正颌外科不仅要通过颌骨手术改善面部形态，而且必须借助手术前后的正畸治疗以恢复良好的咬合关系和殆功能，两者缺一不可。外科正畸必须由颌面外科和正畸科的医师共同合作完成，以保证颌面部畸形及殆关系均能得到良好的矫治效果。

第二节 先天性唇裂及腭裂

先天性唇裂及腭裂是常见的口腔颌面部发育畸形。其形成主要是在胎儿发育过程中特别是胚胎发育前 12 周，受到某些因素影响导致胚胎各胚突的发育和融合受到干扰，从而引起不同部位和不同程度的发育畸形。

一、唇、面裂和腭裂的形成

胎儿在胚胎发育前 12 周，若受到某种因素的影响而使各胚突的正常发育及融合受到干扰，即可能发生各种不同的相应畸形。如左右两侧下颌突未能在中线相互融合，则产生下唇正中裂或下颌裂；一侧上颌突未能在一侧与内侧鼻突融合，则在上唇一侧产生单侧唇裂；如在两侧发生，则形成双侧唇裂；上颌突与内侧鼻突有一部分或全部未融合，则发生各种不同程度的唇裂，以及不同程度的牙槽突裂；两个内侧鼻突未能正常融合则发生上唇正中裂；上颌突与下颌突未能融合则形成面横裂；上颌突与外侧鼻突未能融合则形成面斜裂。

腭裂的形成与唇裂相似，同样为胚突融合不全或完全不融合所致。如原发腭突未能在一侧或两侧与继发腭突融合，则形成单侧或双侧腭裂；如在前颌部分未能融合，则形成牙槽突裂。由于腭突的融合过程由前向后逐渐发生，软腭裂与不完全腭裂都是在硬腭已经完全或部分融合后才发生，因此，单纯的软腭裂只有正中裂而无单侧或双侧之分。

二、发病因素

引起胚突发育和融合障碍的确切原因和发病机制，目前尚未完全明了。可能为多种因素共同影响而非单一因素所致。

1．遗传因素　有些唇、腭裂患者有遗传史。遗传学研究认为唇、面、腭裂属于多基因遗传性疾病。

2．营养因素　各种原因导致妇女怀孕期间维生素缺乏。但是否会因缺乏这类物质而导致先天性畸形的发生，尚不十分明确。

3．感染和损伤　母体在怀孕初期如遇到某些损伤或罹患病毒感染性疾病如风疹等，也可能影响胚胎的发育而成为畸形发生的诱因。

4．内分泌的影响　妊娠期因生理性、精神性及损伤性等原因，可使体内肾上腺皮质激素分泌增加，从而诱发先天性畸形。

5．药物因素　一些药物进入母体后能通过胎盘进入胚胎。有些药物可能导致畸形的发生。

6．物理因素　胎儿发育时期，如孕妇频繁接触放射线或微波等可能影响胎儿的生长发育而导致唇腭裂的发生。

7．吸烟与饮酒因素　流行病学调查资料表明：妇女妊娠早期大量吸烟（包括被动吸烟）及酗酒，其子女唇腭裂的发生率比无烟酒嗜好的妇女要高。

三、唇腭裂的临床分度

唇裂按部位有单侧和双侧之分；按畸形程度可分为Ⅰ度唇裂（彩图 11-16）、Ⅱ度唇裂（彩图 11-17 及彩图 11-18）和Ⅲ度唇裂（彩图 11-19 及彩图 11-20）。腭裂畸形一般分为软腭裂、不完全腭裂和完全腭裂（彩图 11-21 及彩图 11-22）。

四、唇腭裂的治疗

（一）多学科综合序列治疗

唇腭裂多学科综合序列治疗（cleft lip and palate team approach）是在患者从出生到长大成人的每一个生长发育阶段，由多学科医师参与，在患者的适当年龄，按照约定程序对唇腭裂患者进行系统治疗的过程。

序列治疗组包括口腔颌面外科、口腔正畸科、口腔内科、口腔修复科、耳鼻喉科、语言病理学、儿科、护理学、遗传学、心理学以及社会工作者等。序列治疗组是唇腭序列治疗的主要实施者，主要工作是针对每位唇腭裂患者的病情，组织序列治疗组成员集体会诊讨论，制订出适合该患者的治疗计划及具体的实施时间表，各序列治疗组成员按时担负本专业内容的治疗工作，相互配合、协作，直到整个序列治疗程序完成。

（二）口腔颌面外科整形手术治疗

外科手术是唇腭裂畸形治疗的最重要手段。对唇腭裂解剖特点的充分认识和对畸形特点的具体分析，采用多学科综合序列治疗的原则，配合语音治疗、正畸治疗、心理辅导等手段，可望取得满意疗效。

单侧唇裂整复术的年龄一般控制在 3 ～ 6 个月，体重达到 6 ～ 7kg。而双侧唇裂手术相对复杂，手术时间较长，出血量较多，一般年龄控制在 6 ～ 12 个月，体重不低于 10kg。经过多年的实践与研究，唇裂整复方法已经达到比较满意的修复效果，最常用的有旋转推进法、下三角瓣法等。

相对唇裂整复术而言，腭裂整复术创伤较大，时间更长，出血量更多。关于手术年龄一直存在争议，国外与国内控制标准不一。由于涉及全身情况、麻醉风险及术后并发症、上颌骨发育等因素，我们主张年龄控制在4～6岁时进行手术，以确保手术安全与质量。常用的腭裂整复方法有两瓣法、四瓣法等。

知识要点

1．错𬌗畸形为牙颌面异常，患病率在我国高达67.82%。错𬌗畸形影响颌骨的生长发育，影响牙体组织、牙周组织、颞下颌关节的健康，以及咀嚼功能；可造成消化不良等胃肠道疾病；影响发音功能，可造成发音不清；还可影响患者的容貌及心理健康。

2．错𬌗畸形的发生是由遗传因素和环境因素引起的。

3．错𬌗畸形可以表现为个别牙错位，牙量、骨量不协调，上、下牙弓不协调，颌骨发育异常，颜面发育异常。在患者生长发育的不同时期，牙性错𬌗的最佳矫治时机是恒牙𬌗初期。

4．错𬌗畸形矫治方法有预防性矫治，阻断性矫治，固定、活动性矫治及外科正畸治疗。

5．先天性唇裂及腭裂是常见的口腔颌面部发育畸形，由多种因素导致胚胎各胚突的发育和融合受到干扰所引起，应采用多学科综合序列治疗。

（陈　岩　马　洪）

第十二章　口腔预防保健

第一节　概　　述

口腔预防保健与口腔医学其他学科有着非常密切的内在联系，形成了独立的口腔医学预防体系。它的规范命名为“口腔预防医学”(preventive dentistry)；定义为“通过有组织的社会努力，预防口腔疾病，维护口腔健康，提高生命质量的一门科学与艺术”。口腔医学的两大疾病——龋病和牙周病，是影响人们健康的最广泛和最持久的疾病，其发病因素通过口腔预防保健是完全可能控制的。在口腔医学飞速发展的今天，口腔预防保健在预防保健措施的应用研究中，在人群口腔健康促进和口腔保健服务等方面，都有了很大的进步。口腔专业人员及社会人群对口腔医学保健预防工作重要性认识的提高，大大增加了社会人群的口腔卫生知识，转变了观念和态度，为全社会口腔健康水平的提高打下了良好的基础，推动了口腔医学的进步。

一、口腔预防保健的目标和内容

（一）口腔预防保健的目标

通过预防口腔疾病的发生和控制口腔疾病的发展，恢复口腔器官的功能，保护和促进人们的身心健康。世界卫生组织把预防医学的目标定为：“使所有的人都尽可能地达到最高的健康水平。”口腔健康决定着人们的生活质量，是人们达到最高健康水平的决定性因素之一，实现人人口腔健康是全社会共同的理想和目标。

（二）口腔预防保健研究的对象

口腔预防保健是以社会人群为主要研究对象，针对社会人群口腔疾病的发生和发展规律，用预防为主的策略思想，以个人预防保健方法为基本要素的研究，以提高社会人群口腔健康水平，预防口腔疾病的发生与发展。

（三）口腔预防保健研究的内容

口腔预防保健以口腔健康为中心，针对口腔疾病的发生和发展因素，通过基础科学（物理学、化学、生命科学等）、临床医学和环境卫生科学等理论知识和方法手段，评价社会环境因素对口腔健康的影响，制定预防控制策略，通过口腔预防保健措施的实施，达到促进口腔健康，预防口腔疾病发生、发展的目的。口腔疾病为多因素性疾病，口腔预防保健的具体研究内容也十分丰富。主要包括研究口腔疾病的多种危险因素，建立口腔疾病预防的侧重点和目标；判定口腔疾病的高危人群，集中社会的口腔卫生服务力量，控制口腔疾病的流行；加强口腔保健品的开发研究，比如含氟牙膏和保健牙刷产品等，为社会大众提供更多的、具有良好性能又经济的口腔保健品；开展多种形式的口腔健康教育，提高人们对口腔保健的认识，改变人们对口腔保健的态度和行为，完善社区人群的口腔卫生服务；按照世界卫生组织推荐的方法监测人群口腔健康状态；采用多中心随机对照试验，运用循证医学的方法，评价口腔保健用品的安全性和有效性，进一步深入开展口腔预防保健和循证医学的研究，以便提高口腔预防保健人员的能力和预防措施的效果。

二、口腔预防保健的策略

预防保健工作的目标是“使所有的人都尽可能地达到最高的健康水平”。口腔健康是全身健康的重要组成部分，为了达到此总体目标，人人必须有最高的口腔健康水平。为了让人人都能达到最高的口腔健康水平，口腔健康保健工作应从疾病发生前（健康状态时）、疾病发生/发展时（患者）、疾病转归后（健康状态时）进行，根据每个时期机体/疾病的特点，口腔预防保健工作内容有所不同，目前将预防保健工作分为三级：

1．一级预防或初级预防（primary prevention） 疾病处于病理形成前期。以病因预防为主，针对致病因素采取预防措施，强调自我保健、健康教育，以及特殊的防护措施，即社区公共卫生措施，监测危险因素与疾病发展趋势。

2．二级预防（secondary prevention） 疾病已经进入病理形成期，但处于疾病的早期阶段。因此，早期发现，早期诊断，早期治疗，及时采取适当的治疗措施，以阻止病理过程的进展，尽可能达到完全康复。

3．三级预防（tertiary prevention） 疾病已经发展到晚期阶段。三级预防也就是对症治疗，以防止伤残与功能恢复为主要目的，如改善器官的功能缺陷，尽可能恢复一定的生活自理能力和生产能力。

三、社会口腔医学

社会口腔医学是口腔医学的一个重要分支，是在口腔医学基础上，用社会实践和社会调查方法来研究口腔医学和社会学之间的关系。社会口腔医学是从口腔医学的角度研究社会环境、社会因素与人群口腔健康的关系以及相互作用和制约规律的科学。社会口腔医学是从口腔医学的横向方面，研究影响口腔健康的社会因素，它是以一定的社会区域和卫生体系为对象，以口腔健康问题为中心，进行连续的“社会诊断”，制订对策和干预措施，探讨社会人群口腔健康科学体系的本质和发展规律。而预防口腔医学则是从口腔医学纵向方面，研究自然环境、社会环境以及人工环境的致病因素对口腔健康的影响，用专业性的知识和技术，为特定社会和特定人群提供服务，从不同层面为预防和控制口腔疾病作出努力，同时为社会口腔医学的研究和服务提供支持。

第二节 龋病和牙周病的预防

龋病、牙周病是人类口腔重要的两大类疾病，也是人类最常见和最多发的疾病之一。龋病和牙周病均是多因素疾病，其主要致病因素都是口腔内的牙菌斑。保持口腔清洁健康是预防牙菌斑形成的主要途径。通过控制牙菌斑形成，消除局部刺激因素，提高宿主抵抗力，减少龋病和牙周病的发生，可以达到促进口腔健康的目的。

一、控制牙菌斑

牙菌斑是一种细菌性生物膜，是被基质包裹的相互黏附或黏附于牙面、牙间或修复体表面的软而未矿化的细菌性群体，不易被水冲去或漱掉。牙菌斑的主体是微生物，基质是微生物生存的环境。细菌依靠生物膜紧密黏附在一起生长，是龋病和牙周病发生的必要因素。因此，牙菌斑的控制应包括菌斑数量的控制和致病菌毒性作用的控制。

（一）机械清除牙菌斑的方法

机械清除菌斑的方法是通过器械，物理性地除去牙菌斑。

1．刷牙 广义的刷牙包括用牙刷、牙线、牙间隙刷及牙间清洁器等清除附着在牙齿表面的牙菌斑和食物残渣，目前被认为是清除牙菌斑、控制菌斑数量最简单、方便、有效的方法，同时是易被人们广泛接受的自我保健方法。

2．洁治和刮治术　口腔专业人员用器械（手工洁治器和刮治器，超声洁牙机）除去牙菌斑的方法，是目前临床清除菌斑的主要手段。

（二）化学方法

1．氯制剂　目前代表性的有氯已定，又称双氯苯双胍乙烷，商品名称是洗必泰，为一种广谱抗菌剂。它能抑制唾液中的细菌吸附到牙齿表面，还可以降低唾液蛋白与牙齿表面的吸附力，从而抑制细菌的聚积和阻止附着。一般制成漱口剂，其成分也可用于牙膏、涂料及凝胶等。

2．其他　主要是抑制致龋菌，达到控制菌斑的作用。如酚类化合物（香精油）、季铵化合物、血根碱等，主要制备成漱口剂。优点是使用较广泛，效果肯定；缺点是长期应用存在耐药性及毒副作用。

二、限制含蔗糖的食物

流行病学和动物实验证明，细菌可以分解蔗糖产生酸，破坏牙齿硬组织引发龋病，还有助于菌斑形成引发牙周病。蔗糖的摄入量和摄入频率对龋病的发生有举足轻重的作用，酸性产物在菌斑内长时间滞留，超出唾液的缓冲调节能力，促使牙面脱矿。目前，糖代用品还不能完全代替蔗糖。因此，控制蔗糖摄入频率及吃糖后要及时清洁口腔、减少糖在口腔内滞留时间等卫生知识的教育尤为重要。要针对儿童和青少年进行“建立合理饮食习惯，少吃零食和酸性饮料，在两餐之间少吃或不吃糖果、糕点，特别是睡前应禁吃甜食”的教育尤为重要。

三、氟化物防龋

氟是人体必需的微量元素之一。氟与钙、磷的代谢关系密切，适量氟化物的参与能加速骨骼和牙齿硬组织矿化成分中磷灰石的形成，增加骨骼和牙齿这类硬组织的强度和稳定性。通过氟化物降低牙釉质的溶解度和促进牙釉质的再矿化。适量氟能维护牙齿的健康，过量或过少的氟都会对身体产生不良影响，特别是对牙齿形成和矿化期间，可以引起牙齿发育不良或矿化不全。氟量摄入不足也可增加牙齿对龋病的易感性。

氟化物防龋机制：①氟能降低牙釉质的溶解度和促进牙釉质的再矿化，牙菌斑与唾液中的氟化物与牙釉质表面的磷灰石结合形成一种低溶解性的矿物质氟磷灰石，抵抗致病性因素对牙釉质的破坏，减少龋病的发生。氟化物能促使早期釉质龋损（白垩色斑）再矿化，消除龋病的早期损害，在龋洞形成之前就得到修复。②氟对微生物的作用，氟化物可以直接进入细菌体内对细菌的代谢产生影响，降低细菌的致病性；另外是氟能影响致龋菌的糖酵解作用，氟化物可以抑制糖酵解和细胞氧化有关的酶，也可抑制细菌摄入葡萄糖和抑制细菌产酸，降低龋病发生和牙菌斑形成。

氟化物防龋是有效可行的，应尽可能使口腔内保持持续性低浓度的氟水平。目前可以通过饮水氟化、牛奶氟化、食盐氟化、氟化漱口液、含氟牙膏等方式防龋，也还可通过专业局部涂布氟化物防龋。在发展中国家推广使用含氟牙膏。

氟化物防龋的应用方法可以分为全身和局部两种途径。

（一）全身应用氟化物

全身用氟是机体通过消化道将氟化物摄入，经胃肠道吸收进入血液循环系统，然后转输至牙体及唾液等组织，达到预防菌斑形成，减少龋病和牙周病的目的。

1．饮水氟化（water fluoridation）　调整饮用水（自来水）氟浓度维持在一个最适宜的程度，并长期保持稳定性，达到既能防止龋病的发生，又不引起氟牙症流行的目的。为了防龋，在低氟地区供水中加入氟化物，使其达到所需浓度即为饮水氟化。在实施过程中，水厂要有严格的管理和检测系统，确保饮水氟浓度稳定保持在预定的标准范围内，投加的氟化物有氟硅酸（H_2SiF_6）、氟硅酸钠（Na_2SiF_6）和氟化钠（NaF）等。H_2SiF_6 和 NaF 用液体投加法，Na_2SiF_6 用固体投加法。随供水量的大小调节投加量，定期进行监测和记录。

饮水氟化应遵循的基本原则是：①饮水的最佳氟浓度一般保持在 0.7 ~ 1mg/L 之内；②低氟区饮水氟含量在 0.5mg/L 以下，在加氟前应先调查氟牙症的流行情况。如果氟牙症指数在 0.6 以上，则无需加氟；饮水氟含量在 0.5mg/L 以下，氟牙症指数在 0.6 以下，可结合龋病的发病情况考虑加氟量。③饮水氟含量已超过 1.5mg/L，或氟牙症指数却超过 1 时，则应采取措施减少水中过量的氟；④饮水氟含量应按季节、气温的变化进行调整，保持其稳定性；⑤饮水加氟需要严格的管理和检测系统，保证安全有效。

学校饮水氟化适用于不能实施公共自来水氟化的低氟地区，如没有自来水设施的边远乡村。由于学生只有部分时间在学校饮水（20% ~ 25%），而且年龄已在 6 岁以上，恒前牙牙冠已矿化，不会发生氟牙症的问题。所以在小学校内的饮水氟浓度可以为社区自来水氟浓度的 4.5 倍，但同样需安装一套严格的供水设备，并且要有严格的管理和监督措施。饮用氟化水时间越早越好，饮用氟化水时间越长效果越好。

2．食盐氟化（salt fluoridation） 在食盐中加入适量氟化物，达到人体所需的氟浓度以预防龋病和牙周病的发生。食盐氟化适用于没有开展饮水氟化或没有自来水的低氟区。不同国家或地区由于食用食盐习惯不同，人群对盐的摄入量也不尽相同。

3．牛奶氟化（milk fluoridation） 牛奶氟化是 WHO 近年来推荐的一种全身用氟方法，它与饮水氟化和食盐氟化一样安全经济有效。牛奶是氟化物的良好载体，又属于非致龋食品，牛奶中的氟化物约 72% 可被机体吸收。

4．口服氟片（fluoride tablet） 口服氟片主要含氟化钠或酸性氟磷酸盐，目前推荐的含氟量有 0.25 mg 和 0.5 mg 两种不同剂型。口服氟片方法价格低廉、简单方便、效果可靠，适用于未能实施其他全身性用氟防龋的低氟区。

类似氟片的还有氟滴剂，适于 2 岁以下婴幼儿，每日睡前将含氟溶液滴于口腔颊黏膜或舌部，不漱口、不饮水，可获得全身和局部双重作用。应用原则和每天补充的氟化物量与氟片相同，使用氟滴剂可使龋病发病率降低 40%。

（二）局部应用氟化物

局部用氟（topical application of fluoride）是用不同的方法把氟化物带到牙齿表面，减少菌斑形成，增强牙面的矿化程度和促进再矿化，提高牙齿的抗病力，通过局部作用达到预防龋齿和牙周病的目的。既适用于未实施全身用氟的低氟与适氟区，也可与全身用氟联合使用，以增强其防病效果。

1．含氟牙膏（fluoride toothpaste） 使用含氟牙膏是最常见的局部用氟防龋的方法。含氟牙膏中常用的氟化物有氟化钠、酸性磷酸氟、氟化亚锡、单氟磷酸钠和氟化铵等。使用含氟牙膏刷牙每天不超过 3 次，成人每次用量不超过 0.5g 或 5mm 长（豌豆大小）。使用含氟牙膏时要注意刷牙时不要吞咽，刷牙后要用清水漱口尽量漱洗干净。学龄前儿童吞咽功能发育尚不完善，刷牙时可误吞牙膏用量的 20% ~ 50%。这时期正是恒牙牙冠矿化阶段，容易发生因吞咽过量氟致慢性氟中毒（氟牙症）。因此在低氟和适氟区对于已经使用了全身用氟的学龄前儿童，当使用含氟牙膏刷牙时应有家长或监护人的帮助、指导和监督。

2．氟化物溶液漱口（fluoride gargle） 使用含氟漱口液漱口是简便、经济、有效的局部用氟方法，适用于低氟区及适氟区、中等或高发龋地区。对龋活跃性较高或易患患者、牙齿矫正期间戴矫治器的患者，以及不能实行口腔自我健康护理的残疾患者，或可摘义齿造成菌斑堆积的患者以及牙龈萎缩、易患根面龋的老年人等均可推荐使用。氟化物溶液漱口剂一般含有中性或酸性氟化钠，0.2% 氟化钠液可每周使用一次，0.05% 氟化钠溶液可每天使用一次。

3．局部直接涂氟　局部直接涂氟是氟化物局部应用最早期的方法。常用氟化物有以下几种：① 2%NaF 溶液，使用方法是洁治后用磨光剂清洁牙面，牙邻面可用牙线清洁，漱口、隔湿、吹干，用小棉球吸取含氟溶液涂布到牙齿窝沟和邻面上，湿润牙面约 3 ～ 4min，30min 内禁食水。每周涂布一次，连续 4 周为一疗程。学龄儿童每两年一疗程，直至恒牙全部萌出；② 8% ～ 10% SnF_2 溶液，SnF_2 溶液在水溶液中极不稳定，使用时要配制新鲜溶液。其操作方法同 NaF 溶液，不同的是湿润牙面 4min，每年涂布一次；③ 1.23% 酸性磷酸氟（acidulated phosphate fluoride，APF）溶液，使用方法与 NaF 溶液相似，要掌握涂布氟液的用量。

4．含氟凝胶和含氟涂料

（1）含氟凝胶（fluoride gel）：优点是操作简单方便，氟化物与牙齿表面作用时间长，也可通过口腔全牙列托盘放置适量凝胶处理全口牙齿，使氟更好地与牙邻面接触。通常使用酸性磷酸氟 APF，氟化钠（2%）和氟化亚锡（8%）。APF 是由 NaF（1.23%）加入 0.1mmol/L 的磷酸配制而成，pH 为 3.0。

（2）含氟泡沫（fluride foam）：是近年来出现的一种新的含氟产品。其含氟浓度与氟凝胶一样，pH 为 3 ～ 4，应用方法与氟凝胶相似，用量只有含氟凝胶的 1/5 ～ 1/4，作用效果相近。含氟凝胶与含氟泡沫含氟量较多，均推荐由口腔专业人员指导使用。

5．其他局部用氟方法

（1）含氟充填材料：在充填材料中加入适量氟化物，形成含氟的充填材料，如在充填玻璃离子粘固粉、聚羧酸盐粘固粉和洞衬剂等材料中加入适量的氟化物，待充填材料凝固后，材料中的氟离子缓慢释放出来，起到促进再矿化和预防继发龋的作用。

（2）缓释氟材料：把氟化物通过甲基纤维素等载体制成缓释制剂，如氟化物缓释片或氟化物控释胶囊等，目前尚处于实验研究阶段。缓释片可嵌于修复体上使用，有报告指出氟化物缓释片可持续释放氟 24h。

四、窝沟封闭防龋

窝沟封闭（pit and fissure sealant）又称点隙裂沟封闭，是指不去除牙体组织，在牙齿咬骀面、颊面或舌面的点隙裂沟涂布一种黏结性树脂（高分子树脂），保护牙釉质不受细菌及代谢产物侵蚀，是目前预防龋病发生的一种有效方法。这种黏结性树脂称为窝沟封闭剂。

1．窝沟封闭剂的组成　窝沟封闭剂是一种合成有机高分子树脂材料，主要由树脂基质、稀释剂、引发剂组成，为了提高窝沟封闭剂的强度、硬度、耐磨性和防龋性，有时还增加一些辅助剂（溶剂、填料、氟化物、涂料等）。

2．窝沟封闭剂的种类　窝沟封闭剂按照固化类型分为两种：

（1）光固化窝沟封闭剂：通过一定的光源（光固化机）照射后固化，其表面光滑、具有一定的抗压强度。

（2）自凝固化窝沟封闭剂：利用催化剂使树脂基质固化。自凝固化不需要特殊设备，花费较少。

3．窝沟封闭的适应证与非适应证　窝沟封闭防龋的适应证决定性因素很多，其中最重要的是窝沟的外形和对其的评价。

（1）适应证：①窝沟深，特别是可以插入或卡住探针（包括可疑龋）；②口内存在龋坏牙齿，特别是对侧同名牙齿已患龋或有患龋倾向的。

窝沟封闭的最佳时间一般认为乳磨牙在 3 ～ 4 岁、第一恒磨牙在 6 ～ 7 岁、第二恒磨牙在 11 ～ 13 岁，牙齿完全萌出后即适宜作窝沟封闭，一般为萌出后 4 年之内。釉质发育不全、窝沟点隙初期龋损、咬骀面有充填物但存在未作封闭的窝沟，可根据具体情况决定是否进行窝沟封闭，还是行龋洞充填。

（2）非适应证：①牙齿咬合面无深的沟裂点隙，自洁作用好；②患较多邻面龋损者；③牙齿萌出不全者；④患者不合作，不能配合正常操作；⑤已作充填的牙齿。

4．窝沟封闭方法

（1）清洁牙面：用机用小毛刷或橡皮杯对牙齿表面，特别是要封闭的部位进行彻底的清洁。有时也可以蘸上适量的清洁剂，但注意不要使用油质的清洁剂或过细的研磨剂。

（2）酸蚀：隔湿后将牙面吹干，用细毛刷蘸上酸蚀剂放在要封闭的牙面上，酸蚀面积一般为牙尖斜面的 2/3。

（3）冲洗和干燥：通常用水枪或注射器加压冲洗去除酸蚀剂和釉质表面的反应产物。冲洗后立即更换干棉卷隔湿，用无油无水的压缩空气吹干牙面，牙面呈白色雾状外观。

（4）涂布封闭剂：用细刷笔或专用供应器将封闭材料涂布在酸蚀的牙面上，注意使封闭剂渗入窝沟，使窝沟内的空气排出，在不影响咬合的情况下要有一定的厚度。

（5）固化：自凝封闭剂涂布后自行固化，光固化封闭剂需用光固化灯照射。

（6）检查：固化后用探针进行全面的检查，发现问题及时处理。另外还应定期复查（三个月、半年或一年），观察封闭剂保留情况，脱落时应重新封闭。

五、控制其他局部因素

去除龋病和牙周病有密切关系的不良因素，是预防疾病发生的不可缺少的有效措施。常用的方法有：

1．调𬌗　调𬌗是通过磨改牙齿外形，消除早接触，消除𬌗干扰，从而促进牙齿自洁作用，减轻牙周组织的负荷，改善牙齿的功能。一般适用于因𬌗干扰或早接触引起的咬合创伤，调𬌗时应在控制牙周组织炎症后进行。

2．消除食物嵌塞　食物嵌塞一般有垂直性食物嵌塞和水平性食物嵌塞两种。垂直性食物嵌塞多由牙齿邻接面接触不良、咬合面磨耗不均引起，可用调磨的方法重建食物溢出沟，恢复牙齿的生理外形和解剖关系。水平性食物嵌塞多由牙龈萎缩引起，可作食物嵌塞矫治器或用牙线、牙签剔除嵌塞的食物。对于顽固性食物嵌塞可以用冠修复的方法来解决。

3．去除不良修复体　不良修复体是龋病和牙周病发生的医源性因素，牙齿邻面充填体悬突粗糙不平，易沉积菌斑和刺激牙龈，引起继发龋和牙周病。用金刚石针磨改充填悬突部分并用打磨针或细砂纸条磨光邻面。在制作修复体时应注意，修复体的边缘应放在适当位置，修复体的邻接面及咬合面应具有良好的外形接触区或接触点，避免食物嵌塞；桥体、卡环、基托的设计制作要尽可能减少菌斑和食物残渣的堆积，便于自洁。

4．预防性矫治　牙齿排列不齐可造成菌斑滞留和食物嵌塞、咬合力不平衡，引起龋病和牙周病的发生和发展。因此对牙齿排列不齐的错𬌗畸形进行预防性矫治是治疗和预防龋病和牙周病的必要手段。

5．去除不良习惯　不良的生活习惯，如不良饮食习惯、过度嗜好烟酒；不良的口腔功能习惯如口呼吸、吮指等可以引起龋病和牙周病的发生和发展。建立良好的生活习惯，少抽烟，少饮酒，尽量减少摄入高糖和黏稠性食物，做到及时清除附着在牙齿表面的食物。通过主动和被动去除不良口腔功能习惯，如功能矫治器等，维护牙齿和牙周组织的健康。

六、提高宿主抵抗力

龋病和牙周病的预防不但要消除和控制局部刺激因素，还要提高机体对疾病的抵抗能力，降低机体对疾病的易感性。治疗和控制与龋病和牙周病发生有关的全身性疾病，如糖尿病、内分泌紊乱、营养代谢性疾病、血液病及遗传性疾病。加强对高危人群的监测。儿童期是龋病的高发期，青春期和妊娠期是牙龈炎发生的高发期，除要注意对高危人群进行专业性口腔卫生护理，定期口腔检查外，还要注意合理的营养，增加机体的抵抗力，如补充富含蛋白质，维生素A、D、C，以及钙和磷的营养物质，补充牙齿局部的氟含量，以增强牙齿和牙周组织对致病因子的抵抗力和免疫力。

七、口腔自我保健

龋病和牙周病的预防必须采取自我口腔保健与专业性防治相结合的综合性措施，才能消除引起龋病和牙周病的始动因子，即菌斑微生物及其毒性产物，控制其他局部因素对牙齿和牙周组织的影响，提高宿主的抗病能力，降低牙周组织对疾病的易感性。

1．漱口　漱口是最常用的口腔保健方法，通过液体清除食物残渣，同时结合一些化学成分达到抑菌、防龋、抗过敏等作用。既可以用于家庭日常生活，也可以用于临床治疗。

2．刷牙　牙刷的机械作用可以有效地清除牙菌斑，再配合牙膏等化学作用，可以预防龋病和牙周病的发生。刷牙时要注意部位，一般要刷牙齿的非自洁区，对牙齿的每个面都要刷洗，要使用适合自己口腔环境的牙刷，在牙刷难以达到的部位可以使用牙间隙刷或牙线等辅助工具。

3．咀嚼和牙龈按摩　咀嚼粉碎食物，便于吞咽和消化。咀嚼粗糙或纤维性食物时，通过食物对牙齿和牙龈组织的摩擦，达到清洁牙面和按摩牙龈组织的作用，同时也可以刺激大脑活动，促进咀嚼肌和唾液腺的发育。

八、定期专业性检查

龋病和牙周病是一种慢性感染性疾病，为了保证治疗后恢复健康、防止复发，治疗后的维护和治疗是同样重要的。最好的口腔维护治疗是每3个月一次，要求患者进行个人口腔卫生护理，并且针对具体情况进行口腔卫生指导，定期作龈上洁治和根面平整，消除菌斑和牙石，维护清洁和健康的口腔生态环境，使愈合或正在愈合的牙周组织免受菌斑的再侵袭，防止牙周附着再丧失，使受损的牙周组织长期处于稳定状态。

第三节　老年人口腔保健

1980年，联合国确定60岁为人口进入老年阶段的分界线，60岁人口超过总人口的10%的国家为“老龄化国家”。我国改革开放以来，在经济飞速发展的前提下，人们的健康水平有了很大的提高，平均寿命延长，2000年统计有1.1亿人口超过60岁，而且每年以3%的速度逐年增加，我国已经逐渐进入老龄化国家。老年人作为一个特殊群体，解决其口腔保健问题，需要制订一个合适的目标和策略，采取相应措施，做到口腔健康保健与全身健康保健相结合，口腔健康保健要形成预防、治疗和康复一体化。老年人口腔保健的目标：至少保留有20颗牙齿，维持基本的口腔功能，或通过一般修复，尽可能恢复口腔功能。

一、建立口腔自我保健能力

针对老年人的身体和心理变化、文化知识水平、不良的生活习惯和观念等问题，开展多种形式的口腔健康教育活动，提高老年人的口腔保健意识，消除“老掉牙”的旧观念。学会正确的菌斑控制方法和良好的生活习惯，定期进行口腔健康检查，做到早发现早治疗。

1．刷牙　针对老年人的特点，选择适合老年人的牙刷，如小头、软毛、大柄的牙刷。由于老年人多有牙龈萎缩，牙齿间隙增大，可以辅助用一些牙间隙刷或牙线。

2．漱口　由于老年人有时会有很多肢体障害，在进行刷牙时会不彻底，可以配合使用一些漱口液，帮助清除口腔内的细菌和食物残渣等。

3．洁牙　洁牙是通过器械除去菌斑牙石最有效的方法，老年人多存在牙齿稀少，牙龈萎缩，牙体形态异常等问题，只靠刷牙达不到清洁效果，可以通过专业人员进行牙齿洁治，清洁牙齿，达到维护牙齿和牙周组织健康的目的。

4．义齿维护　老年人多有牙列或牙体缺损，需要义齿修复，而且老年人自我维护能力比较差，因此要加强老年人对口腔残留牙齿和对义齿的维护意识。固定义齿要和自身牙齿一样进行刷洗，可摘义齿进食后要进行清洗，还要定期用义齿清洁剂进行清洗，保持义齿无细菌存留。

二、建立良好的饮食习惯

良好的饮食习惯不仅对口腔健康有利，而且对身体健康也非常有利。结合全身营养需要，要定量定时，以少糖、低黏稠性食物为主，要少抽烟、少饮酒。

三、早发现，早治疗

任何疾病早期发现，早期治疗的效果大多是好的。特别是老年人全身和口腔条件都很差，疾病的发展速度很快，而恢复速度又很慢。因此要对老年人定期进行口腔检查保健，以及必要的指导、治疗。包括口腔卫生清洁的指导、洁治术、牙齿或义齿的调磨或修改等。有条件的每3个月一次，最少也应每半年一次，发现问题，及时处理，达到早发现早治疗的目的。

四、恢复口腔基本功能

大多数老年人由于有不同程度的全身性疾病和牙齿丧失，导致不同程度的口腔功能障碍。要保持余留牙齿的健康和修复义齿的功能，一定要坚持指导老年人进行正确的自我口腔卫生保健，同时要有专业人员帮助进行洁治和治疗；及时治疗余留牙齿的疾病，及时修复缺失牙齿，及时观察口腔黏膜和舌体、腺体等组织的变化，使老年人能够发挥语言、咀嚼等正常的口腔功能。

第四节　口腔癌的预防

口腔癌（oral cancer）是指发生在口腔各组织的恶性肿瘤。根据国际抗癌联盟（UICC）的定义，口腔癌是指发生在唇、舌（轮廓乳头以前的舌侧缘、舌背面、舌腹面）、上下牙龈、口底、颊黏膜（上下唇黏膜、颊黏膜、磨牙后区和上下牙龈的龈颊沟）和硬腭的癌症。口腔癌是世界上最常见的六种癌症之一，也是世界范围内严重威胁人类健康的疾病之一。

一、发病率

口腔癌在全世界每个地区都有发生，但是发生率有所不同。可以发生在任何年龄与性别，但是男性患病率较高。2005年第三次全国口腔健康调查结果显示，35 ~ 44岁为口腔癌及癌前病变的发病高峰年龄，在西方，98%的口腔癌患者年龄在40岁以上，但是从20世纪80年代以来，口腔癌的发病年龄有逐渐增长的趋势。世界发病率最低的是日本女性，发病比例为1.8/10万；最高的是美拉尼西亚男性，发病比例为47/10万。

二、发病因素

口腔癌的发生与多种因素有关，最主要的有吸烟，饮酒，咀嚼槟榔，营养不良等。

1．吸烟　吸烟是导致多种疾病的重要因素，已成为影响人们身体健康的大问题。烟草的烟雾中有 4000 多种化合物，一支香烟可以产生 500 mg 的气体和微粒，其中有 1 ～ 35 mg 的焦油，焦油中存有特异性亚硝基盐等致癌物质。吸烟时致癌物质侵入黏膜上皮，破坏上皮细胞的功能，导致组织分子结构的变化而癌变。

2．咀嚼槟榔　印度及东南亚地区，我国台湾、海南等地的人们有咀嚼槟榔的习惯，口腔癌的发病率比较高。印度口腔癌的发病率占该国全部癌症发病率的 15% ～ 65%，孟买口腔癌患者中 85% 有咀嚼槟榔史。虽然槟榔的致癌机制还不清楚，但是槟榔加工中的烟草、石灰对黏膜的损害是已知的。口腔癌的发生与咀嚼槟榔的时间、滞留时间成正相关，且最常发的部位是颊黏膜，这可能是因为槟榔纤维的摩擦刺激及有害物质长期接触的结果。

三、预防

口腔癌患者经过手术、放疗、化疗后，5 年生存率约为 50%。早期发现、早期治疗可提高生存率和维护较好的生命质量，定期口腔检查可以达到“有病早治，无病预防”的目的。如果癌瘤直径为 2cm，同时无转移，就大大增加 5 年生存率；如果直径在 2cm 或以下，5 年生存率提高 2 倍；1cm 或以下，提高 3 倍。因此，口腔癌的预防是十分重要的。其预防的含义包括预防、减少或消除口腔癌发生的危险因素，预防口腔癌对邻近组织的损害，预防口腔癌的转移，预防因口腔癌丧失生命。提高生存率的关键是早期发现，早期诊断，早期治疗。

1．定期检查的对象　40 岁以上长期吸烟、20 支 / 日以上者；既吸烟又有饮酒习惯者或因烟酒刺激口腔已有白斑者；长期咀嚼槟榔者。

2．自我检查　在足够的照明下，患者面对镜子，进行自我检查。

（1）头颈部进行对称性观察，注意皮肤颜色的变化。

（2）双手示指触摸面部，面部如有颜色变化，触痛或肿块、疣痣增大，应及时就医检查。

（3）触摸颈部，从耳后触摸至锁骨，注意触摸有无疼痛与肿块，检查两侧颈部。

（4）翻开下唇，观察唇红部与唇内侧黏膜，用示指与拇指从内向外、从左向右触摸下唇。对上唇作同样检查，触摸是否有肿块，观察是否有创伤。

（5）用示指拉开颊部，观察牙龈，并用示指与拇指挟住颊部触摸。

（6）伸出舌，观察舌的颜色与质地，用消毒纱布包住舌尖部，然后把舌拉向左或右，观察舌的边缘部位。用示指与拇指触摸舌体，注意是否有异常肿块。检查口底需用舌舔上腭部，以观察颜色与形态的变化，然后用示指触摸口底。

（7）对腭部检查有时需用牙刷柄压住舌，头略后仰，观察软腭与硬腭的颜色与形态。

3．提高人们对口腔癌的认识，如出现以下现象要及早就医。

（1）口腔黏膜溃疡，长期未愈合。

（2）口腔黏膜有白色、红色或发暗的斑纹。

（3）口腔软组织或颈部有不正常肿胀或淋巴结肿大。

（4）口腔黏膜原因不明的反复出血。

（5）口腔、咽部、面部、颈部有不明原因的麻木或疼痛。

第五节　口腔健康教育和口腔健康促进

口腔健康是全身健康不可分割且十分重要的组成部分，口腔健康影响着生活质量和全身健康。口腔健康教育和口腔健康促进是通过动员政府部门和全社会力量，建立有益于口腔健康的环境，传播口腔健康的信息，提高人们口腔健康的意识和自我口腔保健的能力，改变不利于健康的行为和生活方式，提高全民口腔健康水平，达到预防疾病，延年益寿的目的。

一、概念

1981 年，世界卫生组织口腔健康的标准是“牙齿清洁、无龋洞、无疼痛感，牙龈颜色正常、无出血现象。”它包含三个方面的主要内容，即应具有良好的口腔卫生，健全的口腔功能以及没有口腔疾病。

（一）口腔健康教育

口腔健康教育是机体健康教育的一部分，1980 年，世界卫生组织提出：“健康教育的目的是鼓励人们有获得健康的愿望；知道达到健康状态的方法；完成个体和集体应做的工作；懂得在必要时如何寻求帮助。”它是以教育为手段，通过有计划、有组织、有系统的社会教育活动，调动人们的积极性，通过口腔健康咨询、知识讲座、行为矫正等方法，促使人们自觉地采纳有益于口腔健康的行为和生活方式，消除和减少影响口腔健康的危险因素，预防口腔疾病，达到促进口腔健康和提高生活质量的目的。口腔健康教育不能代替预防方法，健康教育是使人们理解和接受各种预防措施，例如有效的口腔卫生指导和定期的口腔保健是预防口腔疾病所必需的，使人们懂得并相信这些道理，从而转变观念和态度，主动使自己的行为向健康行为靠拢。

（二）口腔健康促进

口腔健康促进也是健康促进的一部分，包括保证和维护口腔健康的条例与制度、政策与法规等。它是指通过各种预防措施和行政干预、经济支持及组织保证等措施建立和改善一个有利于口腔健康的环境。口腔健康促进有很多措施，如调整饮用水（自来水）中含氟浓度和推广应用含氟牙膏，进行食盐氟化及应用其他氟化物，控制含糖食物及在零食中使用糖的替代品，推广宣传窝沟封闭等。在学校开展有监督指导的口腔卫生措施并提供优质的口腔保健用品，在学校和社会工作场所由牙科专业人员给予常规检查治疗等，均属于健康促进的范围。

口腔健康促进包括具体的条件和制度，保证各种预防措施有效实施，包括专业人员建议，保证把口腔预防措施纳入计划和组织培训等。

口腔健康教育是为了普及、增长人们的口腔健康知识，并能理解、接受和实践。而口腔健康促进则是从组织上、经济上创造条件，保证群体或个体得到完善的预防措施。二者有机的结合是实施有效的口腔预防措施必不可少的，在实际工作中相互促进，相辅相成。

二、策略和方法

（一）口腔健康教育

口腔健康教育既有自然科学的内涵，又有社会科学的特点，具有思想性、群众性、针对性、艺术性和实用性。

1．口腔健康是全身健康的组成部分　口腔健康教育是全身健康教育的组成部分，应纳入健康教育之中。随着医学模式的完善和对健康概念认识的深化，医务工作者不应只满足对口腔疾病的诊治，更应不失时机地开展口腔健康教育，使患者在得到高水平治疗的同时，受到良好而及时的口腔健康教育。

2．口腔健康教育的信息　口腔健康教育信息应准确、科学、知识性强，应能代表最新的科研成果和水平。大众媒体在宣传口腔健康信息时要具有科学性、准确性和真实性，防止出现不准确的信息，防止误导和误传。

3．口腔健康教育的针对性　口腔健康教育应因地制宜，符合当地民俗、文化、教育、社会经济情况和人群患病情况，做到口腔健康教育有针对性，确实可行。

口腔健康教育针对不同人群可以采取四种方式。

（1）个别交流：口腔专业人员就口腔健康和预防保健问题同就诊患者、家属、单位负责人、儿童家长，社区保健人员进行交流和讨论。这样医患双方针对同一个问题交流意见，针对性强，可以取得满意的效果。

（2）讨论会：口腔专业人员、政府决策人员、不同阶层的群众，共同参与进行社区座谈会、专家研讨会、专题讨论会和意见交流会等。这样通过针对不同情况多方式的交流，对不同情况进行调查研究的同时，也进行了口腔健康教育。

（3）大众媒体：通过报纸、杂志、广播电视、网络以及壁报、展板、电影等，对口腔健康的知识、口腔健康的重要性、口腔保健的方法和政策进行宣传，提高人们的口腔健康意识，干预不健康的行为，树立良好的生活方式。

（4）社区活动：组织城市街道、农村乡镇、企事业单位和学校等参与口腔健康活动，引发人们的广泛兴趣，使其产生强烈维护口腔健康的愿望，提高口腔健康的认知水平，达到保护口腔健康的目的。

（二）口腔健康促进

口腔健康促进包括口腔疾病预防、口腔健康教育和口腔健康保护三个部分，以及预防、生活方式、预防性政策、决策者教育、健康教育、健康保护和政策支持七大领域。

1．口腔疾病预防　口腔疾病预防是口腔健康促进的主要任务，口腔健康促进以口腔疾病一级预防为基础，在疾病发生前进行预防工作，阻止疾病的发生。

2．口腔健康教育　口腔健康教育是口腔健康促进的核心部分，口腔健康教育与口腔疾病三级预防相一致，针对口腔预防的不同阶段和问题进行口腔健康教育，促进口腔健康。

3．口腔健康保护　建立司法和财政的多种法规和政策，为健康提供有力的保护，目的在于减少环境和不良行为对人们的危害，促进健康、预防疾病。

三、爱牙日

随着社会的进步和人民生活水平的提高，人们对口腔健康的要求正在逐渐提高。为不断普及口腔疾病的防治知识，实现人人享有口腔保健的战略目标，由国家卫生计划生育委员会、全国爱国卫生运动委员会、国家教育委员会等九个部委联合签署，在 1989 年 2 月确定，每年 9 月 20 日为全国“爱牙日”。建立“爱牙日”是由著名口腔医学专家，根据我国口腔保健所面临的严峻局面，在 1989 年初全国牙病防治指导组成立会议上提出，并得到原卫生部陈敏章部长的积极支持。

全国“爱牙日”的确立，是我国开展群众性口腔健康教育活动的一大进步和创举，是推动我国口腔疾病预防保健事业发展的一项重要举措，也是我国有史以来第一次大规模的口腔卫生保健宣传活动，标志着我国口腔卫生保健已提到了重要的议事日程。龋齿已被世界卫生组织列为心血管病和癌症之后的第三大重点防治疾病之一，因此每年 9 月 20 日的“爱牙日”均会确定不同的主题，进行多种多样的活动。

“爱牙日”的宗旨是通过此项活动，广泛动员社会力量，在群众中进行口腔疾病防治知识的普及教育，增强口腔健康观念和自我口腔保健的意识，建立口腔保健行为，提高全民族的口腔健康水平。

知识要点

1．口腔健康是实现机体健康的一个重要环节，而实现人人口腔预防保健是全社会的共同理想和目标。要实现这个目标，必须以预防为主，预防口腔疾病的发生，控制疾病的发展，康复器官的功能，保护和促进健康。

2．龋病已被世界卫生组织列为心血管病和癌症之后的第三大重点防治疾病之一。而龋病的预防除了控制牙菌斑外，氟化物的各种全身和局部的应用措施也是有效的，在利用氟化物的同时要避免氟对人体的危害。另外，窝沟封闭的应用也是防龋的一种必要有效的方法。

牙周病的预防除了进行机械性和药物性牙菌斑控制外，对其他局部刺激因素的控制也是必不可少的，重要的是提高宿主的抵抗力。

3．预防口腔癌对邻近组织的损害，预防转移，预防因口腔癌丧失生命，防止环境污染，减少消除口腔癌发生的危险因素。早期发现、早期诊断、早期治疗可以明显提高患者的生存率。

4．在实际工作中，口腔健康教育关键是培养和改变与口腔健康有关人员的行为及生活习惯，而健康促进的目的是为了改变环境，营造有益于口腔健康的氛围。口腔健康教育和口腔健康促进两者相互促进、相辅相成，是实施口腔预防不可或缺的有效措施。

（毕良佳）

第十三章　口腔疾病与全身疾病

口腔是人体器官的一部分，其生理和病理过程与全身各个器官、系统关系密切，相互影响。全身疾病可累及口腔，在口腔出现各种表征，口腔疾病也可引起全身其他器官的病变。龋齿、牙周病、牙列缺损和缺失等口腔疾病均可降低咀嚼效率，从而影响食物的消化和吸收，甚至导致全身营养不良。某些口腔疾病可以成为病灶，引起远隔器官的感染。同时，能累及口腔的全身系统性疾病也有很多，口腔局部的表现有时就是全身系统性疾病的早期或唯一症状，其表现可多种多样，口腔也因此被称为人体的报警系统。所以，掌握全身疾病在口腔的表征，重视对全身疾病病史的询问及检查，对一些全身疾病的早期发现、正确诊断和及时治疗具有重要意义。

第一节　口腔病灶

口腔病灶（oral focus）是指口腔颌面范围内一个局限的有致病微生物感染的组织。病灶内的微生物及其毒性产物通过血液和淋巴循环传播到远隔器官或组织而引起的症状或疾病，称为病灶感染（focal infection）。人体内很多部位的慢性感染都可能成为病灶，如根尖炎、牙周炎、扁桃体炎、鼻窦炎、阑尾炎等，而由牙齿疾病引起的病灶感染称为牙源性病灶感染。

有关口腔病灶感染现象的记载，最早可追溯到公元前650年，古埃及法老患头痛及四肢痛，虽然使用了当时条件下可以采取的各种治疗方法，却均未能治好这种“怪病”，而在拔除个别牙齿后，竟奇迹般地恢复了健康。

17世纪，法国医师珀蒂（Petit）指出，龋齿与多种疾病有关联，这些疾病在拔除病牙后即可痊愈，但这种观点在当时并未引起医学界的重视。1900年，英国医师亨特（Hunter）首次提出了“口腔病灶感染学说”，他明确了“病灶”的定义，同时指出微生物源性心脏病及其他一些疾病是“口源性脓毒症”（现称“牙源性病灶感染”）的后果。他的观点启发了从医者对疾病的诊断思路，此后相继出现某些全身疾病在拔除患牙后得到痊愈或缓解的病例报道，由此带来了“病灶学说”的盛行。在此后的20余年，该学说在医学领域一直很有影响力。当然，在这一阶段也出现了过度诊断的问题，很多本可治愈的牙髓炎、根尖周病和牙周炎的患牙被拔除，致使很多人的咀嚼功能受到了不必要的损害。20世纪中叶以后，“病灶学说”因基础理论研究的进展，和进一步科学的临床分析与验证而日显滞后，逐渐被冷落乃至否定。但是，牙源性病灶感染在临床上毕竟是一个客观事实，过分强调病灶的作用或全盘否定病灶学说的态度都是片面的。

20世纪70年代后，口腔疾病与全身疾病的关系又重新得到医学界的重视。学者们用厌氧菌培养技术从可疑口腔病灶和远隔器官的感染部位，如心内膜炎处或脑脓肿中分离出同样的厌氧菌和链球菌，进一步证实了病灶感染的存在。另外，大规模的流行病学观察和病例对照研究，科学统计学方法的分析验证，进一步明确了二者之间的有机联系。

目前认为，口腔病灶感染学说有一定的临床及理论依据，但对其发生的机制尚不完全明确，还有待于用现代生物学手段和设计严密的基础和临床研究来进一步证明。现有资料表明，牙齿的感染尤其是牙周炎对全身健康有着广泛的影响。口腔医师应拓宽视野和知识面，在口腔疾病诊治中加强对患者全身情况的关注。而当遇到某些原因不明的全身疾病，特别是怀疑与口腔病灶感染有关的疾病，在经过细致的全身检查后仍不能明确诊断或常规治疗无效时，应考虑有口腔病灶的存在。

一、可能成为病灶的口腔疾病

口腔内可以发生各种感染，但并非都能形成病灶，可能成为病灶的口腔疾病多为慢性炎症，其中以牙周炎最为常见。牙周炎累及的患牙多，感染面积大。如果将一个牙周炎患者牙周袋的表面积拼凑成一个正方形，感染严重的溃疡面可达 $20cm^2$。牙周袋内菌群是以厌氧菌为主的混合菌群，内含大量毒力强的微生物。加之牙周病患牙均有不同程度的松动，咀嚼时所产生的持续不断的压力容易将牙周袋内的微生物和毒素挤压到血管及淋巴管中，从而进一步播散到邻近部位或远隔器官，引起这些组织器官的感染。

此外，坏死的牙髓和各型根尖周炎也可成为病灶，感染根管是播散微生物和毒素的潜在来源，可引起病灶感染。研究认为感染性慢性根尖损害，如根尖肉芽肿，其周围通常有纤维囊包裹，并与邻近组织分隔，是人体的防御机制或修复性反应。但这并不能阻止细菌或毒素扩散，牙齿根尖潜伏性肉芽肿可以在某些内在和外在因素的促使下活跃起来，通过“局部侵入倾向”而发生病灶感染。目前认为，感染根管内的优势菌是厌氧菌，其毒性产物可以破坏机体的防御功能而使感染扩散。

其他口腔疾病如牙龈炎、冠周炎、牙槽脓肿、颌骨骨髓炎、唾液腺炎等也可能成为口腔病灶。

二、口腔病灶感染所致的疾病与致病机制

通常情况下，健康的机体有强大的免疫系统来抵御病灶感染，机体内已经受到某些因素削弱的组织和器官很容易引起口腔病灶感染。例如，在健康人体内发生暂时性菌血症时，进入血流的微生物约在30min内即可被网状内皮系统所吞噬，而不会引起任何临床症状。但对患风湿性心脏病或先天性心功能不全者，进入血流的微生物就很容易诱发细菌性心内膜炎。

口腔病灶感染所致的继发性病变中，有以下几种较为常见。

1．亚急性感染性心内膜炎　这是口腔病灶可能引起的疾病中最为明确的一种。约10%～30%亚急性感染性心内膜炎与牙源性感染或牙科手术有关，而且大多发生于心脏瓣膜有病变的患者。致病菌以草绿色链球菌为主，草绿色链球菌从口腔进入血流的机会频繁，黏附性强，因而成为亚急性感染性心内膜炎的最常见致病菌。当患者已患风湿病或有先天性心脏瓣膜病损，在体内出现暂时性菌血症时，可使体内产生循环抗体及凝集素，引发心内膜炎。

2．关节炎　主要是风湿性关节炎和类风湿关节炎等与感染相关的风湿病，该类患者的血清中常含有较高水平的抗链球菌抗体。其原因可能是机体某些组织，如关节滑膜，对链球菌高度敏感所致。有研究报道，拔除患牙后关节炎痊愈或症状好转。

3．眼病　去除口腔病灶后，多种眼病得以痊愈，如虹膜炎、虹膜睫状体炎、球后视神经炎、脉络膜炎等。虹膜炎中约12%系口腔病灶所致。

4．皮肤病　口腔病灶与一些皮肤病之间的关系微妙，但尚未确定。临床已发现当口腔病灶治愈后，多形红斑、疱疹、荨麻疹、湿疹等症状减轻的病例。

5．肾病　慢性肾小球肾炎的病因之一，可能是由于口腔病灶内毒素不断作用的结果。有研究发现，去除口腔病灶后不仅可缩短肾小球肾炎的急性期，还能防止肾继续受损。

6．其他　口腔病灶还可引起其他感染，如拔牙后引发颅内脓肿，或拔牙后发生脑炎或截瘫。患牙周炎的孕妇发生早产和娩出低体重儿的风险是牙周正常孕妇的7.5倍。近年来，牙菌斑与引起胃炎、胃溃疡以及胃癌的幽门螺杆菌的关系已经引起学者们的关注。

口腔病灶感染的可能机制，一般认为是口腔病灶的微生物及其代谢产物或毒素进入血液循环，播散到机体的远隔部位，并引起该部位组织和器官发病；口腔病灶的微生物、代谢产物或

毒素也可作为一种抗原，使远隔组织致敏，产生变态反应而致病；急性炎症的直接扩散较少见。

三、口腔病灶的处理原则和预防

1．对口腔疾病的治疗要彻底，以防止口腔病灶的发生。

2．发生与病灶相关的全身疾病时，应积极查找和处理口腔病灶，必要时可进行诊断性治疗。对已存在的患牙应积极治疗，治疗可疑的病灶牙时不宜过于保守。对严重而预后不佳的牙周炎患牙应及时拔除。轻、中度牙周炎经过彻底的牙周治疗，基本上能达到去除病灶的效果。

3．实施牙槽外科手术前，应注意询问全身疾病状况。对患有风湿性心脏病、先天性心脏病、糖尿病或装有人工瓣膜的患者，术前应作必要的处理，如预防性服用抗生素等；还应在口腔手术前清洁口腔，洁治前用过氧化氢溶液漱口，尽量减少口腔内的细菌数量，预防暂时性菌血症的发生。

第二节　全身疾病或药物对口腔的影响

一、全身疾病或用药不当导致的口腔疾病

在牙齿生长发育期间，全身疾病、营养障碍或不恰当用药，均可影响牙齿的正常发育，导致牙齿发生结构、形态或数目等异常。牙齿发育完成并萌出后，某些全身疾病也会损害牙齿，如胃酸反流，是牙齿楔状缺损及牙酸蚀症的病因之一。某些药品的应用或使用不当可对牙龈等软组织造成损害。所以，在必须使用这些药物时，应预知其副作用，并事先告知患者。在某些全身疾病的诊疗过程中，应注意观察并发的口腔疾病，做到及时发现和处理。

（一）釉质发育不全

釉质发育不全（enamel hypoplasia）是牙齿在发育期间，由于全身或局部因素致使釉质结构异常而出现的永久性缺陷。常见的全身因素有营养障碍、感染性疾病及内分泌疾病等；局部因素有乳牙根尖部感染、外伤等，均可直接影响相应恒牙胚的发育。轻者，釉质仅有色泽和透明度的改变，牙面出现白垩色或黄褐色横纹。重者，牙面有实质性缺损，呈棕褐色的沟状或窝状凹陷，甚至无釉质被覆，使牙齿失去正常形态（彩图 13-1）。

轻者可不需治疗，但应注意防龋，有实质性缺损者可用复合树脂修复，严重者宜作贴面或冠修复。

（二）四环素牙

在牙齿发育的矿化期，因服用四环素类药物（包括四环素、去甲基金霉素、土霉素等），而导致牙齿的颜色和结构发生改变，称为四环素牙（tetracycline stained teeth）。四环素可以在母体通过胎盘引起乳牙着色。在胚胎 4 个月直至 7 岁期间，凡服用治疗量的四环素类药物，皆可导致四环素牙，表现为全口牙齿出现均匀一致的颜色改变，初呈黄色，可逐渐变为棕黄、棕色或棕灰色。轻度，颜色呈均匀的深浅程度不同的黄色；中度，为深浅程度不同的灰褐色（彩图 13-2）；重度，除牙面有较深的染色外，伴釉质发育不全。

轻度、不伴有釉质缺损者可用脱色法治疗；中、重度者可用光固化复合树脂贴面修复或冠修复。为预防四环素牙的发生，凡妊娠 4 个月后和哺乳期的母亲及 8 岁以下儿童均不宜使用四环素类药物。

（三）氟牙症

氟牙症（dental fluorosis）又称氟斑牙或斑釉（mottled enamel），是牙齿在发育期间由于摄

取氟量过高而引起的一种特殊类型的釉质发育不全。实质上，氟斑牙是慢性氟中毒在口腔的突出表现，是一种地方病，除了影响牙齿外，严重者同时患有氟骨症。当日常饮水中氟含量高于0.0001% 时，即可引起氟牙症。长期饮用高氟含量的水，是发生氟牙症最直接的重要原因，其他也可与饮食、气温、个体差异等有关，但影响相对微弱。

氟牙症一般只发生于恒牙，表现为釉质上有白垩色、黄色或褐色的横纹及斑块，甚至整个牙齿均为白垩色或黄褐色釉质（彩图 13-3），严重时釉质有实质性缺损。氟牙症患牙耐磨性差，易于磨损，但对酸蚀的抵抗力强。

轻症者无需处理，着色较深而无明显缺损的患牙可用漂白脱色法脱色，重度有缺损的患牙可用复合树脂直接贴面或冠修复方法处理。预防措施主要是改良水源含氟量，降低氟摄入量。

（四）双膦酸盐相关性颌骨坏死

由于应用双膦酸盐类药物引起的颌骨坏死，详见第七章第五节。

二、全身疾病对口腔疾病治疗的影响

（一）血液病

血液病，尤其是出血性疾病，如血友病、白血病、再生障碍性贫血和血小板减少性紫癜患者，除了牙龈出血等最常见的症状外，更重要的是在口腔科许多小型手术中表现为凝血机制障碍，如拔牙后出血不止，严重时可危及生命。

在血液病患者必须进行口腔治疗时，临床医师应注意以下问题：

1. 重型血液病患者或血液病急性期禁忌拔牙和手术。

2. 非手术性的口腔治疗应避免损伤口腔黏膜，龋齿治疗备洞和充填时应使用橡皮障，避免对牙龈及其他口腔软组织损伤，对血友病患者义齿设计时应尽量避免卡环、支托等金属装置。

3. 必须拔牙或手术时，宜选择在临床症状缓解期，术中尽量减少创伤，麻醉针头宜选用较细的针头，同时在血液科医师指导下进行。如贫血患者出凝血时间基本正常，血红蛋白在80g/L 以上，红细胞压积在 0.30 以上，则可以拔牙；白血病慢性期可以拔牙，但应对患者的身体状况和耐受能力作全面评估，预防出血和感染；血小板减少性紫癜患者，血小板计数在 50×10^9/L 以上可以拔牙；血友病患者应先经血液科医生治疗，适当补充凝血因子Ⅷ，当血浆中凝血因子Ⅷ提高到正常的 30% 以上、出凝血时间基本正常后再行拔牙。

4. 手术操作要轻柔，尽量避免不必要的损伤，术后注意止血，如预防性应用明胶海绵、云南白药、凝血酶等止血药物，对较大的拔牙创口必须进行严密缝合等。

5. 术前、术后应用抗生素，有效预防感染。

6. 对出血性疾病口腔出血患者应加强口腔护理，维持良好的口腔卫生。

（二）糖尿病

糖尿病是一组以慢性血葡萄糖（简称血糖）水平增高为特征的代谢性疾病，是由于胰岛素分泌和（或）作用缺陷所引起的。因同时伴有蛋白质平衡失调，致使体内抗体产生减少及白细胞吞噬作用下降，故患者的机体容易发生感染。

糖尿病患者如需拔牙，宜将空腹血糖控制在 8.88mmol/L（160mg/dl）以下，同时要采取预防感染措施，术前 1h、术后 3d 应用抗生素。未能得到控制的严重糖尿病，应暂缓拔牙。糖尿病患者接受胰岛素治疗者，拔牙最好在早餐后 1 ～ 2h 进行，此时药物作用最佳。糖尿病患者在患有根尖周炎或牙周炎时，感染不易控制，病程迁延，应在有效控制血糖水平的前提下，常规全身应用抗生素配合治疗。

（三）高血压和心脏病

根据我国采用的血压分类和标准，高血压定义为收缩压≥18.6kPa（140mmHg）和（或）

舒张压≥12.0kPa（90mmHg），根据血压升高水平，又进一步分为 1 ～ 3 级。口腔手术操作必然会引起血压的骤然升高，如术前血压较高，可能导致高血压脑病或脑血管意外等危象。高血压患者在术前，应将血压控制在 18.6/13.3kPa（180/100mmHg）以下，否则应继续接受正规的内科治疗。除关注血压值外，还应注意患者的自觉症状、既往血压最高值和近期血压波动范围，患者如有头痛、头晕症状，血压在既往最高水平，或近期血压波动较大，即使就诊时血压未达到 18.6/13.3kPa（180/100mmHg），也应暂缓拔牙等手术操作。

病情严重的心脏病，如近期频繁发生心绞痛、急性心肌梗死后未超过半年、心功能Ⅲ～Ⅳ级或有端坐呼吸、发绀、颈静脉怒张、下肢水肿等症状，Ⅱ度或Ⅱ型房室传导阻滞、双束支传导阻滞、有阿 - 斯综合征史以及心脏病合并高血压，血压值在 18.6/13.3kPa（180/100mmHg）以上者，应禁止或暂缓拔牙。

心脏病患者如心功能尚好（Ⅰ级或Ⅱ级），一般都可以耐受拔牙及口腔其他小手术，但必须保证镇痛完全，尽量避免其紧张和焦虑。局麻药物以 2% 利多卡因为宜，可改善心律，预防室性早搏，但对Ⅱ度以上传导阻滞不宜采用。冠心病患者可因拔牙而诱发急性心肌梗死、心房颤动、心室颤动等严重并发症，应注意预防。一般冠心病患者，术前可预防性含服硝酸甘油 0.3 ～ 0.6mg，或应用其他扩冠药物，术中必要时给予吸氧。心瓣膜病患者应在术前 1h 和术后 2 ～ 3d 应用抗生素，以预防亚急性细菌性心内膜炎的发生。心脏病患者拔牙时机的选择应注重术前的判断和调控，操作时应注意缓解患者的紧张情绪，快速无痛地完成。术后应注意全身状况的监测，安全、平稳地完成治疗。

第三节　全身疾病在口腔的表现

很多全身性疾病，如某些感染性疾病、消化系统疾病、心血管疾病、血液病等，在口腔及颌面部均可发生相应的改变，还有些疾病则最先在口腔出现症状，如麻疹发病后 2 日即在颊黏膜上出现科氏斑（Koplik’s spot）；白血病的牙龈增生，症状出现早且特异性强。这在全身疾病的诊断和治疗中有时易被忽视。

有些全身性疾病的患者在就诊时把口腔科作为首诊科室，这对口腔科医生无疑是一个考验，全身观念便显得至关重要，如能及时明确口腔表现与全身性疾病的关系，将有助于对原发病的早期诊断。例如，下颌骨囊肿样改变有时就是血友病发生在颌骨中的血肿，如果盲目进行手术切除，可能会危及患者的生命。值得注意的是，有些全身性疾病在口腔的表现相对突出，而在其他系统的表现则比较隐匿，如氟中毒、干燥综合征等。

本节对在口腔有突出表现的几种全身疾病作一介绍。

一、感染性疾病

（一）流行性感冒

流行性感冒（influenza）为流感病毒引起的流行性传染病。

口腔表现：流感发病 24h 内即可出现口腔变化，约持续一周左右。表现为口腔黏膜普遍发红，可有红色斑点，有时出现小的疱疹样溃疡，累及范围可包括软腭、扁桃体和咽部。有时还可出现牙龈炎或牙龈出血，舌黏膜萎缩。患者感到局部明显不适、干燥、疼痛等。

（二）猩红热

猩红热（scarlet fever）是 A 组 B 型溶血性链球菌所致的急性呼吸道传染病，儿童多见。

口腔表现：面部皮肤潮红，无皮疹，口周苍白，称为“环口苍白圈”。发病初期出现舌菌状乳头肿大，舌苔发白，肿胀的舌乳头突出于白色舌苔之间。3 ～ 4 日后白色舌苔脱落，舌面光滑呈绛红色，菌状乳头充血增大，呈“草莓舌”样表现，是其特征。口腔和咽部黏膜明显红肿，有灰黄色渗出物覆盖，腭垂和腭部可有显著的红斑。

（三）麻疹

麻疹（measles）是由麻疹病毒引起的急性呼吸道传染病，5 岁以下儿童高发，传染性强。

口腔表现：口腔黏膜充血、粗糙，发病 2 ～ 3 日后，在与第二磨牙相对的颊黏膜上出现直径 0.5 ～ 1mm 的针头大小斑点，呈蓝白色或紫色，周围环绕红晕，称为科氏斑，又名“麻疹黏膜斑”，这是麻疹早期的特征，具有早期诊断价值。发病 5 ～ 6 日，斑点逐渐增多，可蔓延到整个颊黏膜及唇内侧，相互融合，扩大成片，似鹅口疮。

（四）梅毒

梅毒（syphilis）是由梅毒螺旋体引起的一种慢性性传播疾病。先天性梅毒系经胎盘传染给胎儿，后天性梅毒通过性接触、接吻及共用器物等传染。初发时为全身性感染，可侵犯人体任何组织和器官。

口腔表现：各期梅毒均出现口腔病损。

1．一期梅毒　特征性损害为硬下疳，一般无全身症状。口腔是仅次于生殖器的第二好发部位，主要好发于唇、舌部。

（1）唇硬下疳表现为圆形或椭圆形的单个斑块，表面可有黄色结痂，可形成溃疡，边界清楚，周边稍隆起，触之较硬，无疼痛。

（2）舌硬下疳多位于舌前份，呈粉红色，表面光滑，覆以灰白色假膜。二者均可出现相应部位淋巴结肿大。

2．二期梅毒　主要表现为黏膜炎和黏膜斑。

（1）梅毒性黏膜炎：好发于颊、舌、腭及咽喉部，黏膜充血潮红，可有糜烂。舌乳头消失，呈现大小不一的光滑区。咽后壁淋巴滤泡充血突出，喉部损害可累及声带，引起声音嘶哑或失声。

（2）梅毒黏膜斑：二期梅毒最常见的口腔损害，好发于舌部，可发生于口腔黏膜任何部位。呈圆形或椭圆形的灰白色光亮斑块，微隆起，直径约 1mm，边界清楚，一般无自觉症状。黏膜斑常为多个，内含有大量梅毒螺旋体。

3．三期梅毒　口腔黏膜损害主要表现为树胶肿、舌炎和舌白斑。

（1）树胶肿：三期梅毒最常见表现，好发于硬腭，其次为舌、唇、软腭，初起为肉芽组织增生，呈半圆形突起，坚硬如橡胶，很快发生中心坏死，硬腭病变可累及骨质，形成腭穿孔。

（2）梅毒性舌炎：舌乳头萎缩，表面光滑，表现为萎缩性舌炎。有时舌部呈分叶状，伴有沟纹，表现为间质性舌炎。

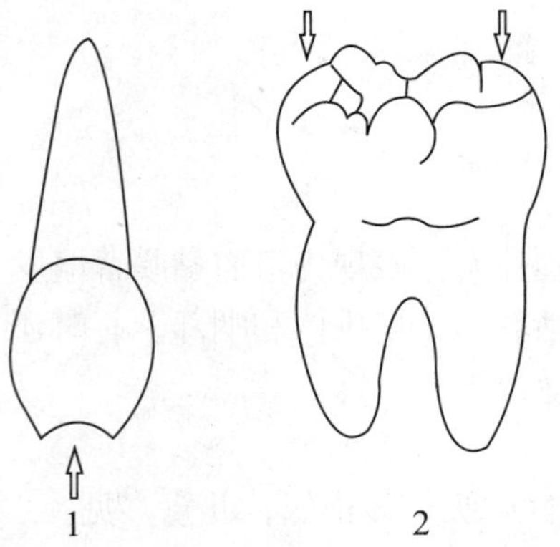

图 13-1　先天性梅毒牙

1．新月形切牙；2．桑葚状磨牙

（3）舌白斑：三期梅毒间质性舌炎可发生白斑，易引起恶变。

4．牙发育异常　见于先天性梅毒。上、下切牙切端变窄，切角圆钝，中央部有切迹如“新月状”，因牙齿形态变化致牙间隙增大，第一恒磨牙牙尖向中央聚拢并萎缩，釉质发育不良呈颗粒状，形似桑葚，故又称“桑葚牙”（图 13-1）。

（五）结核

结核病（tuberculosis）是由结核杆菌感染引起的全身性疾病。口腔结核多为继发性感染，患者常有结核病接触史和口腔外病灶，主要为肺结核或肠结核。

口腔表现：口腔黏膜结核初疮、口腔黏膜结核性溃疡、口腔寻常狼疮。

1．口腔黏膜初疮　临床较少见，多发生于儿童，常位于口咽部或舌部，一般无痛感。对结核杆菌试验阴性患者，结核分枝杆菌可能首先入侵口腔黏膜，在入侵处出现小结，周围较硬，称为结核性初疮。

2．口腔黏膜结核性溃疡　病变可发生于口腔黏膜任何部位，常见于舌部。特点为溃疡深大，边缘不整，表面有粟粒状小结节，被覆污秽假膜及红色肉芽组织，周围及基底无广泛浸润，早期即感疼痛，病损扩展较缓慢，病程长达数月以上。病损处经抗酸染色后，有时可找到结核杆菌，组织活检可帮助确诊。

3．口腔寻常狼疮　临床少见，好发生于无结核病灶且免疫功能好的儿童或青少年，口腔损害可表现为硬化性肉芽肿。

二、消化系统疾病

（一）溃疡性结肠炎

溃疡性结肠炎（ulcerous colonitis）为一种主要侵犯结肠和直肠黏膜的原因不明的炎症性疾病。

口腔表现：可表现为复发性口腔溃疡、化脓性口炎或出血性口腔溃疡等类型。

（二）肝硬化

肝硬化（hepatocirrhosis）为内科常见病，主要表现为肝功能障碍和门脉高压症。

口腔表现："肝臭"，口腔和呼吸时的特殊臭味，源于氨的代谢障碍。"肝舌"，舌质淤血肿大，表面呈蓝色并有厚白或黄腻的舌苔。还可有牙龈出血，腮腺肿大。

三、血液及出血性疾病

（一）贫血

1．缺铁性贫血（iron deficiency anaemia）　缺铁性贫血是贫血中最常见的一型。口腔表现为口腔黏膜苍白，特别是唇、舌和牙龈黏膜表现最为明显。口腔黏膜感觉过敏，常有异物感、口干、舌灼痛感，甚至全口黏膜的疼痛。偶见有舌背丝状乳头和菌状乳头萎缩甚至消失，舌面光滑发亮，有时出现小溃疡、口角炎症或皲裂，严重者因口咽黏膜萎缩，造成吞咽困难。

2．巨幼细胞性贫血（megaloblastic anaemia）　萎缩性舌炎是最常见的口腔表现。舌背丝状乳头和菌状乳头萎缩，舌面光滑、舌质红，俗称"牛肉舌"，可伴有味觉迟钝或消失。唇、颊黏膜可出现红斑样改变。

3．再生障碍性贫血（aplastic anaemia）　以造血功能障碍、出血、反复继发感染为三大特征。口腔表现为口腔黏膜苍白，牙龈有少量持续性出血，黏膜有紫色瘀点、瘀斑，轻微创伤即可引起溃疡和坏死。常见于牙龈缘、颊黏膜和硬腭，重症者口腔表征类似急性白血病。

（二）白血病

白血病（leukemia）为白细胞系统的异常恶性增生，同时广泛浸润全身各组织器官，周围血液中有未成熟的幼稚白细胞。患者常在严重的全身症状出现前，因牙龈出血或口腔溃疡首先到口腔科就诊，故应引起高度重视，血常规检查是最基本、最简单有效的筛查手段。

口腔表现：

1．牙龈及口腔黏膜出血　最初常为刷牙时出血，很快发展为自发性出血。检查可见增生的龈缘覆有凝血块。由于组织内出血，致使牙龈的颜色极不均匀，呈苍白和紫红相间状，龈袋内的出血和血肿造成口臭。因继发性血小板减少、毛细血管破坏可引起严重的牙龈出血，任何止血措施均无效果。如发生口腔黏膜和皮肤出血，则出现瘀点、瘀斑（彩图 13-4）。

2．牙龈增生肿大 牙龈增生极严重，特别是在急性白血病时尤为明显。增生的牙龈可高过牙齿的咬合面，外形不规则，质地松软。

3．口腔溃疡 白血病细胞浸润可使毛细血管栓塞而致局部组织缺血坏死，在这种坏死性溃疡的周围没有通常所见的炎症反应。

4．口腔黏膜肿块 由于白血病细胞在组织中浸润，在舌、颊等处黏膜可触及发硬的浸润块。

5．牙痛、牙齿松动 白血病细胞可浸润到牙髓组织和牙周组织中，进而导致牙痛。龈组织内白细胞浸润和继发感染可导致牙齿松动。

6．淋巴结肿大 颌下淋巴结及颈部淋巴结可因白血病细胞浸润而肿大，常双侧、多发。肿大的淋巴结质软或中等硬，无粘连，无痛。

（三）出血性疾病

出血性疾病包括血小板减少性紫癜、血友病等。

口腔表现：血小板减少性紫癜患者的早期表现常为牙龈自发性出血，当刷牙、吮吸、洁牙刮治、拔牙或轻微外伤时牙龈出血加重。口腔黏膜及皮肤可出现瘀点、瘀斑、血肿。血友病患者有反复出血史，牙龈往往有自发性出血，当刷牙、食物摩擦时即可引起出血不止，可持续数小时、数日。血块松软，易脱落而再次出血。口腔黏膜易出现瘀斑或黏膜下血肿。临床上可见拔牙、洁牙刮治术后出血不止，创口愈合迟缓。

四、营养性疾病

（一）维生素A缺乏症（Vitamin A deficiency）

口腔表现：可引起牙龈炎、牙龈增生肥大及牙周病。严重的维生素A缺乏可出现釉质及牙本质发育不全，颌骨发育不良，牙齿萌出迟缓，牙列不齐等。

（二）维生素 B_2 缺乏症（Vitamin B_2 deficiency）

口腔表现：常为该病的早期突出损害。

1．口角炎 两侧对称发生，口角湿白糜烂、出现裂纹，裂纹由口角横延约1cm，上覆黄痂。

2．唇炎 唇黏膜从鲜红、火红到暗紫色依次变化，光滑发亮，有烧灼感。偶有唇肿胀、干燥脱屑或剥落糜烂，有时唇部纵裂增多、加深，以上唇为甚。

3．舌炎 舌黏膜干燥，有烧灼感或刺痛感，舌体肿大，色鲜红，菌状乳头充血水肿，严重者丝状乳头和菌状乳头萎缩、消失，舌面光滑，呈萎缩性舌炎或“地图舌”。有的患者可见舌面裂纹或小溃疡面。

4．口腔黏膜溃疡。

（三）烟酸缺乏症（nicotinic acid deficiency）

口腔表现：可为本病早期的突出症状，在伴随维生素B族缺乏时，症状加重。

1．舌炎 丝状乳头和菌状乳头萎缩，舌面发红、光秃，呈牛肉红色，对创伤或其他刺激特别敏感。

2．口炎 局部口腔黏膜发红，有灼热痛，晚期可累及唇、颊、口底、腭、咽等整个口腔黏膜。

3．牙龈炎 牙龈红肿，上皮脱落，出现浅表性糜烂或小溃疡，重者发生坏死性龈炎和龈口炎。

（四）维生素C缺乏症（Vitamin C deficiency）

口腔表现：轻度者口腔症状不明显，严重者可有牙龈炎、牙龈出血、瘀斑、血肿及牙周组织破坏等表现。

1．牙龈炎　牙龈红肿增生肥大，以牙间乳头最为显著，呈暗紫红色，质地松软，肿胀的牙龈可遮盖牙冠，可能出现表面糜烂、溃疡和继发感染，常伴有疼痛和血腥样口臭。

2．牙龈出血、瘀斑及血肿　牙龈触之易出血，也可自发性出血，局部刺激（结石、牙列不齐、创伤等）常使出血和感染加重。可有腭、颊和舌边缘黏膜的出血点和瘀斑。如颞下颌关节腔内出血，张口时出现关节区疼痛。

3．牙周组织破坏　表现为牙周膜纤维结缔组织破坏，牙槽骨吸收，牙齿出现不同程度松动直至脱落。X线检查可见牙槽骨骨板丧失。

（五）维生素D缺乏症（Vitamin D deficiency）

口腔表现：牙齿萌出延迟及错㖪畸形，釉质发育不全、易患龋齿。X线检查可见颌骨骨小梁结构扩大，牙槽骨骨板密度减低。

五、内分泌系统疾病

（一）甲状腺功能亢进症

甲状腺功能亢进症（hyperthyroidism）是由于甲状腺激素分泌过多而引起的一系列临床症状。

口腔表现：牙齿发育和萌出均较早，患龋率增高。舌出现纤细震颤，伴有麻刺或灼痛感，严重者舌的正常动度出现障碍。

（二）甲状旁腺功能亢进

甲状旁腺功能亢进（hyperparathyroidism）因甲状旁腺激素分泌过多而引起，溶骨性病变和疼痛是该病的典型症状。

口腔表现：

1．颌骨发生多囊性瘤样病变，患者诉局部骨痛。

2．发生颌骨中枢性巨细胞瘤，又名棕色瘤。X线检查可见骨小梁减少，影像模糊不清，骨皮质变薄。骨吸收区内牙齿的牙髓均有活力，严重者可发生病理性骨折。

3．复发性龈瘤或多发性龈瘤，牙龈炎症，牙周袋形成。

4．颌骨改变，表现为牙槽嵴广泛吸收，牙槽骨骨硬板消失，牙松动、移位，甚至脱落。因骨的基础质量降低，拔牙后创口不易愈合。如为无牙颌，戴用义齿时有明显的不适感。

六、艾滋病

艾滋病是获得性免疫缺陷综合征（acquired immune deficiency syndrome，AIDS）的简称，系由人类免疫缺陷病毒（human immunodeficiency virus，HIV）引起的传染病。大多数艾滋病患者及HIV阳性携带者早期即可出现口腔病变，是艾滋病的重要指征之一。

口腔表现：可分为三类。

（一）与人类免疫缺陷病毒感染密切相关的口腔病变

1．口腔黏膜白色念珠菌感染　常为艾滋病的先兆症状，与普通念珠菌感染的临床表现相同，但病变顽固且范围广泛。可见腭部、腭垂、舌及口底黏膜白色病损，表现为片状红斑或白斑，表面有干酪样渗出物，伴有疼痛及烧灼感。涂片镜检可见白色念珠菌，年轻人多见假膜型，若伴有口角炎，更应高度怀疑艾滋病。

2．口腔黏膜毛状白斑　是艾滋病感染者最常见的表征，为EB病毒引起的一种机会感染。临床表现为双侧舌缘出现白色皱折和突起，似毛发或毛毯状，可蔓延至舌背和舌腹（彩图13-5）。

3．牙周病变　受损程度逐步加重。游离龈呈现火红色线状充血，在龈缘形成特殊的“新月形”红线，附着龈出现点状红斑。龈乳头溃疡、坏死时，伴有出血及恶臭。牙周附着及牙槽骨迅速破坏，并累及全口牙使之松动。牙周软组织溃疡坏死，组织缺损，疼痛明显，参见第四章。

4．卡波西肉瘤（Kaposi sarcoma） 是艾滋病患者最常见的肿瘤，为艾滋病的临床诊断指征之一。好发于腭部和牙龈，呈单个或多个褐色或紫色的斑块或结节，病变由平伏逐渐发展高出黏膜，可出现分叶、溃疡或出血。

5．非霍奇金淋巴瘤 在口腔好发于软腭、牙龈、舌根等部位，表现为高出黏膜面的软组织肿块，呈红色或紫色，有弹性，需经病理检查确诊。

（二）与人类免疫缺陷病毒感染有关的口腔病变

1．非特异性溃疡，好发于咽、腭等部位。

2．唾液腺肿大，唾液分泌减少，多累及腮腺，其次为颌下腺。

3．单纯疱疹病毒、人类乳头状瘤病毒及带状疱疹病毒感染。

4．坏死性口炎。

（三）人类免疫缺陷病毒感染可能引起的口腔病变

1．细菌感染 感染菌类有伊氏放线菌、大肠埃希杆菌、克雷白肺炎杆菌等。

2．除白色念珠菌外的其他真菌感染 隐球菌、毛真菌、黄曲霉菌等。

3．巨细胞病毒、上皮软疣等病毒感染。

4．面瘫、三叉神经痛等神经病变。

5．复发性阿弗他口炎。

七、重金属及非金属中毒

（一）铅中毒（lead poisoning）

口腔表现：慢性铅中毒口腔内有金属味，在前牙至第一磨牙颊侧牙龈上可出现铅线，距龈缘 1mm、宽约 1mm，呈蓝黑色带状或不规则斑块状，为硫化铅点状颗粒组成。

（二）汞中毒（mercury poisoning）

口腔表现：慢性汞中毒口腔有金属味，唾液增多，口腔黏膜充血、溃疡，牙龈红肿、疼痛，易出血，可发生牙槽骨吸收、牙齿松动、骨坏死。牙龈可出现灰蓝色的汞线。舌尖震颤明显。

（三）有机磷中毒（organophosphorous poisoning）

口腔表现：唾液黏稠，有蒜样口气，口腔分泌物增加。

八、综合征

某些综合征除伴有全身其他部位的疾病外，在口腔颌面部也有病损出现。

（一）干燥综合征

干燥综合征（Sjögren’s syndrome）是一种主要累及泪腺、唾液腺等外分泌腺体的慢性炎症性自身免疫病，临床表现为口干、眼干等多系统损害症状。

口腔表现：

1．口干，唾液分泌减少，严重者因口腔黏膜、牙齿和舌发黏要饮水湿润。

2．猖獗性龋齿，表现为多个牙齿逐渐变色，继而小片脱落，最终只留有残根。

3．慢性腮腺感染。

4．舌痛、舌面干裂、舌乳头萎缩。

（二）睡眠呼吸暂停综合征

睡眠呼吸暂停综合征（sleep apnea syndrome，SAS）又称睡眠呼吸暂停低通气综合征，是一种累及多系统并造成多器官损害的睡眠呼吸疾病，是高血压、冠心病、心律失常、脑卒中等多种疾病的独立危险因素，分为阻塞性、中枢性和混合性睡眠呼吸暂停。上呼吸道不畅是阻塞性睡眠呼吸暂停的主要原因。

口腔表现：口咽较窄，软腭、腭垂较长是睡眠时出现阻塞最常见的原因；其他疾患，如舌体肥大、颌骨畸形、会厌后肿瘤、喉部或颈椎畸形等也可发生；肥胖患者颈咽部组织拥挤，可导致呼吸阻塞；老年增龄性变化出现组织松弛，颏舌骨肌、二腹肌等肌张力减弱，咽壁松弛、塌陷，可引起阻塞性睡眠呼吸暂停。

（三）克罗恩病

克罗恩病（Crohn’s disease）又称局限性回肠炎，主要特征为肠道的肉芽肿性炎症，约20% 的患者可伴有口腔黏膜的肉芽肿病变。

口腔表现：口腔黏膜溃疡、小结节及牙龈增生，好发部位为颊、唇、牙龈等，发生于唇部时，可呈弥漫性肿胀，口腔肉芽肿病变可成为该病的初始症状。

（四）色素沉着 - 肠息肉综合征

色素沉着 - 肠息肉综合征（Peutz-Jeghers’ syndrome）系显性遗传病，以黏膜、皮肤色素斑，胃肠道多发性息肉和家族遗传性为主要特征。

口腔表现：口周皮肤、唇红缘及口腔黏膜可出现色素沉着，色素为多发性，呈黑色。口唇、皮肤色素斑可在青春期后消退，但口腔黏膜色素斑持久不退（彩图 13-6）。

（五）遗传性外胚叶发育不全症

遗传性外胚叶发育不全症是与 X 染色体相关的隐性遗传病，其特征是少汗、毛发稀疏、牙齿发育不全。

口腔表现：牙齿数目缺少，大部分乳牙、恒牙缺失，甚至全口无牙，上中切牙及尖牙呈锥形冠。面部垂直距离降低，额部突出，鼻梁塌陷。

（六）Albright 综合征

该病又称 brown spot 综合征、多发性骨纤维异常增殖症。发生于儿童和青少年，几乎仅见于女性。病因不明，一般认为是胚胎发育障碍，发病可能与遗传有关。

口腔表现：面部畸形、不对称，颌骨增大，牙齿移位或脱落畸形。X 线检查可见骨质致密影像，呈毛玻璃样密度增高。有些患者牙齿萌出提前，唇颊黏膜色素沉着。

知识要点

1．口腔作为咀嚼器官，是身体的重要组成部分，其生理和病理过程与全身各器官、系统相互影响，关系密切。

2．全身疾病、营养障碍或应用某些药物，可能影响牙齿的正常发育，导致牙齿结构、形态或数目异常。一些治疗全身性疾病的药物，也会引起口腔颌面部损害。

3．许多常见和某些严重的全身疾病在口腔均有特殊的表征，临床医师在医疗实践中，必须切实树立全身观念，有意识地做到对某些全身疾病的早期发现和诊断。

（王　鹏）

主要参考文献

1．柏树令．系统解剖学．北京：人民卫生出版社，2005.
2．卞金有．预防口腔医学．第 5 版．北京：人民卫生出版社，2008.
3．曹采方，孟焕新，阎福华等．对牙周病新分类系统的说明．中华口腔医学杂志，2001，36：479.
4．曹采方，孟焕新，阎福华等．牙周疾病新分类法简介（1999 年国际研讨会）．中华口腔医学杂志，2001，36：391.
5．曾光．中国公共卫生与健康新思维．北京：人民卫生出版社，2006.
6．巢永烈．口腔修复学．北京：人民卫生出版社，2006.
7．陈谦明．口腔黏膜病学．第 4 版．北京：人民卫生出版社，2012.
8．邓辉．儿童口腔医学．北京：北京大学医学出版社，2005.
9．樊明文．牙体牙髓病学．第 4 版．北京：人民卫生出版社，2012.
10．冯海兰，徐军．口腔修复学．北京：北京大学医学出版社，2005.
11．傅民魁，张丁，王邦康．中国 25392 名儿童与青少年错殆畸形患病率的调查．中华口腔医学杂志，2002，37（5）：371-373.
12．葛立宏．儿童口腔医学．第 4 版．北京：人民卫生出版社，2012.
13．姬爱平．口腔医学．第 2 版．北京：北京大学医学出版社，2009.
14．李秉琦．李秉琦实用口腔黏膜病学．北京：科学技术文献出版社，2011.
15．李德懿．牙周病微生物学．天津：天津科技翻译出版公司，1994：14-147.
16．刘宝林．口腔种植学．北京：人民卫生出版社，2011.
17．孟焕新．牙周病学．第 4 版．北京：人民卫生出版社．2012：35-58，111-125.
18．皮昕．口腔解剖生理学．第 6 版．北京：人民卫生出版社，2007.
19．邱蔚六．口腔颌面外科理论与实践．北京：人民卫生出版社，1998.
20．邱蔚六．口腔颌面外科学．第 6 版．北京：人民卫生出版社，2008.
21．王翰章，周学东．中华口腔科学．北京：人民卫生出版社，2009.
22．王美青．口腔解剖生理学．第 7 版．北京：人民卫生出版社，2012.
23．王美青．实用口腔解剖学图谱．北京：世界图书出版公司，2012.
24．王松灵．唾液腺非肿瘤疾病．北京：科学技术文献出版社，2001.
25．卫生部卫生监管中心卫生标准处．地方病卫生标准及相关法规汇编．北京：中国标准出版社，2004.
26．文玲英，杨富生．临床儿童口腔医学．西安：世界图书出版公司，2001.
27．谢秋菲．牙体解剖与口腔生理学．北京：北京大学医学出版社，2005.
28．宿玉成．现代口腔种植学．北京：人民卫生出版社，2004.
29．于世风．口腔组织病理学．第 6 版．北京：人民卫生出版社，2007.
30．张学军．皮肤性病学．第 8 版．北京：人民卫生出版社，2013.
31．张志愿．口腔颌面外科学．第 7 版．北京：人民卫生出版社，2012.
32．张志愿．口腔颌面肿瘤学．济南：山东科学技术出版社，2004.
33．张志愿．口腔科学．第 7 版．北京：人民卫生出版社，2008.
34．赵铱民．口腔修复学．第 6 版．北京：人民卫生出版社，2011.

35．赵志和．我国口腔正畸与发展状况及展望．中华口腔医学杂志，2012，47（3）：129-133.
36．郑际烈．口腔黏膜病诊断学．南京：江苏科学技术出版社，1999.
37．中华人民共和国卫生部．第三次全国口腔健康流行病学调查，2005.
38．周曾同．口腔黏膜病学．北京：人民卫生出版社，2010.
39．Abbott PV. Classification，diagnosis and clinical manifestation of apical periodontitis. Endod Topics，2004，8：36-54.
40．Andreasen JO，Andreasen FM. Essentials of Traumatic Injuries to the Teeth. 2nd ed. Copenhagen：Blackwell Munksgaard，2010.
41．Chi AC，Nevillle BW，Krayer JW，et al. Oral manifestations of systemic disease. AM Fam Physician，2010，82（11）：1381-1388.
42．Fejerskov O Kidd E. Dental caries：the disease and its clinical management．Copenhagen：Blackwell Munksgaard，2003.
43．Haapasalo M. Bacteroides spp. In dental root canal infections. Endod Dent Traumatol，1989，5（1）：1-10.
44．Hargreaves KM，Cohen S. Pathways of the pupl. 10th ed. St. Louis：Mosby Inc.，2011：2-39.
45．Huumonen S，Orstavik G. Radiological aspects of apical periodontitis. Endod Topics，2002，1：3-25.
46．Islam NM，Bhattacharyya I，Cohen DM. Common oral manifestations of systemic disease. Otolaryngol Clin North AM，2011，44（1）：161-182.
47．Jeffrey AD，David RA，Ralph EM. Dentistry for Child and Adolescent. 9th ed. St Louis：Mosby Inc.，2011.
48．John II，Leif KB. Endodontics. 5th ed. New York：B.C. Decker，2002.
49．Li YS，Xu JJ，Mao LS，et al. Allogeneic mesenchymal stem cell-based therapy for bisphosphonate-related osteonecrosis of the jaw in swine. Stem Cells and Development，2013，22：2047-2056.
50．Newman M，Takei H，Klollevold PR，et al. Carranza's clinical periodontology. 10th ed. St. Louis：Saunders Elsevier Inc.，2006.
51．Ramfjord SP，Knowles JW，Nissle RR，et al. Longitudinal study of periodontal therapy. J Periodontol，1973，44：66.
52．Richard RW. Pediatric Dentistry. 2nd ed. Oxford：Oxford University Press，2001.
53．Ruby J，Goldner M. Nature of symbiosis in oral disease. J Dent Res，2007，86（1）：8-11.
54．Seltzer S. Classification of pulpal pathosis. Oral Surg Oral Med Oral Pathol，1972，34（2）：269-287.
55．van P Thompson，James MK. Nonsurgical Treatment of Incipient and Hidden Caries. Dent Clin N Am，2005，49：905-921.
56．Woelfel JB，Permar's outline for dental anatomy. 2nd ed. Philadelphia：Lea & Febiger，1979.
57．Xu JJ，Zheng ZM，Fang DJ，et al. Early stage pathogenic sequence of jaw osteoradionecrosis in vivo. J Dent Res，2012，91：702-708.
58．Xu JJ，Zheng ZM，Fang DJ，et al. Mesenchymal stromal cell-based treatment of jaw osteoradionecrosis in swine. Cell Transplantation，2012，21：1679-1686.
59．［日］岛源政司．口腔颌面疾患的MRI诊断学．姜晓钟译．口腔颌面疾患的MRI诊断学．上海：复旦大学出版社，2004.

中英文专业词汇索引

N

P

Q

R

S

T

W

X

Y

Z

彩　图

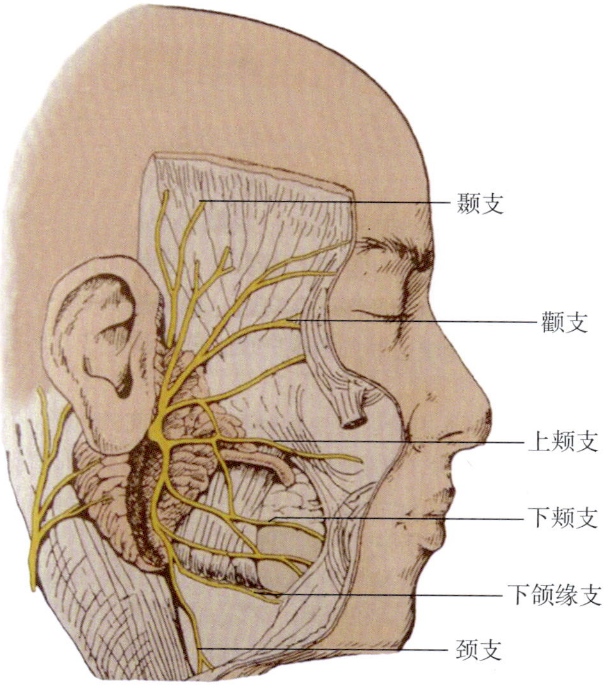

彩图 1-1　面神经腮腺内分支

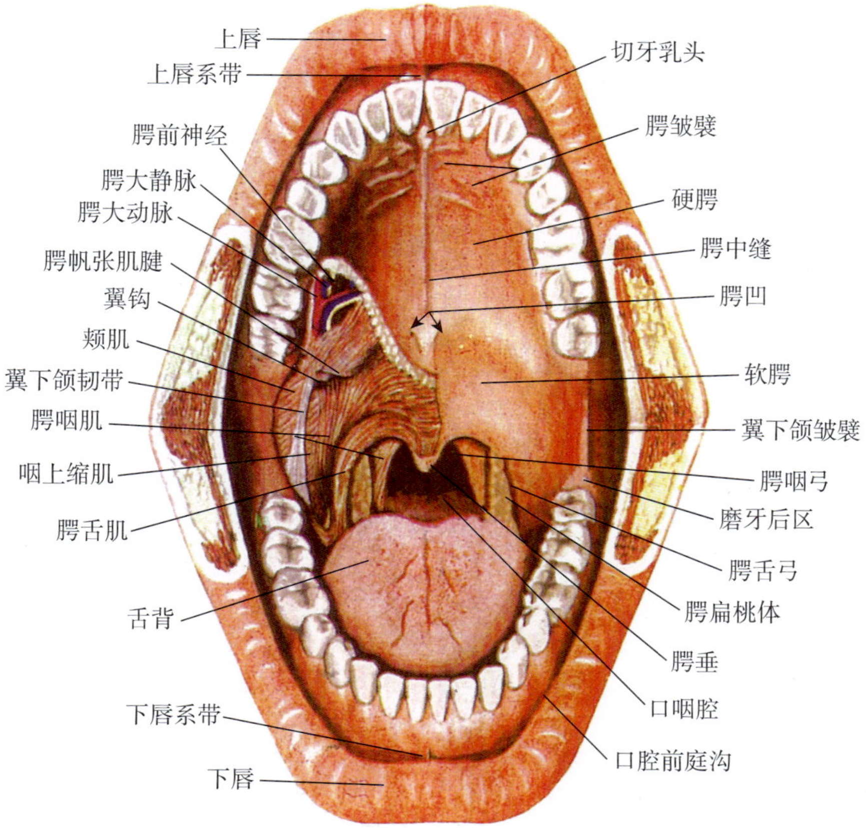

彩图 1-2　口腔

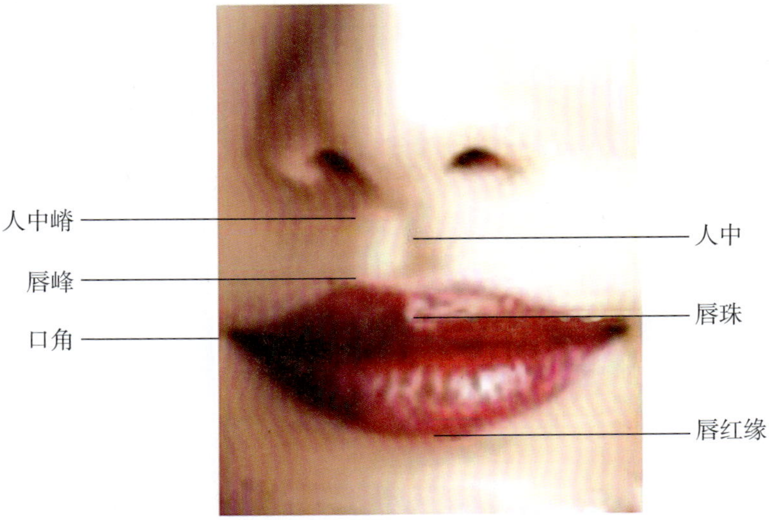

彩图 1-3　唇的表面标志

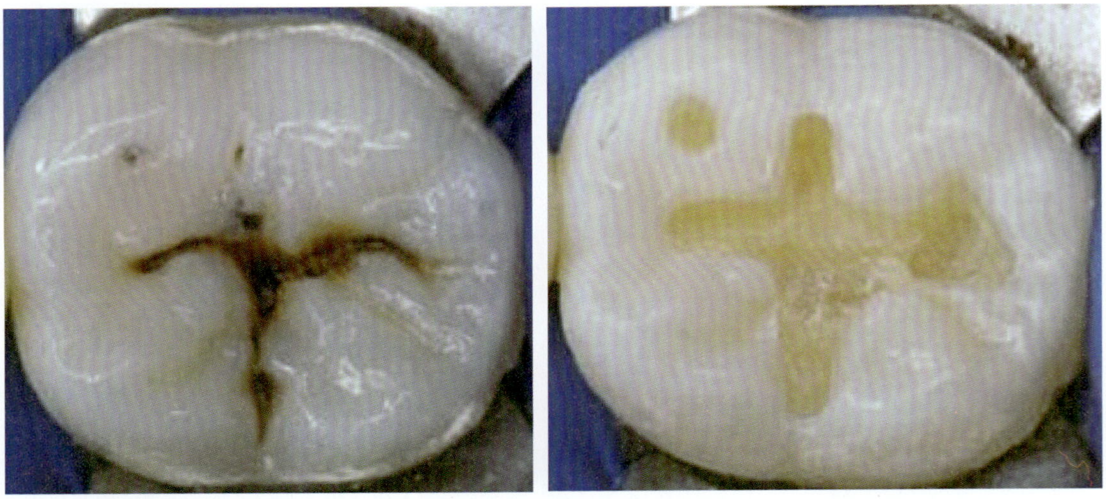

A　　B

彩图 3-1　殆面窝沟部位龋洞治疗术前（A）及术后（B）

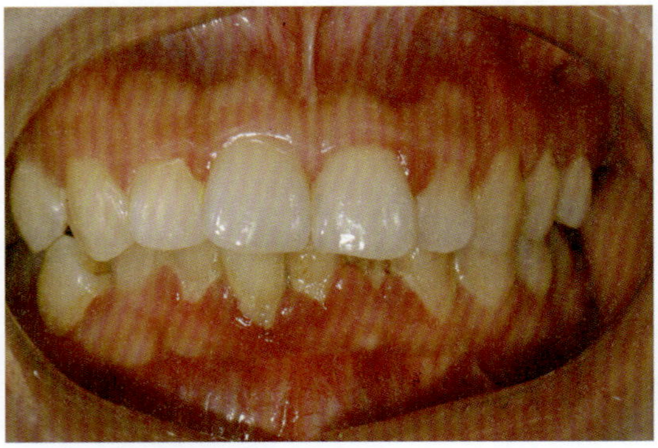

彩图 4-1　慢性龈炎

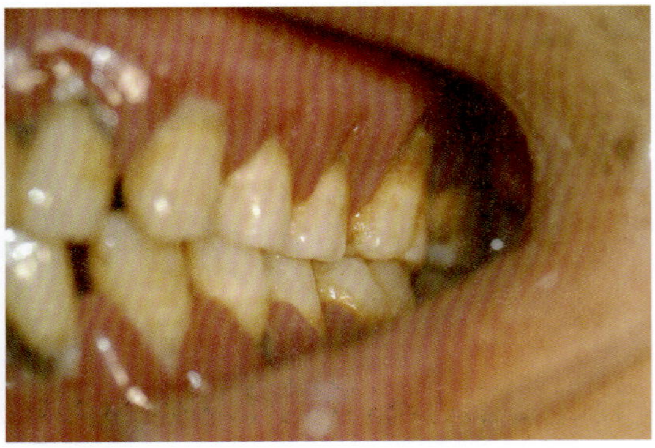

彩图 4-2　妊娠期龈炎

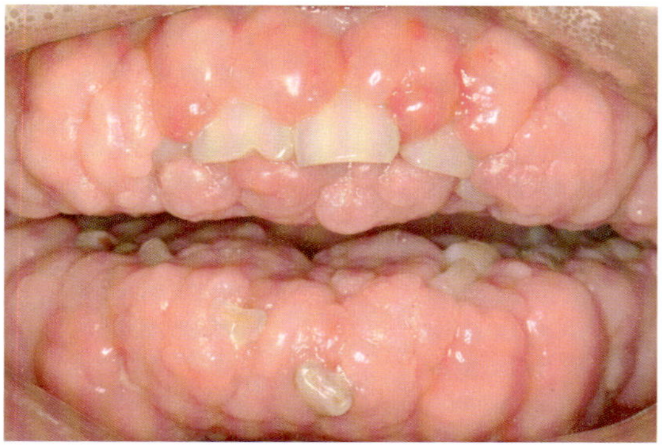

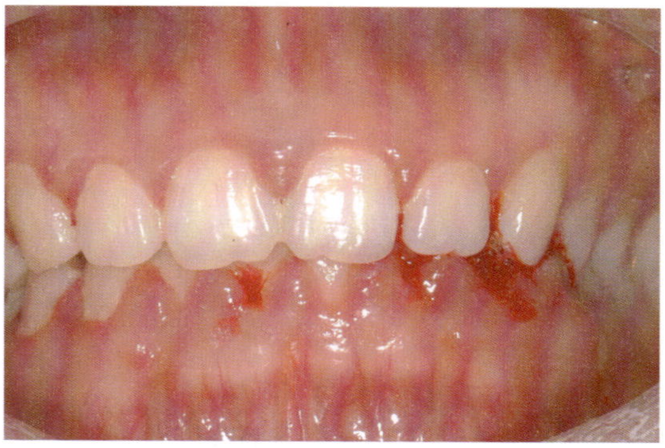

彩图 4-3 药物性牙龈肥大

彩图 4-4 慢性牙周炎

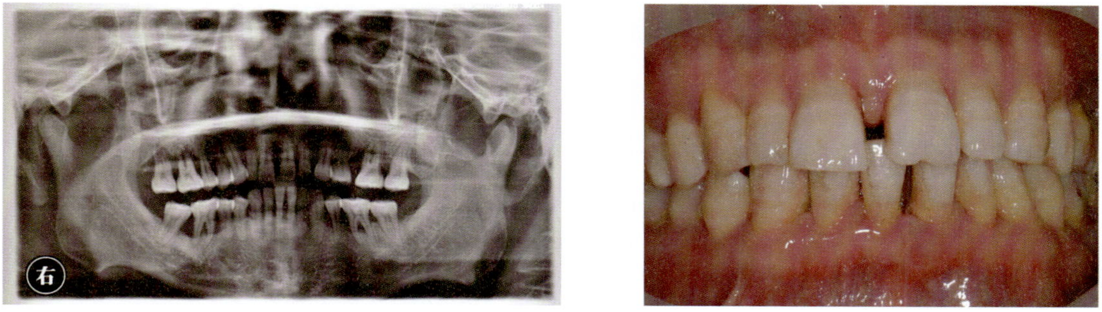

彩图 4-5 侵袭性牙周尖

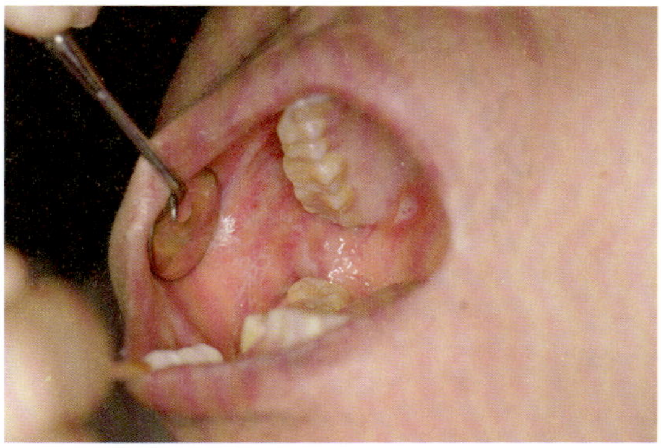

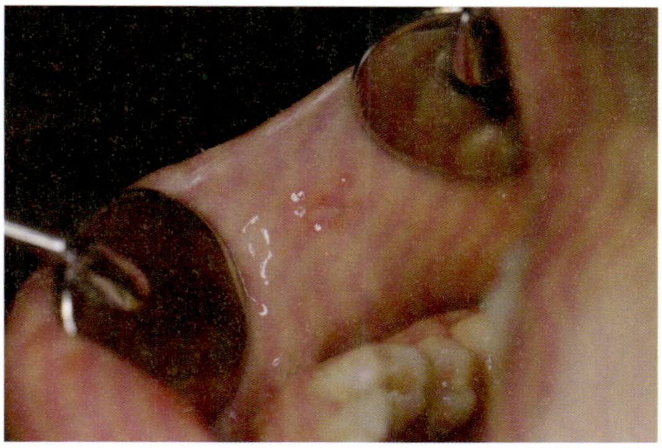

彩图 5-1 口腔扁平苔藓
（由中山大学附属口腔医院提供）

彩图 5-2 轻型复发性阿弗他溃疡
（由中山大学附属口腔医院提供）

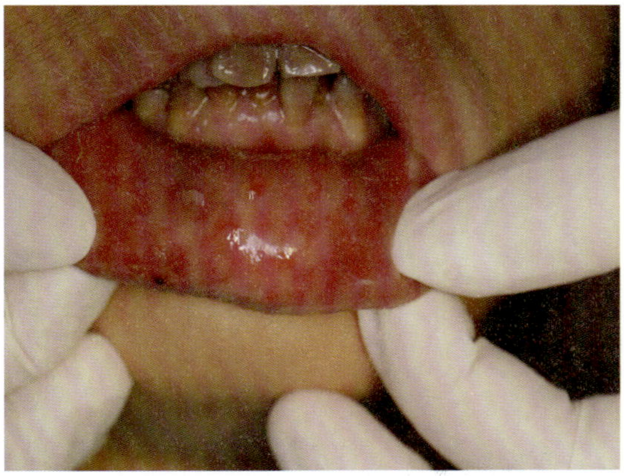

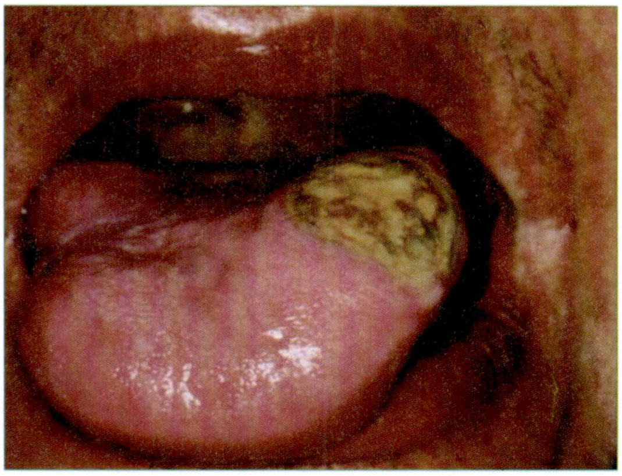

彩图 5-3 疱疹样复发性阿弗他溃疡
（由中山大学附属口腔医院提供）

彩图 5-4 重型复发性阿弗他溃疡
（由中山大学附属口腔医院提供）

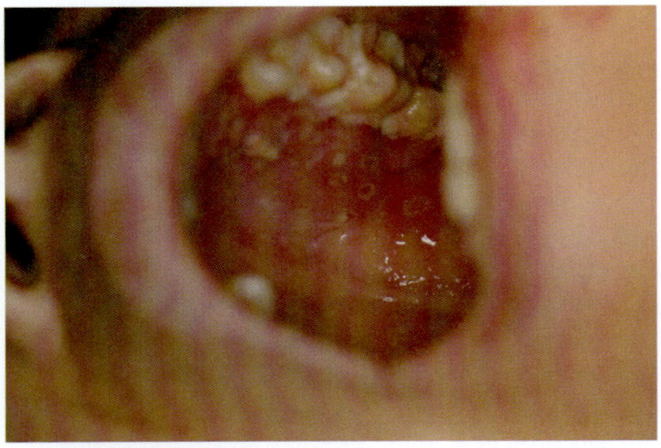

彩图 5-5 原发性疱疹性口炎
（由中山大学附属口腔医院提供）

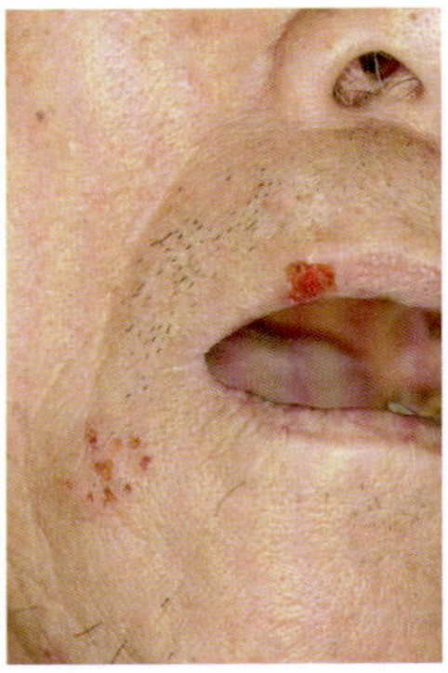

彩图 5-6 复发性唇疱疹
（由中山大学附属口腔医院提供）

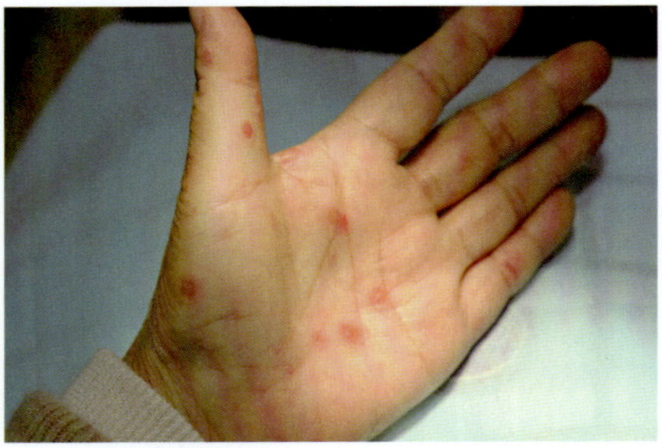

彩图 5-7 轻型多形性红斑皮肤损害
（由中山大学附属口腔医院提供）

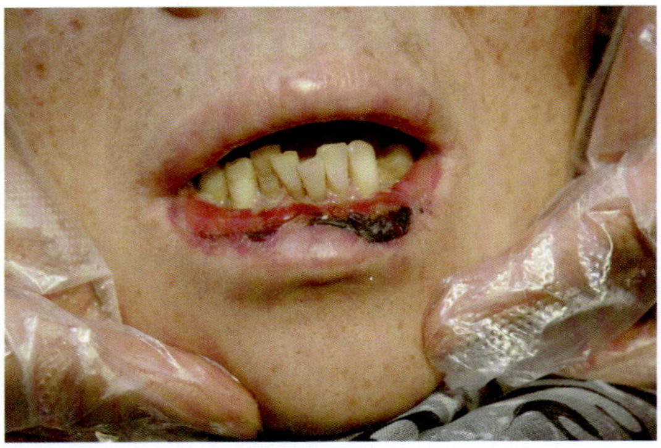

彩图 5-8 轻型多形性红斑唇部损害
（由中山大学附属口腔医院提供）

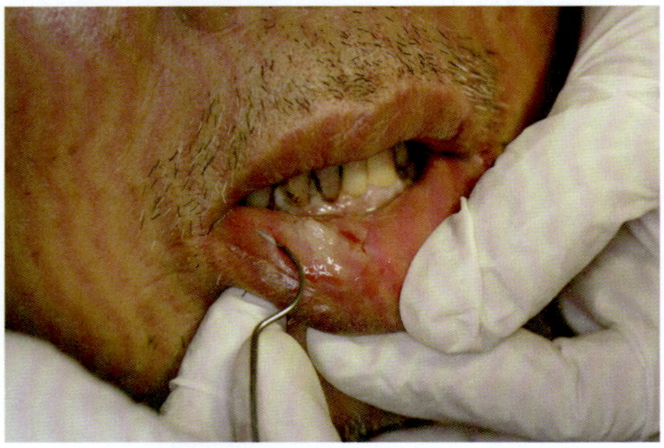

彩图 5-9 天疱疮
（由中山大学附属口腔医院提供）

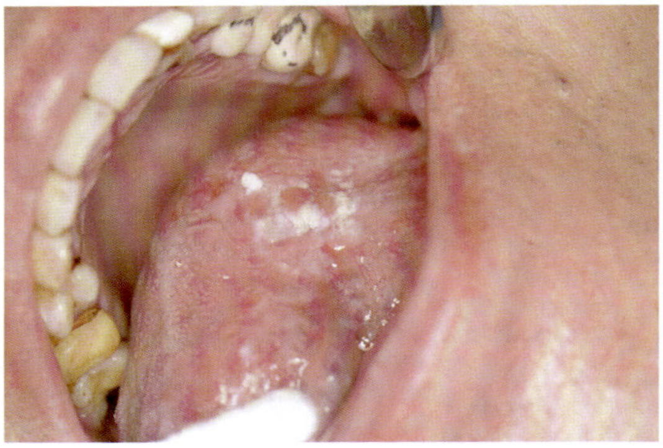

彩图 5-10 舌白斑
（由中山大学附属口腔医院提供）

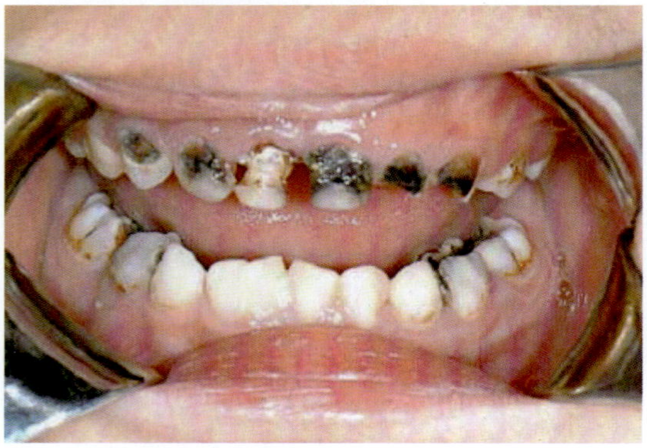

彩图 6-1 乳牙环状龋

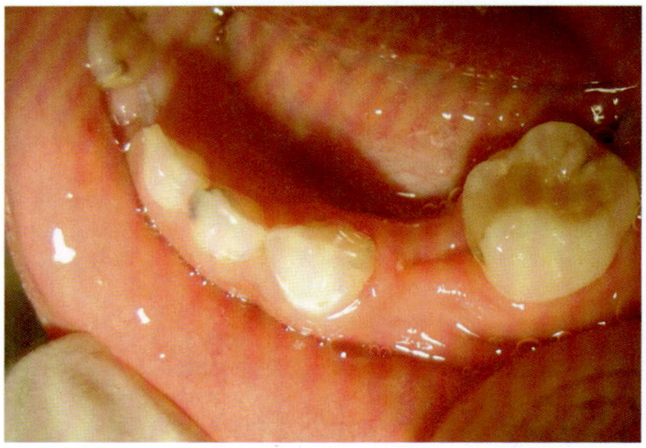

彩图 6-2 乳牙早失

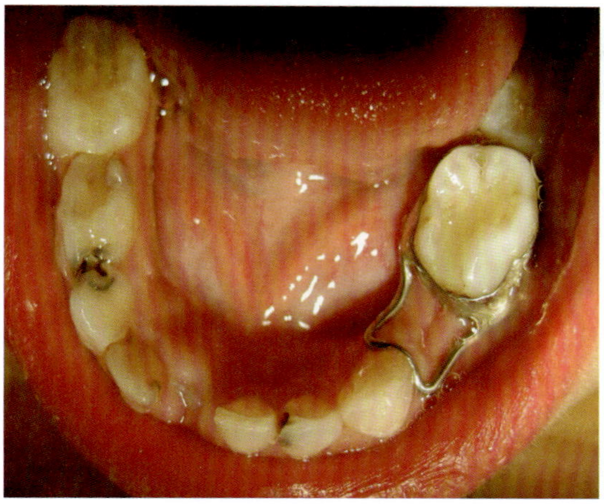

彩图 **6-3**　间隙保持器

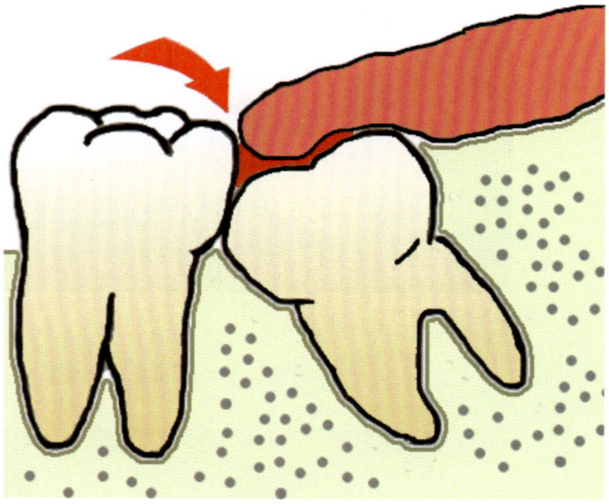

彩图 **7-1**　智牙阻生引起的盲袋

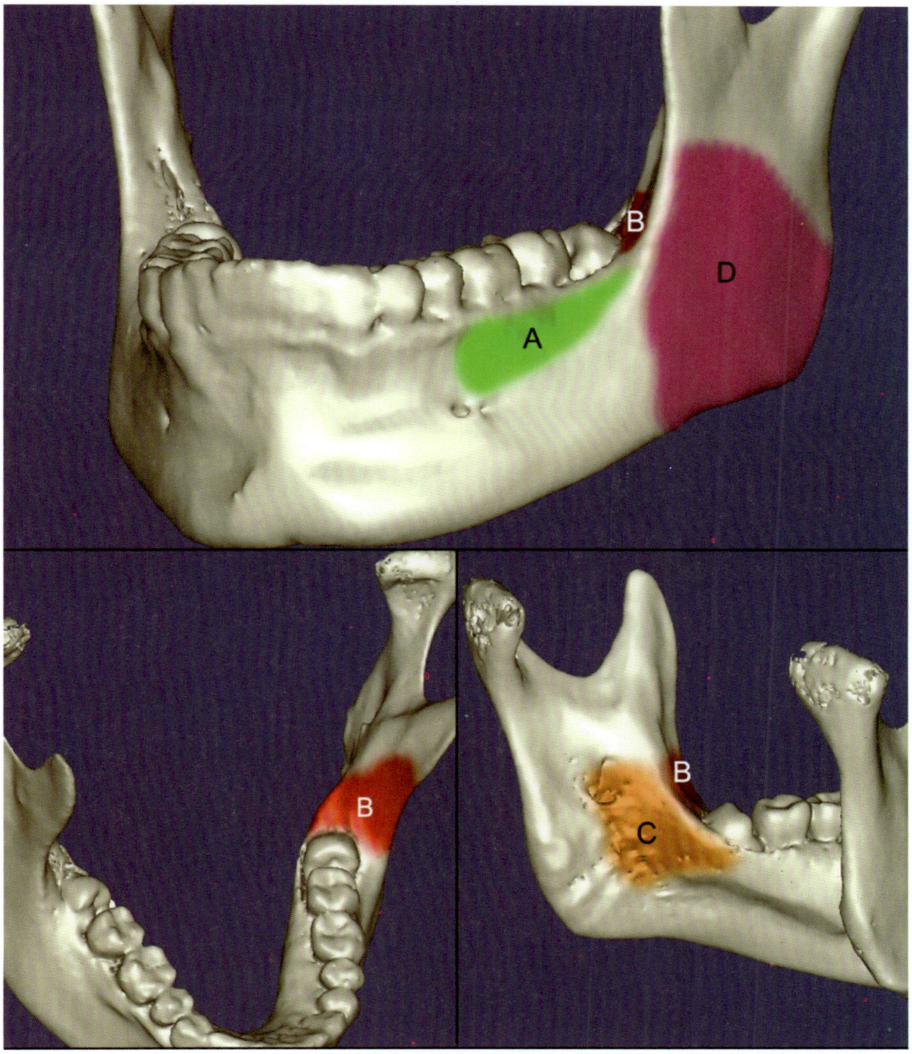

彩图 **7-2**　智牙冠周炎扩散途径

A．沿下颌骨外斜线向前扩散；B．向磨牙后区扩散；C．沿下颌升支向内向后扩散；D．沿下颌升支向外向后扩散

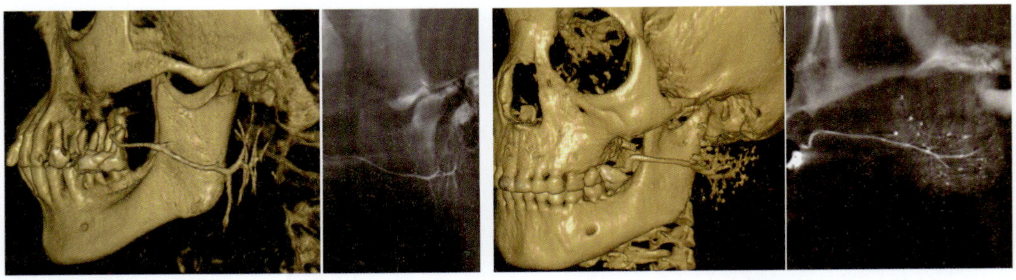

A B

彩图 7-3 正常腮腺造影（A）及儿童复发性腮腺炎造影表现（B）

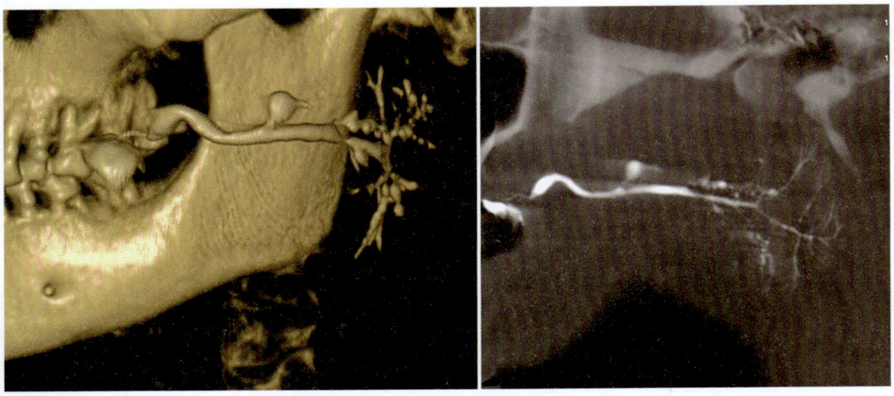

彩图 7-4 慢性阻塞性腮腺炎造影表现

可见主导管扩张不整，分支导管串珠样扩张

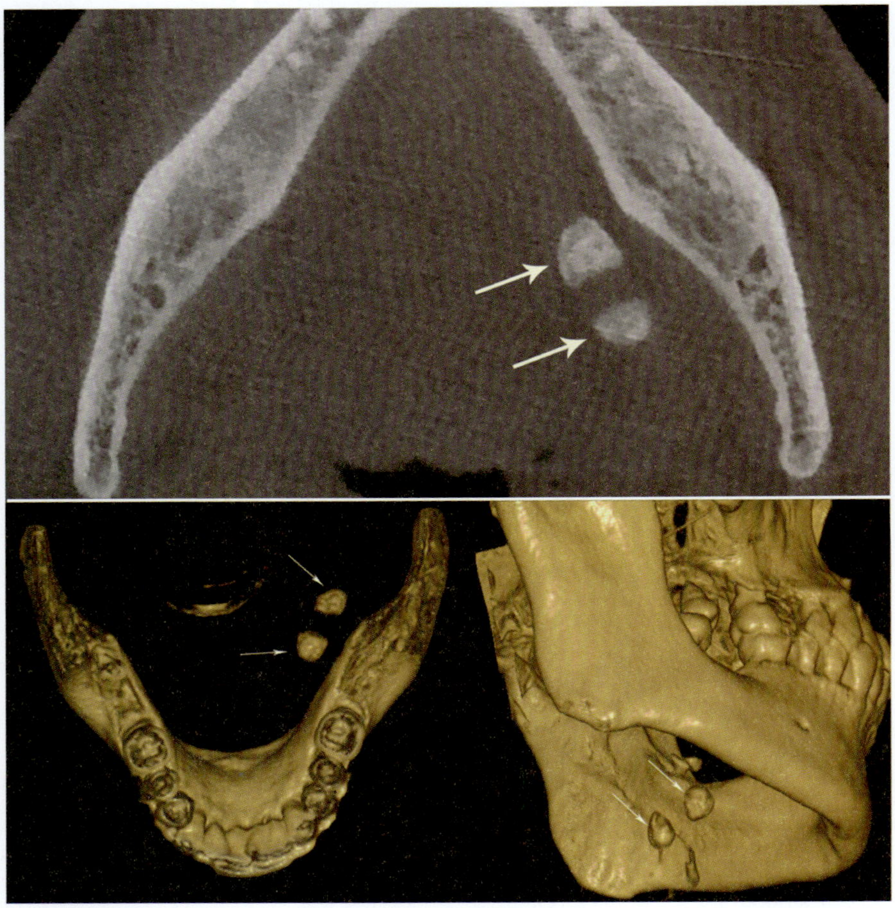

彩图 7-5 涎石病

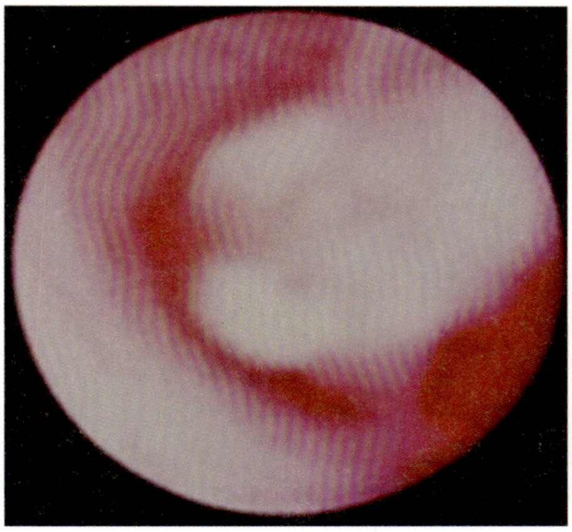

彩图 7-6 唾液腺内镜取石术

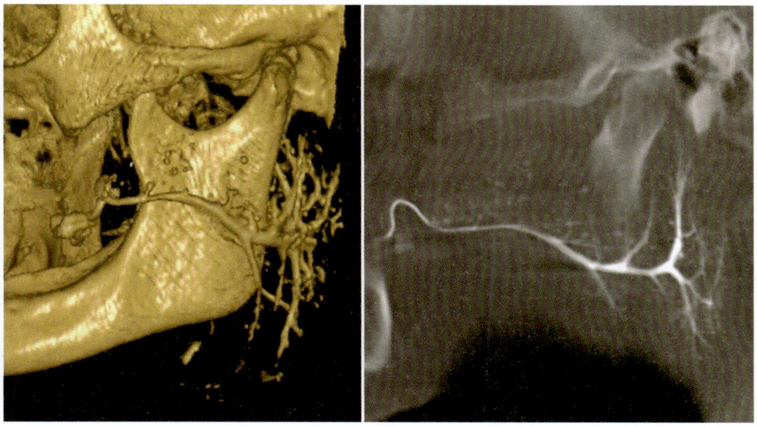

彩图 7-7 舍格伦综合征腮腺造影表现

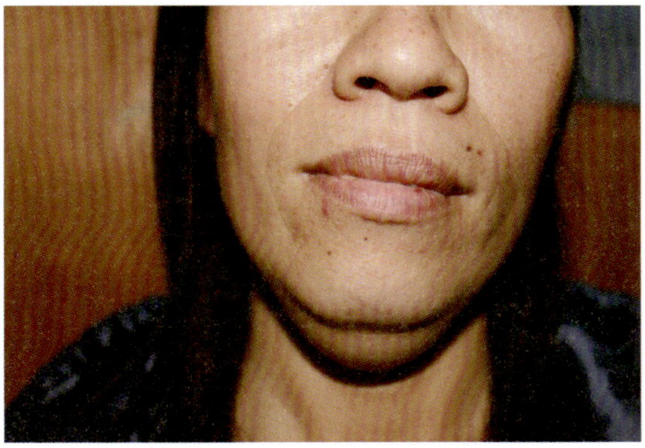

彩图 9-1 口底皮样囊肿

颏下区正中明显外生突出包块，外形规则，边界清楚。（由新乡医学院提供）

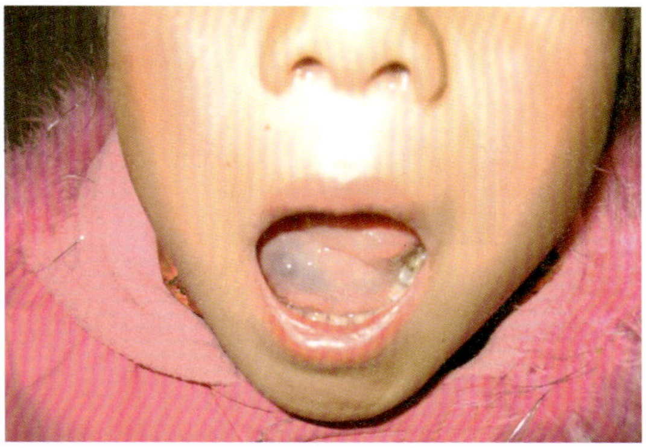

彩图 9-2 舌下腺囊肿

一侧口底突出包块，舌体上抬，黏膜表面完整，黏膜下呈浅紫蓝色。（由新乡医学院提供）

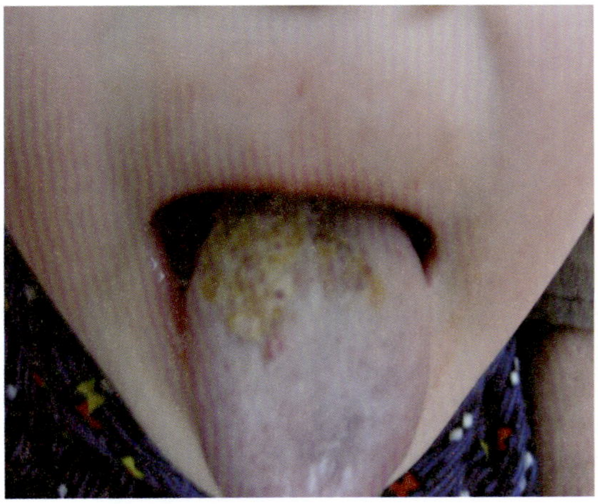

彩图 9-3 淋巴血管瘤

舌背多发突出黏膜的簇状黄、红色小疱状突起。（由新乡医学院提供）

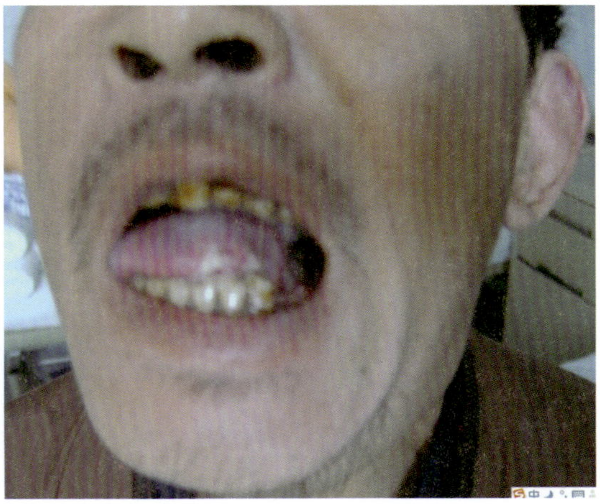

彩图 9-4 舌癌（溃疡型）

（由新乡医学院提供）

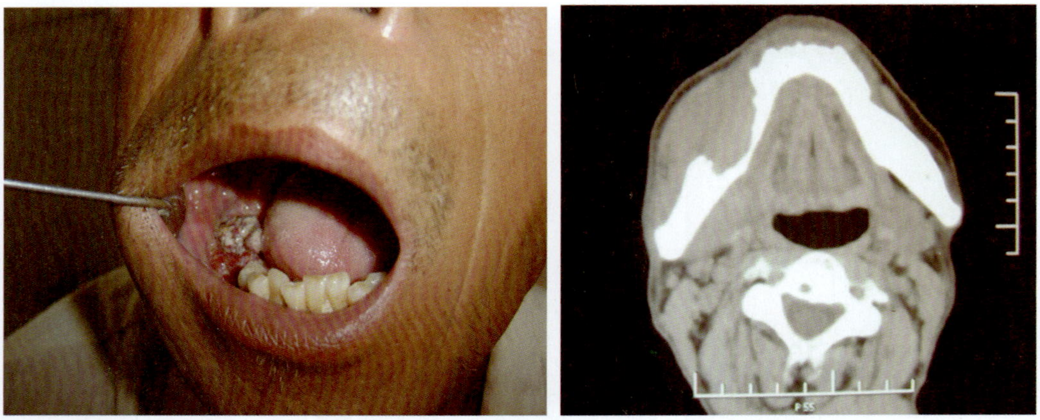

彩图 9-5 下颌牙龈癌

右下颌磨牙区牙龈广泛糜烂，不规则组织增生，边缘隆起水肿，边界不清，CT 提示骨质不规则破坏。(由新乡医学院提供)

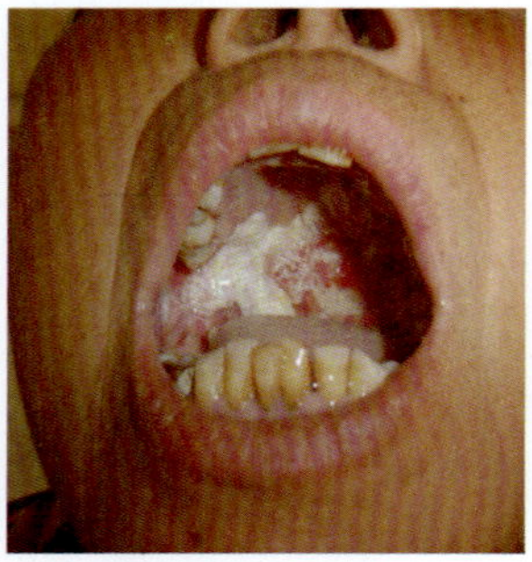

彩图 9-6 腭癌

腭部大面积不规则溃疡形成及组织增生，白色假膜覆盖。

(由新乡医学院提供)

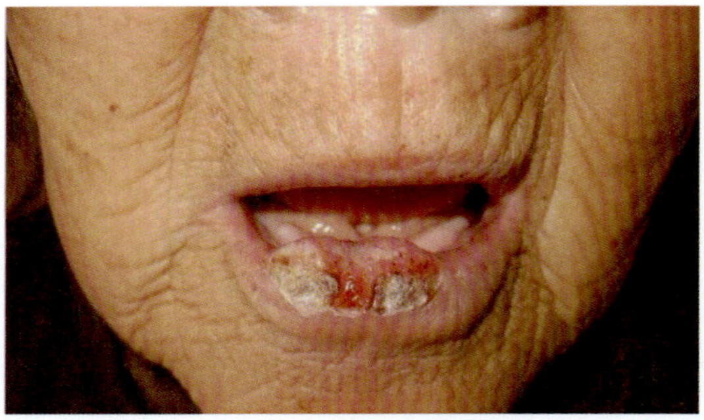

彩图 9-7 唇癌

下唇局灶性新生物，组织表面坏死，边界较清楚。

(由新乡医学院提供)

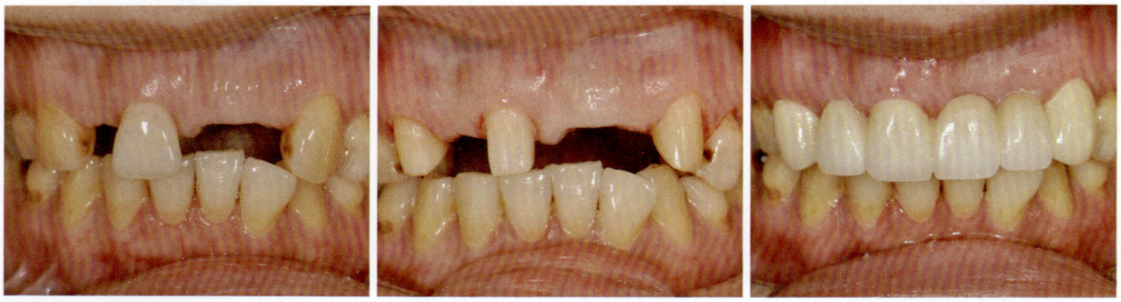

A　　B　　C

彩图 10-1 固定义齿实例

A．缺损情况；B．基牙预备；C．完成修复

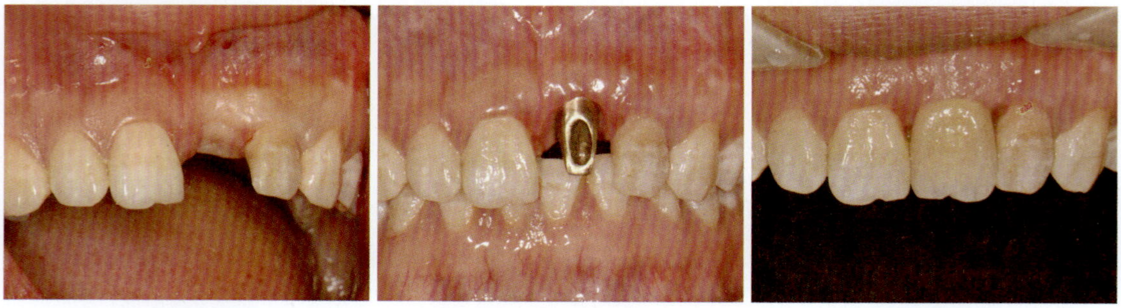

A　　B　　C

彩图 10-2 种植义齿修复实例

A．缺牙情况；B．植入植体；C．完成修复

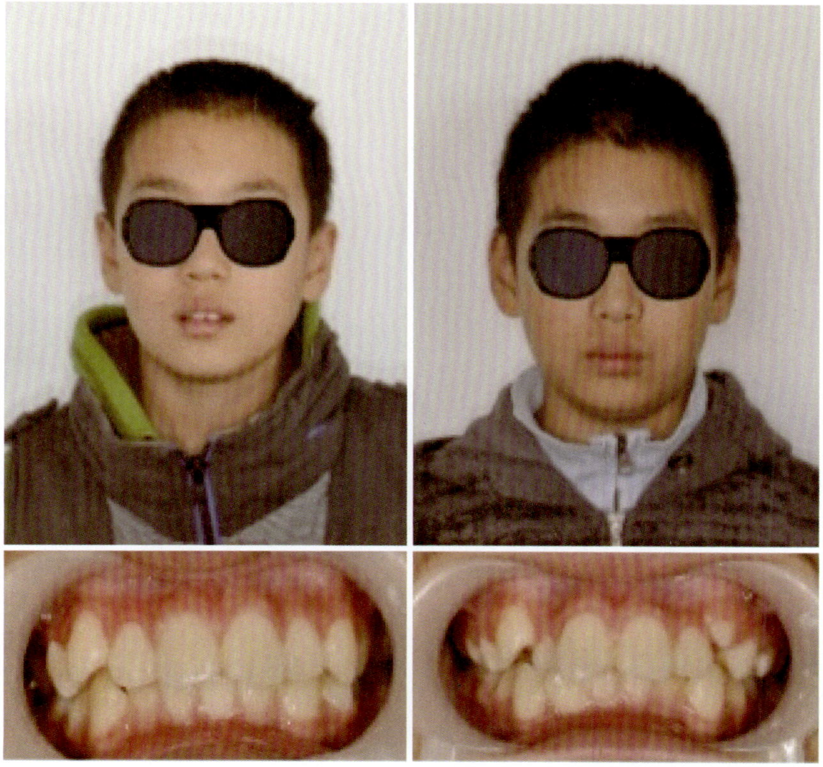

彩图 11-1 孪生兄弟面像、牙𬌗像

孪生兄弟的面型、牙型、𬌗型非常相似，显示错𬌗畸形的遗传特征。同时，孪生兄弟间的性状差异反映了环境因素的差异。

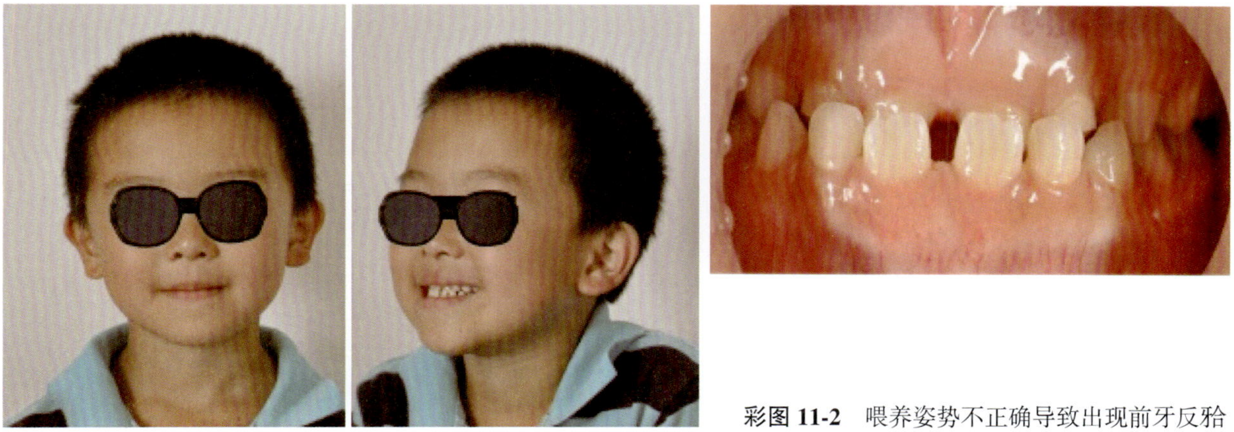

彩图 11-2 喂养姿势不正确导致出现前牙反𬌗

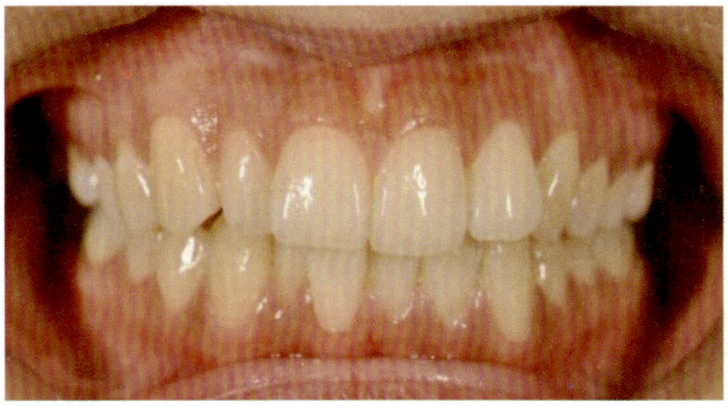

彩图 11-3 个别牙错位

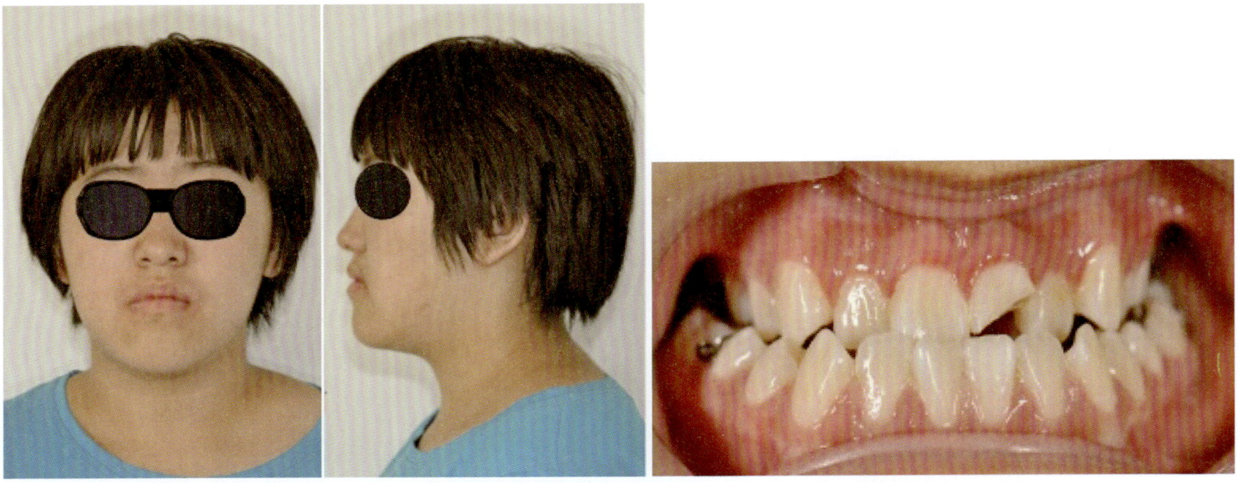

彩图 11-4 上颌后缩，前牙反殆，上颌后牙弓狭窄

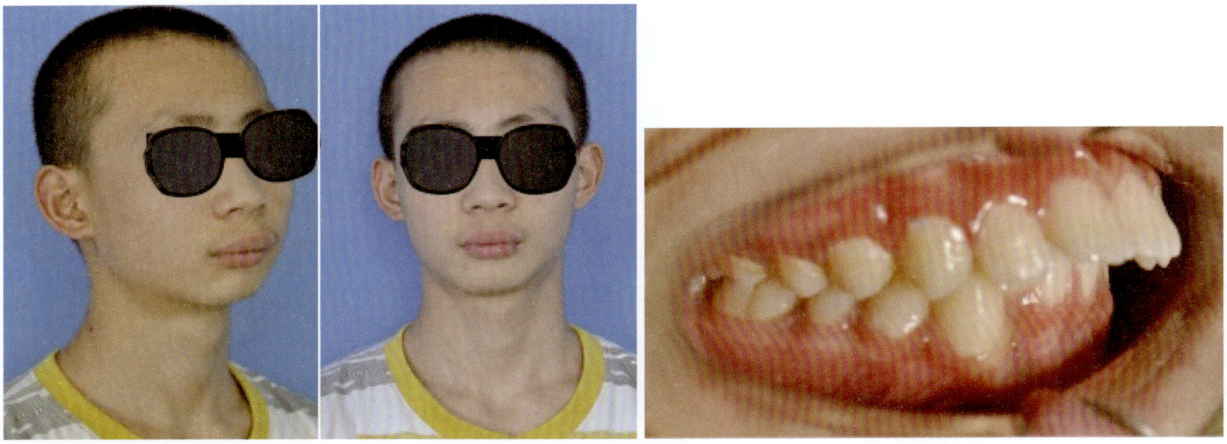

彩图 11-5 前牙深覆殆，深覆盖，下颌后缩

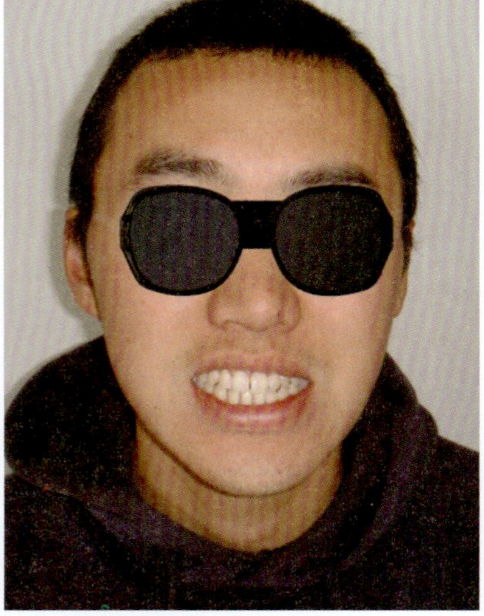

彩图 11-6 咬合偏斜造成的面部不对称

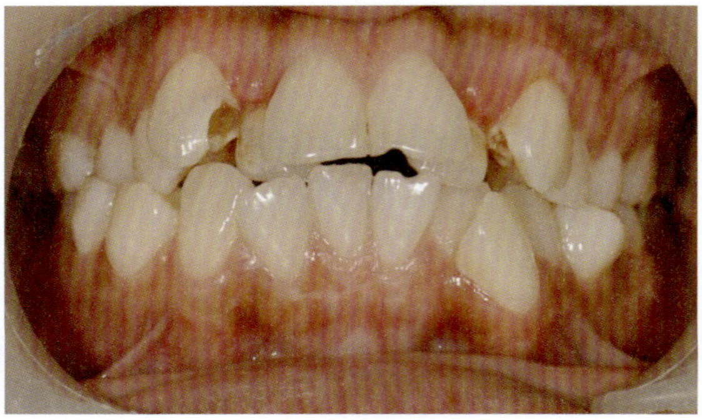

彩图 11-7 牙列拥挤造成的龋坏

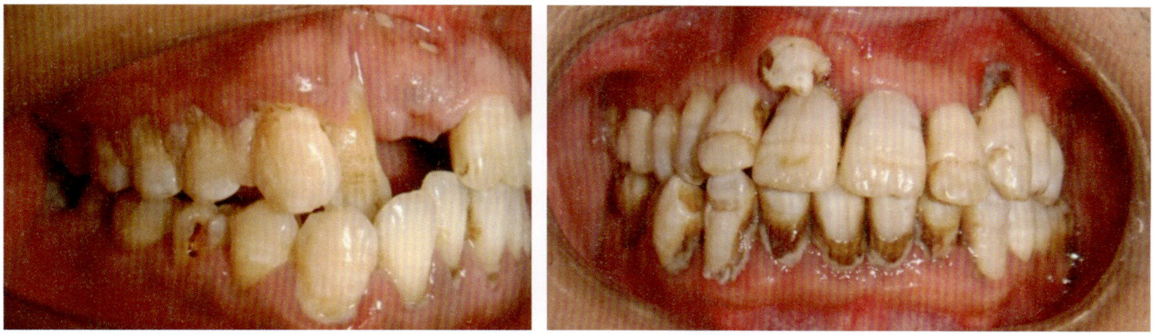

彩图 11-8　咬合创伤导致牙槽骨损伤

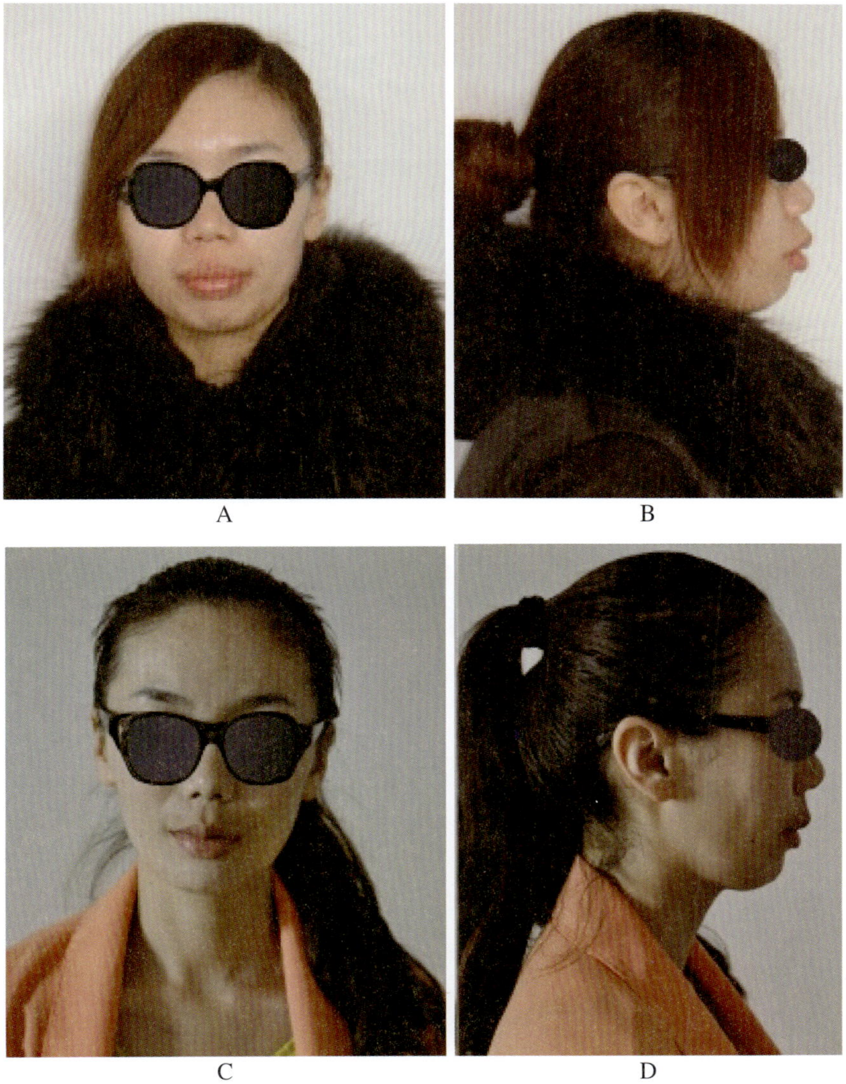

彩图 11-9　牙列畸形影响面型，图为同一患者矫正前后照
A 及 B，矫正前；C 及 D，矫正后。

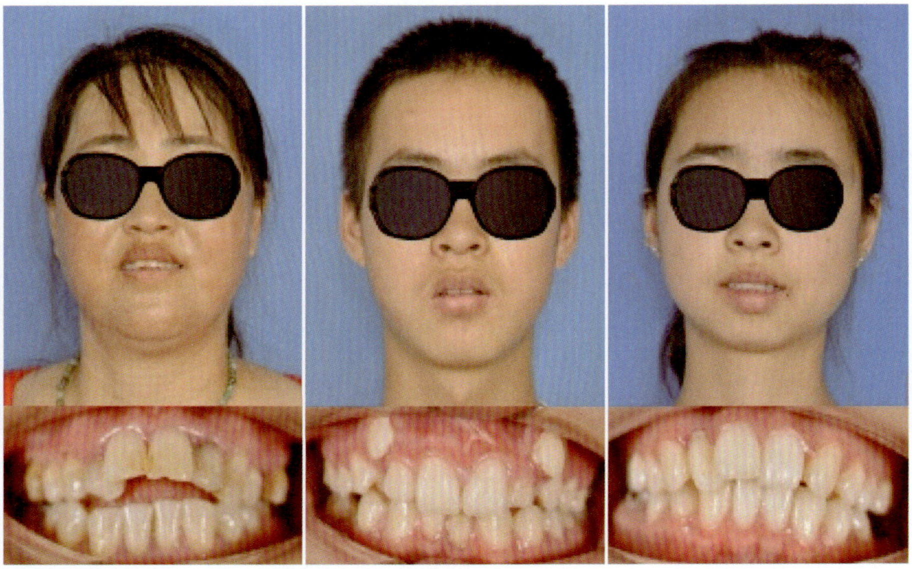

A B C

彩图 11-10 错𬌗畸形家族史

母亲（A）缺两颗下前牙；儿子（B）缺两颗下前牙；女儿（C）缺两颗下前牙，一颗侧切牙

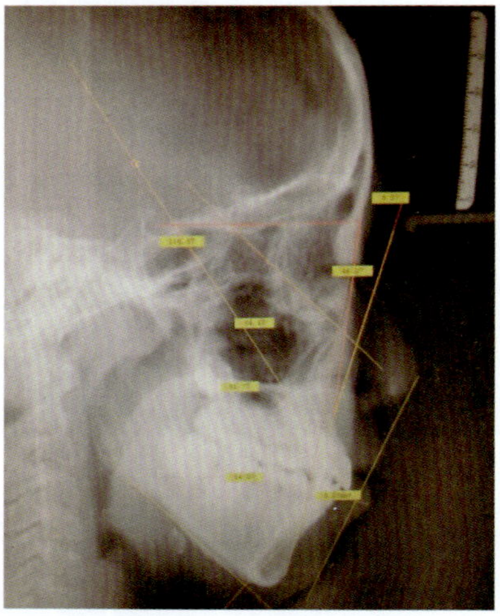

彩图 11-11 头颅侧位片分析

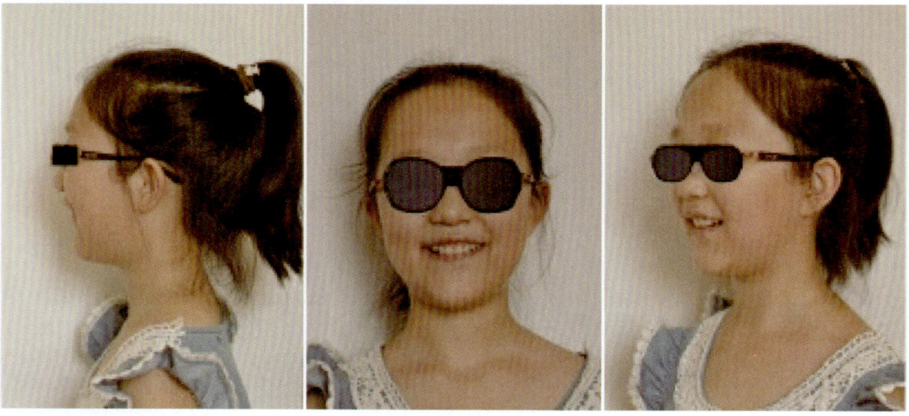

彩图 11-12 面部实像

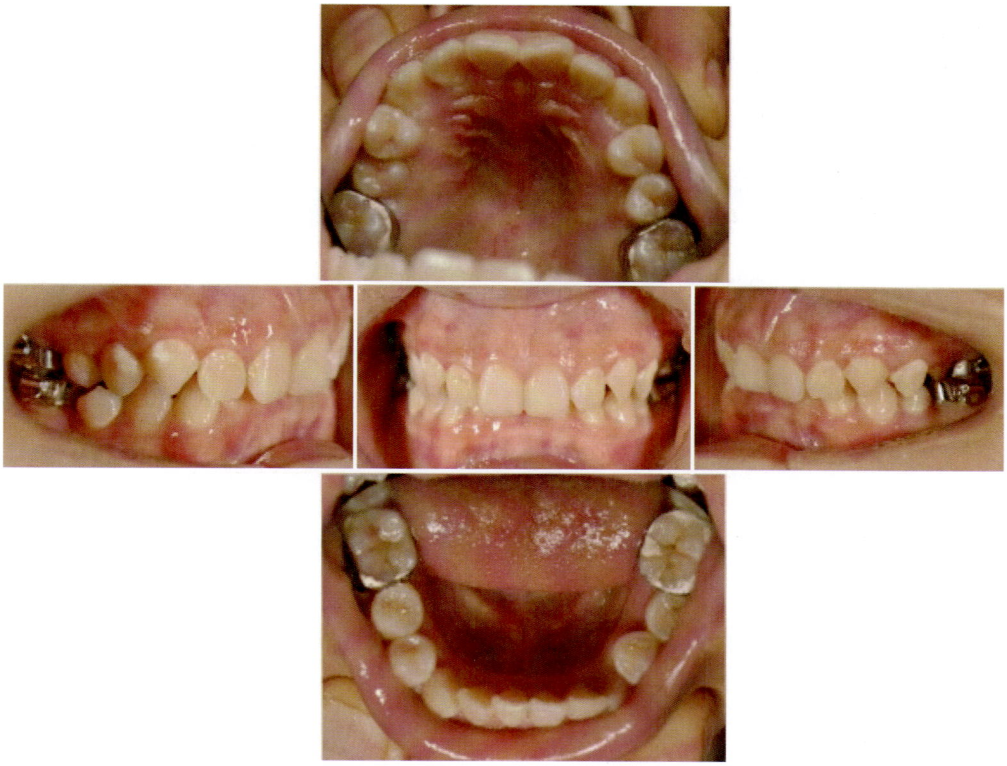

彩图 11-13 口内实像记录

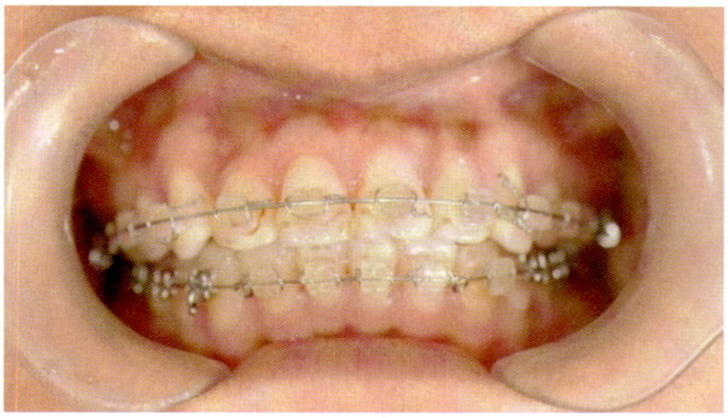

彩图 11-14 固定矫正器治疗

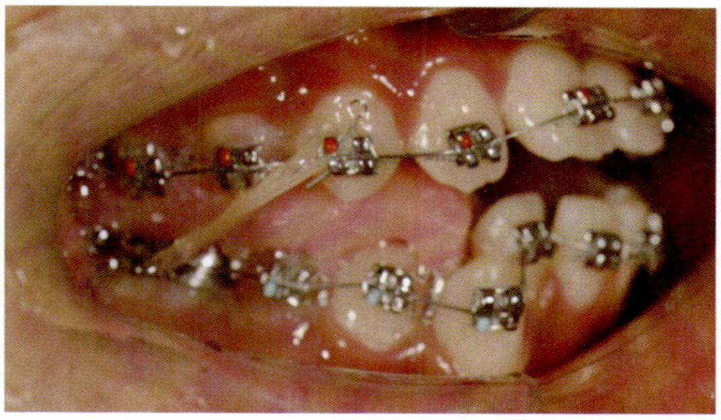

彩图 11-15 固定矫正治疗加功能矫正器治疗（Twin-block）

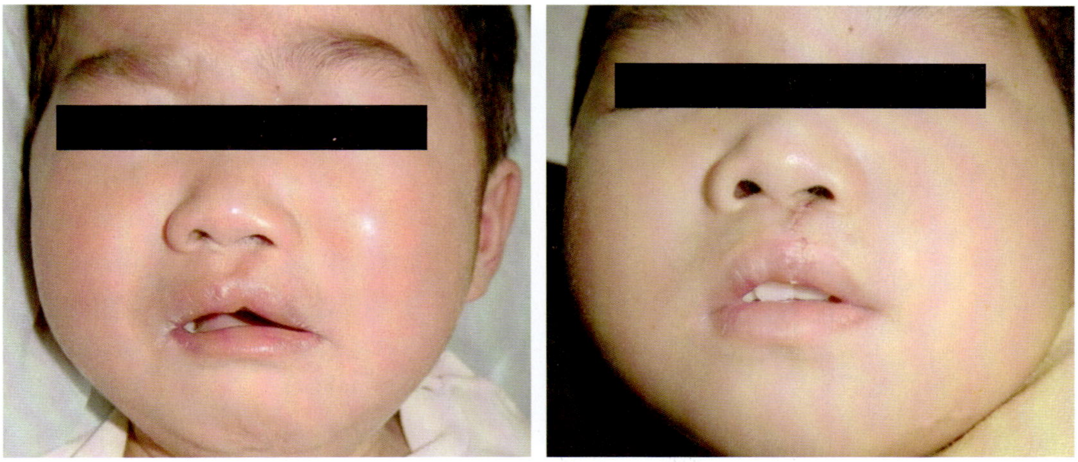

彩图 11-16 先天性左侧Ⅰ度唇裂

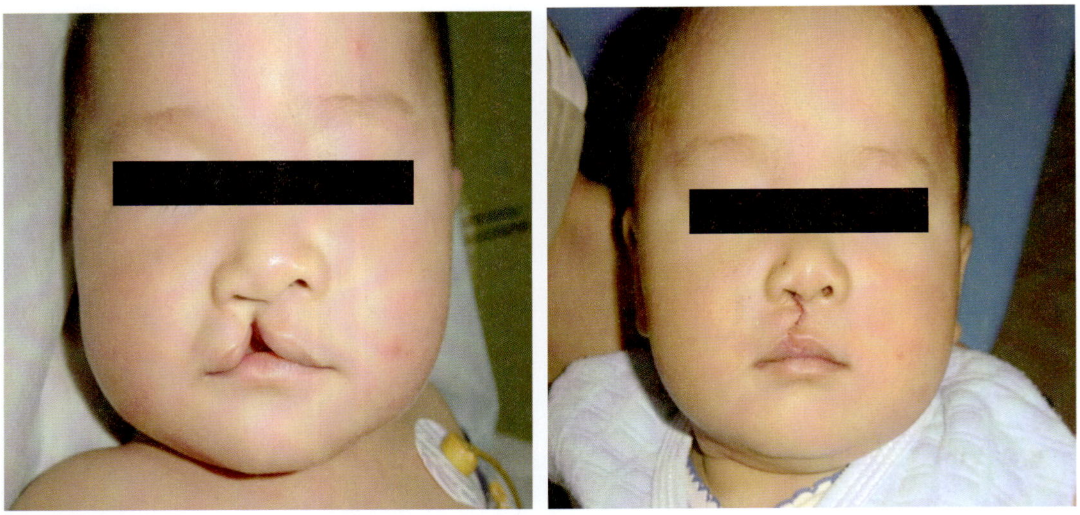

彩图 11-17　先天性右侧Ⅱ度唇裂术前（左图）及术后（右图）

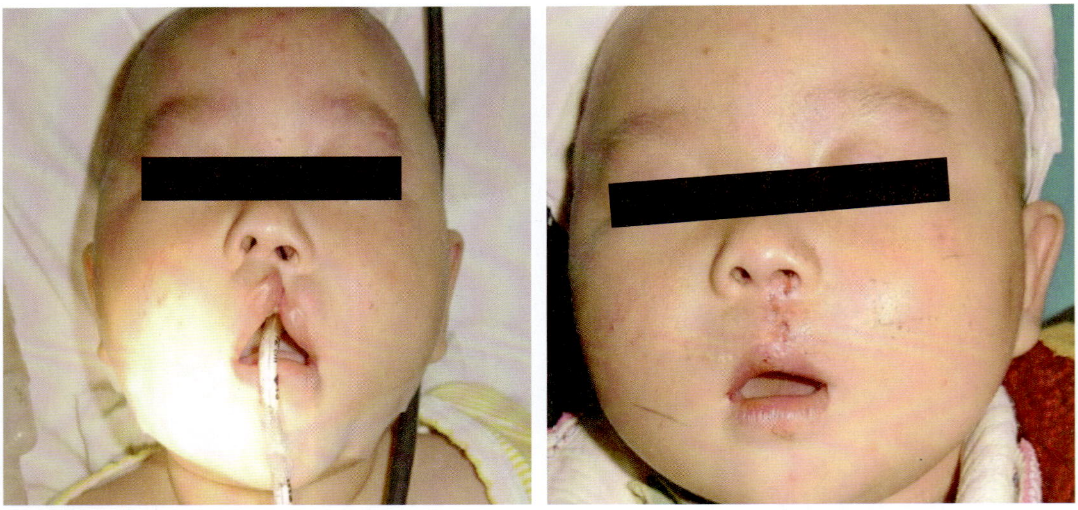

彩图 11-18　先天性左侧Ⅱ度唇裂术前（左图）及术后（右图）

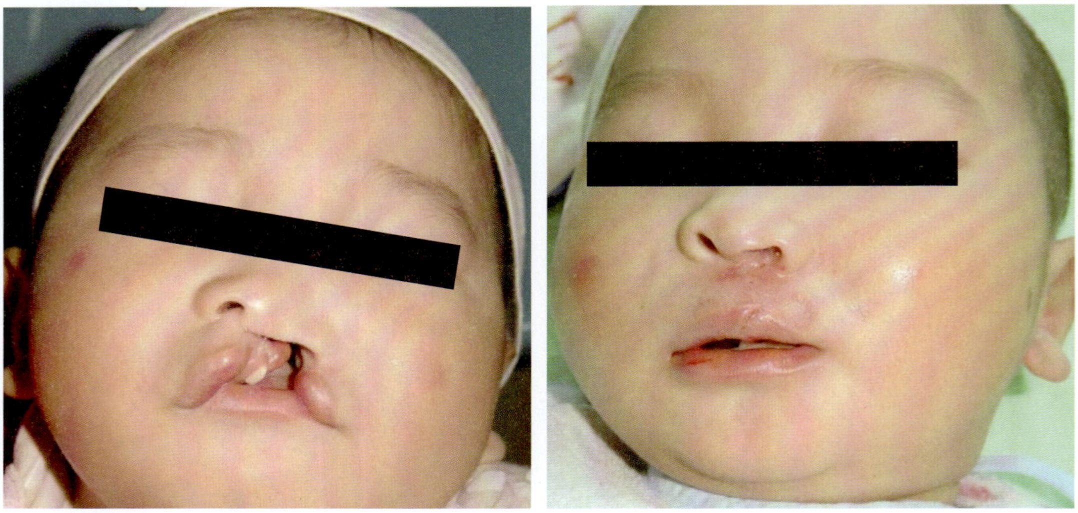

彩图 11-19　先天性左侧Ⅲ度唇裂术前（左图）及术后（右图）

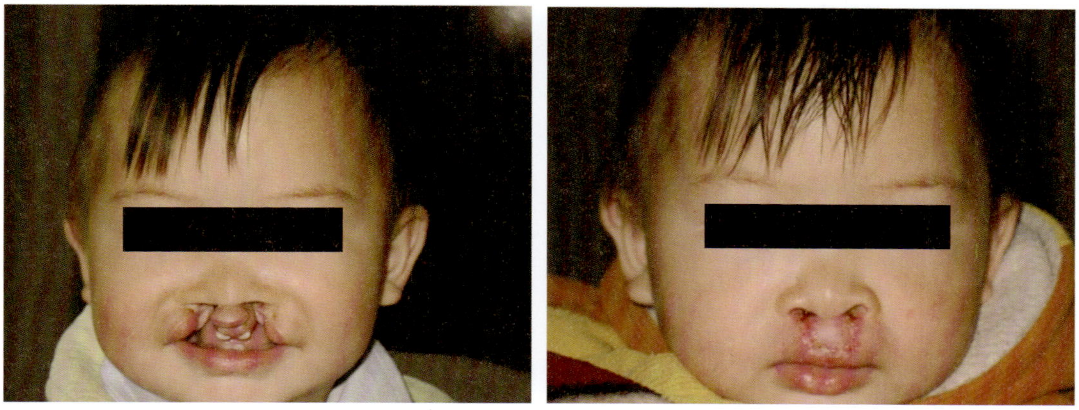

彩图 11-20 先天性双侧唇裂术前（左图）及术后（右图）

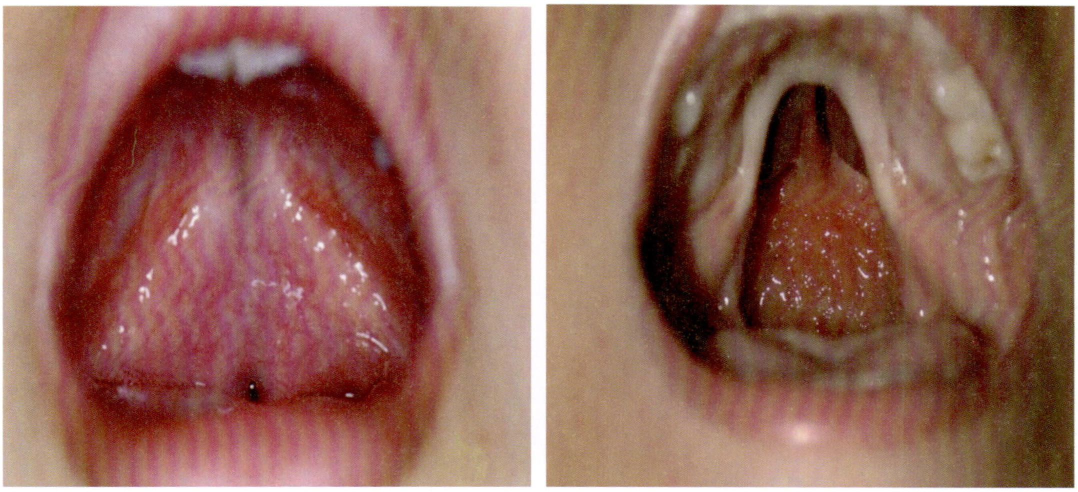

彩图 11-21 软腭裂（左图）与不完全腭裂（右图）

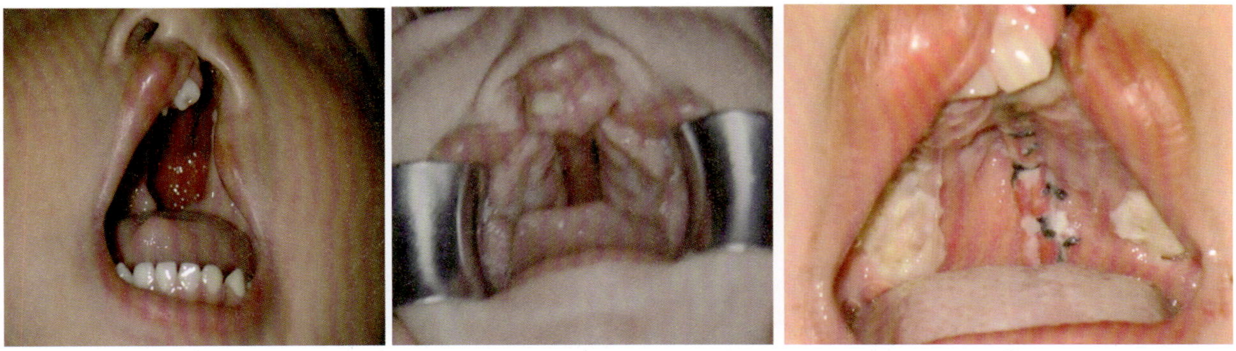

A B C

彩图 11-22 完全腭裂术前（A，B）及术后（C）

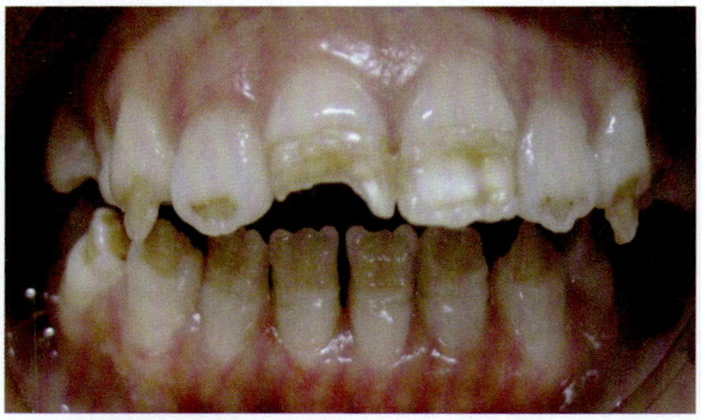

彩图 13-1 重度釉质发育不全

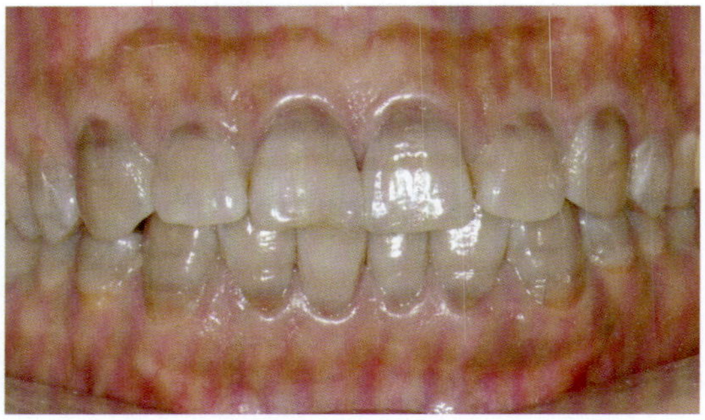

彩图 13-2 中度四环素牙

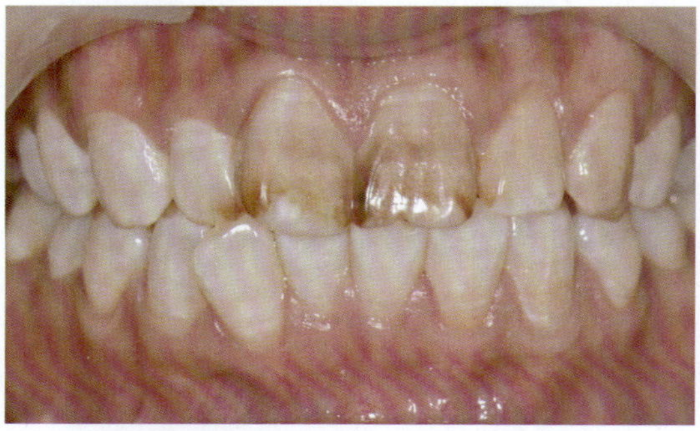

彩图 13-3 轻度氟牙症

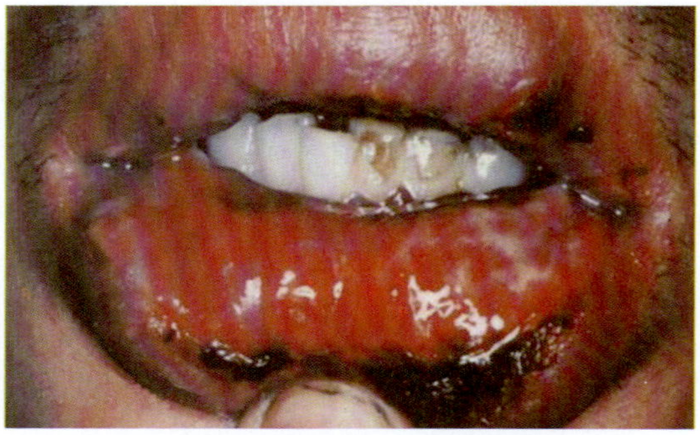

彩图 13-4 白血病口腔黏膜出血

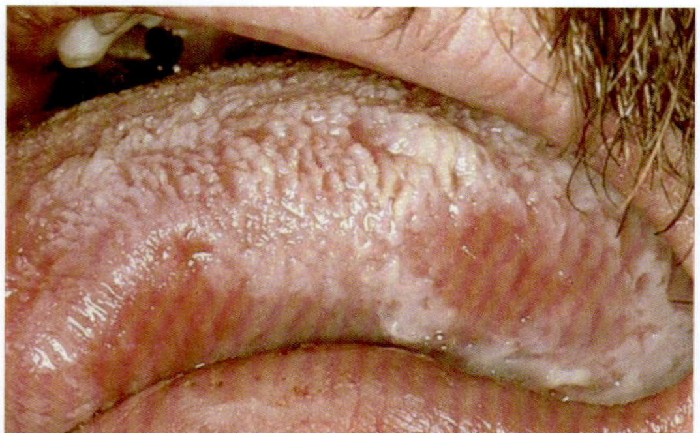

彩图 13-5 口腔黏膜毛状白斑

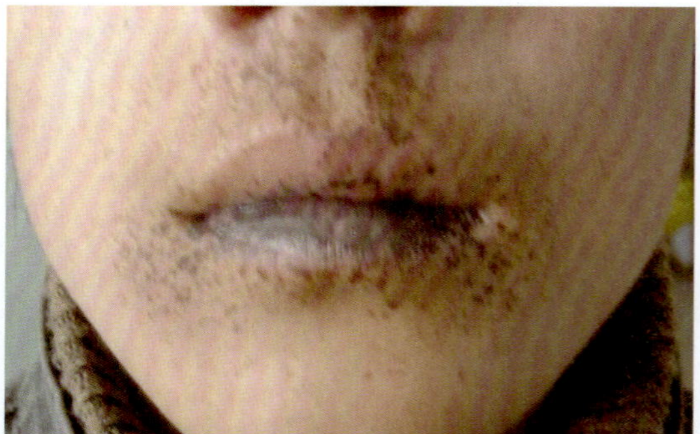

彩图 13-6 色素沉着 - 肠息肉综合征
口周皮肤、黏膜色素沉着